CB017252

MATÉRIA E MENTE

Coleção Big Bang
Dirigida por Gita K. Guinsburg

Tradução: Gita K. Guinsburg
Edição de texto: Marcio Honorio de Godoy
Revisão de provas: Raquel Fernandes Abranches
Capa e projeto gráfico: Sergio Kon
Produção: Ricardo Neves, Sergio Kon, Luiz Henrique Soares,
Elen Durando e Lia N. Marques.

MARIO BUNGE

matéria e mente

uma investigação filosófica

PERSPECTIVA

Título do original em inglês:
Matter and Mind: A Philosophical Inquiry

© 2010 Springer Netherlands
   Springer Netherlands is a part of Springer Science+Business Midia
   All righs reserved

CIP-Brasil. Catalogação na Publicação
Sindicato Nacional dos Editores de Livros, RJ

B959m
   Bunge, Mario
   Matéria e mente / Mario Bunge ; [tradução Gita K. Guinsburg].
- 1. ed. - São Paulo : Perspectiva, 2017.
   416 p. ; 21 cm. (Big bang)

   Tradução de: Matter and mind: a philosophical inquiry
   Apêndice
   Inclui bibliografia e índice
   ISBN 978-85-273-1049-9

   1. Ciência - Filosofia. 2. Filosofia da mente. 3. Teoria do
conhecimento. I. Guinsburg, Gita K. II. Título. III. Série.

17-39804   CDD: 102
                                        CDU: 13

16/02/2017   16/02/2017

[PPD]

Direitos reservados em língua portuguesa à

EDITORA PERSPECTIVA LTDA.

Av. Brigadeiro Luís Antônio, 3025
01401-000 São Paulo SP Brasil
Telefax: (011) 3885-8388
www.editoraperspectiva.com.br

2021

SUMÁRIO

PREFÁCIO

Ofereceram-me um abacate. *Ele é* nutritivo – uma sentença objetiva; e *Eu gosto* de abacate – uma sentença subjetiva. Efetivamente apenas uma parte de mim gosta dessa fruta, ou seja, meu cérebro. *Essa fruta* – uma coisa a mais, sem dúvida – é o que *me* faz pensar. Sem o abacate, eu não seria *eu*. Meu cérebro é uma coisa material, embora viva, não é somente uma coisa física. E essa mente, quero dizer, a minha, é um subconjunto de minhas funções cerebrais, do mesmo modo que meus sorrisos são contrações de meus músculos faciais – embora não automáticos, mas desejados pelo meu córtex pré-frontal. Nenhum órgão, nenhuma função. Em resumo, há coisas materiais, como cérebros, bem como processos que nele ocorrem, como pensamentos e sentimentos. Em outros termos, há *isso* e *aquilo*, ou coisas materiais, e há *nós*, nós mesmos.

Não se trata de um caso de dualidade ou de bifurcação da realidade, mas de *distinção* entre coisas, como cérebros, e certos processos que ocorrem neles, como pensamentos. De modo que é assim: Eu sou um monista descarado. Eu pertenço ao mesmo clube de Demócrito, não ao de Platão, e me sinto com uma impertinência divertida diante da vacilação do grande Aristóteles nesse ponto, o intelectual, fonte de todas as religiões e filosofias.

Eu sou um materialista, mas não um fisicalista, porque, como físico, eu aprendi que a física não pode explicar nem a vida, nem a mente, nem a sociedade. A física não pode nem mesmo explicar os fenômenos (aparências), porque eles ocorrem nos cérebros que são coisas suprafísicas; nem pode explicar plenamente máquinas, pois elas incorporam ideias, tais como as de valor, meta e segurança, que são não físicas. A física só pode dar conta da matéria no seu menor nível de organização, o único que existiu antes da emergência dos primeiros organismos há 3.500 milhões de anos. Portanto, o fisicalismo, a primeira e mais simples versão do materialismo, não pode enfrentar com sucesso as reações químicas, o metabolismo, a cor, a mentalidade, a sociabilidade, ou o artefato.

O nosso conceito contemporâneo de matéria não é o de Demócrito, nem mesmo o de Newton, que é ainda mantido pela maioria dos filósofos e é a razão pela qual boa parte das pessoas acha difícil crer que a matéria pode pensar. Eles estão certos: um pedaço de mármore não pode pensar. Cérebros, porém, são feitos de tecido vivo, que possuem propriedades peculiares que faltam à matéria física; e seus átomos constituintes são de longe muito mais sutis e complexos do que mínimas porções de mármore imaginadas pelos antigos atomistas. Daí por que o materialismo moderno não pode ser confundido com o fisicalismo, deixando de fora o mecanismo, por isso ele é antes inclusivo mais do que eliminativo. E ainda tais confusões proliferam na literatura filosófica.

A dualidade ortodoxa corpo/mente está refletida no abismo que separa a filosofia da mente da filosofia da matéria. Sob a influência de Ludwig Wittgenstein e de Noam Chomsky, a atual filosofia da mente é amiúde vista como uma ramificação da filosofia da linguagem, tanto quanto completamente estranha à filosofia da matéria. Uma consequência dessa bifurcação é que um número de importantes problemas filosóficos não foi enfrentado de modo proveitoso. Por exemplo, como podemos determinar se o universo é mental, ou se o mental é físico, como creem alguns filósofos, na ausência de conceitos precisos e atualizados sobre matéria e mente?

Presumivelmente, o mundo era visto como uno até que a religião o dividiu em dois: a natureza e o sobrenatural, o material e o espiritual, o mais baixo e o mais alto, o acessível e o inacessível, o familiar e o misterioso. Com exceção dos atomistas, os antigos gregos mantiveram seus deuses guardando-os com segurança no Monte Olimpo – salvo Zeus, por suas escapadas ocasionais. E muitas filosofias clássicas hindus eram naturalistas, bem como racionalistas. Isso vale em particular para a importante escola Samkhya, que secularizou a dualidade matéria/espírito. Essa escola antecipou em catorze séculos a similar distinção de René Descartes entre *res extensa*, ou matéria, e *res cogitans*, ou mente. Entretanto, nenhum dos dois tratados cuja publicação ele refreou fez mais do que essa divisão. Em particular, Descartes – seguindo Galileu – sugeriu explanações puramente físicas das qualidades fenomenais ou secundárias; e finalmente ele alocou a alma na glândula pineal.

No século seguinte, George Berkeley tentou eliminar totalmente o conceito de matéria ao conceitualizar de novo tudo em termos de percepções: ele foi o primeiro fenomenalista moderno. David Hume e Immanuel Kant o seguiram, não concebendo o fenomenalismo como um aspecto do antropocentrismo, a mais primitiva das cosmovisões. O Barão d'Holbach e outros membros do iluminismo francês restauraram a unidade da realidade nas bases do materialismo e do cientificismo. No século que se seguiu, os idealistas alemães, particularmente Friedrich Hegel, rejeitaram as ideias iluministas e escreveram, de modo enigmático, acerca da fenda *Geist/Natur* (Espírito/Natureza), embora evitando o subjetivismo de Kant, Johann Gottlieb Fichte e Joseph von Schelling. Karl Marx e Friedrich Engels rejeitaram o idealismo, porém mantiveram a baboseira dialética daquele "poderoso pensador".

Duas gerações depois, o grande cientista Ernst Mach reviveu Berkeley inconscientemente, e decretou que os constituintes básicos do mundo são sensações. Ainda depois, Alfred North Whitehead se queixou da "bifurcação da natureza" no físico e no fenomenal, e tentou restaurar a unidade por meio do estabelecimento do subjetivismo de Berkeley e Kant. Ao mesmo tempo, seu amigo e colaborador Bertrand Russell tentou superar o dualismo ao recuperar o monismo neutro de Spencer, e ao pensar um objeto físico como uma possibilidade de sensações – tal como John Stuart Mill. Rudolf Carnap reaqueceu o velho prato, temperando-o com uma nova lógica. Mais próximo de nós, Karl Popper reinventou o dualismo mente/corpo de Descartes, bem como o espírito objetivo descrito por Hegel e posteriormente por Wilhelm Dilthey. Ao mesmo tempo, muitos cientistas cognitivos, inspirados pela revolução causada pelo computador, defenderam que humanos são compostos de *hardware* e *software*. Não há nada como esquecer o passado para, aparentemente, vomitar novas filosofias.

Durante toda essa longa discussão entre monistas e dualistas, a maioria dos filósofos manteve noções pré-científicas de matéria e mente. Por exemplo, John Locke não estava sequer atento à revolução iniciada por seu contemporâneo Isaac Newton; David Hume nem tomou conhecimento dela, senão para rejeitá-la enfaticamente por ir além do fenômeno; e nem Locke nem Hume prestaram atenção à psicologia médica, a qual manteve vivo o princípio de Hipócrates que alega ser o cérebro o local onde acontecem os processos mentais e as doenças. Mesmo Bertrand Russell, o mais erudito homem de seu tempo, repetiu o mito segundo o qual a peculiaridade da matéria é a impenetrabilidade – e isso dois séculos depois do nascimento da química e da física dos gases, e muito tempo depois de seus compatriotas Michael Faraday e James Clerk Maxwell terem gerado a física dos campos. Mesmo nos dias de hoje, alguns famosos filósofos, como Bas van Fraassen, acreditam que a mecânica quântica calcula fenômenos (aparências) mais do que propriedades físicas inacessíveis aos sentidos, tais como níveis de energia atômicos e seções de choque de espalhamento.

Em 1888, Henri Bergson, a despeito de sua postura intuicionista, discutiu os "dados imediatos da consciência" à luz do trabalho experimental de seus famosos contemporâneos Wilhelm Wundt, William James e Pierre

Janet. Por contraste, a maioria dos filósofos contemporâneos da mente é indiferente à psicologia, ou até notavelmente mal informados sobre ela. Por exemplo, ao discutir a hipótese da identidade psiconeural, eles provavelmente sustentariam que, de acordo com ela, a dor é idêntica à excitação de C-fibras – enquanto, como fato consumado, fibras nervosas não são excitáveis, e essas fibras particulares não podem sentir nada, porque elas apenas conduzem sinais que ativam os embotados centros de dor do cérebro – as quais, incidentalmente, não precisam de estímulos externos para nos incomodar. Essa não é uma discussão de detalhes sem importância, mas um tema de interesse médico, porque uma dor tratada pode continuar no cérebro muito depois do dano que a causou: a memória de uma perna amputada tem a possibilidade de permanecer gravada durante toda vida no tecido nervoso. Assim, uma má filosofia pode nos provocar uma dor crônica.

Mas os filósofos não são os únicos transgressores. Mesmo alguns dos fundadores da física atômica e nuclear, notavelmente Niels Bohr, Werner Heisenberg, Max Born e Wolfgang Pauli, viam a teoria quântica pelo viés fenomenalista de Berkeley, Hume, Kant, Auguste Comte e Mach. Esses metafísicos negam a existência das coisas em si mesmas – tais como átomos nas profundezas do Sol, que estão além do alcance da experimentação – ou ao menos a possibilidade de conhecê-las. Pior ainda. Alguns físicos eminentes defendem que o universo é criado pela observação. Por exemplo, eles nos dizem que o observador tem o poder de vida e morte sobre a solene falta de sorte do gato de Schrödinger, o qual, antes do final da observação, existiria meio vivo e meio morto. Na realidade, isso não se segue da teoria quântica; quando analisada, essa teoria não se refere, de forma alguma, a organismos, mas apenas aos observadores e seus processos mentais.

O assim chamado efeito do observador invocado com referência à teoria quântica pressupõe a concepção de visão do antigo Egito, segundo a qual a luz emana do olho do observador. Alhazen mostrou há um milênio que a seta no processo da visão aponta na direção oposta. As estrelas são geradas a partir dos gases, não do olhar fixo. Sem dúvida, as coisas são muito diferentes no experimento; uma intervenção que altera o objeto de estudo. Porém, o que causa tais mudanças é a mão do experimentador ou de seu servomecanismo, e não sua mente desamparada. E presumivelmente, tanto o processo mental inicial (projeto experimental) como o final (leitura do mostradores) são processos mentais. Assim, provavelmente todos os elos na cadeia casual em questão são materiais, embora apenas os intermediários sejam físicos. Se o pensamento pudesse mover a matéria sem mãos ou próteses neurais, não haveria conservação da energia.

Quanto ao lado oposto da distinção entre as coisas e nós, alguns dos mais marcantes cientistas do cérebro do século passado, como Charles

Sherrington, Wilder Penfield, John Eccles e Roger W. Sperry, apegam-se ao velho dualismo mente/corpo enquanto ajudam no parto da neurociência cognitiva, afetiva e social. Esse novo campo multidisciplinar assume e confirma a hipótese da identidade psiconeural, segundo a qual os processos mentais são processos cerebrais. Tal área hoje floresce enquanto a psicologia sem cérebro está desvanecendo.

Ainda assim, a velha dualidade matéria/mente mantém-se firmemente entrincheirada, não apenas no conhecimento comum e na filosofia, mas também na psicologia isenta de cérebro (em particular, na computacional). Este livro é mais uma tentativa de reunir matéria e mente, agora com a ajuda da ciência contemporânea, em particular da física e da neurociência cognitiva. A primeira nos fornece um conceito de matéria não familiar, mas realista (independente do observador), e a nova psicologia supera o idealismo inerente da ciência cognitiva sem cérebro. Sugiro que levemos a sério os dois conceitos em questão e que olhemos para a ciência, a fim de responder aquelas velhas questões metafísicas.

Não devemos tomar os físicos pelas suas palavras quando fazem incursões filosóficas: nós próprios podemos nos valer de certas ferramentas formais para descobrir do que realmente tratam suas teorias. Por exemplo, por volta de 1930 Bohr e Heisenberg alegavam que a tarefa da física não era descobrir o que a natureza era, mas o que podemos dizer a seu respeito. Algum filósofo realista poderia lhes ter dito que as pessoas que analisam o que os físicos dizem são filósofos e historiadores da ciência, enquanto os físicos gostam, eles próprios, de estudar átomos, estrelas e coisas, como exibem suas fórmulas e experimentos.

Com respeito à mente, temos a vantagem de viver em período pós--behaviorista e pós-psicanalítico, quando as novidades psicológicas mais excitantes provêm do estudo dos processos mentais no cérebro vivo mais do que dos velhos livros. De fato, a neurociência cognitiva, afetiva e social gradualmente responde à velha questão filosófica: "O que é a mente?". Ela começou a explicar como sentimos, aprendemos e pensamos, e também por que a cafeína nos mantém acordados, por que ficamos viciados nela, e por que algumas pessoas sofrem doenças de incapacitação mental.

A filosofia da mente é um dos mais ativos ramos da filosofia contemporânea. Mas poucos de seus praticantes se dão ao trabalho de manter um encontro com a ciência da mente, em particular com sua vanguarda, a neurociência cognitiva. Isso explica o grande número de opiniões extravagantes, tais como aquelas que dizem o seguinte: é perigoso pensar que a mente está relacionada ao cérebro (Wittgenstein); a mente pode conduzir o cérebro (Popper); a mente é apenas um conjunto de programas de computador (Hilary Putnam); a mente permanecerá para sempre não cognoscível (Colin McGinn); ou, finalmente, ignoramos o que seja físico, e por isso tentar reduzir experiência ao não experimental é um equívoco (Daniel Stoljar). Nesse campo, como na *Naturphilosophie* romântica de dois séculos atrás, vale qualquer coisa, particularmente se for cientificamente datado.

Aceito que a arbitrariedade que rege a filosofia contemporânea da mente é devida largamente ao seu isolamento tanto da ciência da mente quanto do resto da filosofia, em particular, da ontologia. Também aceito que o caminho certo para abordar os problemas da mente e da matéria é fazer uso intensivo das ciências da matéria e da mente, e colocar esses problemas em um sistema ontológico que englobe as categorias principais que ocorrem no estudo de todos os níveis de realidade, do microfísico ao macrossocial.

A razão pela qual adotamos essa estratégia é que todas as Grandes Questões vêm aos montes, não uma de cada vez – daí serem grandes. Elas clamam por ideias claras acerca de um certo número de categorias inter-relacionadas, como as do ser e do vir a ser, causação e chance, mente e sociedade, significado e verdade, hipótese e experimento. Por exemplo, para avaliar com propriedade as engenhosas, se não selvagens, conjecturas dos psicólogos evolucionários populares, precisamos conhecer algo acerca dos modos como a mente se relaciona ao cérebro e à sociedade, e como as hipóteses científicas são avaliadas.

Em geral, todas as assim chamadas Grandes Questões exigem filosofias abrangentes e sistemáticas, mais do que alguns poucos aforismos inteligentes e experimentos mentais, tais como imaginar como as pessoas se comportariam em um planeta seco gêmeo da Terra. Particularidades, fragmentação e fantasias não checadas são marcas de improvisação filosófica. Porém, amplitude e sistema sem dúvida não bastam: precisamos também de rigor, de profundidade e da promessa da verdade no confronto com problemas significantes. Em outros termos, queremos utilizar o melhor conhecimento existente para ajudar a resolver problemas importantes ao colocá-los em amplo contexto e em relação a outros itens do conhecimento e mesmo a outras disciplinas, lidando com eles, se necessário, com rigor e profundidade.

Creio que uma filosofia sem ontologia é desarticulada, é confusa se não tem semântica, acéfala, sem epistemologia, surda, se não houver ética, paralítica, se for desprovida de filosofia social, e obsoleta se não possuir suporte científico – e sem tudo isso não é filosofia. Todos esses ramos da filosofia são considerados nos nove tomos do meu *Tratado* (1974-1989). O presente livro tem um escopo mais limitado: está focado nas modernas concepções de matéria e mente. A propósito, sua compreensão não requer qualquer conhecimento especializado. Apenas os dois apêndices empregam algumas ferramentas formais. Meu *Dicionário de Filosofia* pode ajudar a elucidar alguns termos filosóficos.

Agradeço a Martin Mahner por apontar meus vários equívocos, bem como pelo seu esforço em conter minhas críticas. Sou também grato a Graham Bell, Carlos F. Bunge, Silvia F. Bunge, Carmen Dragonetti, Bernard Dubrovsky, Albert Galindo Tixeira, Antonio Lazcano, Jean-Marc Lévy-Leblond, Michael Matthews, Ignacio Morgado-Bernal, Anadreas Pickel, Jorge Quintanilla, Arturo Samgalli, Dan A. Seni, Endel Tulving, Nicolás Unsain, Horacio Vucetich, bem como aos meus falecidos amigos Dalbir Bindra, David Bohm, Andrés Kálnay, Raymond Klibansky e Bruce G. Trigger. Devo a todos eles dados, questões, sugestões, críticas e encorajamento.

INTRODUÇÃO

Muita gente acredita, na linha de Descartes, que o mundo é composto por entidades de duas espécies radicalmente opostas: material e espiritual ou corpos e almas. Os materialistas como Hipócrates, Demócrito, Barukh Spinoza, Holbach, Denis Diderot e Engels, e os idealistas como Platão, Leibniz, Kant, Hegel, Bernhard Bolzano e Russell, criticaram essa concepção dualista do mundo sustentando, ao contrário, que há basicamente uma única espécie de substância ou matéria. Quer dizer, eles advogavam o monismo-materialista, idealista ou neutro – e consequentemente rejeitavam o dualismo. Por certo, porém, o dualismo – a ideia segundo a qual algumas coisas são materiais e outras espirituais – sempre foi a metafísica mais popular. Em contraposição, o monismo neutro – a concepção de que o material e o ideal são apenas manifestações de uma substância neutra desconhecida – é a menos popular.

Entretanto, nos dias de hoje, raramente se transmite aos estudantes de filosofia algo sobre o materialismo, ao passo que são sobrecarregados com minúcias sobre Platão, Kant, Hegel, Dilthey, Husserl e outros idealistas. Imagine as faculdades de ciências, engenharia ou medicina ensinando que o mundo é composto de entidades espirituais em vez de entidades materiais. Nada teria sido descoberto e apenas os bibliotecários e contadores de bagatelas (*bean counters*) das universidades ficariam felizes, pois laboratórios, observatórios, seminários e estações experimentais tornar-se-iam redundantes.

Este livro defende que a moderna ciência natural, da física à neurociência cognitiva, adotou tacitamente a visão materialista segundo a qual o universo é composto exclusivamente de coisas concretas, e que as ciências sociais e biossociais se beneficiariam em segui-la. Esse ponto de vista não nega que haja processos mentais. Os materialistas afirmam apenas que não há mentes sem corpos. Eles podem acrescentar que não havia mentes antes do aparecimento dos mamíferos e das aves. Ademais, os materialistas alegam que *qualia*, sentimentos, consciência, e mesmo o livre-arbítrio são reais e estão dentro do alcance da pesquisa científica. E os resultados dos laboratórios seriam duvidosos se presumíssemos que espíritos não presos a qualquer referencial pudessem interferir com os instrumentos de mediação.

Dito isso, deve-se admitir que o materialismo encontra-se ainda seriamente subdesenvolvido a ponto de o conceito de matéria não ser geralmente aceito, em contraposição aos conceitos específicos de materiais manipulados pelos físicos, químicos, biólogos e engenheiros. Vale o mesmo, em muitos aspectos, para o conceito de mente: não dispomos ainda de uma teoria materialista da mente de aceitação geral. E os *status* dos objetos abstratos, tais como os inventados pelos matemáticos, são até mais precários, por não parecerem nem ser materiais nem mentais. Eis por que alguns dos principais objetivos deste livro são o de elucidar os conceitos gerais de matéria e mente à luz da ciência contemporânea. (A natureza e o *status* dos objetos *matemáticos* e outros transcendentais são discutidos em Bunge, 2006).

Esse introito basta para colocar esta obra fora da corrente metafísica contemporânea, que se revolve em torno dos conceitos de mundo possível e contrafactual, com total despreocupação pelo mundo real e, *a fortiori*, pelo que poderia ser feito para aperfeiçoá-lo. Admito, assim, por outro lado, que as ideias principais deste livro são congruentes ao *matérialisme instruit* (materialismo culto), tacitamente inerente à ciência contemporânea (Changeux, 2004, p 8). Mas, sem dúvida, converter ideias tácitas e, portanto, incipientes, em ideias explícitas e articuláveis é parte da variedade de funções do filósofo.

As ideias expostas neste volume não são fortuitas, mas fazem parte de um sistema filosófico abrangente, cujos componentes são apresentados na figura 1 abaixo.

Fig. 1: Esboço do sistema filosófico de Bunge (2009).

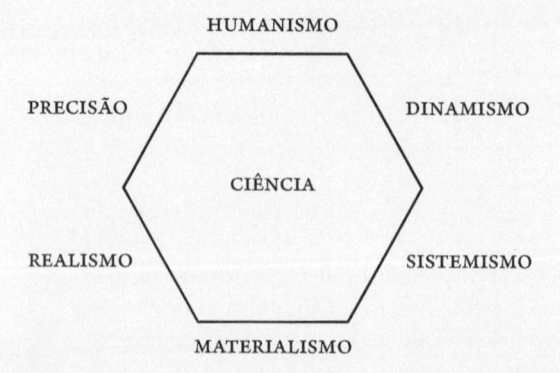

HUMANISMO

PRECISÃO   DINAMISMO

CIÊNCIA

REALISMO   SISTEMISMO

MATERIALISMO

MATÉRIA

parte i

1.
FILOSOFIA COMO COSMOVISÃO

Uma cosmovisão é uma concepção abrangente de tudo que existe, ao passo que uma filosofia é uma disciplina academicamente dividida em campos especiais, cada um dos quais sendo, em geral, cultivado de modo independente dos outros. Por exemplo, o filósofo típico da mente não estará interessado na filosofia da matéria; como consequência, poderá achar difícil crer que a matéria pode pensar. Ou então, se for um naturalista radical talvez acredite que cérebros secretam culturas. Eu desejo restaurar a unidade tradicional da filosofia concebida como uma elaborada cosmovisão ou, se preferirmos, como uma teoria de todas as coisas. Tal concepção unitária e integrada de filosofia deveria ajudar a situar todo problema filosófico em uma rede de itens de conhecimento, em vez de enfrentá-la como um quebra-cabeça isolado.

A filosofia importa em todos os setores da cultura intelectual porque a opinião filosófica pode ou encorajar ou obstruir a exploração da realidade. Por exemplo, Joseph Needham, o grande especialista em cultura chinesa, propôs a seguinte pergunta: "Por que a ciência moderna não nasceu na mais avançada civilização de seu tempo, ou seja, a da China?" A sua resposta foi aproximadamente a seguinte: porque a cultura intelectual chinesa, tradicional, era dominada pelo budismo, taoismo e confucionismo. Buda pensava que tudo é aparência e ilusão; Lao Tzu, que a contemplação supera a ação; e Confúcio, que o importante era apenas a coexistência pacífica e a obediência à tradição. Nenhum dos três mestres desafiou pessoas para que fossem adiante e explorassem o desconhecido sem falar em alterar o conhecido.

Não há filosofia de escape. No entanto, ironicamente, a filosofia é uma disciplina que duvida de si própria, que não tem objeto bem definido, e que é concebida distintamente por diferentes estudiosos. Do meu ponto de vista, qualquer filosofia faz valer seu nome se for antes uma cosmovisão explícita e bem organizada, mais do que uma coleção de opiniões pontuais sobre isso ou aquilo. Eu espero que os filósofos digam algo

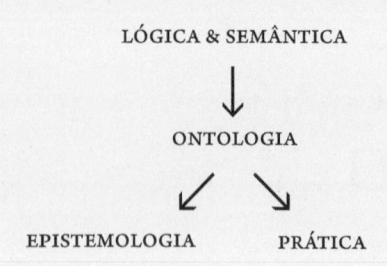

LÓGICA & SEMÂNTICA

↓

ONTOLOGIA

↙ ↘

EPISTEMOLOGIA   PRÁTICA

Fig. 1.1: Toda filosofia merece seu nome se estiver centrada em uma ontologia

interessante acerca do mundo, bem como do conhecimento que dele possuem e do lugar que nele ocupamos. Isto é, que seja uma filosofia propriamente dita, organizada em torno de uma ontologia ou metafísica: uma teoria da mudança e da invariância, do espaço e do tempo, da causa e da chance, do corpo e da mente, da pessoa e da sociedade, e assim por diante. Concordo que uma filosofia sem ontologia não tem espinha dorsal, assim como será confusa se isenta de lógica e semântica, descabeçada, se isenta de epistemologia, e aleijada se não possuir uma filosofia prática. E um corpo de ideias em que falham todos esses cinco itens, como é o caso dos aforismos de Wittgenstein, e dos *dicta crípticos* de Martin Heidegger, dificilmente se qualifica como uma filosofia (ver fig. 1.1).

Uma ontologia, cosmologia ou cosmovisão é muito mais do que um pacote de informação: tem também a obrigação de inspirar ou inibir projetos de pesquisa, sejam eles tímidos ou audaciosos. Basta pensar em qualquer das seguintes ideias cosmológicas influentes, algumas puramente especulativas, mas nenhuma delas tola: de que o universo é infinito, ou então finito, tanto no espaço quanto no tempo; que é na maior parte vazio ou totalmente cheio; que é para sempre mutável ou imutável, regido por leis ou contingente, material ou ideal; que a realidade é ou uma coleção de indivíduos ou um sistema; que os primeiros organismos emergiram de materiais pré-bióticos por auto-organização; que todas as bioespécies são ramos de uma única árvore da vida; que o genoma é destino ou possibilidade; que os processos mentais são processos cerebrais, ou então, mudanças numa alma imaterial; que a ação humana é impulsionada pela paixão ou por interesses, pelo estímulo do meio ambiente ou por cálculo racional; que humanos são escravos ou livres; que somos altruístas, egoístas ou meio a meio; que viver em sociedade é competir, cooperar ou praticar ambas as coisas em diferentes circunstâncias; que hierarquias sociais são naturais ou artificiais; que a igualdade é uma miragem ou um ideal factível; que há verdades universais e normas morais;

que a moralidade supera a lei do país ou o inverso; que a arte, a filosofia, a ciência e a matemática são as mais altas atividades espirituais; e que a tecnologia pode ser boa ou má. As pessoas têm defendido apaixonadamente e até matado por algumas dessas grandes ideias, particularmente aquelas que foram incluídas nas ideologias religiosas ou sociopolíticas. E, no entanto, a maioria dos filósofos contemporâneos dá um jeito de ignorar essas Grandes Questões, pois preferem antes trabalhar em vasos de flores do que em campos abertos.

Mundo e Cosmovisão

É difícil navegar em qualquer meio ambiente sem ter algumas ideias dele, mesmo que grosseiras. Com efeito, para encarar qualquer situação devemos saber se ela é real ou imaginária, profana ou sagrada, sensível ou não às nossas ações, e assim por diante. É por isso que mesmo organismos pouco desenvolvidos, se não cosmovisões, esboçam no mínimo mapas sensoriais grosseiros de seu ambiente próximo – como notaram os etologistas desde o início (e.g., von Uexküll, 1921). Mas, em geral, se pressupõe que apenas os humanos podem construir modelos conceituais de seus ambientes. E, exceto para alguns filósofos, os seres humanos distinguem os mapas dos territórios que eles representam.

A noção de representação pertence à semântica (ver, e.g., Bunge, 1974a). Ela pode ser elucidada do seguinte modo. Um conjunto Σ de ideias sobre animais da espécie K é dito *representar* um conjunto Ω de objetos para os $K's$ se a apresentação, a memória ou a imaginação de alguns membros de Ω evoca uma sensação, percepção ou conceito em alguns membros de K. Observe que se assume tacitamente que diferentes espécies animais constroem diferentes representações de uma mesma coleção de objetos, se houver alguma.

Com respeito à matéria contida no representado (Ω) e no representante (Σ), podemos distinguir três espécies básicas: factual (coisas e processos), conceitual (conceitos, proposições, classificações e teorias) e semiótica (signos, figuras e sons)(ver tabela 1.1).

E, no tocante à forma, em princípio há três possíveis relações de representação: um a um, como nas notas de sons musicais; um para muitos, como nas diferentes cosmologias; e muitos para um, como em qualquer conceito geral de homem. As representações um a um, as mais exatas de todas, são difíceis de obter. Por exemplo, a correspondência ponto-número é um para um, mas a numeral-número não o é, porque a esmagadora maioria dos números reais é inominada, uma vez que, enquanto o primeiro constitui um contínuo, qualquer lista de nomes é contável. A

Ω (representado)	Σ (representante)	Exemplo
Factual	Factual	Modelo em escala
Factual	Conceitual	Teoria científica
Factual	Semiótico	Texto científico
Conceitual	Factual	Operação computacional
Conceitual	Conceitual	Números e pontos
Conceitual	Semiótico	Texto matemático
Semiótico	Factual	Texto ilustrativo
Semiótico	Conceitual	Análise de texto
Semiótico	Semiótico	Tradução

Tabela 1.1

correspondência palavra-fato, ou conceito-mundo, é até mais problemática, muito embora ela fundamente a teoria de correspondência da
verdade. Em particular, o ponto de vista de que essa correspondência é
isomórfica é insustentável, porque a relação de isomorfismo é definida
somente para conjuntos, e acontece que o mundo não é um conjunto.
De fato, a correspondência teoria-mundo é indireta (ver capítulo 15).

O precedente pressupõe uma epistemologia realista. Os idealistas não
têm uso para o próprio conceito de representação, pois sustentam que
a realidade é constituída por ideias (idealismo objetivo) ou por signos
(hermenêutica). Em particular, os pitagóricos pensavam que o mundo
é feito de números; a hermenêutica filosófica assevera que os fatos são
textos; e os "metafísicos digitais" contemporâneos pretendem que os "its"
(entidades materiais) são feitos de "bits" (unidades de informação). Uma
objeção óbvia aos pitagóricos é que números não têm propriedades físicas, começando com a energia. E a multidão de "its" de "bits" é errônea,
pois os bits estão vazios de energia, e porque o conceito de informação
só faz sentido com referências a sistemas de informação, que são artefatos
muito especiais. Finalmente, a hermenêutica também é falsa porque o
mundo real não tem nem gramática, nem fonologia, nem estilo. A natureza demanda uma abordagem naturalista assim como a sociedade deve
ser descrita em termos de categorias, tanto sociais quanto biológicas, e
ideias em termos conceituais, bem como em termos neurocientíficos.

Monismo e Pluralismo

As cosmovisões ou ontologias podem ser classificadas como monistas
e pluralistas, na medida em que postulam apenas uma ou mais espécies
de coisas. Há três gêneros de monismo: materialista, idealista e neutro.
Cada um desses gêneros cinde-se em duas ou mais espécies. Por exemplo,

o materialismo pode ser fisicalista (nível de embasamento) ou emergentista (inúmeros níveis). O idealismo pode ser racionalista (tudo é ideal), empirista (em particular, fenomenalista), semiótico (tudo é linguístico) ou informacional (todo "it" é feito de "bits"). E há pelo menos duas versões de monismo neutro: energetismo (tudo é energético) e agnóstico. Segundo esse último, a substância neutra é incognoscível, mas podemos conhecer suas duas manifestações, matéria e mente. Daí por que essa doutrina é sustentada por Herbert Spencer e, em certa época, por Russell; ela também foi chamada de "teoria do duplo aspecto".

Foi dito que o materialismo é uma ontologia espontânea de cientistas. Isso vale para cientistas experimentais. Mas um número de físicos teóricos exponenciais reinventou o idealismo de Platão e o fenomenalismo de Buda, Ptolomeu, Hume, Kant, Comte e Mach. E o vitalismo, embora terrivelmente desfigurado no século XIX pela fisiologia e pela biologia evolucionária, só morreu por volta de 1920. Além disso, o idealismo continua caminhando com vigor na psicologia descerebrada e nos subúrbios da ciência social – antropologia interpretativa (ou hermenêutica) e sociologia fenomenológica.

O idealismo e o dualismo foram algumas vezes considerados como versões seculares da religião. Isso se torna particularmente claro no idealismo de santo Agostinho, no aristotelismo de Tomás de Aquino e nos neotomistas. Mas o moderno idealismo, de Kant em diante, tem sido secular e amiúde ateu. Na realidade, o idealismo deixou de preencher uma função social, exceto como um bastião acadêmico contra o marxismo e – no caso da escola neokantiana do *Verstehen* – como um obstáculo para as ciências sociais.

As cosmovisões mais primitivas são dualistas, isto é, assumem que a realidade está partida em dois extratos que não se interseccionam: o terreno ou profano, e o supernatural ou sagrado. Em adição, o terreno usualmente é dividido em dois níveis: matéria e mente, ou corpo e alma. Em particular, o animismo postula que tudo, seja pedra ou estrela, planta ou animal, é "animado", isto é, habitado por um espírito imaterial ou alma. O espírito ou alma é, em princípio, destacável de seu portador material: pode ser transferido a alguém ou a alguma coisa, ou pode sobreviver à morte do corpo. Assim, no português polido do Brasil, morrer é "desencarnar".

O panteísmo nada mais é que um animismo monoteísta: ele consolida todos os poderes infernais e celestiais em um só, e postula a identidade da natureza e Deus. O panteísta moderno mais conhecido, por certo, foi Spinoza. Outro caso foi Ernst Haeckel, o grande embriologista e o primeiro seguidor alemão de Charles Darwin, bem como influente escritor de ciência popular. Como Haeckel, Paul Carus sustentou que todas as coisas eram ao mesmo tempo materiais e espirituais, mas o seu espírito era totalmente secular e isso importava na habilidade de conhecer. E o spinozismo de Albert Einstein era apenas um ardil para neutralizar acusações de ateísmo: ele rejeitava enfaticamente a crença em uma divindade pessoal e não gostava de todas as religiões organizadas. Nenhum partidário de religião jamais foi enganado pela deidade naturalista, secular e tímida dos panteístas; estes eram denunciados como ateus secretos. Se Deus está em toda parte e o temos na mão toda vez que pegamos alguma coisa, então Ele é somente isso.

A principal razão para a divisão natureza-supernatureza pode ter sido o desejo de garantir a imortalidade da alma. E uma das razões para se defender o dualismo mente/corpo cartesiano foi esta: enquanto a matéria só pode ser estudada de fora, temos acesso direto às nossas próprias almas, e podemos nos inspecionar introspectivamente. Além disso, de acordo com santo Agostinho e Husserl, apenas a introspecção pode fornecer conhecimento profundo do mundo.

Alguns poucos filósofos tiveram necessidades de mais de duas substâncias. Por exemplo, em seus cadernos de anotações filosóficas, Lênin (1981, 38, p. 182), infectado pelo entusiasmo de Hegel por tríades, escreveu, em 1914, que "há *realmente*, objetivamente, **três** membros [sic]: 1. natureza; 2. cognição humana = o cérebro humano (como o mais alto produto dessa mesma natureza); e 3. a forma de reflexão da natureza na cognição humana, e essa forma consiste precisamente de conceitos, leis, categorias etc." Notem a ausência de um quarto "membro" entre o primeiro e segundo termos, isto é, sociedade. É de se presumir que Lênin o incluía na natureza, substituindo assim, inconscientemente, seu professado materialismo pelo naturalismo, talvez porque o número 4 não seja atrativo para um admirador das tríades ubíquas de Hegel.

Mal podia Lênin suspeitar de que meio século mais tarde um notório filósofo antileninista adotaria exatamente a mesma doutrina de três mundos. De fato, Karl Popper (1967) dividiu a realidade em três "mundos": mundo 1 (físico), mundo 2 (mental), e mundo 3 (o espírito objetivo de Hegel). Ele argumentava "em favor da (mais ou menos) *existência independente do mundo 3*" (ênfase de Popper), bem como em favor da interação entre todos esses três "mundos". Incidentalmente, estes não eram *mundos* propriamente ditos (isto é, sistemas), mas sacolas de retalhos de itens heterogêneos.

Essa cosmovisão triádica é uma parte da metafísica do senso comum. De fato, ela tem sido sempre comum e conveniente para distinguir entre, digamos, cérebros e processos mentais e seus "produtos", tais como poemas ou teoremas tomados em si, isto é, desprezando sua origem. Mas tal distinção não é fundamentalmente diferente daquela entre um amontoado de argila, o trabalho de um ceramista e o vaso resultante; ou entre um organismo, seu metabolismo e as consequências ulteriores. Todas essas tríades têm um lugar na ontologia materialista contanto que seus constituintes sejam distinguidos, porém não separados. Por exemplo, o cérebro é uma entidade material, as ideações são processos cerebrais, e pretender que o produto final de qualquer desses processos possa ser destacado (em pensamento!) de suas gêneses é outro processo mental. Porém, a distinção não exige necessariamente a separação. Em geral, as distinções envolvidas em descrição e a análise não precisam ter contrapartida ontológica. Por exemplo, é legítimo distinguir entre corpos e seus movimentos porque, de fato, eles pertencem a categorias diferentes, se não por outro motivo, ao menos porque corpos diferentes podem mover-se grosseiramente do mesmo modo. Mas isso não implica que o movimento pode ser destacado dos corpos ou de outras coisas materiais.

Enfim, tratemos brevemente do monismo neutro. Essa concepção foi sustentada por Herbert Spencer, William James, Bertrand Russell e por energeticistas como Wilhelm Ostwald. Alguns monistas neutros propuseram sua doutrina como um compromisso entre materialismo e idealismo, e outros como uma ponte entre ciência e religião. Obviamente essa posição não encontrou adeptos. O compromisso, tão amiúde desejável em tecnologia e política, é tão desastroso na filosofia como na ciência e na matemática: aí ele é um indicador de superficialidade.

Os parceiros metodológicos dos vários princípios metafísicos são evidentes. Os materialistas provavelmente hão de sustentar que o universo só pode ser conhecido por meio do estudo de coisas concretas; os idealistas, que conhecer qualquer coisa é empenhar-se em uma exploração puramente mental (racional ou intuitiva); e os monistas neutros, que a substância neutra é incognoscível, ainda que suas manifestações – matéria e mente – possam ser conhecidas.

Metafísica:
Do Senso Comum, Especulativa e Científica

A metafísica, ou ontologia, é o estudo dos problemas mais básicos e gerais sobre o universo e a mente. (Esse é o ponto de vista clássico. Vamos desconsiderar a confusão que Willard van Orman Quine faz entre ontologia e classe de referência ou denotação.) Há quatro atitudes principais em face da ontologia: negar sua legitimidade (ceticismo radical, positivismo e Wittgenstein); criar sobre uma física popular (como Peter Strawson) ou psicologia popular (como a maioria dos filósofos da mente); construir teorias fantasiosas (como a monadologia de Leibniz, a filosofia da natureza de Hegel, ou o processo metafísico de Alfred North Whitehead); e trabalhar no projeto da filosofia científica de Charles Sanders Peirce, que considera a ontologia como ciência geral. Adotaremos a última posição (Bunge, 1977a, 1979a, 1981).

Comecemos recordando algumas convenções que regem o uso de um punhado de categorias ontológicas chaves. Faremos isso por meio de um fato familiar. Considere um pedregulho atingindo um tanque de água e causando ondulações na água. O pedregulho e o tanque são *coisas* que compartilham de algumas *propriedades* (como a massa), embora diferindo em outras (como composição e densidade). O impacto do pedregulho no corpo da água é um *evento* ou, antes, um *processo*, uma vez que ele leva algum tempo. (Um evento é uma mudança instantânea.) Um processo que ocorre em uma coisa pode ser conceituado como uma corrente de eventos em uma coisa ou, melhor, uma sequência de *estados* da coisa. E cada estado pode ser concebido como uma lista de valores das propriedades relevantes. Uma ondulação no tanque de ondas é um processo caracterizado por amplitude e frequência. (Entretanto, falando em termos estritos, essas são propriedades das partículas que compõem o corpo líquido). Finalmente, o impacto e a ondulação subsequente são respectivamente *causa* e *efeito*. Assim, a causação, ou o nexo causal, relaciona eventos ou processos, não coisas, propriedades ou estados. (Daí dizer, e.g., que um processo cerebral causa um estado mental, como John Searle [2007, p. 40] o faz, é violar uma regra linguística padrão e embaralhar a ontologia.)

Até aqui encontramos seis categorias ontológicas: coisa, propriedade, estado, evento, processo e causação. Outras duas são definíveis como segue. *Mudança* pode ser definida como evento ou processo – em alguma coisa concreta, por certo. E uma coisa que tem certa propriedade ou está em dado estado, ou passa por certa mudança, é chamada *fato*. Sem dúvida, outras duas categorias do mesmo tipo se encontram à espreita no *background* do que precede: as de espaço e tempo. Note a ordem lógica das categorias ontológicas mencionadas abaixo:

Coisa < Propriedade < Estado < Processo < Causação

Esse ordenar é absoluto, não contextual. Isto é, seria errado tratar uma entidade como uma coisa em um contexto e como uma propriedade, estado ou processo em outro. Há uma razão lógica para isso, ou seja, a de que cada uma das categorias, além da primeira, é definida em termos de um conceito prévio. É verdade, o uso não é consistente na filosofia, nem na ciência. Assim, na física do estado sólido, os fônons são amiúde tratados como partículas ainda que, na realidade, sejam ondas sonoras em sólidos – portanto, processos mais do que coisas. Certo, os fônons são similares aos fótons, uma vez que sua energia é quantizada; ademais, como as partículas, eles são espalhados por fótons incidentes. Ainda assim, declarar que fônons espalham luz *como* se fossem partículas não é o mesmo que afirmar que eles *são* partículas. E a dita analogia é apenas parcial, visto que não há fônons livres (independentes-sólidos). Somente ficcionistas e outros negadores da verdade denegam a diferença entre ficção e realidade: o resto é realista.

O que dissemos basta para rejeitar como logicamente defeituosas as definições de uma coisa quer como feixe de propriedades (Russell, 1914) ou como um conjunto de processos (Whitehead, 1929). De fato, toda propriedade é um traço de uma entidade; apenas entidades (ou, caso se prefira, propriedades dela) são mutáveis; e todos os processos ocorrem em coisas. Portanto, é errado declarar que as coisas são como instantâneos de processos (Lewontin e Levins, 2007), pois isso é o que estados (de coisas) são. Igualmente, é errado assegurar que o mundo é o conjunto de todos os fatos (Wittgenstein, 1922), ou que é composto de estados (Armstrong, 1997). Isso é assim porque, por definição, a composição de qualquer coisa concreta é um conjunto de coisas; e também porque não há fatos nem estados separados de coisas. (Mais sobre isso no capítulo 14.)

Admito que em todas as ciências factuais o mundo real é concebido como composto de coisas concretas, desde partículas elementares e fótons até pessoas e sistemas sociais. (Tadeusz Kotarbinski chamou essa tese de *reismo*.) O conceito de coisa é tão invasivo e esmagador que nós, amiúde, nos entregamos à reificação, isto é, denominamos não coisas, tais como processos, conceitos e palavras, de "coisas". Outras vezes, particularmente na literatura filosófica, o conceito de um sistema, ou de coisa complexa, é faltante, talvez por possuir apenas meio milênio de idade. De fato, ele emergiu nos primórdios da modernidade, quando Nicolau Copérnico concebeu os planetas como membros do sistema solar e William Harvey lançou a hipótese de que o coração é a componente chave do sistema cardiovascular.

Hoje em dia todas as ciências e tecnologias lidam com sistemas de muitas espécies diferentes, desde átomos até cristais, desde células até organismos multicelulares, desde máquinas até sistemas sociais, desde o ápice de sistemas conceituais, como os espaços vetoriais, até sistemas semióticos, como as linguagens. O conceito de sistema tornou-se tão difundido que a realidade, ou o universo, está sendo crescentemente visto como o sistema de todos os sistemas. Esse é o postulado central do *sistemismo* (Bunge, 1979a). Em troca, o sistemismo implica *emergentismo*, a tese segundo a qual todo sistema tem propriedades globais ou emergentes de que seus componentes carecem.

Pense, e.g., em uma gota de água e nas suas moléculas componentes de H_2O; ou considere uma família e seus membros. Uma gotícula tem traços, tais como tensão superficial e temperatura, de que carecem seus constituintes moleculares; do mesmo modo, uma família tem propriedades, tal como número de membros e concórdia (ou seu dual), que seus membros carecem. A contrapartida metodológica do emergentismo é a regra que recomenda o estudo dos sistemas em dois níveis; o do sistema ou macronível, e de seus constituintes ou micronível.

Um estudo inadequado deixa passar um sistema ou confunde um simples conjunto com um sistema. Por exemplo, a princípio os sistemas nervosos, endócrinos e imunológicos eram considerados como separados, ao passo que, na realidade, eles constituem um supersistema; em contraposição, o assim chamado sistema límbico é agora conhecido como uma *assemblage* [reunião] de órgãos, da qual somente alguns deles estão intimamente conectados.

Até aqui tomamos o conceito de uma propriedade como óbvio, o que ele não é. Platão e seus seguidores pensavam que as "formas" (propriedades) precedem as "substâncias" (indivíduos, objetos, coisas). Daí a locução familiar "a coisa *c* instancia (exemplifica) a propriedade *P*". Aristóteles corrige seu antigo mestre nesse ponto crucial, argumentando que toda propriedade é um traço de uma coisa ou outra, que toda coisa possui várias propriedades e algumas delas com certeza hão de mudar.

A ciência e a tecnologia seguem Aristóteles nesse ponto: toma-se como consagrado que nos são dadas coisas dotadas de suas propriedades. Estas podem ser intrínsecas, como a numerosidade e a composição, relacionais, como ternura, e estar entre mutáveis, como locação e idade, invariantes, como leis. Nenhuma propriedade pode ser separada de seu portador. E muitas propriedades podem ser conceituadas de diferentes maneiras. Isso nos força a distinguir as propriedades dos predicados: as primeiras são ontológicas enquanto as segundas são conceituais.

O precedente sugere que a ontologia não deveria ser improvisada. Também sugere que dificilmente é possível aventurar generalizações acerca do mundo real sem usar algumas categorias ontológicas, tais como as de sistema e de propriedade emergente; longe de estar desligada da ciência, a ontologia pertence à própria medula da ciência. E, no entanto, a maioria dos cientistas e tecnólogos está propensa a negar que todos os relatos de fatos do mundo real estejam carregados de ontologia. Até alguns filósofos acreditam ser possível e desejável lançar ao mar a "bagagem metafísica" – e.g., limitando a ciência para "salvar os fenômenos" ou aparências, como Ptolomeu, Hume, Kant, Comte e Mach pediram, e como Bas C. van Fraassen (1980) recentemente reiterou. O único meio de ladear a metafísica é apegar-se aos particulares: todas as generalizações sobre fatos como "todas as coisas mudam", e "duas coisas concretas não são estritamente idênticas", envolvem categorias ontológicas. Portanto, manter a nossa ontologia em ordem e atualizada gratifica muito mais do que condenar a metafísica ou permitir que ela seja malhada por forjadores de palavras.

Todavia, vamos enfrentar a questão: a metafísica conquistou má reputação entre os cientistas e, até mui recentemente, entre os filósofos. A razão disso é, por certo, que a maior parte desse domínio tem se estribado em conhecimento obsoleto e, pior ainda, tem consistido em especulação desenfreada (por exemplo, nos mundos possíveis de Saul Kripke e David Lewis), ou até em jogos de palavras (como no caso de Heidegger). O popular "experimento mental Terra Gêmea" inventado por Hilary Putnam em 1973 é um caso em foco. Imagine um planeta exatamente como o nosso, e povoado por nossos gêmeos idênticos. Há uma diferença, no entanto: a Terra Gêmea não possui água: é seca em uma versão do jogo e, em outra, a água é substituída por um líquido de composição química completamente diferente. Detenha-se bem aqui: espera-se que os filósofos saibam que a vida é impossível sem água, a qual tem propriedades únicas, ou seja, ser líquida na temperatura certa, ser um solvente quase universal, ter moléculas unidas por ligações de hidrogênio, ter muito baixa condutividade elétrica etc. A posse conjunta dessas propriedades torna a água única, indispensável à vida, como Lawrence Henderson (1913) notou há um século aproximadamente. É óbvio que um planeta sem água estaria privado de organismos e, portanto, não seria gêmeo da Terra, de modo que mereceria um nome diferente.

Espera-se também que os filósofos saibam que as propriedades vêm em feixes – elas são inter-relacionadas por leis –, de maneira que não podem ser substituídas ou removidas arbitrariamente. Mas, sem dúvida, a própria noção de lei, que serve para distinguir o real da possibilidade meramente imaginada, é absolutamente alheia a professores que jogam com jogos de palavras em vez de enfrentar problemas sérios. Retornaremos a esse tema na seção Tipos de Consciência do capítulo 11, ao discutir os Zumbis imaginados por Saul Kripke para refutar o monismo psiconeural.

Charles S. Peirce (1935), em minha opinião o mais profundo, o mais original e versátil dos filósofos norte-americanos, julgou ser possível construir uma metafísica científica, isto é, teorias metafísicas usando o vasto armazém da matemática e da ciência factual. Eu concordo, e acrescento que fazer metafísica científica deve ser bem mais interessante do que fantasias acerca de mundos fisicamente impossíveis. Além disso, na medida em que a metafísica especulativa é infundada (ou injustificada), as hipóteses da metafísica científica podem ser checadas por sua compatibilidade com o conhecimento científico corrente. Por exemplo, as teorias relacionais (ou adjetivas) de espaço e tempo são consistentes com as teorias da relatividade, enquanto as teorias do espaço e tempo absolutos não o são. De novo, na medida em que as filosofias da mente envolvendo hipóteses de identidade psiconeural são consistentes com a neurociência cognitiva, as teorias dualistas não o são (ver Bunge, 1977a, 1979a).

Além disso, aceito que toda vez que cientistas descobrem algo, e toda vez que tecnólogos projetam um artefato utilizável, eles confirmam o materialismo. Por outro lado, nenhuma montanha de realizações científicas e tecnológicas provavelmente irá satisfazer o teólogo, o pseudocientista, o filósofo idealista ou até o cientista apaixonado pelo bizarro, ou aquele que deseja *épater le bourgeois* (chocar a burguesia). Por exemplo, o falecido John A. Wheeler, um dos mais imaginativos físicos contemporâneos, pretendeu certa vez que o universo era composto de proposições. Mais recentemente ele e seus seguidores declaram que os "its" são feitos de "bits" (ver Barrow et al., 2004). Essa ideia, o cerne da assim chamada metafísica digital, origina-se no fato de que as leis da física são exprimíveis em termos de programas de computador. Tal proposição é verdadeira, mas ela não implica que pedaços de matéria sejam conglomerados de "bits". Asseverar que elas o são é confundir coisas reais com os nossos modelos delas – uma peça de pensamento mágico. A fantasia "its de bits" é facilmente falsificada quando nos lembramos que aglomerados de informações como as sentenças e os textos não possuem propriedades físicas, enquanto pedaços de matéria as possuem, mesmo se acontecer de elas codificarem ou carregarem informação. Em suma, não há informação sem matéria, ao passo que a maioria das coisas materiais não codifica informação. Voltaremos a isso na seção Informação do capítulo 4.

Considere agora os seguintes itens:

Está nevando. [1]
Eu estou olhando a neve cair. [2]
A proposição (ou a sentença) "Está nevando". [3]

Poucos contestarão que esses itens pertencem a diferentes categorias: 1. é físico, 2. mental e 3. conceitual (ou cultural). A questão é se cada um dos itens acima pertence ao mundo que é dele próprio, e por direito próprio: o mundo físico, o mundo mental e o mundo cultural (ou o "mundo 3", como Popper o denominou). O senso comum responderia na afirmativa. Assim fez Lênin (1981) no caderno de anotação que manteve em Zurique, enquanto estudava a grande Lógica de Hegel em 1914. Popper (1967), seu formidável inimigo ideológico, pensava exatamente a mesma coisa, e o expressou em termos que pareciam como se ele os tivesse colado de Lênin – o que por certo ele não o fez. Tudo isso sugere uma vez mais a falsidade do provérbio: *vox populi, vox dei.*

Determinismo e Contingência, Causação e Chance

Os conceitos gêmeos de determinismo e contingência, bem como os de causação e lei, são alheios ao espiritualismo, mas centrais para o naturalismo e, *a fortiori*, para o materialismo. De fato, de acordo com o espiritualismo, a alma e os seres espirituais, todo caminho que leva dos humanos aos deuses, são livres, enquanto a matéria, se ela existe em geral, é sujeita à lei. Em contrapartida, os modernos naturalistas e materialistas julgam que todo fato é sujeito à lei. Isso, em resumo, é o *princípio da legalidade.*

Quase todo mundo concorda que há leis (ou antes, normas) feitas pelo homem ou leis convencionais acima das leis naturais. Mas não há consenso sobre o significado de "lei natural". Elucidemos, pois, essa noção. O realista admite prontamente que "lei natural" designa dois conceitos diferentes embora intimamente relacionados (Bunge, 1959b): os de padrão objetivo, ou lei, e o enunciado de lei ou conceitualização de uma lei. Naturalistas e materialistas sustentam que as leis são inerentes às coisas; que elas constituem as propriedades básicas das coisas; e que uma e mesma lei, ou padrão objetivo, pode ser conceitualizada de maneiras diferentes em distintas teorias. Por exemplo, a lei básica do movimento era "Força = constante × velocidade", para Aristóteles, e "força = massa × aceleração", para Isaac Newton.

A próxima distinção pertinente é aquela entre as leis probabilísticas e causais. Mais uma vez, a segunda lei de Newton é o exemplar clássico de um enunciado de lei. Mas seu corolário, a lei da inércia "se *Força* = zero então *Velocidade* = constante", é obviamente não causal. A lei de Antoine Lavoisier de conservação da massa, "a massa total de uma reação química isolada é constante", é igualmente não causal. Assim também é a lei básica da mecânica quântica para uma "partícula" livre: ela concerne à distribuição de probabilidade de suas posições, que é mais uma vez constante. Em contraposição, a lei quantomecânica básica para uma "partícula" sujeita a forças dependerá dessas forças, e envolverá, assim, a chance e a causação (força externa) em um mesmo nível.

Assim, há leis causais, leis probabilísticas e leis que combinam causação e chance. Isso sugere a conveniência de se ampliar o conceito de determinismo para incluir as leis probabilísticas (ou estocásticas). Entretanto, naturalistas e materialistas desejam manter milagres e mágicas fora

34

da ciência, de modo que eles repudiam como não científica ou pseudo-científica qualquer lei putativa (supostamente verdadeira) que viole o princípio de Lucrécio, *ex nihilo nihil*. Daí por que propus (Bunge, 1959a) redefinir o determinismo como a conjunção de dois princípios logicamente independentes: o de Lucrécio e o de legalidade.

A legalidade tampouco é restrita a fatos: ela também cobre enunciados de lei. Com efeito, a física teórica inclui não apenas uma porção de enunciados de leis físicas, como também um punhado de leis a respeito delas, ou seja, metaleis, como os princípios de Galileu, os princípios da relatividade de Einstein, e o Teorema PCT (P = paridade, C = conjugação de carga, T = inversão no tempo) da eletrodinâmica quântica (Bunge, 1961). Não vamos nos estender sobre isso. Basta notar que, ao contrário do que pressupõem os metafísicos de mundos possíveis, não há leis naturais arbitrárias. Com efeito, as leis vêm em feixes, particularmente em sistemas altamente complexos, como cérebros.

Onde é que o determinismo abandona a contingência? A resposta depende da definição desse termo ambíguo. Se contingente é igual à ausência da lei, então o determinismo repudia a contingência. Mas se "contingente" é entendido da maneira sutil como o usado na biologia evolucionária e desenvolvimentista, então ele pode ser acomodado no determinismo. De fato, a contingência biológica é apenas acidente, como quando uma história de vida é severamente desviada por uma catástrofe política, ou quando um desastre natural causa a migração, dizimação ou até extinção de uma população – o que pode, por seu turno, abrir a oportunidade para a sua presa expandir-se e ramificar-se. Esses são casos de chance como aqueles entendidos por Crisipo de Solis, ou seja, como intersecções de linhas causais inicialmente paralelas, tais como a deriva da plataforma continental e a filogenia de avestruzes, que se ramificaram com a separação entre a África e a América do Sul.

Epistemologia: Ceticismo, Subjetivismo, Realismo

A mais simples concepção sobre aprendizagem é por certo o ceticismo, que é uma atitude, uma prática, mais do que uma teoria. E a atitude mais simples em relação à teoria do conhecimento é declará-la como algo impossível. Entretanto, note que o ceticismo aparece em duas forças: radical ou total, e moderada ou parcial. O crítico radical, ou pirronista, nega a possibilidade de se conhecer qualquer coisa. É duvidoso que existam quaisquer céticos radicais fora da academia porque a sobrevivência exige muito pouco do autoconhecimento, assim como do trabalho de explorar tudo que envolve a pessoa. Por outro lado, há um bom número de dogmáticos, como os religiosos fanáticos, incapazes de efetuar conversões exceto pela força; e fundamentalistas de mercado – tão ricos que podem se permitir o mercado livre, defeitos e tudo mais. É admitido, em geral, que humanistas sérios, cientistas e tecnólogos são céticos moderados, isto é, indivíduos que, embora pressupondo enormes quantidades de dados, hipóteses e regras, estão dispostos a checá-los à primeira suspeita de inadequação.

Para encetar qualquer exploração ou revisão, é preciso fazer, mesmo se apenas provisoriamente, as três assunções seguintes: a existência autônoma do mundo externo, a possibilidade de conhecê-lo ao menos parcial e gradualmente e as regras básicas da lógica. Estas últimas são necessariamente convincentes à razão, a respeito de qualquer coisa; e o mundo real e sua cognoscibilidade deve ser pressuposto antes que seja planejada qualquer exploração dele. Por exemplo, Cristóvão Colombo não teria planejado sua expedição se ele e seus patrocinadores não dispusessem de indicações, de vários tipos, de que seria encontrada terra navegando-se para Oeste. E os físicos não teriam despendidos anos e bilhões de recursos tentando detectar certas entidades elusivas, tais como buracos negros e ondas gravitacionais, se a existência deles não tivesse sido sugerida por uma teoria com incrível histórico – a teoria da gravitação de Einstein.

Note que todas as três hipóteses acima são filosóficas e para nenhuma delas se supõem que devam apresentar provas. A hipótese da existência independe da realidade é o principal postulado ontológico do realismo, e a assunção de sua cognoscibilidade é seu parceiro epistemológico. Quanto à assunção acerca da necessidade da lógica, ela é central para o racionalismo, ou o ponto de vista de que a deliberação racional é possível e desejável desde que algumas premissas e regras de inferência sejam admitidas.

A bem dizer, pode-se duvidar da existência desta ou daquela coisa, da possibilidade de conseguir conhecer itens de certa espécie, ou da confiabilidade de uma regra particular ou teorema da lógica. Mas semelhante dúvida pode ser apenas local ou restrita, porque toda dúvida deve ser formulada contra um conhecimento de base que é pressuposto, se não por outro motivo, ao menos por amor ao argumento. Assim, justifica-se que alguém duvide da existência de "cordas", porque a teoria das cordas contém hipóteses que contradizem peças de conhecimento bem confirmado – e.g., que o espaço comum tem três dimensões e não dez. E justifica-se que alguém prefira a lógica clássica à intuicionista porque a conformidade com a última empobrece a matemática e torna as provas matemáticas embaraçosas.

Como a lógica se relaciona com a ontologia e a epistemologia? A lógica está a serviço delas, uma vez que é a ciência do argumento cogente. E, para ser boa servidora, a lógica não lhes dever nada: ela deve valer independentemente da natureza das coisas e de nosso conhecimento delas. Em particular, a lógica tem que servir ao materialista e ao realista, tão bem quanto ao imaterialista e ao irrealista. Se isso não ocorresse, a lógica não seria um árbitro neutro capaz de moderar qualquer debate sobre a natureza do mundo e acerca das teorias correspondentes. Em particular, ela não teria autoridade para fechar um debate, mostrando que uma dada tese é insustentável por ser contraditória em si mesma ou por conduzir a conclusões que contradizem uma das premissas iniciais.

Mas a lógica é, não resta dúvida, por construção, ontológica e epistemologicamente descompromissada: ela nada pressupõe acerca do mundo ou das estratégias para explorá-lo. Daí por que ela é chamada *formal*. Por exemplo, a tautologia "*p* ou não *p*" vale para qualquer proposição *p*, seja ela verdadeira ou falsa, na química ou na alquimia. Em outras palavras, a lógica pode referir-se a qualquer coisa, mas ela não descreve nada em particular (Bunge, 1974b). A tese contrária de que a lógica diz respeito ao mundo, ou à experiência, tem sido defendida por certo número de filósofos, embora sem prova. Em suma, a lógica formal subjaz a todas as cosmovisões cogentes. Somente irracionalistas a rejeitam.

Finalmente, como a ontologia e a epistemologia estão ligadas à ciência? *A priori* elas podem se encontrar em cada uma das três relações: independência, submissão ou colaboração. Normalmente, os filósofos não dão ouvidos aos cientistas. Assim, o mais famoso filósofo de seu tempo, o aristotélico materialista Cesare Cremonini, contemporâneo e colega de Galileu Galilei na universidade de Pádua (e modelo para seu Simplício), se recusou a olhar pelo telescópio do cientista; David Hume meditou e refutou a mecânica newtoniana – que ele não podia entender por carência de matemática. Kant, que não conseguia compreendê-la tampouco, pela mesma razão, pretendeu tê-la aperfeiçoado adicionando-lhe uma força repulsiva. Hegel tentou substituir o todo da ciência moderna por sua própria *Naturphilosophie*. Engels ridicularizou alguns dos mais eminentes físicos de seu tempo. Henri Bergson, um laureado Nobel, criticou o conceito de tempo de Einstein. E os filósofos soviéticos, durante o governo de Stálin, denunciaram a relatividade, a mecânica quântica, a genética e outras coisas mais como idealistas e burguesas, ao mesmo tempo que engoliam muitos dos absurdos de Hegel.

A própria ideia de uma filosofia científica sugere que a filosofia deveria sempre obedecer à ciência. Mas, de vez em quando, os filósofos estão aptos a corrigir a ciência ou, antes, os cientistas que se extraviam. Eis aqui uma breve lista de casos desse tipo. Conquanto se credite a Louis Pasteur haver provado a impossibilidade da geração espontânea, o bioquímico Alexandr Oparin duvidou desse achado por razões puramente filosóficas e empreendeu a síntese de seres vivos a partir de materiais abióticos – um projeto que está agora em pleno curso. Alguns poucos filósofos mostraram que a interpretação de Copenhague da teoria quântica era um enxerto filosófico, não comprovado pela teoria do formalismo matemático, e que não abria espaço para quaisquer observadores. Tanto as teorias criacionistas quanto as teorias cosmológicas do estado estacionário foram ainda atacadas por violar o princípio ontológico de Lucrécio *ex nihilo nihil*: as primeiras postularam a origem do universo a partir do nada e as segundas postularam a criação espontânea da matéria. A teoria econômica padrão foi criticada por falta de testes empíricos e por apresentar o assim chamado mercado livre, conhecido também como capitalismo não regulado, como quase perfeito e inevitável. E os estatísticos foram criticados quando adotaram a interpretação bayesiana ou subjetivista da teoria da probabilidade, segundo a qual os valores de probabilidades são crenças, isto é, pontos fortes de crença. Em suma, a ciência deve ser criticamente examinada, para checar se ela combina princípios ontológicos e regras metodológicas com um histórico notável na própria ciência.

Esse tipo de crítica deve ser bem-vindo porque é construtivo.

A Conexão Epistemologia-Ontologia

À primeira vista, a epistemologia independe logicamente da ontologia. Daí por que o realismo tem se mantido unido ao naturalismo ou ao supernaturalismo, e o materialismo tem sido combinado quer com o realismo ou com o antirrealismo. Por exemplo, Kant era tanto naturalista quanto subjetivista; Karl Popper defendeu o realismo e rejeitou o materialismo; em contraposição, David Lewis, que se denominava materialista, partilhava do fenomenalismo de Hume e trabalhou sobre a metafísica de multimundos, de acordo com a qual todos os universos imagináveis são igualmente reais. E muitos pensadores renomados, de Hegel a Heisenberg, identificavam o positivismo com o naturalismo ou com o materialismo, quando, na realidade, o positivismo é tão subjetivista quanto o kantianismo – do qual derivou.

Mas, de fato, a ontologia e a epistemologia têm estado fortemente ligadas uma a outra. Por exemplo, o antigo atomismo, a primitiva versão do materialismo, envolvia o *slogan* "explique os fenômenos (aparências) em termos de imperceptíveis". E o subjetivismo de Berkeley, Hume e Kant, até a interpretação de Copenhague da mecânica quântica, gerou o fenomenalismo ontológico. Tal é a concepção que, pelo fato de nos basearmos na percepção para obtermos conhecimento factual, "o próprio mundo é uma soma de aparências" (Kant). Como consequência, a matéria seria apenas possibilidade de percepção (Mill) ou até uma coleção de sensações (Mach, Rudolf Carnap e, ocasionalmente, Whitehead e Russell). A parceira metodológica do fenomenalismo ontológico é a prescrição positivista para aferir-se as aparências. No caso da psicologia, essa injunção reza: "Aferre-se, atenha-se ao comportamento manifesto: não neurologise".

O subjetivismo de Berkeley é por certo o mais radical por postular que ser é perceber ou ser percebido. Hoje a filosofia de Berkeley é encontrada apenas nos escritos dos estudantes de teoria quântica que, contrariamente a toda evidência, defendem que essa teoria envolve o postulado segundo o qual a matéria quântica é um produto do observador ou experimentador – enquanto admitem tacitamente que esse último, embora composto de entidades quânticas, não é produto de operações de laboratórios. Em outras palavras, a interpretação padrão ou a de Copenhague da teoria quântica envolve essa tácita contradição: "O sujeito precede o objeto, o qual, por sua vez, é gerado pelo objeto". Por sorte, nem os cálculos quantoteóricos, nem as relevantes operações laboratoriais dependem da filosofia de Berkeley. Daí por que a mecânica quântica pode ser formulada de maneira livre do observador (Bunge, 1967b).

Em tempos recentes, uma versão diferente do subjetivismo ganhou alguma popularidade entre estudantes de ciências desconfiados da pesquisa desinteressada. Trata-se do construtivismo-relativismo, uma espécie de subjetivismo coletivista. Os mais conhecidos membros dessa escola são Bruno Latour, David Bloor e Harry Collins. Sua tese principal defende que tudo, da molécula à estrela, é uma construção social: cientistas teriam criado não só suas ideias, mas também os objetos que estudam. Se isso fosse verdade, não haveria diferença alguma entre território e mapa, natureza e artefato, lei e convenção, universal e local, e assim por diante.

Ademais o construtivismo-relativismo conduz diretamente ao poço da contradição. Por exemplo, suponha que a doença fosse uma criação da comunidade médica, como pretenderam os construtivistas. Então ou: a. os traços de tuberculose, que foram encontrados nas múmias egípcias, podem não sê-los, uma vez que o bacilo de Koch não tinha sido identificado até 1882; ou b. os antigos egípcios são modernos. (Mais em Bunge, 1999.) Quem quer que desafie o realismo ameaça o esforço científico, pois este nada mais é do que a exploração da realidade.

Realismo ou objetivismo é provavelmente a mais velha e a mais robusta de todas as epistemologias. O julgamento de Galileu foi o primeiro desafio sério ao realismo. De fato, o réu argumentou que o modelo copernicano ou heliocêntrico do sistema planetário era verdadeiramente sua representação. A Inquisição o forçou a renegar e a admitir relutantemente a doutrina da Igreja, de que nenhum dos dois modelos rivais representava a realidade, e que ambos eram *maneiras de falar* mutuamente equivalentes. Três séculos mais tarde, Philip Frank e outros positivistas lógicos posicionaram-se tacitamente a favor da Inquisição, ao defender a dita equivalência. (De fato, a equivalência é geométrica, mas não dinâmica: um movimento de planeta pode certamente ser descrito em coordenadas ligadas ao Sol ou à Terra; mas o corpo menor girará em torno do mais massivo e não inversamente.) Em suma, o realismo tem estado na defensiva desde o momento em que começou a dar o seu mais importante fruto, ou seja, a ciência moderna.

Por ironia, o positivismo, que se encontra praticamente extinto na comunidade filosófica, continua ainda forte entre os cientistas, a despeito de sua esterilidade. Por exemplo, o físico N. David Mermin (1981, p. 397) sustentou certa vez que "nós sabemos agora que a Lua não está demonstravelmente lá quando ninguém a olha". Presumivelmente, a Lua só veio a existir quando um dos nossos remotos antepassados olhou para o alto e disse em voz trovejante "Fiat luna"; e seus efeitos de maré não emergiram até o aparecimento de Isaac Newton. Em resumo, a cognição precederia o ser, portanto, a epistemologia seria anterior à ontologia. Em outras palavras, o empirismo (ou positivismo) pode ser visto como um naturalismo antropocêntrico.

Embora ligadas intimamente uma à outra, a ontologia e a epistemologia deveriam ser distinguidas porque têm tarefas diferentes: a primeira é empregada para entender o mundo, a segunda, para entender o entendimento. No entanto, até os autointitulados materialistas, como Lênin (1908), confundiam o realismo, uma postura epistemológica, com o materialismo, uma família de ontologias. E Roy Wood Sellars (1970) chamou sua própria filosofia de "realismo emergentista", pois ele promoveu o naturalismo não redutivo juntamente com o realismo científico.

Lênin e Sellars não foram os primeiros a misturar as disciplinas em questão. Kant produziu as mais egrégias e influentes das confusões entre elas quando colocou que "todas as coisas externas são para mim aparências, porque a condição para determiná-las está em mim." (1780, p. 316) Isto é, x seria subjetivo porque eu conheço x. Em outras palavras, o fenomenalismo acarreta seja a confusão entre metafísica e epistemologia seja a rejeição da primeira em relação à última. Os positivistas e neopositivistas condenaram a metafísica porque inconscientemente adotaram a metafísica fenomenalista de Kant segundo a qual "o mundo é uma soma de aparências". O que constitui um retrocesso em relação à clara distinção de Galileu (1623) entre qualidades primárias ou objetivas, tais como forma e movimento, de um lado, e as secundárias ou subjetivas, como a cor e o paladar, de outro! Em minha opinião, tanto o realismo sem materialismo como o materialismo sem realismo são fracos, portanto vulneráveis. Realismo sem materialismo convida à especulação sobre mentes despidas de corpos, e materialismo sem realismo não tem uso para os cérebros que ele postula. Apenas o hilorrealismo, uma síntese de materialismo e realismo, é robusto (Bunge, 2006a). Isso porque o hilorrealismo admite somente o mundo real ou material, e porque utiliza o nosso conhecimento dele em vez de fantasiar sobre ele: ele se esforça para ser científico.

Os casos acima mencionados de Popper e Lewis são particularmente instrutivos. Popper denominava-se realista; mas, por rejeitar o materialismo, perpetrou ou favoreceu várias violações com relação ao realismo. Na verdade, Popper defendia que o mundo das ideias, que ele chamava de "mundo 3", era tão real quanto o mundo físico, denominado por ele como "mundo 1", e o "mundo" dos eventos mentais (Popper, 1967). Como consequência ele defendia o dualismo mente/corpo (Popper e Eccles, 1977) e escreveu acerca do "conhecimento sem o sujeito cognocente" (Popper, 1967). Tendo separado a mente do corpo, Popper teve de admitir a possibilidade da parapsicologia e, consequentemente, de modos paranormais de conhecimento tais como a telepatia e a precognição (Popper e Eccles, 1977). E Popper (1961) esbravejou contra mim por eu criticar sua fantasiosa criação *ex nihilo* incluída na cosmologia do estado estacionário.

Como para David Lewis (1986), ele acreditava, sem qualquer postura crítica, na real existência de todos os mundos possíveis conceitualmente, mesmo aqueles que violam todas as leis conhecidas da física. Mas que tipo de matéria é essa que não tem energia, ou que viola a lei de conservação da energia? E como é possível conhecer alguma coisa acerca de mundos imaginários se assumimos que eles nos são paralelos, logo, isolados de nós? A fim de acessarmos uma coisa ou um fato x é necessário receber sinais de x ou de uma sonda enviada para explorá-lo. Mas isso é impossível se o mundo suposto x é paralelo ao nosso. É de espantar que tal impossibilidade de testar sua existência não incomoda os simpatizantes da interpretação multimundos da mecânica quântica proposta por Hugh Everett (1957).

Os físicos quânticos são particularmente cegos à incompatibilidade entre a metafísica imaterialista e a epistemologia realista implicada no método científico. Assim Frank Wilczek (2008, p. 33-34), prêmio Nobel, assevera que os quarks e glúons são "ideias corporificadas", e em geral que "os its são bits" – exatamente porque eles, como os pósitrons e quarks, foram previstos teoricamente. Mais tarde, no mesmo livro, Wilczek relata que tais partículas são efetivamente produzidas pelo Large Electron-Positron Collider (Grande Colisor de Elétron-Pósitron). Pois bem, *esse*, como qualquer outro artefato, é uma ideia corporificada; mas seus átomos constituintes existiam muito antes que a hipótese atômica fosse inventada. Tanto assim que a maior parte deles proveio de minerais que tiveram de ser extraídos de minas, não de cérebros de teóricos. O mesmo vale para mapas de territórios preexistentes, e pessoas nascidas antes que seus retratos fossem pintados. Em geral são bits de its, não o contrário. Voltaremos a esse tema na seção Informação do capítulo 4.

A razão pela qual a epistemologia depende da ontologia é que obter algum conhecimento sobre o objeto x depende não só do conhecedor e de suas ferramentas, mas também da natureza de x. Assim, se x é prontamente acessível, qualquer pessoa pode reivindicar conhecê-lo, e nenhum esforço especial pode ser feito para ir mais fundo do que as aparências. Por contraste, o conhecimento de imperceptíveis exige mais ingenuidade e esforço. Em resumo, "é cognoscível" é um predicado de três pontos: objeto x é cognoscível ao sujeito y com ferramentas z. Portanto, qualquer mudança profunda na ontologia pode exigir uma mudança na epistemologia. A seguir veremos um exemplo.

A teoria do campo eletromagnético, nascida nos anos de 1830, mudou não só a ontologia da física clássica, mas também sua metodologia. De fato, considere o problema de encontrar dados sobre dois universos muito diferentes: o de Newton, constituído por corpúsculos, e o de Faraday, preenchido por campos. O experimentalista espera ser capaz de medir a posição e a velocidade de cada massa pontual acessível; mas ele não pode alimentar a mesma esperança com respeito ao universo de Faraday, porque campos são contínuos e isso demanda conjuntos de dados não enumeráveis. Em suma, o sonho do empirista é, em princípio, realizável no universo de Newton, mas ilusório no de Faraday.

O problema da predição é paralelo. O demônio de Laplace, capaz de medir a posição e a velocidade de cada partícula no universo em dado instante, seria capaz de calcular o estado do universo em qualquer instante futuro (ou passado). Mas o universo de Faraday derrotaria o mais esperto dos demônios, porque não há instrumentos de medição capazes de mensurar todos os parâmetros de um contínuo, tal como um corpo extenso ou um campo eletromagnético. É verdade, o teorema de Cauchy nos assegura que, se conhecemos o tamanho, a forma, e a velocidade da frente de onda a partir de um dado instante, então poderemos calcular os valores das mesmas magnitudes em qualquer instante posterior. Mas o antecedente dessa proposição condicional é falso: não há meio de se produzir um conjunto de dados não enumerável; o máximo que podemos obter é uma amostra finita.

Esse resultado frustrou o sonho de Pierre Simon Laplace – ainda que poucos filósofos, se é que algum, o percebessem. Poderiam os computadores fazer melhor? Por certo, não: sendo digitais, eles não podem "manipular" o contínuo. Mas nós podemos, a fim de ajudá-los, aproximando variedades contínuas por meio de matrizes e substituindo equações diferenciais por equações de diferenças finitas e curvas por degraus. Enquanto teorizar envolve amiúde contínuos, a computação requer sempre digitalização.

Em síntese, a epistemologia e a ontologia devem parear uma com a outra. Em particular, uma epistemologia realista deve andar junto com uma ontologia materialista se a possibilidade for distinguida da efetividade; a descoberta não pode ser confundida com a invenção e a exploração da realidade não deve ser substituída pela egologia (o nome dado por Husserl à sua fenomenologia).

Filosofia Prática

Toda cosmovisão inclui visões sobre valores, ação, o direito e a política. Há várias filosofias práticas mutuamente incompatíveis: religiosa e secular, dogmática e crítica, submissa e independente, intuicionista e racionalista, humanista e anti-humanista, e assim por diante. Como escolher entre elas? Sugiro que se faça a avaliação de cada filosofia prática à luz das duas considerações, a filosófica e a científica, e isso pelas seguintes razões. Primeiro, uma filosofia prática deve ser consistente com todos os outros componentes de um sistema filosófico, ou seja, lógica, semântica, epistemologia e ontologia (lembre-se da fig. 1.1). Segundo, as normas propostas por uma filosofia prática devem ser verificadas quanto à razoabilidade e à eficiência, que demanda a colaboração com as ciências do homem, em particular a psicologia e a ciência social (ver fig. 1.2).

A filosofia prática particular que eu advogo (Bunge, 1989, 2009) inclui uma teoria do valor que é uma teoria materialista no sentido de ela conceber os valores como os radicados em necessidades biológicas e sociais, em vez de encará-los acima do mundo material. Assim, perpetro descaradamente o que os idealistas denominaram "a falácia naturalística", com a ressalva de que partilho da advertência de Hume, segundo a qual os juízos de valor não podem ser deduzidos de proposições factuais sem mais. Por exemplo, o imperativo político "reduza a desigualdade social" não decorre da proposição socioeconômica "há desigualdade social". Mas decorre da conjunção do enunciado factual "grande desigualdade social prejudica tanto o indivíduo quanto a sociedade", e a norma moral "abstenha-se de causar dano desnecessariamente".

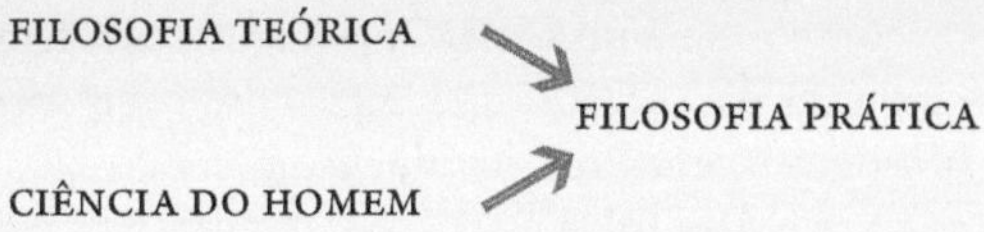

FILOSOFIA TEÓRICA

FILOSOFIA PRÁTICA

CIÊNCIA DO HOMEM

Fig 1.2 Os dois *inputs* para a filosofia prática.

Minha filosofia prática é também realista (ou objetivista) pelo fato de que ela manda submeter todas as normas morais e políticas à verificação da realidade. Mais precisamente, ela adota o realismo científico que é cientificista, uma vez que recomenda elaborar normas à luz da biologia e da psicologia humanas, bem como das ciências sociais. Finalmente, espero que ela seja também consistente e, assim, compatível com a lógica comum, bem como congruente com qualquer semântica que consagre tanto a significação como a verdade. Consequentemente, a filosofia prática opõe emotivismo e intuicionismo, os quais exaltam pressentimentos intestinos, lealdade de grupo, respeito acrítico pela autoridade e tradições tribais, independentemente do dano que possam causar.

Minha razão para advogar uma abordagem cientificista da ética é porque considero que essa disciplina se preocupa com dilemas morais dos quais todos são problemas sociais – o domínio da ciência social. De fato, sugiro que os problemas morais surgem quando recursos escassos são manipulados por pessoas com poder desigual. Daí por que quanto mais dividida a sociedade mais severos são os problemas morais que nela afloram. Sugiro também que a melhor maneira de resolver tais conflitos de um modo equânime e pacífico é discutir e barganhar à luz do que é conhecido acerca do sistema social em questão, de modo que o partido mais forte possa compensar o mais fraco, e.g., oferecendo-lhe um quinhão num feixe de itens desejáveis.

Obviamente a abordagem cientificista da moralidade opõe-se ao relativismo moral assim como ao absolutismo (ou dogmatismo) moral. Ao contrário da opinião em moda, de que devemos tolerar os valores e normas porque eles estão apenas enraizados em impressões ou no costume, uma filosofia moral cientificamente orientada há de promover equanimidade e reciprocidade, pois estas favorecem o bem-estar individual e o progresso social. A mesma abordagem favorecerá também estreito contato entre a ética e a ontologia, porque a conduta moral é uma forma de comportamento social, cuja justificação demanda por uma ontologia social. Na verdade, diferentes ontologias sociais sugerem diferentes filosofias morais: o individualismo subjaz ao utilitarismo; o holismo envolve o deontologismo; e o sistemismo constitui a base de qualquer ética segundo a qual os direitos implicam deveres e inversamente. Uma ética sem ontologia, como Hilary Putnam (2004) pediu, é uma ética para eremitas.

Algumas filosofias são quase exclusivamente práticas. Isso vale em particular para o pragmatismo e o vitalismo. O pragmatismo floresceu na América (Peirce, James e John Dewey) e o vitalismo na Alemanha (Friedrich Nietzsche, Wilhelm Dilthey e Georg Simmel). Ambas as escolas eram orientadas para a ação e, portanto, antropocêntricas, embora Peirce, de longe o mais profundo deles todos, estivesse seriamente interessado na ontologia. Esses seis homens compartilharam não apenas uma orientação prática, como também um antirrealismo: para eles, verdade era o mesmo que utilidade, e a vida tomava precedência sobre todos os outros valores. Em outras matérias eles se diferenciavam enormemente. Em particular, enquanto a *Lebensphilosophie* alemã era anticientífica e antidemocrática, o pragmatismo clássico norte-americano era cientificista e democrático. (Em contraposição, os neopragmatistas, como Nelson Goodman, Richard Rorty e Putnam, são anticientificistas.)

Essas duas escolas filosóficas também tinham fins diferentes: enquanto o pragmatismo está quase acabando, o vitalismo sobrevive em várias seitas pós-modernas, em particular no construtivismo e no existencialismo. Mas, ironicamente, o construtivismo é uma doutrina metafísica e epistemológica, e não um guia para a vida. E quanto ao existencialismo, dificilmente pode-se dizer que seja uma filosofia, visto que as sentenças peculiares de Heidegger como "o mundo mundos", "o tempo é a maturação da temporalidade" e "a essência da verdade é a liberdade", são ininteligíveis; e tal como o ensinamento de Nietzsche, o existencialismo é niilístico. Compete aos psiquiatras verificar se isso é loucura, idiotice ou simulação.

Em suma, uma filosofia insensata é bobagem; e uma filosofia que seja somente prática é, na melhor das hipóteses, inútil e, na pior, destrutiva. Para ser útil, uma filosofia prática tem de fazer sentido e deve ser nutrida por outros ramos da filosofia, bem como pela ciência do homem. A razão é que as ações humanas bem-sucedidas, ao contrário de outros animais, são planejadas à luz do melhor conhecimento disponível do mundo e da gente.

A Conexão Política

Os filósofos, como qualquer pessoa, são moldados pela sociedade e, por sua vez, reagem a ela. Sua influência será desprezível se eles trabalharem apenas sobre pequenos problemas, mas poderá ser significativa e, em tais casos, saudável ou não, se eles atacarem algumas das assim chamadas Grandes Questões como: o que é a vida? O que é a mente? O que é a natureza humana? O que é o bom? E o que é boa sociedade? Considere sumariamente quatro pontos críticos: a Revolução Científica no século XVII, o Iluminismo francês, no XVIII, o Contrailuminismo, no XIX, e o Totalitarismo no século XX.

A Revolução Científica foi parte do processo de modernização, um filamento do que foi a secularização. Uma cosmovisão secular não deixa espaço para deuses, fantasmas ou habilidades paranormais: ela envolve uma metafísica naturalista. E tampouco admite mistérios: adota a tese realista de que o mundo é cognoscível precisamente porque é composto, de maneira exclusiva, de coisas terrenas. Nessa época os filósofos podiam tomar uma das três posições com respeito à dita revolução: rejeitá-la, abraçá-la, ou elaborar um compromisso. Por exemplo, o modelo heliocêntrico do sistema solar revivido por Copérnico foi rejeitado tanto por teólogos católicos quanto por protestantes e adotado pelos adeptos de Galileu e Descartes.

Em suma, longe de serem extravagâncias filosóficas, o materialismo e o realismo estavam na própria medula da Revolução Científica, bem como na de seu herdeiro, o Iluminismo francês. (O Iluminismo escocês era, por outro lado, em termos filosóficos, partidário do senso comum – Wittgenstein *avant la lettre*.) O imaterialismo e subjetivismo de Berkeley e Kant, bem como as fantasias idealistas de Hegel, Fichte e Schelling, pertenciam ao Contrailuminismo. Mas era difícil manter uma posição anticientífica em meio às sensacionais realizações da física, química e biologia do século XIX. Assim, um compromisso foi tacitamente adotado: permitir que a ciência natural siga seu curso, mas origine a maré cientificista nas humanidades e nas ciências sociais. Isto é, pretender que estudar a natureza pelo método científico é excelente, mas a mente e a cultura requererem uma abordagem diferenciada – seja a intuição (Bergson) seja o *Verstehen*, conhecido como "interpretação" (Dilthey, Heinrich Rickert, Max Weber, Pitirim Sorokin).

Melhor ainda, recomendaram os idealistas tardios: ignore as grandes questões sociais contemporâneas como colonialismo, militarismo, pobrezas e avanços dos movimentos democráticos, movimentos trabalhistas e feministas (Weber, Alfred Schütz). E dispense todas as tentativas de filosofar cientificamente. Volte ao hermeticismo dos românticos alemães, e afirme que a filosofia também exige um método próprio, que consiste em pretender que o mundo real não existe, e em captar as essências das coisas usando uma intuição especial acessível somente aos iniciados (Husserl). Uma solução ainda mais simples é adotar o "misterianismo", o ponto de vista de que certos problemas importantes, especialmente o problema corpo-mente, são insolúveis. A antiga concepção obscurantista foi recentemente reavivada pelo simpatizante de Wittgenstein, Colin McGinn (2004), com a aprovação de Noam Chomsky.

A maioria dos cientistas sociais não prestou nenhuma atenção às filosofias obscurantistas. Ou, como Weber, grande parte deles pretendia adotar a metodologia delas quando na realidade procediam de maneira científica (Bunge, 2007a). Assim os cientificismos – a abordagem científica – efetuaram importantes incursões na antropologia, na sociologia, na macroeconomia e na historiografia. Até alguns estudiosos nominalmente casados com o materialismo dialético e com o fatalismo histórico deram importantes contribuições à ciência social, particularmente à arqueologia e à história (ver, e.g., Barraclough, 1979; Hobsbawm, 1977; Trigger, 2006). Verdade, os filósofos soviéticos atacaram todas as grandes revoluções contemporâneas na ciência natural, em particular a relatividade, a mecânica quântica, a química teórica, a genética, a biologia evolucionária e a psicologia experimental não pavloviana (ver, e.g., Graham, 1981). Mas seus esforços reacionários foram bem-sucedidos apenas na biologia, na psicologia e nos estudos sociais.

Ironicamente, a tentativa de tornar a ciência social científica pela "naturalização" produziu frutos políticos similares. De fato, a sociologia humana e sua herdeira, a popular psicologia evolucionária, reforçaram a antiga opinião de que a natureza humana é uniforme e invariável: de que todos nós somos basicamente agressivos e brutos egocêntricos e que, enquanto alguns poucos de nós nasceram para viver no solar, os do rebanho – como Nietzsche chamou as massas – estavam destinados a serem escravos.

Em suma, filosofia e ciência não são imunes à política. A razão é que todo movimento político tem uma ideologia e toda ideologia política é um meio de ver, avaliar a sociedade e lidar com ela. Como toda sociedade moderna cultiva tanto a ciência quanto as humanidades, toda ideologia política séria envolve políticas de ciência e humanidades. Se progressistas, elas hão de suportar esses ramos da cultura e respeitar a sua liberdade. Porém, por mais generoso que possa ser um protesto político, ele tem garras, e pode ser tentado a usá-las. A lição prática é óbvia: busque o patrocínio de um poder político, mas não durma com ele. (Mais a respeito da conexão política-filosofia, em Barber, 2003; Bunge, 2009).

Observações Conclusivas

Importantes problemas filosófico-científicos, como os acerca da natureza da matéria e da mente, não podem ser adequadamente discutidos, exceto em um amplo referencial filosófico. A filosofia utilizada no presente trabalho pode ser assim resumida:

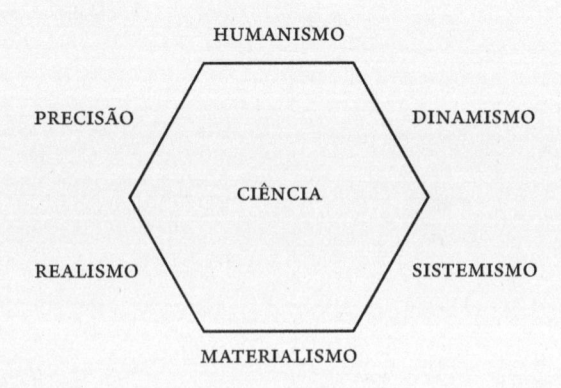

2.
A MATÉRIA DO PONTO DE VISTA CLÁSSICO: CORPOS E CAMPOS

Não é de surpreender que a matéria tenha sido concebida de modos diferentes em diferentes tempos. Este capítulo e o próximo são dedicados à atualização do conceito de matéria. Chamaremos de *classão* qualquer coisa material que está ao alcance da física clássica, e *quantão* qualquer coisa descritível, no mínimo, em princípio, por uma teoria quântica. Partículas de poeira, organismos e galáxias são *classões*, enquanto fótons, elétrons e supercondutores são *quantões*.

A matéria, sob diferentes nomes, tem sido uma preocupação central de todos os sistemas ontológicos (metafísicos), mesmo aqueles que negam a sua realidade. Por discutível que sejam todas as ciências factuais ("empíricas"), estudam somente entidades concretas (ou materiais) desde fótons até foguetes, de organismos até sociedades. No entanto, a maioria dos filósofos contemporâneos deu um jeito de ignorar os modernos conceitos de matéria. Isso acontece, em parte, porque muitos metafísicos, seguindo a direção de Saul Kripke e David Lewis, preferiram especular acerca de mundos possíveis conceitualmente simples em vez de estudar o desordenado mundo real. (Sua concepção de possibilidade é tão indigente que não distingue sequer entre possibilidade conceitual e possibilidade física.) Não é de surpreender que suas fantasias, tais como a Terra Gêmea, sem água, seca, porém com outro líquido, não ajudaram a ciência, para não mencionar a tecnologia ou a política. Eles conseguiram apenas distrair a atenção de problemas sérios, sejam conceituais, sejam práticos. É impressionante que tenham cuidadosamente evitado especular sobre possíveis alternativas ao nosso antes patético mundo social. Suas filosofias são apenas *jeux d'esprit*.

Muitos conceitos de matéria foram pensados no discurso dos últimos cinco milênios. Em particular, os conceitos antes contraintuitivos, de campos de força e objeto quântico, desafiaram severamente os conceitos de matéria de Aristóteles e até os de Newton. No entanto, ainda há filósofos que sustentam o hilomorfismo aristotélico, segundo o qual os objetos físicos são compostos de matéria (material ou substância) e forma (formato ou propriedade), sendo a matéria a substância impenetrável e passiva sobre a qual as "formas" são expressas a partir do exterior. Assim, Patrick Suppes (1974, p. 49): "Um corpo é matéria dotada de uma estrutura." Exemplo: os produtos diferentemente formatados por um ceramista. Contra exemplo: elétrons, fótons e neutrinos não têm formatos próprios e não partilham de um material comum. Partilham somente de certas propriedades, principalmente energia, *momentum* (*quantidade de momento*), *spin* e a capacidade de interagir com outras entidades materiais. Moral: uma ontologia construída com categorias do senso comum de uma velha concepção de mundo com dois milênios de existência está fadada a ser completamente obsoleta e, portanto, inútil.

Princípios e Conceitos Tradicionais: Mecanicismo

O conceito mais antigo de matéria parece ter sido aquele da substância material da qual as coisas são ou podem ser feitas – pedra para machados, argila para potes, bronze para espadas e assim por diante. Os antigos atomistas, gregos e indianos, ampliaram esse conceito antropocêntrico de matéria a fim de abarcar todas as coisas naturais. Para eles, todo pedaço de matéria era composto de átomos – corpúsculos simples, duros, autoexistentes e imperceptíveis, movendo-se no vazio. E eles inventaram não somente o atomismo, mas também o materialismo, a mais antiga cosmovisão secular, segundo a qual tudo que existe é material. Os atomistas inventaram também a metodologia de acompanhamento: explicar o perceptível (fenomenal) pelo imperceptível.

Platão opôs-se veementemente quer ao atomismo, quer ao materialismo: ele construiu uma ontologia idealista segundo a qual apenas as ideias são autoexistentes e automoventes, sendo o resto apenas ideias fracas, efêmeras e passivas sombras de ideias. Além disso, Platão sustentou que somente ideias podem ser conhecidas e que nenhuma ciência de coisas terrenas era possível. Assim, ele foi o precursor do idealismo moderno, exceto que – ao contrário da maior parte dos idealismos modernos – ele argumentava de maneira convincente, entendia de matemática e escrevia tão claramente quanto era possível em seu tempo.

Aristóteles rejeitou tanto o materialismo como o idealismo e os substituiu pelo hilomorfismo, uma espécie de compromisso entre eles. Ironicamente, 23 séculos mais tarde, o grande Bertrand Russell (1954, p. 384) involuntariamente reviveu o hilomorfismo sob o nome de "monismo neutro". De acordo com essa doutrina, "um pedaço de matéria é uma estrutura lógica composta de eventos." Whitehead (1929), seu antigo coautor, criou uma concepção similar: seu processo metafísico. Nenhum deles compreendeu que, nas ciências, todo evento é entendido como uma mudança de estado de alguma entidade concreta (material).

Ao mesmo tempo o positivista lógico Rudolf Carnap (1928) também professava uma posição acima quer do idealismo, quer do materialismo. Na realidade, ele adotou a visão subjetivista claramente defendida por Berkeley, menos claramente por Kant e, de novo, abertamente por Mill e Mach, de que uma coisa concreta é "uma possibilidade de sensações". Nem Mach – um eminente físico experimental e psicólogo – nem Russell, nem Whitehead, nem Carnap compreenderam que, se isso fosse verdade, a física e a química estariam empregando apenas conceitos psicológicos, e os cientistas estariam inspecionando suas próprias mentes, quando pretendem estudar estrelas, moscas da fruta ou empresas de negócios.

Entrementes, os físicos e os químicos ignoravam a psicologia quando moldavam ou usavam os conceitos de massa, *momentum*, *spin*, energia, condutividade, valência e similares, ou quando projetavam ou operavam dispositivos experimentais. E os psicólogos investigavam os cérebros, o comportamento e os processos mentais de outras pessoas em vez de ceder à introspecção. A contemplação do umbigo pode ser adequada a místicos e a viciados em drogas, mas ela não faz avançar o conhecimento da realidade.

Felizmente os cientistas não seguem os passos de Berkeley, Kant, Mill, Comte, Mach, Russell, Whitehead ou Carnap. Ao contrário, continuam investigando a matéria pelos meios mais objetivos, ou seja, pelo método científico. Em particular, Galileu, Descartes, Robert Boyle e Christiaan Huygens rejeitaram o aristotelismo e vindicaram cabalmente o conceito de matéria; eles sustentaram que a física é a ciência da matéria em movimento; e eles abraçavam também uma epistemologia realista. (Descartes chegou mais perto do materialismo nas duas grandes obras que ele não se atreveu a publicar, mas que foram muito influentes após a sua morte: seus tratados sobre o mundo e o homem, que foram traduzidos para o inglês três séculos mais tarde.)

Três filósofos influentes, Thomas Hobbes, Pierre Gassendi e John Locke, adotaram o atomismo e o realismo, assim como seu princípio (revividos por Galileu e Descartes) de que as coisas materiais possuem unicamente propriedades primárias ou objetivas, sendo as secundárias (como cor, cheiro e gosto) dependentes do sujeito. E, por certo, a mecânica de Newton foi a primeira versão cabalmente científica do materialismo mecanicista (ver Dijksterhuis, 1986). No entanto, com exceção de Hobbes, nenhum dos cientistas acima mencionados ousou questionar a existência de Deus ou a imaterialidade da alma: o materialismo deles estava prudentemente confinado à física e à química.

Os mais antigos materialistas e ateus plenamente formados e assumidos foram Helvétius, Holbach e La Mettrie (ver, e.g., Plekhanov, 1967). Entretanto, Barukh Spinoza e John Toland também podem ser vistos como materialistas, embora fossem considerados panteístas, uma vez que igualavam Deus à Natureza. E o psicólogo David Hartley, como o químico Joseph Priestley, conseguiram sustentar teorias materialistas da mente juntamente com crenças cristãs.

Os fundadores da ciência moderna mantiveram a religião separada da pesquisa científica; e os cientistas puritanos acreditavam (ou pelo menos declaravam) que lhes cumpria estudar a Criação como um meio de desvelar a grandeza do Criador. Como Robert Merton escreveu em sua dissertação de doutorado, isso veio não tanto da teologia desses pensadores, mas de seu sistema de valores: "um utilitarismo complexo e mal disfarçado; de interesse intramundano; de ação metódica e ininterrupta; de rematado empirismo; do direito e até do dever de *libre examen* (rejeição do argumento de autoridade); de antitradicionalismo – tudo isso era congenial aos mesmos valores na ciência" (2001, p. 136). Assim, o puritanismo – exatamente tão mente-aberta na Inglaterra como tacanho quando exportado para a América – contribuiu involuntariamente para o avanço da ciência e para a concomitante consolidação das primeiras cosmovisões materialistas modernas.

O conceito de matéria inerente ao materialismo mecanicista que prevaleceu entre cerca de 1600 e cerca de 1850 era isso. A natureza é inteiramente material e regida por leis, e as leis físicas valem para o mundo todo. A matéria é uma: não há distinção entre matéria terrestre e celestial. E coisas materiais são caracterizadas por extensão, forma, massa e mobilidade. Na literatura da física, a luz era, e ainda é, comumente considerada como distinta da matéria, embora a maioria dos filósofos materialistas sempre a tenham olhado como uma espécie de matéria.

É verdade, a mecânica clássica emprega o conceito de um ponto de massa (ou antes, ponto massivo), que sem dúvida não possui extensão; mas isso sempre foi entendido como um modelo simplificado de um corpo extenso, do mesmo modo que o raio de luz da óptica geométrica foi corretamente considerado como um feixe de luz estilizado. E por volta de 1750 em diante, líquidos e gases, apesar de não sólidos, foram encarados como constituídos de partículas sólidas – átomos ou moléculas. A teoria atômica construída pelos químicos do século XIX manteve a antiga concepção de átomo como sendo minúsculas bolas sólidas ou sistemas que tais. Mas nos primórdios do século XX a física nuclear experimental alterou radicalmente esse simples quadro: Ernest Rutherford mostrou que átomos são, em sua maioria, ocos, logo, penetráveis. Apenas os leigos e boa parte dos filósofos continuaram a pensar a matéria como algo sólido, impenetrável e passivo.

Durante todo o reinado do mecanicismo, pressupôs-se que o espaço e o tempo constituíam o contêiner material e, portanto, imutável de coisas materiais e palco de eventos. Em particular, supôs-se que lugar, distância e duração eram absolutos, no sentido de que não dependiam das coisas materiais e de suas mudanças. Galileu o tirou do lugar de honra que Aristóteles lhe atribuíra: os lugares são cambiáveis, a menos que sejam ocupados por coisas diferentes e, consequentemente, as leis do movimento são invariantes sob deslocamento (princípio da relatividade de Galileu). Tanto é assim que o movimento é transformado em repouso por simples mudança no sistema de referência. Portanto, o movimento retilíneo e uniforme não é mudança real; apenas movimento acelerado, assim como um corpo em queda livre é mudança real, logo o movimento retilíneo com velocidade constante não pode ser nem causa nem efeito. Em outras palavras, o movimento desse tipo não constitui uma cadeia causal, em que todo efeito é causa de outro evento.

Newton especulou que o espaço e o tempo eram os órgãos sensoriais da deidade, mas se absteve de atribuir a eles quaisquer propriedades espirituais, e não se preocupou em ir adiante na inquirição. Somente Leibniz se aventurou a colocar a difícil questão ontológica: "O que são o espaço e o tempo?" Ele também reviveu a antiga visão relacional (ou adjetiva), segundo a qual longe de existirem por si próprios, o espaço e o tempo são relações entre coisas e eventos. Mas a metafísica de Leibniz era exatamente tão pouco clara e marginal quanto sua física. Do mesmo modo, a tese de Kant de que o espaço e o tempo são subjetivos foi ignorada pelos cientistas. (Johann Heinrich Lambert, o estupendo polímata, tentou persuadi-lo de que estava errado nesse ponto, mas não foi bem-sucedido.) A concepção relacional foi revivida muito depois por Mach, e, de novo, dentro da física, por duas teorias da relatividade.

Os mecanicistas tomaram como dado que a matéria possui algumas características adicionais, todas elas intuitivas; mas essas pressuposições tornaram-se claras apenas quando a teoria quântica, nascida por volta de 1925, as questionou. Uma característica universal dessa ordem é que todas as quantidades físicas, com a possível exceção de algumas propriedades do universo como um todo, são finitas. Consequentemente, qualquer teoria que inclua infinidades (singularidades, "divergências") deve ser falsa.

O banimento de infinidades físicas pode ter duas exceções: o tamanho e a idade do universo. De fato, no momento em que escrevemos, ainda não sabemos se o universo é espacialmente finito ou infinito, e não há argumento convincente para um princípio do tempo. A filosofia pode não ser de ajuda na questão da infinidade espacial, mas não é indiferente à questão da origem temporal: qualquer ontologia naturalista exigirá que o universo sempre existiu.

E o que dizer do Big Bang que, em geral, se supõe haver ocorrido entre dez a vinte bilhões de anos? No presente, há no mínimo três possíveis respostas a essa questão:

1. O Big Bang aconteceu e foi uma criação de Deus a partir do nada. Essa resposta é, obviamente, inaceitável para qualquer cosmologia física, pois invoca o sobrenatural e viola o princípio de Lucrécio *ex nihilo nihil*.

2. O Big Bang é apenas uma interpretação simplista da singularidade que ocorre no mais simples de todos os modelos cosmológicos. Esse modelo assume que o universo é o balão maximal (expansível ao máximo), e que há um tempo cósmico somado aos incontáveis tempos locais vinculados a todos os sistemas referenciais possíveis. Como argumentou Jean-Marc Lévy-Leblond (1990), mesmo admitindo esse modelo isso não nos força a interpretar o tempo em que o raio do universo era nulo como sendo a origem do universo. Isso porque o modelo não é definido para aquele tempo, assim como a fórmula do gás-ideal "pressão x volume = const." não é definida para o volume nulo, em que a pressão correspondente é infinita – um valor fisicamente impossível. Adotar essa sóbria abordagem leva Lévy-Leblond a concluir que o Big Bang nunca aconteceu.

3. O Big Bang aconteceu, mas foi tão somente a súbita e mundial expansão do universo que existiu primitivamente em um estado sobre o qual nada sabemos. Nem jamais haveremos de descobrir acerca do universo pré-Big Bang, porque a exploração destruiu os registros. Uma possibilidade é que o evento consistiu no súbito surgimento da matéria comum (elétrons, fótons etc.) a partir do vácuo eletrodinâmico preexistente, ou do espaço cheio de partículas "virtuais". Mas, em função da escassez de dados astronômicos e da irrestrita fantasia dos cosmólogos, sugiro a suspensão do juízo, até que sejam esboçados modelos cosmológicos mais realistas.

De qualquer modo, deveríamos prestar atenção à advertência de Tolman, ao fim de seu volumoso tratado: "devemos ser especialmente cuidadosos em manter nossos julgamentos não infectados pelas exigências da teologia e inabalados pelos temores e esperanças humanos. A descoberta de modelos que impulsionam a expansão a partir de um estado singular de volume zero não pode ser confundida com uma prova de que o universo real foi criado em um tempo finito do passado" (1934, p. 488).

Outras infinidades famosas são as energias de uma carga elétrica pontual e de onda eletromagnética plana. Essas são falhas inevitáveis da eletrodinâmica clássica. A eletrodinâmica quântica contém truques engenhosos (procedimentos de "renormalização") que disfarçam tais verrugas como pintas de beleza. Embora a maioria dos físicos os comprem, uns poucos – o presente autor inclusive – os consideram como tapa-buracos que devem estar ausentes em melhores teorias.

Entretanto, retomemos a tarefa de listar os aspectos mais comuns da natureza. Outro traço supostamente universal é a *continuidade*: *Natura non facit saltus*. Todas as mudanças são incrementais, nenhuma é descontínua: não pode haver saltos quânticos. Em particular, a energia de um corpo cresce ou decresce de maneira contínua. (Contrapartida matemática: todas as funções que representam magnitudes físicas são suaves – ou lisas –, na melhor das hipóteses, contínuas e, na pior, contínuas em partes.)

Todavia, a física clássica não admitia muitas descontinuidades, tais como a mudança abrupta na velocidade de um sólido sob o impacto de uma superfície sólida; efeitos de limiar não computados; a ocorrência de um conjunto inumerável de modos de vibração de um corpo elástico; transições de fase, tais como líquido → gás e paramagnetismo → ferromagnetismo; e a quantificação da carga elétrica que Faraday descobriu na eletrólise.

Outra propriedade alegadamente universal das coisas é a *individualidade*: toda coisa tem algumas propriedades que a caracterizam ou a individualizam de uma forma única. Se duas coisas tivessem exatamente as mesmas propriedades, elas seriam uma só. Mas o que acontece se duas coisas, embora diferentes, resultam ser equivalentes e, portanto, cambiáveis? Na física clássica, cada uma delas manteria sua individualidade – mas não é assim na física quântica (ver seção Perda de Individualidade no capítulo 3).

Mais um traço tradicionalmente atribuído à matéria, conquanto apenas tacitamente, é a *separabilidade*. Uma vez que todas as forças clássicas se enfraquecem com a distância, quando uma coisa complexa explode seus fragmentos interagem, cada vez com menos força, à medida que eles se afastam um do outro, até que acabam por ficar praticamente separados. Em resumo: assumiu-se que, quando sistemas se desmantelam, seus componentes tornam-se mutuamente independentes. De novo, a física quântica limitou o escopo desse princípio (ver a seção Perda de Vácuo e Estabilidade, no capítulo 3, sobre emaranhados).

Uma terceira característica que costumava ser atribuída à matéria é que ela existe no espaço e no tempo, concebidos como os receptáculos imparciais de todos os eventos. Em outras palavras, o espaço e o tempo eram encarados como se constituíssem uma grade independente e indiferente às vicissitudes da matéria.

Foi dado como certo que vácuos, ou regiões inteiramente destituídas de coisas materiais, não têm propriedades físicas, e, portanto, não são coisas materiais. Os antigos atomistas colocavam a questão do seguinte modo: o universo é uma coleção de átomos colidindo no vácuo. Assim, o espaço vazio coincidiria com o vácuo; ambos seriam imateriais e, por conseguinte, inativos. A eletrodinâmica quântica iria demolir essa hipótese três séculos depois que Otto von Guericke constituiu a primeira máquina de vácuo. Seu sensacional experimento exerceu forte impacto sobre a física e a filosofia: esse vindicava o atomismo e justamente por isso desacreditava das especulações sobre o espaço pleno de Aristóteles e Descartes. Além disso, ao vindicar o atomismo, o experimento de Guericke enfraquecia a religião, visto que, naquele tempo, "atomismo", "epicurismo", "materialismo", "ateísmo" eram pragmaticamente sinônimos. Entretanto, sigamos adiante.

A *passividade* ou inércia costuma ser considerada como outro traço da matéria. Isto é, supunha-se que as mudanças em uma coisa material originavam-se fora dela: *Omne quod movetur ab alio movetur* (toda coisa que se move é movida por outra coisa). Essa assunção leva quer a uma regressão infinita, quer à postulação de um primeiro movedor imaterial. A primeira consequência não satisfaz ninguém, e a segunda – a de Aristóteles – agrada somente aos teístas. Os materialistas consistentes não podem admitir a passividade postulada, pois eles aprenderam da ciência sobre a emergência de auto-organização espontânea e formação de padrões. Observe apenas os flocos de neve, cristais, flores ou pássaros. Como Philip Ball (2001) o formulou em um belo livro, a natureza é a tapeçaria tecida por ela própria.

(Atenção: a escola austríaca de economia e a maioria dos ideólogos neoconservadores são grandes crentes nas espontaneidades, porque querem que a "mão invisível", não a do Estado, regule o mercado, mesmo que seja à custa daqueles que não podem sustentar a livre empresa. Eles não admitem que todos os sistemas artificiais sejam construídos e, portanto, são tudo menos auto-organizados e autorreguladores. Todo mundo admite que as duas piores crises econômicas, em tempos recentes, aquelas iniciadas em 1929 e 2008, resultaram da frouxidão dos controles de mercado.)

Um corolário do dogma da passividade é o princípio de que nada, exceto Deus, pode causar a si mesmo: unicamente a deidade mais alta é *causa sui*. Os naturalistas rejeitam essa tese: eles afirmam que a natureza é causada por ela mesma. (Atenção: essa declaração não deve ser entendida literalmente, porque os eventos, e não as coisas, são os relatos da relação causal. A versão correta da tese em questão é que a natureza é autônoma, ou autossuficiente.)

A segunda consequência do princípio de que a matéria é passiva é o postulado aristotélico (na realidade, enunciado primeiro por seus seguidores medievais): *Causa cessante, cessat efectus*, ou seja, os efeitos cessam com suas causas. Newton negou tacitamente essa proposição quando enunciou o seu princípio da inércia. Mas isso não impediu os behavioristas de se apegarem a ela: eles declararam que todas as respostas são extintas quando cessa o estímulo correspondente. Eles passaram por cima de contraexemplos tão familiares como pós imagens, dores sentidas muito depois de desaparecidas as suas causas e assim por diante. E eles foram forçados a omitir tais eventos mentais espontâneos, porque se recusavam a estudar o cérebro que gasta quase toda sua provisão de energia em processos não desencadeados por estímulos externos (ver a seção A Plasticidade do Cérebro, no capítulo 9).

Outra consequência da passividade atribuída à matéria foi a *estabilidade*. As coisas materiais decerto mudam, como resultado ou de forças externas ou de tensões internas, mas elas não se alterariam na ausência de uma ou de outra. Isto é, a perda de massa e a radioatividade espontânea e o decaimento radioativo foram excluídos; e, do mesmo modo, o foram o ganho de massa e a auto-organização espontânea. Justamente por isso, as descargas neuronais espontâneas e os processos mentais não desencadeados por estímulos estavam fora de questão. A doutrina behaviorista inteira, estímulo-resposta, bem como a assunção de que o cérebro isolado deve ser inativo, exceto para funções domésticas, eram exemplos da máquina peripatética, segundo a qual nada se move por si próprio. (Mais sobre a atividade autogeradora do cérebro, ver a seção A Plasticidade do Cérebro, no capítulo 9)

Um princípio relacionado, porém muito mais abrangente, é o da *conservação da matéria*, enunciado primeiro de Lucrécio: *ex nihilo nihil*. Esse postulado foi formulado pela primeira vez de maneira quantitativa por Lavoisier como a conservação de *massa* em todas as transformações químicas. (Nessa sentença, "massa" significa quantidade de matéria mais do que inércia.) Meio século mais tarde, o postulado em questão reemergiu como conservação de *energia* em um sistema isolado, ou seja, o primeiro princípio da termodinâmica. Como será visto na referida seção A Plasticidade do Cérebro, a massa não é conservada em certas mudanças, ao passo que energia é presumidamente em todas. (Na realidade, o que são conservadas são a distribuição de energia e sua média) Mas tanto massa como energia são propriedades e não coisas. Assim, o princípio da conservação de Lucrécio foi mantido. (É verdade, na eletrodinâmica quântica fala-se de processos "virtuais", em que a energia não é conservada. Porém, pode-se argumentar que tais processos, como os movimentos para o passado, são imaginários, daí o nome correto de "virtuais".)

Outras Características de Quadro Clássico

Outras características aparentemente óbvias das coisas materiais é que *os valores de todas as suas propriedades são mais nítidos do que embotados*. No jargão metafísico contemporâneo: todos os tropos são bem definidos. Por exemplo, todos os valores de posição e de velocidade são exatos. (Matematicamente falando, todas as variáveis físicas podem ser representadas por funções com valores reais. Assim, a posição de um ponto massivo p, no tempo t, e relativo a um referencial f, é x (p, t, f) = <x, y, z>, uma tríade de números reais.) Em termos metafóricos: o mundo tem contornos nítidos, e o nosso conhecimento dele pode ser borrado. A física quântica falsificou esse postulado: ela mostrou que todas as propriedades dinâmicas são mais embotadas do que nítidas. (Seção Perda de Individualidade, no capítulo 3)

Dois princípios concernentes a causas e efeitos foram pressupostos: os de *antecedência* e os de *causalidade* (ver Bunge, 1959a). O princípio de antecedência afirma que causas (ou *inputs*) precedem seus efeitos (ou *outputs*), ou que o passado determina o presente. E o princípio de causalidade declara que todo evento é produzido por alguma outra mudança: não há espontaneidade ou autodeterminação. A bem dizer, não há coincidências abundantes, mas supõe-se que elas consistem no cruzamento de trajetórias causais inicialmente independentes, como pressupôs o estoico Crisipo.

Na física clássica, chance ou aleatoriedade são sempre pensadas como resultante de uma causação em nível mais baixo; e no mais baixo dos níveis – o nível atômico –, a pressuposição era de que tudo procedia causalmente. Em resumo: não há chance básica ou irredutível. A física quântica derrubou o princípio da cosmovisão mecanicista: sabemos que exatamente o oposto é verdade – que no mais baixo nível a aleatoriedade irredutível ocorre junto com a causação, assim como Epicuro e Lucrécio haviam conjecturado. E deveríamos também compreender que a ideia segundo a qual a chance não é nada senão ignorância também está errada: a chance é real até para um ser onisciente. Por exemplo, embaralhar um conjunto novo de cartas de baralho transforma ordem em desordem, e isso nada mais é senão chance, mesmo se um ser onisciente pudesse seguir sem dúvida a trajetória de cada carta.

Por contraste, o princípio de antecedência permanece. E, longe de ser uma ociosa fantasia, ela é usada nas ciências para eliminar o erro. Por exemplo, o princípio é empregado para rejeitar como fisicamente sem sentido a metade das soluções matematicamente corretas para as equações da teoria eletromagnética, ou seja, os potenciais avançados. De acordo com eles existem campos eletromagnéticos vindos do futuro: estes são considerados como matematicamente verdadeiros, mas empiricamente falsos. Do mesmo modo, a hipótese da precognição sustentada pela maioria dos parapsicólogos pode ser rejeitada por completo porque envolve a fantasia de que o futuro, que não existe ainda, pode atuar sobre o objeto cognitivo. É verdade, Richard Feynman e outros físicos teóricos consideravam o elétron positivo (pósitron) como um elétron negativo, indo para o passado simplesmente porque certas fórmulas permanecem invariantes sobre a inversão conjunta do tempo e de sinais de carga elétrica. Mas os físicos experimentais não se enganaram: sabiam que é impossível ir para trás no tempo, porque o passado não é mais – eles se apoiaram no princípio da antecedência.

O princípio da antecedência, junto com o princípio de Lucrécio, pode ser invocado contra o criacionismo cosmológico e biológico. Na verdade, ambos os princípios excluem toda asserção do começo absoluto de qualquer coisa material. Em particular, o Big Bang pode ser antes entendido como o início de uma nova fase na infinitude histórica do mundo do que como seu começo absoluto; sabe-se que novas bioespécies evoluíram a partir de seus ancestrais de acordo com a árvore da vida de Darwin; e quanto aos organismos mais primevos, assume-se que se autoajuntaram a partir de seus precursores abióticos. Em suma, não há inícios absolutos. Assim, o naturalismo consistente, sobretudo o mecanicismo, envolve ateísmo ou, no mínimo, a heresia deística segundo a qual Deus abandonou de vez o mundo ao seu destino mecânico. Ele criou a matéria e dotou-a com suas leis imutáveis (Descartes, 1664, p. 37).

Então há o princípio da *ação mínima*, conforme o qual em todos os movimentos a ação de um sistema mecânico é o mínimo possível – ou, de um modo mais geral, um mínimo ou um máximo. (Na mecânica analítica, a ação de uma coisa é uma propriedade global dela, definida como a integral da diferença entre a energia cinética e a energia potencial.) Esse princípio é notável por várias razões: ele concerne à história inteira de uma coisa; ele acarreta suas equações de movimento; distingue, de forma nítida, a possibilidade física da conceitual; e ocorre em todos os ramos da física (ver Lanczos, 1949). No século XVIII, Pierre Maupertuis utilizou esse princípio como argumento em relação à parcimônia do Criador – fato que provocou a hilaridade de Voltaire; dois séculos depois, Max Planck o usou para provar a inteligência Dele.

Finalmente, vamos dar uma espiada na teoria do caos, mais conhecida como dinâmica não linear. Se essa teoria demanda quaisquer mudanças epistemológicas importantes, particularmente com respeito à predizibilidade, é ainda uma questão aberta. O que está além da disputa é que a teoria do caos ampliou o espectro da ciência ao estudar as instabilidades ou casos de pequenas causas e grandes efeitos, como avalanches, por exemplo (ver Glass e Mackey, 1988).

Alguns dos mais notáveis sucessos da teoria do caos foram a descoberta de que certas órbitas dos membros dos sistemas de três corpos são caóticas e o primeiro cômputo das periódicas explosões e colapsos de populações de insetos. Em contraposição, as especulações acerca da natureza caótica da "turbulência" política são apenas analogias superficiais.

Observe que qualquer modelo teórico de caos de processos reais é mais do que um conjunto de equações diferenciais não lineares ou de equações de diferenças finitas: elas devem ter sido complementadas com uma interpretação factual (de funções-símbolos como propriedades). Isto é, a não ser que alguns dos símbolos sejam feitos para representar os momentos (quantidade de movimento) ou suas taxas de variação (forças), o modelo será puramente descritivo, como a explanação exige o mecanismo, o que por sua vez envolve energia.

Finalmente, um par de observações linguísticas sobre a teoria do caos. Em primeiro lugar, seu sucesso em dar conta de certas irregularidades sugere renunciar à tradicional identidade de "lei" e "regularidade". Depois, deveria ser claro que "caos" é uma designação incorreta, pois todas as equações teóricas do caos expressam variações segundo leis. Logo, é preferível denominá-la, sem compromisso, de "dinâmica não linear".

Em resumo, a cosmovisão mecanicista postula que o universo é ao mesmo tempo objetivo, inteiramente material e regido por leis. Essa cosmologia apresenta um contraste cabal com as concepções de Berkeley, Hume, Kant e seus sucessores, em particular os positivistas, os positivistas lógicos, os intuicionistas e os fantasistas multimundos – uma concepção que é centrada no sujeito (em particular, fenomenalista), imaterialista e despida de lei.

É o bastante quanto à cosmovisão mecanicista. Olhemos agora para o seu declínio. Veremos que o mecanismo foi finalmente refutado em pormenores, mas não em sua grande concepção: objetividade, materialidade e plenitude legal foram conservadas, ainda que as restrições mecanicistas da matéria e da lei tenham sido removidas.

O Declínio do Mecanicismo: Campos

O mecanicismo reinou na física até meados do século XIX. Ele declinou irreversivelmente durante a segunda metade do referido século como consequência do surgimento de quatro novas ideias: as de campo de força, energia, chance e distinção micro-macro (ver D'Abro, 1939).

Michael Faraday introduziu a ideia de uma espécie radicalmente nova de matéria: o campo de força, em particular o campo eletromagnético. Um campo físico é uma região de espaço-tempo de cada ponto do qual tem uma ou mais propriedades físicas, tais como densidade de energia. O cerne de uma teoria do campo é um conjunto de equações de campo que descreve a distribuição e a variação das propriedades físicas em questão. Uma peculiaridade das teorias do campo, *vis-à- vis* a mecânica, é que elas não contêm variáveis de posição – ou seja, coordenadas dependentes do tempo – e, consequentemente, não podem ser interpretadas em termos de partículas.

Um campo eletromagnético acompanha cargas e correntes elétricas e as interconecta, mas – como ficou claro mais tarde – ele pode subsistir independentemente de suas fontes e do meio onde existe. A eletrodinâmica estuda campos que acompanham corpos eletricamente carregados, bem como campos que são gerados por oscilação de cargas e de correntes elétricas, e que se separam de suas fontes, e podem por fim ser absorvidas pelos corpos. Assim, ao contrário da mecânica clássica, a eletrodinâmica estuda certas mudanças qualitativas, além das meramente quantitativas.

Contrariamente à teoria de Ampère, que foi substituída, a teoria eletromagnética esboçada por Michael Faraday em 1831, e aperfeiçoada por James Clerk Maxwell em 1865, rejeitou a ideia de ação à distância: ela postulou que o espaço entre corpos eletricamente carregados é preenchido por um campo e que todas as ações entre tais corpos eram mediadas por campos. Além disso, a teoria matemática de Maxwell a respeito desses campos sugeriu a existência de ondas eletromagnéticas, que Heinrich Hertz produziu e mediu uma década após a morte de Maxwell. Ele mostrou que raios de luz e ondas de rádio nada mais são do que feixes de ondas eletromagnéticas. Mais tarde verificou-se que raios x também eram ondas eletromagnéticas.

De acordo com Einstein (1934, p. 213), a transformação da concepção de realidade levada a cabo pela teoria de Faraday-Maxwell foi "a mais profunda e a mais fecunda experiência da física desde Newton". (Incidentalmente, o próprio Einstein aperfeiçoou essa teoria, mostrando que ela não tinha necessidade do éter: que os campos não são presos a nenhum suporte.) Essa teoria também sugeriu um ambicioso projeto de pesquisa que fascinou Einstein durante toda sua vida: o de reduzir partículas a campos. Esse programa foi parcialmente realizado pela teoria quântica que concebe os fótons, os elétrons, os mésons e as outras "partículas" elementares como os quanta, ou unidades de outros tantos campos – um por espécie de bloco básico de construção. Entretanto voltemos agora à física clássica.

As ondas eletromagnéticas, ao contrário das ondas de água e som, podem existir por si próprias no espaço livre, sem qualquer suporte: o éter, inventado no século XIX para dar conta do aspecto ondulatório da luz – óbvio em difração e interferência –, resultou ser fictício. (Contudo, como veremos no próximo capítulo, a eletrodinâmica quântica envolve um novo tipo de éter: o vácuo quântico.) O mesmo vale para as ondas gravitacionais: supõem-se que essas ondulações no espaço-tempo subsistem por si próprias, uma vez que são geradas por corpos em movimento, tais como os planetas. Ademais, os campos não têm forma própria; eles se propagam, mas não se movem ao longo de trajetórias nítidas (órbitas); e não necessitam ter massa. O raio de luz é o análogo de campo teórico mais próximo a uma trajetória de partícula. Mas, como Huygens demonstrou há quatro séculos, longe de serem básicos e simples, os raios de luz resultam da interferência de ondas.

Ao contrário das equações de movimento de corpúsculos e de corpos extensos, as equações de campo descrevem a intensidade de campo em cada ponto na região que ele ocupa. No caso eletromagnético, a intensidade de campo tem uma componente elétrica e uma magnética, cujas variações no espaço e tempo determinam uma e outra.

As equações de campo para o vácuo envolvem apenas as propriedades básicas de campo, isto é, suas intensidades elétrica e magnética. Em particular, elas não envolvem as massas das fontes do campo (correntes elétricas e imãs). A energia total de um campo em uma região é calculada elevando-se ao quadrado essas intensidades e adicionando-as sobre a região. Isso sugere encarar a energia como a medida da matéria, assim como na mecânica clássica a quantidade da matéria é a massa. Voltaremos a isso na seção seguinte.

Enquanto corpúsculos podem mover-se em diferentes velocidades, todos os campos eletromagnéticos (ou ondas) movem-se no vazio com a mesma velocidade, isto é, a velocidade limite c. Entretanto, no interior de um material transparente esses campos podem desacelerar a passo de lesma. E, ao contrário das partículas, campos eletromagnéticos não têm inércia, porque não possuem nenhuma massa. Mas, sem dúvida, eles carregam energia. Contrariamente à intuição bruta, o fluxo da energia eletromagnética é perpendicular aos componentes do campo elétrico e magnético.

Felizmente, a intuição que se desenvolveu a partir de nossa relação com corpos sólidos pode ser corrigida e enriquecida pelo estudo dos campos. É verdade, muitos físicos não aceitam que feixes de luz sejam denominados como entidades materiais, de modo que eles podem ocasionalmente afirmar que os campos são apenas intermediários entre partículas; muitos entre eles também os chamam de "forças", e de radiação de "energia". Mas, nesse caso, os filósofos, se materialistas, sabem melhor: eles sugerem que a descoberta de campos, e a invenção das teorias do campo, forçou uma extensão do conceito de matéria de modo a incluir os campos. Na física clássica, desde a época de Faraday há, portanto, duas espécies de entidade material: do tipo corpo e do tipo campo. Como será visto na próxima seção, a teoria quântica supera essa dualidade corpo/campo, no sentido de que as assim chamadas partículas resultam ser os quanta (unidades elementares) dos campos correspondentes.

Declínio Adicional: Termodinâmica

A termodinâmica desenvolveu-se por volta da mesma época que o eletromagnetismo. Mas as duas teorias são radicalmente diferentes uma da outra, bem como a da mecânica. De fato, a termodinâmica clássica lida unicamente com grandes sistemas, tais como máquinas, e com propriedades de grandes massas, tais como temperatura, entropia e energia livre; e ela modela toda entidade material como uma caixa preta dotada de volume, pressão interna, temperatura, energia, entropia e propriedades delas derivadas. Além do mais, a termodinâmica distingue duas espécies de energia, a mecânica e a térmica, de modo que a energia total de um sistema termodinâmico, como uma estrela ou uma máquina, é igual a sua energia mecânica mais a sua energia térmica. O primeiro axioma da termodinâmica reza que a energia total de um sistema fechado (ou isolado) é constante. Muitos cosmólogos asseveram que um universo em expansão perde energia. Mas, na realidade, o princípio não se aplica ao universo como um todo porque este não é um sistema fechado.

Ademais, calor e trabalho podem ser convertidos um no outro – embora não de uma forma completamente simétrica. Na verdade, a energia mecânica pode ser plenamente transformada em calor, mas a transformação inversa nunca é completa: há sempre um resíduo térmico que não pode ser mais transformado em movimento, pois ele permanece vinculado ao sistema. Isso é o que diz o segundo princípio da termodinâmica: que, embora a energia total de um sistema isolado seja constante, sua qualidade tende a ser degradada, no sentido de que ela se dissipa gradualmente. Assim, a energia altamente concentrada, como a de uma bateria elétrica, tende a dispersar-se quando a bateria é conectada a um sistema composto por uma lâmpada elétrica, a um elemento de aquecimento, ou a uma máquina. O incremento na ordem, como na automontagem, só pode ocorrer em sistemas abertos, e à custa da crescente desordem em seu ambiente.

A diferença entre formas mais altas e mais baixas de energia explica-se pela mecânica estatística, que analisa os sistemas termodinâmicos como sistemas de partículas que se movem aleatoriamente, e as tentativas – infelizmente em grande parte não com pleno êxito – de reduzir todas as propriedades termodinâmicas a propriedades mecânicas. Por exemplo, a pressão interna é reduzida à soma dos impactos moleculares sobre as paredes do sistema. E a entropia é reduzida à desordem molecular ou, mais precisamente, ao número de microconfigurações compatível com um dado macroestado. Essa é a famosa fórmula "$s = k \ln w$", em que s representa a entropia, w o número em questão e k uma constante universal, isto é, uma constante que não depende da substância de que o sistema é feito.

Devido ao papel crucial desempenhado pela hipótese da aleatoriedade (ou desordem) molecular, a redução em questão é incompleta ou parcial, sem considerar a opinião dominante (ver Bunge, 1973a). O que a mecânica estatística realizou não foi a redução da termodinâmica à mecânica, mas sim a construção de uma ponte entre as duas. A fórmula acima é a ponte mais óbvia entre as duas disciplinas.

Assim, a termodinâmica, nascida do desejo de entender e aperfeiçoar a máquina a vapor, acabou causando uma silenciosa revolução ontológica, pois introduziu três ideias à cosmovisão mecanicista. São as ideias do nível de organização (micro/macro ou partícula/corpo extenso), da aleatoriedade objetiva (desordem, entropia), e da exaustão (crescente desorganização) de todas as coisas macrofísicas fechadas.

Entretanto, é comum reivindicar que, ao contrário da aleatoriedade quântica, a aleatoriedade clássica é justamente um caso de ignorância e, portanto, subjetiva. Essa é a essência da interpretação da termodinâmica em termos da teoria da informação e da probabilidade bayesiana (subjetivista) defendida por Edwin T. Jaynes (1967).

Embora seja verdade que, não tivesse Ele nada melhor a fazer, Deus seria capaz de ir ao encalço de cada partícula em um gás. Também é verdade que a desordem molecular é objetiva, e por isso a entropia – uma medida de tal desordem – é uma propriedade tão objetiva como a quantidade de calor e a temperatura. (Tanto é assim que o incremento Δs na entropia que acompanha um aumento do aquecimento ΔQ à temperatura T é $\Delta s = \Delta Q/T$.) Tal incremento na desordem pelo aquecimento não está confinado à mente de ninguém: é objetivo. Daí por que diferentes físicos ou engenheiros aproximam-se grosseiramente dos mesmos números, quando medem com os mesmos instrumentos o aumento na entropia de um sistema. A desordem cresceu no sistema, não nos cérebros deles. Ademais, medidas de temperatura são possíveis apenas quando o sistema atinge equilíbrio, o estado no qual sua entropia é máxima – como seria a incerteza do experimentador de acordo com o subjetivismo. Isto é, conhecimento e ignorância seriam a mesma coisa.

A mecânica estatística clássica assume que todo componente de um sistema possui posição precisa, embora desconhecida, bem como uma igualmente precisa e desconhecida quantidade de movimento. Assim, como cada posição no espaço ordinário é especificado por uma coordenada de posição com três componentes, um sistema de n partículas é determinado por uma configuração espacial $3n$-dimensional e um espaço de estado $6n$-dimensional. Tais propriedades são assumidas como reais, porém incognoscíveis. Assim, paradoxalmente nesse caso, o realismo envolve uma pretensão epistêmica. Semelhante admissão explícita de ignorância de pormenores microscópicos priva o lugar do orgulho do lugar que mantinha na Antiguidade: supomos que as coisas se movem no espaço, mas não procuramos descobrir suas trajetórias, porque, na prática, não podemos encontrá-las. Assim, a teoria, longe de refletir a prática – o caminho exigido pelo empirismo e pragmatismo –, a ignora. Como veremos no próximo capítulo, a física quântica sequer pretende que seus referentes microfísicos tenham posições definidas, bem como trajetórias e formas, consequentemente.

Voltemos à ontologia. Enquanto o mecanicismo postulava que a natureza existe em um único nível, a mecânica estatística clássica mostrou que há ao menos dois níveis físicos: macrofísico e microfísico – exatamente o que os antigos atomistas gregos e indianos haviam conjecturado. Mais tarde, na física atômica nuclear e de partículas, o número de níveis físicos aumentou. E, por certo, os biólogos e cientistas sociais adicionaram certo número de níveis suprafísicos (ver capítulo 5).

Relatividade Especial

A próxima revolução científica foi o surgimento da teoria da relatividade especial de Einstein, em 1905. Na realidade, em certo sentido, ela foi mais uma reforma do que uma revolução, pois alterava a mecânica, mas não a eletrodinâmica, e afetava a teoria do espaço-tempo, assim como a teoria da matéria. Em particular, a nova teoria da matéria mostrou que espaço e tempo, longe de serem mutuamente independentes, se fundem: espaço-tempo. A relatividade especial também mostrou que os valores de certas propriedades, como distância, duração, massa, temperatura e intensidade de campo elétrico, são dependentes do sistema de referência, enquanto outros, tais como distância de espaço-tempo, carga elétrica e entropia, são invariantes com respeito às mudanças dos referenciais. Em outras palavras, enquanto algumas propriedades físicas são as mesmas em (relação a) todos os sistemas de referência, outros não o são. Assim, a relativização era parcial, e dizia respeito à relação com os sistemas de referência objetivos, e não ao tema em investigação.

Por exemplo, a distância $\Delta s^2 = \Delta x^2 - c^2 \Delta t^2$ entre dois pontos no espaço-tempo é a mesma em todos os sistemas de referência; ela é uma invariante sob as transformações de Lorentz. Em contrapartida, todo corpo possui tantas massas e energias quantos forem os referenciais inerciais – isto é, infinitamente muitos se o universo for espacialmente infinito. E tais diferenças não resultam de quaisquer mudanças e, portanto, não demandam explanação em termos de mecanismos, em particular de mecanismos causais. Todas as mudanças causam diferenças, mas o inverso não é verdadeiro. Incidentalmente, semelhante relatividade foi, amiúde, mal entendida como não realidade – daí a expressão "massa aparente", em contraste à "massa propriamente dita", que é a massa relativa ao referencial em repouso. Não há nada de irreal ou aparente acerca da dependência de referencial, seja na física relativística ou na clássica. (Lembre-se que posição, velocidade e, portanto, energia cinética, também são dependentes do referencial, também na mecânica clássica.) A invariança implica realidade, mas não inversamente.

A relatividade de posição era conhecida pela mecânica clássica. A relatividade de tempo, por outro lado, veio como uma surpresa. Em particular, soava como algo paradoxal a verificação de que a idade dependia do sistema de referência: o famoso paradoxo dos gêmeos. Ainda assim, essa novidade não era nada em comparação a essa consequência ulterior da relatividade do tempo: de que uma oscilação em um referencial resulta ("aparece como") em uma onda que se propaga em um referencial em movimento. Esse foi o germe da primitiva mecânica ondulatória de Louis De Broglie (1924), que Erwin Schrödinger (1926) expandiu no que logo se tornou o núcleo da física quântica. O aspecto de tipo ondulatório da matéria, previsto pela mecânica ondulatória, foi bem depressa confirmado por experimento.

Assim, a relatividade especial, às vezes encarada como um mero ramo da eletrodinâmica clássica, teve um fruto imprevisível: a mecânica ondulatória. E, por certo, nenhuma dessas teorias tinha quaisquer motivações tecnológicas. Bem pelo contrário, o estudo desinteressado do assunto encontrou finalmente aplicações tecnológicas significativas, das telecomunicações até a engenharia nuclear. O que nos leva a uma das mais famosas fórmulas de toda história da física.

A equação "$E = mc^2$" na mecânica relativista nos diz que a massa e a energia de uma partícula ou um corpo são equivalentes. Diz, também, que essa equivalência quantitativa significa, em geral, que massa e energia são a mesma, módulo c^2. Isso está errado, pois enquanto E mede a capacidade de mudança, m mede a inércia, ou a disposição para resistir a mudanças no estado de movimento. Outro construal popular da mesma fórmula é que matéria é o mesmo que energia. Isso também está errado, porque a energia é uma propriedade de entidades materiais, como foi mostrado claramente pela expressão padrão "a energia da coisa θ relativa ao referencial φ, e na unidade ε, é igual ao número e".

Além disso, conquanto somente as partículas e os corpos sejam dotados de massa, a energia é a propriedade física universal, como será discutido adiante. Em outras palavras, embora matéria não seja o mesmo que massa, e massa não seja o mesmo que energia, é verdade que os predicados "é material" e "tem energia" são coextensivos, isto é, possuem as mesmas instâncias.

É interessante notar que a massa de um sistema é ligeiramente menor que a soma das massas de seus componentes: essa diferença é denominada "defeito de massa". Assim, a massa total de um sistema composto de corpos 1 e 2 é $M = m_1 + m_2 - m_{12}$, em que m_{12} representa o defeito de massa do sistema. E a energia correspondente, $m_{12}c^2$ é igual à energia de ligação do sistema. A fissão do urânio, que ocorre em uma bomba nuclear, é o exemplo mais célebre dessa equivalência: o escape de fragmentos com uma parte da enorme energia de ligação do núcleo, agora transformada em energia cinética.

Do mesmo modo, a energia de um sistema físico difere da soma das energias de seus constituintes, porque inclui a energia de interação. (A energia total é maior ou menor que a soma das energias dos componentes, conforme a energia de interação seja positiva ou negativa.) Note o contraste com distâncias, períodos, cargas elétricas e outras magnitudes aditivas. (Essa diferença escapou aos filósofos e psicólogos que trabalham no que eles chamam de "teoria da mensuração", porque têm confundido mensuração, um procedimento empírico, com *medida*, um conceito da teoria dos conjuntos: ver Bunge, 1974. Pior ainda, eles ignoram as magnitudes subaditivas, tais como a massa, bem como as intensivas, tais como a densidade de massa.) Observe, também, a ocorrência da palavra "sistema" no que foi exposto acima: embora alguns poucos filósofos a utilizem, ela é desmedida em todas as ciências. A razão é que os sistemas não são apenas coleções de indivíduos, mas indivíduos em um nível mais alto: uma parede não é uma pilha de tijolos, uma célula não é coletânea de moléculas, um regimento não é um grupo acidental, e assim por diante.

O caso de fótons, ou quanta de luz, é muito diferente da matéria "ponderável" (ou matéria dotada de massa). De fato, os fótons possuem energia e *momentum*, mas não têm massa. As três propriedades mencionadas nas sentenças anteriores estão relacionadas pela equação "$E^2 - c^2p^2 = m_0^2c^4$". Essa equação é uma invariante: ela vale para todos os referenciais inerciais. (m_0 denota a massa em repouso, isto é, a massa do corpo em questão relativa a um referencial afixado nela.) A fórmula precedente é a contraparte dinâmica do invariante espaço-tempo que encontramos antes.

A segunda das fórmulas acima mostra claramente que a energia é uma propriedade mais universal do que a massa, uma vez que para $m_0 = 0$, a fórmula acima se reduz a $E^2 - c^2p^2 = 0$. Isso confirma a sensatez de considerar os campos eletromagnéticos, que são isentos de massa, como constituindo um tipo especial de matéria. E isso sugere que, enquanto na mecânica a massa mede a quantidade de matéria, a energia mede matéria de todas as espécies. (Mais acerca disso no capítulo 4.)

Retornando brevemente para a luz, vale lembrar que sua velocidade no vácuo é a maior velocidade possível. (Entretanto, a luz é acelerada quando atravessa o campo gravitacional.) Esse fato é tão importante que foi erigido em um princípio. Trata-se do *princípio da localidade*, segundo o qual nenhuma ação pode propagar-se mais rapidamente do que a luz. Esse princípio é usado para avaliar teorias físicas: teorias não locais, isto é, teorias que assumem velocidades superluminais, são consideradas gravemente defeituosas. Assim, uma das principais objeções de Einstein à mecânica quântica era o fato de ele pensar que ela fazia da ação à distância um relicário, algo que ele considerava, com razão, fantasmagórico. Desde então, aprendemos que a teoria envolve, ao contrário, um emaranhado (ver a seção Perda de Individualidade no capítulo 3). No entanto, resumamos nossa discussão sobre a invariância.

O fato de a relatividade especial ter destronado velhos invariantes, enquanto ungia novos, mostra que a escolha do nome para a nova teoria foi infeliz. Ela desencaminhou as pessoas ao enfatizar o relativo (ou dependente do referencial) à custa do absoluto (ou invariante em relação ao referencial), enquanto na realidade ambos são igualmente importantes. O "absoluto especial" seria apenas apropriado – ou inapropriado. (O qualificativo "especial" alude ao tipo particular de sistemas de referência, mencionados por essa teoria: eles são referenciais inerciais, isto é, aqueles que se movem com velocidades constantes relativas uns com respeito aos outros.)

Mas o principal erro filosófico residia na crença de que a teoria envolve subjetivismo, justamente porque Einstein tentou popularizá-la com referência a observadores que viajam em trens e medem distâncias e durações. Essa confusão popular de "relativo" com "subjetivo" poderia ter sido evitada, usando-se fotocélulas e dispositivos de medição automatizados – os quais, sem dúvida, não eram amplamente disponíveis na época. E nenhum físico deveria ser condescendente com tal confusão, pois qualquer magnitude é relativa ou absoluta de um modo limitado, ou seja, relativa a algum grupo particular de transformações.

Gravitação

O próximo conceito de campo inventado foi o de campo gravitacional. A relatividade geral de Einstein é efetivamente uma teoria dos campos gravitacionais. Essa teoria não teria exercido qualquer impacto sobre a ontologia não fosse o fato de que ela envolvia até mesmo mudança mais profunda no conceito de espaço-tempo do que a relatividade especial. Na verdade, ela mostrava que a distância entre dois pontos no espaço--tempo dependia da distribuição de matéria; portanto, essa distância é provavelmente diferente em distintas regiões do mundo – encolhendo-se sempre que a densidade da matéria aumenta e expandindo-se lá onde ela decresce. Em outros termos, a matéria deforma o espaço-tempo; e, ao fazê-lo, altera as trajetórias de *classões* como os planetas e *quantões* como os fótons.

A teoria da gravitação de Einstein (1915) transformou a visão de espaço-tempo como sendo o contêiner universal passivo da matéria na concepção do espaço-tempo como parceiro da matéria. Antes de 1915 era possível especular que, se Deus algum dia ficasse cansado do mundo, o espaço-tempo remanesceria como um contêiner vazio, pronto a receber novas coisas materiais – ou nenhuma. Após essa data será preciso enfrentar a possibilidade de que, se a matéria tiver que desaparecer, o mesmo acontecerá com o espaço-tempo: não havendo matéria, não há espaço-tempo.

Esse pensamento deveria esfriar o entusiasmo pelo Big Bang, concebido como uma explosão do nada no vazio. E deveria também transmitir uma instigação pelo fato de que o qualificativo "geral" deixa de veicular, a saber, que a nova teoria não só dá lugar a referenciais acelerados, tais como o nosso planeta, como também diz respeito a campos gravitacionais e suas fontes ou parceiros. Tanto é assim que as soluções das equações de Einstein descrevem campos gravitacionais. Os filósofos deveriam ter ajudado a identificar os referentes próprios da teoria. Mas as semânticas que eles adotam, se há alguma, não incluem qualquer teoria de referência (ou acerca dessa referencialidade) como aquela proposta pelo presente autor (Bunge, 1974a).

Einstein talvez tenha morrido acreditando que sua teoria da gravitação fora confirmada por apenas três "efeitos", em particular pelo mais surpreendente deles – a curvatura do raio de luz. Desde aquele tempo, mais que duas dúzias de outros "efeitos" foram descobertos, e a existência de buracos negros (ou antes, cinzentos) foi amplamente confirmada. Além disso, espera-se que todos os modelos cosmológicos devam concordar com a teoria da gravitação de Einstein. Mas encaremos a questão: conquanto a cosmologia relativística tenha quase um século de idade, ela ainda não tem claro para si se houve realmente um começo absoluto (Big Bang) e, caso tenha ocorrido, se algo explodiu, ou mesmo se o universo é finito ou infinito espacialmente.

Observações Conclusivas

A opinião vulgar sobre a física clássica é que ela está basicamente errada e, portanto, é obsoleta. (Essa opinião foi, em grande parte, moldada pela meia verdade de Gaston Bachelard e Thomas Kuhn, de que a história da ciência é uma sequência de *rupturas epistemológicas* totais ou revoluções científicas.) É também objeto de ampla crença que a física clássica é igual à mecânica clássica que, por seu turno, seria redutível à mecânica newtoniana das partículas. Que esta última é apenas um caso especial de contínuo mecânico é algo conhecido por todos os engenheiros mecânicos. E a maioria dos admiradores de Hegel, até mesmo Friedrich Engels, engoliu a asserção fantasista de que as leis especiais do movimento de Johannes Kepler implicam as de Newton, mais do que o inverso.

Outra concepção popular errônea é que a física clássica, diferentemente de sua sucessora, era intuitiva. Mas não é o que parece para nossos bisonhos físicos, para quem foi difícil entender que um corpo em movimento entregue a si próprio mantém-se em movimento (princípio da inércia); que os planetas circulam em torno do Sol, impelidos por uma força perpendicular ao seu movimento; que um campo magnético não é o mesmo que limalhas de ferro, que indicam a presença do campo; que volumes iguais de gases diferentes contêm o mesmo número de moléculas (lei de Avogadro); que cargas elétricas são múltiplas de uma carga elementar; ou que as leis básicas da física (ao contrário de algumas propriedades físicas) são as mesmas em relação a todos os referenciais que se movem com velocidades constantes uns em relação aos outros (princípio da relatividade de Galileu).

Devido às errôneas concepções populares acima mencionadas, a maior parte dos filósofos negligenciou as ricas problemáticas colocadas pela mecânica do contínuo, pelo eletromagnetismo clássico, pela mecânica estatística e pelas primeiras teorias atômicas e dos elétrons. Todas essas teorias – que ainda estão sendo desenvolvidas – transformaram consideravelmente a ideia de matéria legada a nós por Newton.

Mesmo Leonhard Euler – o herdeiro de Newton e pai da mecânica do contínuo – tinha um conceito mais rico de matéria do que aquela influente vintena de filósofos da ciência que igualaram a física clássica à mecânica clássica newtoniana. E, por certo, Faraday, James Clerk Maxwell, Rudolf Clausius, Ludwig Boltzmann, Joseph John Thomson,

Svante Arrhenius e seus contemporâneos tinham ciência dos campos, dos fluidos, dos sistemas termodinâmicos, dos elétrons, das estrelas e das galáxias, nenhum dos quais é redutível a partículas pontuais. Acrescente a isso as realizações dos químicos do século XIX, como Jöns Jacob Berzelius e Amedeo Avogadro, e dos biólogos Claude Bernard, Darwin e Santiago Ramón y Cajal, e torna-se claro que as ideias do século XIX sobre a matéria eram bem mais elaboradas do que as da maioria dos filósofos do século XX.

Por volta dos anos de 1900, quando começou a revolução quântica, físicos, químicos e biólogos aprenderam muito mais acerca do que era desconhecido da matéria um século antes: de que há campos além de corpos; que a maior parte dos processos é irreversível; que átomos e aleatoriedade são reais; que o vitalismo estava errado, e a bioquímica era a chave da vida; que os organismos de agora descendem de remotos ancestrais muito diferentes; que sistemas materiais de certo tipo podem pensar, e assim por diante.

O novo conhecimento sobre a matéria, conquistado no curso do século XIX, deveria trazer à tona uma vigorosa renovação do materialismo filosófico. Paradoxalmente, aconteceu exatamente o oposto: ele desencadeou um forte contragolpe idealista, conhecido na França como *la critique de la science*. De fato, um grande número de autores interpretou a física como uma refutação do materialismo. Ironicamente, esse ataque ao materialismo, em nome da ciência, foi perpetrado por notáveis cientistas, enquanto a maioria dos filósofos profissionais continuava a escrever sobre Kant e Hegel.

Na verdade, na virada do século XIX, Mach, Gustav Kirchhoff, Pierre Duhem, Wilhelm Ostwald, Poincaré, Pearson e outros cientistas praticantes, reinventaram o positivismo. Eles criticaram tanto o materialismo quanto o realismo, reaqueceram o fenomenalismo de Kant, e foram tão longe a ponto de repetir a anterior condenação de Comte do atomismo e da astrofísica. O grande Ludwig Boltzmann foi o único eminente dissidente.

Ironicamente, o mais veemente crítico do novo idealismo não foi nem um cientista nem um filósofo, mas um político profissional: Lênin (1908). Seu livro sobre esse tema, *Materialismo e Empirocriticismo*, foi um inteligente e violento ataque ao positivismo e ao convencionalismo. Faltando-lhe uma base científica, Lênin confinou sua atenção a fontes de segunda ordem. No entanto, ele estava basicamente correto, embora por razão errada: pois as opiniões que ele criticava se chocavam com as de Engels.

Entretanto, o ressurgimento do idealismo em nome da ciência não evitou o nascimento da física atômica e nuclear experimental por volta de 1900. Mas a revolução quântica (1925-1935) foi interpretada em termos subjetivistas, de novo por físicos mais do que por filósofos: como de costume, estes últimos estavam fora de sincronia com a ciência. Todavia, essa profunda transformação merece um novo capítulo.

3.
MATÉRIA QUÂNTICA: ESQUISITA, MAS REAL

É bem conhecido o fato de as teorias quânticas terem introduzido mudanças radicais na concepção de matéria. Entretanto, não há consenso sobre quais são essas mudanças, ou a respeito do que é ou deveria ser o impacto delas na filosofia. Enquanto alguns estudiosos enfatizam as mudanças na teoria física, outros pretenderam que a teoria quântica nos forçou a renunciar ao postulado realista, segundo o qual há coisas em si próprias, isto é, coisas que existem independentemente do sujeito cognoscente. Tendo lidado, em outra parte, com essa última interpretação (ou de Copenhague; ver Bunge, 1959b, 1967b, 1973a, 1985.), concentrar-me-ei, aqui, na nova ontologia que as teorias quânticas requerem.

Todas as coisas materiais são ou elementares, como *elétrons* e quarks, ou sistemas de tais coisas. Em outras palavras, as coisas não chegam em quantidades arbitrárias e elas não podem ser divididas em partes arbitrárias. Assim, os antigos atomistas estavam, basicamente, corretos. Ademais, algumas propriedades também são quantizadas. Por exemplo, a energia de um átomo em estado estacionário não pode assumir valores arbitrários; ela pode estar em apenas um de um conjunto infinito enumerável. Portanto, um acréscimo ou decréscimo na energia de um átomo é uma transição descontínua ou um salto quântico – uma expressão que enriqueceu a linguagem comum. Tais descontinuidades motivaram a introdução dos neologismos *teoria quântica, quantização* e *quantão*.

Entretanto, deve-se ter em mente que a física clássica também contém propriedades quantizadas, como na quantidade de eletricidade, e as frequências de uma corda vibrante ou uma membrana. E, ao contrário da crença popular de que a teoria quântica introduziu noções contraintuitivas na física, a história da disciplina ensina que os conceitos clássicos de massa, energia, polarização da luz, tensão, campo, entropia e mesmo a força, foram encarados outrora como enigmáticos.

É verdade, Niels Bohr pretendeu que a teoria quântica nos força a revisar o próprio conceito de entendimento; e Richard Feynman, na sua famosa declaração, afirmou que ninguém entende realmente a física quântica. Em minha opinião essa teoria é difícil de ser penetrada não só porque lida com eventos não familiares, como a transmutação de um par de elétrons em *dois ou mais* fótons, mas também porque está cercada de uma névoa que emana da tentativa de torná-la compatível com o operacionismo. Trata-se da doutrina positivista, pela qual o sentido de um constructo consiste nas operações realizadas para aferi-lo.

Essa filosofia, a assim chamada interpretação de Copenhague, exige que realizemos a proeza impossível de traduzir em sentenças independentes do observador, ainda que de início não familiares, a linguagem dos fenômenos, em particular as aparências dos que trabalham nos laboratórios. Os antigos atomistas sabiam que devíamos proceder de modo exatamente oposto, ou seja, considerar o perceptível em termos do imperceptível. Cronômetros não fazem o tempo: eles somente o medem. De igual modo, fotocélulas não geram elétrons a partir do nada: elas apenas detectam elétrons expulsos pelos fótons dos átomos de selênio nas células.

Isso não nega que elétrons, fótons e similares são extremamente sensíveis aos sistemas macrofísicos tais como instrumentos de medição, alguns dos quais alteram os valores da propriedade que está sendo medida, enquanto outros geram novas propriedades em coisas preexistentes. O ponto é que todas as coisas em questão existem no mundo real, em vez de serem ficções da imaginação do experimentador. Nisso, a tese realista não foi danificada pela física quântica. Muito ao contrário, pois, quando reunimos um conjunto de aparelhos para fim experimental, ou quando lemos um instrumento de medição, assim como quando formulamos um problema teórico, pressupomos que estamos lidando com coisas reais, possuidoras de propriedades físicas, mais do que mentais. Daí por que ninguém, em bom juízo, espera encontrar respostas para questões físicas por meio da introspecção. Psicólogos, e não físicos, é que são competentes para investigar a experiência humana.

Além disso, os físicos dão como certo que as coisas por eles estudadas são objetos naturais que os preexistem, mesmo se mensurações invasivas possam alterar algumas de suas propriedades. Caso não fizessem essa assunção filosófica realista, os físicos estudariam a si mesmos, em particular a sua própria experiência: eles veriam sua ciência como uma ferramenta "para ordenar e avaliar a experiência humana", como Bohr disse uma vez, com a aprovação de N. David Mermin (2009). Isto é, os físicos descreveriam unicamente suas próprias experiências e o fariam em termos de propriedades secundárias (dependentes do sujeito), como a cor e o gosto, não em termos de propriedades primárias (independentes do sujeito), como comprimento de onda e acidez. Mas eles não procedem assim. Portanto, a tese instrumentalista, que a Inquisição brandiu contra Galileu, é falsa.

O fato é que, no curso de sua investigação do mundo externo, os físicos simplificam ("estilizam") questões e empregam abstrações, e às vezes eles as reificam erradamente, refutam o realismo ingênuo, mas não dão atenção cuidadosa ao realismo científico. De fato, o realismo científico enfatiza que nossas teorias sobre coisas reais são simbólicas e indiretas mais do que figurativas e literais. Mas esse realismo insiste no fato de que elas se referem a coisas materiais reais, como se vê pela análise das expressões "a massa em repouso do elétron" e "os níveis de energia do átomo de hidrogênio". Se as teorias físicas não possuíssem semelhante referência pretendida, elas não poderiam nem ser sujeitas a verificações de realidade nem serem usadas na tecnologia. Todavia, vamos prosseguir com o contraste quântico/clássico.

A feição mais importante da física quântica não é a descontinuidade, nem sequer a chance irredutível, mas sua contribuição ao velho problema: quais são os constituintes últimos da matéria? Anaximandro, o pai da cosmologia ocidental, conjecturava que as várias espécies de material não passam de variações de uma matéria primordial (*apeiron*). Robert Boyle, o fundador da química moderna, reviveu essa hipótese dois milênios mais tarde. E William Prout (1815) atualizou-a à luz do recente ressurgimento da teoria atômica: ele identificou a matéria primordial com o hidrogênio, porque verificou que os pesos atômicos são múltiplos do peso atômico do hidrogênio. Espantosamente, Prout chegou muito perto: pensava-se, por volta de 1930, que todos os átomos são compostos de prótons (o núcleo do hidrogênio), nêutrons e elétrons. Assim, a diversidade se ramifica a partir da unidade.

Na época deste escrito são conhecidas mais de duzentas espécies de partículas, além de entidades isentas de massa como os fótons e o putativo gráviton. Sabemos também que o próton e o nêutron, longe de serem elementares, são compostos de quarks e glúons. Assim, em vez de uma única matéria primária, contamos com uma centena ou mais delas. Portanto, a antiga ideia de que o universo possui constituintes últimos tem sido mantida. O que nem os antigos, nem Boyle, nem Prout poderiam antecipar é que esses constituintes básicos são absolutamente diferentes das minúsculas bolinhas que os atomistas, desde Demócrito até John Dalton, imaginaram. Progressivamente a realidade vem provando ser bem mais complexa e menos visualizável do que qualquer coisa que os mais sofisticados teólogos e escritores de ficção científica poderiam inventar. Além disso, muitas das invenções dos físicos quânticos mostraram ser incrivelmente realistas, contradizendo, assim, a inerente filosofia antirrealista da escola ortodoxa ou de Copenhague. Lancemos, agora, um olhar sobre algumas das complexidades quantoteóricas.

Encontre o *Quantão*

A revolução quântica, encetada em 1900 e ainda vigorosamente em curso, desfechou um pesado golpe na cosmovisão corpuscular e, justamente por isso, reforçou a concepção teórica de campo. De fato, embora as coisas descritas pela teoria quântica não sejam nem partículas, nem campos, elas são mais similares a campos do que a partículas, uma vez que não têm forma própria, espalham-se no espaço, difratam e interferem. É o caso de a probabilidade da posição de um elétron solto numa sala vazia espalhar-se até ocupá-la em sua inteireza. De fato, sua função de estado, o famoso *y*, expandir-se-á para anular-se apenas nos limites da sala, bem como no meio de lugares especiais – tal como qualquer outro campo. (E até teóricos da teoria das cordas se vangloriam de, ao contrário dos físicos quânticos, terem concebido os blocos do universo como cordas ou folhas, mais do que como partículas pontuais – como se a mecânica quântica tivesse retido a clássica ficção de uma partícula pontual.)

Correspondentemente, as propriedades dinâmicas do *quantão*, em primeiro lugar sua posição, serão espalhadas por toda a sala – ou, sem dúvida, por toda a galáxia no caso de um neutrino que tem viajado sem ser molestado por bilhões de anos. Entretanto, um detector localizará o *quantão* nas regiões em que a função de estado *y*, isto é, o quadrado de sua amplitude, atinja um pico. Em geral, a interação com uma coisa macrofísica, seja natural ou artificial, causa mudanças significativas no *quantão*, em particular um radical encolhimento na sua distribuição de posição.

Idealistas filosóficos e seus seguidores inconscientes na física quântica têm interpretado esse resultado como uma confirmação da ideia de que o observador pode "invocar" à vontade coisas microfísicas e suas propriedades. Esquecem que eles próprios são compostos de átomos e molécula, dos quais todos existem, a maior parte do tempo, fora de seus laboratórios e por si próprios, mais do que graças a observadores científicos. Quando os físicos realizam seu trabalho, eles estudam o mundo externo e não a si mesmos. E tomam como certo que a maior parte do mundo físico encontra-se muito aquém de seu alcance – e.g., no centro de nosso planeta, ou em outra galáxia.

O que acontece é que uma coisa microfísica é provavelmente dominada por uma coisa macrofísica, tal como um invasivo instrumento de mensuração. Eis por que um intento experimental de medir uma variável dinâmica P empregará um dispositivo que pode trazer para fora P, borrando, por esse meio, seu conjugado ou "parceiro" Q. Dois dos muitos pares de variáveis conjugadas são posição e *momentum* (quantidade de movimento) na mecânica, e número e fase de fótons na eletrodinâmica. Retornaremos a esse ponto nesse capítulo, na seção Perda de Nitidez.

Basta notar, por ora, que as típicas variáveis quantoteóricas chegam aos pares: os únicos solteiros na teoria são os parâmetros herdados da física clássica, nomeadamente, tempo, massa e carga elétrica.

De todo modo, em qualquer evento, o comportamento do tipo campo de entidades microfísicas é a raiz de suas remanescentes propriedades, e a razão apresentada para denominá-las *quantões* (Bunge, 1967c). Além disso, proponho dar o nome de *classões* a coisas que são corretamente descritas pela física clássica; e *semiquantões* (ou *semiclassões*) a objetos mesoscópicos, tais como moléculas de DNA e objetos da nanotecnologia, que requerem teorias semiclássicas. Os *quantões* estão em evidência em qualquer processo em que a constante de Planck h desempenha um papel. Ao contrário do folclore, um tamanho muito pequeno é suficiente mas não necessário para que os *quantões* estejam em evidência. Um anel de chumbo supercondutor, um copo cheio de hélio líquido, a radiação de corpo negro contida em um forno de micro-ondas, uma estrela de nêutrons e outras coisas macrofísicas são *quantões*.

O traço mais conhecido dos *quantões* é, sem dúvida, sua existência mesma: o fato de existir unidades tão mínimas de matéria como elétrons e fótons, assim como há unidades de moeda (tal como o centavo) e uma unidade de informação (o bit). Em resumo: a atomística antiga tem sido vindicada, muito embora aquilo que chamamos de "átomos" mostrou-se compósito, e alguns de seus constituintes, como os prótons e nêutrons, são tomados como compostos de *quantões* até mais básicos, isto é, quarks e glúons. Não só corpos e corpúsculos, mas também campos são tomados, por suposição, como quantizados. (Na realidade, até agora se mostrou que apenas campos de radiação eletromagnética eram quantizados, isto é, fótons. Campos eletrostático e magnetostático não são quantizados, e o campo gravitacional ainda precisa ser corretamente quantizado.)

Tais achados constituíram uma mudança radical na concepção clássica do universo como composto de partículas individuais autocontidas. Na verdade, os ingredientes básicos do universo são campos interpenetráveis, e não partículas impenetráveis. Em particular, elétrons e pósitrons são os quanta do campo elétron-pósitron, que se estende pelo espaço e responde por algumas das feições contraintuitivas da teoria quântica, tais como a interferência que ocorre atrás de um anteparo de duas fendas. Se a óptica ondulatória tivesse surgido antes da mecânica, poderíamos ter sido poupados de muitos "paradoxos".

Perda de Individualidade

Uma das mais enigmáticas características dos *quantões* é o fato de eles não terem a individualidade que nos permita identificar os *classões*. Tome, por exemplo, dois elétrons no átomo de hélio – ou, para esse caso, o zilhão de elétrons em um fio de cobre. Em princípio, tais elétrons são contáveis, porém uma troca desses *quantões* não faz diferença para as distribuições de probabilidade do sistema. (O estado do sistema é invariante na permutação dos componentes se eles forem *bósons*, ou *quantões* com *spin* inteiro; e apenas mudam o sinal ou fase se forem férmions, ou possuírem *spin* semi-inteiro.)

Em outras palavras, tais "partículas" são equivalentes: elas perdem sua identidade ou individualidade quando incorporadas a um sistema. Diz--se, usualmente, que são *idênticas*, logo indistinguíveis. Porém, como elas são contáveis, na verdade são *equivalentes*, logo permutáveis – mas não indistinguíveis (ver fig. 3.1).

Um caso ainda mais drástico de ausência de individualidade é o dos quarks e o dos glúons, que constituem os prótons e os nêutrons. Segundo o princípio do confinamento, eles são inseparáveis um do outro, e não ocorrem isolados. Mas apenas há poucos anos provou-se experimentalmente que os quarks (e antiquarks) são reais: foram produzidos pelo Large Electron-Positron Collider (Grande Colisor Elétron-Pósitron). O esquema da reação foi elétron + antielétron → energia fotônica ultra-alta → quark + antiquark.

(O último estágio não ocorre se o fóton incide sobre um átomo, como acontece toda vez que uma tomografia por emissão de pósitrons é realizada.) Observe a cadeia de mudanças qualitativas; "aniquilação" (submersão de massa) e "criação" (emergência de massa). Primeiro, a massa foi perdida, depois reconquistada, mas a energia e a carga (bem como o *momentum* e o *spin*) se conservaram de ponta a ponta. O princípio de Lucrécio de conservação da matéria foi vindicado, mesmo quando se mostrou que o princípio da conservação da massa, de Lavoisier, falhou para altas energias.

Outra peculiaridade notável dos *quantões* é o emaranhado ou a não separabilidade. Vários experimentos efetuados desde 1981 evidenciaram que, quando um microssistema se desmantela, seus fragmentos parecem continuar juntos: suas propriedades exibem correlações à distância ("não locais") até na ausência de acoplamento ("força atrativa"). Tal emaranhado, ou perda de separabilidade, é "paradoxal" (não familiar, inesperado, contraintuitivo). Isso acontece porque todas as forças clássicas, exceto a elástica, decrescem com a distância; e porque não se espera que as forças microfísicas "lembrem" de seu passado. (As forças

MATÉRIA QUÂNTICA: ESQUISITA, MAS REAL

79

CONFIGURAÇÃO	PROBABILIDADE	CONFIGURAÇÃO	PROBABILIDADE
[ab]	1/4	[aa]	1/3
[a	b]	1/4	[a	a]	1/3
[b	a]	1/4	[aa]	1/3
[ab]	1/4		

Fig. 3.1: Componentes equivalentes ou intercambiáveis ("indistinguíveis") de um sistema. As células são regiões no espaço de estados do sistema. A configuração nesse espaço há de diferir ou não, na medida em que os estados, "objeto 'a' na célula 1 e objeto 'b' na célula 2" e "objeto 'b' na célula 1 e objeto 'a' na célula 2", são pressupostos como sendo os mesmos ou diferentes. (Extraído de Bunge, 1985, parte 1, p. 218.)

nucleares têm um alcance muito curto, e as forças entre os quarks são igualmente de curto alcance, mas crescem com a distância. E todos os sistemas com memória conhecidos até recentemente, tais como os imãs e os plásticos, são macrofísicos.)

O emaranhado (a não separabilidade) tem sido interpretado de vários modos não físicos, incluindo recurso à telecinesia; pretendeu-se também que ele refutasse o realismo e confirmasse o holismo. A meu ver, tudo que o emaranhado faz é confirmar a tese "uma vez sistema, sempre sistema". Entretanto, isso não é um postulado independente, mas uma consequência de leis de conservação. Considere, por exemplo, um sistema composto de duas partículas com *spins* antiparalelos: ↑ e ↓. Se o sistema separa-se em duas partes e uma delas é encontrada com o *spin* para cima, a outra, a ex-componente, será encontrada com o *spin* para baixo, porque o *spin* total, nesse caso "o", é conservado.

Em outros termos, as componentes originais de um sistema continuam a estar em correlação (associadas), não importa quão longe elas se movam apartadas – até serem capturadas por outro sistema. Assim, o passado importa até no nível microfísico. E a separação física implica separação espacial, mas não inversamente. Em suma, o enredamento não prejudica o realismo. Ele apenas confirma o sistemismo, a tese de que toda a coisa real é ou um sistema, ou um todo, ou uma componente de sistema (seção Metafísica: Do Senso Comum, Especulativa e Científica, do capítulo 1). Se o realismo tivesse sido realmente refutado, ninguém poderia executar checagens, como mensurações.

As mensurações sobre *quantões* são mais bem vistas como casos de enredamento por desígnio. De fato, para medir uma propriedade de um *quantão* a gente se enreda com uma propriedade de um medidor, tipicamente um indicador variável como o ângulo de um ponteiro sobre um dial. Tal enredamento produz um supersistema medidor de *quantão*, cujo estado é uma função das variáveis em questão. Assim, no caso mais simples de um *quantão* com dois possíveis estados, *a* e *b*, enredado com um medidor com apenas duas posições possíveis *a* e *b*, o estado combinado pode ser escrito na forma $\Psi = \Phi_1 (a,a) + \Phi_2(b,b)$. É claro que essa fórmula não pode ser reescrita como uma soma ou um produto de funções que contenham somente o *quantão* ou os estados do medidor. Note também que a fórmula precedente é apenas um esqueleto a ser coberto de carne, com particulares acerca tanto do *quantão* como do medidor. Incidentalmente, cabe lembrar que, aqui, não existe medição de precisão sem teoria: a ideia de que mensurações exsudam teorias é apenas um mito filosófico.

O emaranhado e o seu dual, a "descoerência", estão particularmente em evidência no caso da mensuração, mas não menos nos procedimentos de laboratório. Como notou Schrödinger (1935), o emaranhado é ainda mais característico da teoria quântica do que da quantização. Portanto, o carrapicho pegajoso poderia ser uma metáfora clássica melhor para o *quantão* do que a bolinha lisa, e os *quantões* talvez tenham de ser rebatizados como *tanglões* (*tang*, espiga em inglês). Isso não é para depreciar a quantização. Afinal de contas, somente a teoria quântica estabeleceu a velha questão de saber se a matéria poderia ser infinitamente divisível, como Aristóteles e a física clássica supuseram, ou não, como os antigos atomistas gregos e hindus sustentavam.

O princípio de exclusão de Pauli é outro caso de sistematicidade quântica. De fato, ele afirma que, no máximo, dois elétrons de um sistema podem estar no mesmo estado energético. (Na realidade, esse princípio vale para todos os férmions ou para *quantões* de *spin* igual a meio, como os elétrons e os nêutrons.) Um físico de mentalidade clássica poderia desejar explicar esse princípio por uma força repulsiva *ad hoc*, mas o operador de energia para um sistema de dois elétrons não contém potencial para semelhante força.

Uma situação similar ocorreu há um século com respeito à relatividade especial, quando algumas pessoas tentaram explicar as "contrações" de comprimento e as "dilatações" de tempo de Lorentz em termos de posições e empurrões, em vez de abster-se de usar as palavras entre aspas, e admitir que as feições espaço-temporais são relacionais e não intrínsecas. Todas as forças causam mudanças e, assim, diferenças, mas nem todas as diferenças brotam de mudanças. Além disso, algumas mudanças não alteram coisa alguma. Por exemplo, se todas as posições e velocidades, no mundo inteiro, fossem acrescidas de dadas quantidades, as leis físicas permaneceriam as mesmas.

Perda de Vácuo e Estabilidade

Outra grave perda é a do vácuo, cuja descoberta foi peça importante da Revolução Científica. Esse achado refutou a doutrina aristotélica do *plenum* (espaço cheio de matéria) e, justamente por isso, tornou o atomismo plausível. Entretanto, o plenismo era, no final das contas, justificado. Na verdade, a eletrodinâmica quântica descobriu que, mesmo quando se faz no recipiente um vácuo perfeito, e todos os campos eletromagnéticos estão desligados, algo remanesce além do campo gravitacional: isto é, o vácuo quântico flutuante. Esse campo pode ser considerado como o campo residual que permanece depois que todas as cargas elétricas foram removidas. A intensidade desse campo fantasmagórico flutua ao redor de zero, mas ocasionalmente é bastante forte para puxar um elétron atômico para um nível de energia mais baixo. Verificou-se que esse decaimento radioativo, que de início se pressupôs ser um processo espontâneo, tinha uma causa – embora ocorrido aleatoriamente mais do que a partir de um programa regular. Moral: nunca tenha pressa de enterrar ideias que foram poderosas um dia.

O fato espantoso de o vácuo ter propriedades físicas de tal modo que pode exercer uma força sobre um bit de matéria talvez não surpreendesse Aristóteles, Descartes ou os fundadores da teoria ondulatória da luz. Mas o pensamento teórico de campo não é para qualquer um. Por exemplo, químicos e engenheiros mecânicos não fazem muito uso disso; até mesmo teóricos quânticos chamam de "partículas virtuais" as flutuações quânticas. O pensamento corpuscular é muito mais intuitivo do que o de campo, teoricamente falando, porquanto uns poucos físicos eminentes tentaram entender tudo em termos corpusculares. Por exemplo, Feynman descreveu a repulsão eletrostática de dois elétrons como mediada por um fóton virtual – isto é, um fóton que viola a conservação da energia.

Os diagramas de Feynman tornaram-se muito populares, apesar de conterem ideias não físicas como as de partícula virtual, e as de pósitrons como idênticas a elétrons movendo-se para o passado. Físicos especializados em computação amam esses diagramas porque eles são auxiliares mnemônicos; e são populares porque parecem intuitivos, na medida em que substituem campos por corpúsculos. (Para uma crítica pormenorizada, consulte Bunge, 1959b; ver também fig. 3.2.)

O princípio newtoniano de inércia havia desafiado a alegada passividade da matéria: ele mostrou que, uma vez em movimento, os corpos continuam movendo-se sem que tenham que ser empurrados ou puxados. Além disso, quanto maior a massa (e a velocidade), maior a força necessária para detê-los – daí o papel dual da massa, como medida de inércia, assim como de quantidade de matéria. A inércia era tão

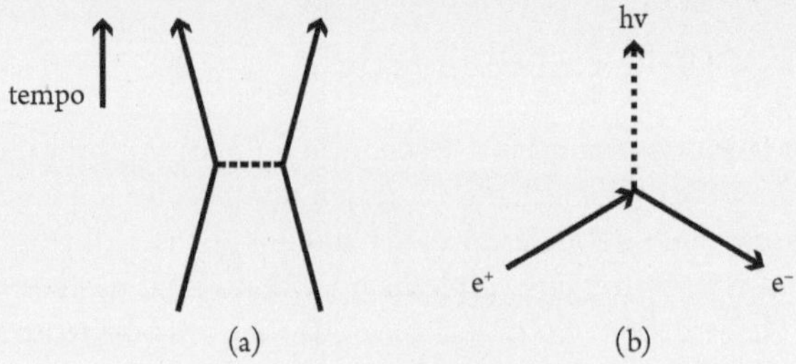

tempo

(a)   (b)

Fig. 3.2. Dois diagramas (de tipo corpuscular) de Feynman.
(*a*) Interação entre dois elétrons (*linha contínua*) mediada
por um fóton virtual (*linha tracejada*). (*b*) "Aniquilação" de
um par de elétron-pósitron. O elétron move-se para frente,
para o futuro, enquanto o pósitron é concebido como um
elétron a mover-se para trás, no tempo. O fóton é imaginado
à *la* Newton como uma minúscula bolinha. Ajuda no cálculo
ou é um teste de ingenuidade?

contraintuitiva que Kant, escrevendo um século inteiro após Newton,
não conseguiu entendê-la. Daí por que ele inventou a força repulsiva que
equilibraria a atração do Sol. E, no entanto, muitos historiadores da filosofia consideram Kant e Hume como os filósofos da Revolução Científica,
à qual eles, na realidade, se opunham – Hume explicitamente e Kant
inconscientemente (Bunge, 2006a).

Dois séculos mais tarde sobreveio outro choque: a descoberta da
radioatividade, em que blocos de matéria de certo tipo emitiram espontaneamente elétrons, raios alfa (núcleos de átomos de hélio) e radiação
eletromagnética de alta intensidade (raios gama). E, por certo, meio
século após essa descoberta, a bomba nuclear foi inventada, fabricada e
utilizada. Entrementes a física nuclear veio para resgatar a astrofísica ao
desvelar as reações nucleares que geram fótons, elétrons e outros *quantões* emitidos por estrelas.

A descoberta da radioatividade desmentiu também a ideia clássica
de que a matéria é estável. De fato, a radioatividade envolve a transmutação natural ou induzida de elementos: a transformação de espécies
atômicas, anteriormente julgadas imutáveis. A transmutação tampouco
é limitada aos elementos mais pesados: até os nêutrons são radioativos.
Com efeito, após somente cerca de quinze minutos, um nêutron decai
espontaneamente em um próton, um elétron e um antineutrino. (Mas
quando unido a um próton, formando um deutério, o nêutron não se
desintegra: ele sobrevive como tal, renunciando a sua independência.)

Entretanto, tão profundas transformações em espécies são acompanhadas pela conservação de energia, de carga elétrica e de *spin* (ou *momentum* angular intrínseco). Ironicamente, foi preciso a mecânica quântica para dar conta da existência e estabilidade dos átomos de luz. Efetivamente, a própria existência do átomo de hidrogênio, um sistema composto de um próton e de um elétron, é impossível segundo a física clássica que previu que ele imploiria por causa da atração eletroestática entre seus componentes. A teoria semiclássica de Bohr, de 1912, postulou a dita estabilidade, mas não a explicou. Essa teoria foi a mais antiga versão da mecânica quântica e algumas de suas feições, tais como a quantização da energia, foram mantidas. A maioria das outras, porém, não.

As órbitas nítidas com velocidades precisas do modelo semiclássico de Bohr provaram ser inexistentes. Por exemplo, enquanto, de acordo com o modelo de Bohr, o elétron, no primeiro estado excitado do hidrogênio, move-se com velocidade igual a $c/137$ cm s^{-1}, ele não se move de modo algum conforme a mecânica quântica. Esta última, ao contrário da teoria de Bohr, não contém uma cinemática – o que descobri depois de terminar minha dissertação sobre a cinemática do elétron relativístico (Bunge, 1960b). A brava tentativa de David Bohm para "classicizar" a mecânica quântica não sugeriu novos experimentos. Einstein estava errado ao denunciar a mecânica quântica como basicamente incompleta, embora estivesse certo ao criticar a interpretação subjetivista que ela fazia. Portanto, o famoso embate Einstein-Bohr terminou em empate (Bunge, 1979b).

A perda da cinemática no nível quântico não se deve a assim chamada dualidade onda-partícula, pois não existe tal coisa: *quantões* são entidades *sui generis*, nem partículas, nem ondas (Bunge, 1967c; Heisenberg, 1930; Lévy-Leblond e Balibar, 1990). Mas, uma vez que em certos ambientes *quantões* se comportam *como* partículas, e em outros atuam *como* ondas, pode-se dizer que são tanto partículas *potenciais*, como campos *potenciais*.

Vamos agora atacar outra surpreendente característica dos *quantões*: a instabilidade de alguns deles. Considere as seguintes mudanças qualitativas, envolvendo um elétron (e^-), um pósitron (e^+), um fóton como raio gama (γ) e uma coisa inespecífica quase massiva x:

"Criação" $\gamma + x \to e^- + e^+ + x$
"Aniquilação" $e^- + e^+ \to \gamma + \gamma$

Observe que o elétron e o pósitron não preexistem no fóton, exatamente como esse último não preexiste em seus precursores: ambos são casos de emergência de coisas radicalmente novas. Esses eventos não são curiosidades de laboratório: eles ocorrem o tempo todo nas estrelas e em outros objetos "celestiais". Em particular, nosso planeta recebe um intenso fluxo de raios gama, originado das colisões elétron-pósitron no centro de nossa galáxia. Nas duas reações acima, a carga elétrica total é a mesma, a saber: zero antes e depois da transformação. A energia total também é conservada. (A coisa massiva chamada x no esquema da primeira reação absorve ou libera o momento que assegura a conservação do momento linear total.)

Notar-se-á que a massa emerge na primeira reação, enquanto ela submerge na segunda. As palavras "criação" e "aniquilação" foram colocadas entre aspas porque são absurdas: elas foram dadas com base na equivocada assunção popular de que matéria é o mesmo que massa. Outra denominação enganosa é a de "antimatéria" para elétrons positivos, prótons negativos e similares: *antiquantões* são exatamente tão materiais como os *quantões*. A quantidade de matéria, medida pela energia, é conservada, mesmo se a massa emerge ou submerge, como nas reações acima. Do mesmo modo, prótons e nêutrons são constituídos por quarks *u* (*up*) e *d* (*down*), que possuem massas minúsculas, bem como por glúons que não têm massa. A massa aumenta, mas a energia permanece constante.

Perda de Nitidez

Outra peculiaridade surpreendente dos *quantões* é que eles são borrados ou vagos, mais do que nítidos ou definidos. Considerando que na física clássica todas as propriedades são precisas, na física quântica apenas algumas o são: a maior parte é embotada ou manchada. De fato, as variáveis dinâmicas como a posição, o momento linear e angular, e o *spin*, estão vinculadas às distribuições de probabilidades. Elas têm valores exatos apenas excepcionalmente; por exemplo, a energia de um átomo no seu estado fundamental, e o *spin* de um elétron em um campo magnético. (Tais vaguidades são amiúde denominadas de "indeterminâncias" ou "incertezas". Isso está errado, porque as distribuições estão sujeitas à lei, e a incerteza é um estado da mente, não de coisas físicas.) Supõe-se que apenas intervalos de tempo, massas e cargas elétricas possuem valores definidos.

Por exemplo, um átomo tem essa ou aquela massa, mas pode estar ao mesmo tempo *aqui* com probabilidade *p* e *ali* com probabilidade $1 - p$; somente quando o átomo interage com o seu ambiente é que ele "decide" estar aqui ou ali. (O ambiente pode ou não incluir um instrumento de medição.) A perda do emaranhado é denominada *descoerência*. Todas as outras correlações decaem exponencialmente, logo cessam apenas descoerência

p aqui e $(1-p)$ ali $\longrightarrow$ Ora aqui ora ali

Fig. 3.3: A transição quantão → *classão*: a interação com o ambiente localiza um *quantão* inicialmente não localizado que está aqui com probabilidade *p*, e ali com probabilidade 1 – *p*.

assintoticamente; por contraste, a descoerência pode ocorrer súbita e totalmente ("morte súbita") (ver fig. 3.3).

Assim, os *quantões*, em geral, possuem posição e *momentum* (tanto linear quanto angular), *spin* e *distribuições* de energia mais do que *valores precisos*. Estes últimos emergem quando o *quantão* interage com seu ambiente e se converte em *classão* ou próximo disso. Consequentemente, em geral, uma variável dinâmica *A*, como o *momentum* linear, vem com uma dispersão ou desvio padrão Δ*A*. A razão dessa vaguidade é que comumente um *quantão* isolado está em um estado "coerente", isto é, trata-se de uma combinação ou superposição (soma ponderada) de dois ou mais estados básicos (ou autofunções). A superposição ou "emaranhado" de estados é uma marca registrada da mecânica quântica. E, no entanto, nunca foi observada.

Entretanto, quando um *quantão* interage com uma coisa macrofísica, seja natural como um neurônio, ou artificial como um aparelho de medição, a dita superposição colapsa em uma de suas componentes elementares, o modo de um vetor se projetar sobre um eixo de coordenadas. Foi estimado que em um meio denso, como o cérebro, a coerência tem uma vida tão curta (da ordem de 10^{-13} s), que é improvável que a mecânica quântica seja relevante para a neurociência, logo, para a psicologia. Portanto, a neurociência quântica é um natimorto. Porém, continuemos com o caso da superposição.

Segundo a escola de Copenhague, a superposição (ou estado coerente) colapsa subitamente em um estado bem definido (autoestado), e isso é assim apenas como um resultado de uma mensuração ou experimento – uma espécie de milagre, desde que a dita interpretação nunca propôs qualquer mecanismo para esse evento. Mas uma análise das assunções básicas (axiomas) da teoria deixa de revelar a ocorrência de quaisquer coordenadas do observador que se apresente nelas (Bunge, 1967b).

O consenso emergente é que o colapso ou redução ocorra, embora não como um resultado de observação, porém como um efeito da interação

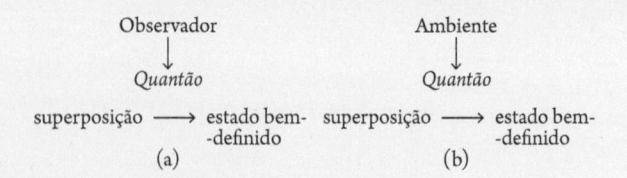

Fig. 3.4: Duas concepções conflitantes do "colapso" ou "descoerência" da função (de onda) de estado coerente. a. A concepção subjetivista ou de Copenhague: o observador é o principal movedor; b. Interação com o ambiente, quer seja livre ou controlada, causa o "colapso". Ironicamente, ambas as interpretações defendem parcialmente a causalidade

do *quantão* com o seu ambiente macrofísico que, em particular, poderia ser um medidor automatizado (ver Schlosshauer, 2007). Ademais, a descoerência observada, ou colapso, é contínua mais do que instantânea, e sua taxa pode ser controlada experimentalmente, variando-se a distância entre as componentes de estado: os limites entre os mundos quânticos e clássico podem, assim, ser desviados à vontade (Brune et al., 1996).

Este último, ainda que seja uma defesa parcial da causalidade, poderia ter agradado a Einstein, a Louis De Broglie, a Bohm e a Joseph Bell. Contudo, eles talvez ficassem desapontados, pois a concepção realista retém a hipótese de que a descoerência é um processo aleatório: cada estado bem definido emerge apenas com certa probabilidade (ver fig. 3.4).

Voltemos ao *quantão* isolado. Uma distribuição típica de uma variável dinâmica A tem a forma de sino, com largura ΔA, chamada desvio médio padrão (ou raiz quadrada da variança). As larguras de uma distribuição de posição e *momentum* são, em geral, escritas como Δx e Δp, respectivamente. Cada uma dessas dispersões pode assumir qualquer valor, mas seu produto possui um limite inferior fixo, $h/4\pi$, em que h é a minúscula constante de Planck. Isto é, $\Delta x . \Delta p \geq h/4\pi$: quanto mais bem-definido x, mais borrado p e vice-versa. Essa é uma das famosas desigualdades de Heisenberg, comumente chamadas de "relações de incertezas". A incorreta designação originou-se na crença de que a posição e o *momentum* de um *quantão* são bem-definidos, mas desconhecidos, sendo a razão para essa incerteza o fato de que, na tentativa de medi-las, o experimentador perturba a coisa medida. Assim, ironicamente, as "indeterminâncias" quânticas foram, no início, explicadas em termos clássicos e causais e como o efeito de certas intervenções humanas: elas eram vistas como imperfeições e atribuídas ao assim chamado "efeito observador". Ademais, um teorema da física teórica era encarado como um princípio epistemológico revolucionário: princípio sobre o qual um sujeito pode vir a saber.

Todavia, não foi exatamente a interpretação que prevaleceu após o famoso encontro de Bohr e Einstein em 1935, quando a maioria dos físicos adotou a interpretação oficial ou de Copenhague do formalismo matemático da teoria quântica. De acordo com essa interpretação, as mensurações não *revelam* valores de propriedades definidos (exatos) como Einstein pensava, mas *gerava-os*. Na realidade, como até o ortodoxo Wolfgang Pauli (1958) admitiu: isso vale tão somente para mensurações *invasivas*, como as de posição, *spin* e polarização. Há também mensurações *não invasivas*, como as de tempo, massa e comprimento de onda, que apenas revelam valores preexistentes.

É aqui o lugar para distinguir duas espécies de realismo: clássico ou ingênuo, e novo ou científico. Um realista clássico como Einstein, De Broglie, Bohm e Bell, pressupõe que todas as propriedades têm valores exatos sob todas as condições e em todos os tempos. Em outras palavras, o classicista supõe que todas as propriedades são representadas por variáveis "ocultas", isto é, variáveis livres de dispersão (ou precisas, mais do que embotadas). E, como a teoria quântica não contém tais variáveis, para implementar essa hipótese o classicista tem de enriquecer a teoria quântica padrão com semelhantes variáveis novas e as correspondentes hipóteses e definições.

David Bohm fez exatamente isso em seus famosos artigos de 1952: ele ampliou a mecânica quântica pela introdução de duas variáveis ocultas, uma para a posição e, a outra, para o momento. Ele restaurou com isso a cinemática. Os artigos de Bohm irritaram os guardiões da tocha de Copenhague, que se mostravam obviamente relutantes em repensar os fundamentos da teoria. Era a velha história dos revolucionários que se convertem em conservadores no momento em que chegam ao poder. Mas, por certo, ao compasso dos construtivistas sociais, o conservantismo em questão não tinha implicações políticas: tratava-se apenas de inércia intelectual.

Uma década mais tarde, Joseph Bell provou um teorema testável empiricamente, a famosa desigualdade de Bell, concernente a teorias de todas as classes de variáveis ocultas. E, em 1981, Alain Aspect e colaboradores refutaram esse teorema no laboratório. Na época, a revista *Science* informou que o experimento havia "refutado o realismo". Esse ainda é o consenso – um triste comentário sobre o uso frouxo de um conceito filosófico chave. (Mais precisamente, a pretensão é que a vítima era o "realismo local". Mas tal oximoro nada tem a ver com o realismo filosófico, ele significa a conjunção do classicismo Einstein-Podolsky-Rosen com a negação da hipótese da ação à distância. Ver Norsen, 2007.) De qualquer modo, cientistas recorrem eventualmente ao experimento para checar se uma hipótese se adéqua a uma realidade. Aqueles que pretendem não acreditar na realidade do mundo externo entregam-se à contemplação do umbigo.

Eu aceito que, efetivamente, a única baixa do experimento em questão foi o realismo clássico ou ingênuo. O formalismo quântico padrão pode ser interpretado de um modo objetivo (ou independentemente do observador), isto é, em termos de objetos físicos que existem por si próprios, ainda que com propriedades dinâmicas embotadas, mais do que precisas (Bunge, 1967b, 1973a, 1985; Pérez-Bergliaffa et al., 1993; 1996). Chamemos isso de o *novo* ou *não clássico realismo*. Visto a essa luz, o famoso embate Bohr- Einstein, de 1935, terminou em um nó: Bohr estava certo ao sustentar a mecânica quântica, embora não o subjetivismo, enquanto Einstein estava certo em apegar-se ao realismo, embora não ao classicismo, como se argumentou na seção Perda de Vácuo e Estabilidade deste capítulo.

Na nova interpretação realista, as dispersões, "indeterminâncias" ou "incertezas" em questão são precisamente tão objetivas quanto as subjacentes probabilidades: elas são propriedades dos *quantões* em si próprios, quer estejam sendo ou não observados (Bunge, 1967b, 1973a, 1985; Gottfried e Yan, 2003; Lévy-Leblond e Balibar, 1990; Phillips, 1949). Em outras palavras, os *quantões* não são nem massas pontuais nem bolinhas: ao contrário são estendidas bolhas indistintas, carentes de forma própria bem definida. A densidade de qualquer destas bolhas é igual a $|\Psi|^2$, uma função que é dependente do espaço e do tempo. Essa densidade quântica é completamente diferente das densidades clássicas de massa, energia e carga. Na verdade, o produto de $|\Psi|^2$ pelo elemento de volume Δv em um dado ponto no espaço é igual à *probabilidade* de o *quantão* estar presente em Δv, esteja ele sendo observado ou não. Essa é a versão realista de De Broglie do postulado de Born, de acordo com o qual aquela quantidade seria a probabilidade de encontrar a *partícula* em questão em Δv ao realizar uma mensuração da posição. Obviamente, essa segunda probabilidade depende não apenas da probabilidade de ocorrência no lugar dado, mas também da técnica de mensuração, razão pela qual ela não pode ser calculada usando somente a mecânica quântica.

E o que dizer sobre a assim chamada quarta desigualdade de Heisenberg "$\Delta E \cdot \Delta t \geq h/4\pi$", entre a energia E e o tempo t? Bohr propôs essa fórmula com base em um experimento mental destinado a refutar as objeções de Einstein contra a mecânica quântica. Mas, conquanto ocorra em quase todos os manuais, a fórmula não decorre dos princípios da mecânica quântica (Bunge, 1970). Nem poderia ser parte da teoria, porque ela contradiz a lei da conservação da energia, bem como a pressuposição de que o tempo é uma variável clássica, isto é, uma variável com dispersão Δt nula. Não obstante, a desigualdade fantasmagórica foi explorada na eletrodinâmica, em que ela é usada para justificar a introdução de partículas virtuais, entidades que violariam a conservação da energia. De fato, argumenta-se que uma partícula pode tomar de empréstimo a energia ΔE requerida para fazer algo fora da lei durante um tempo Δt tão curto que ninguém perceberá, assim como o ladrão que rouba antes que o alarme soe.

Dessa maneira, partículas e processos imaginários são contrabandeados para a teoria sob a proteção de uma fórmula falsa. Não haveria nada de errado se fosse admitido que o argumento constituísse somente uma ajuda heurística para facilitar cálculos extremamente complicados: que partículas virtuais não são reais, e que a energia é efetivamente conservada. Mas, em geral, o disparate acerca de partículas virtuais e de processos é deferido com um visto impassível.

Ainda mais uma advertência: diz-se amiúde que o *spin* tem apenas dois valores possíveis para cima (*up*) e para baixo (*down*). Isso é incorreto: o que é verdade é que, quando uma partícula em rodopio (*spining*) entra em um campo magnético, seu *spin* projeta para um dos dois valores referidos acima, como o demonstra o experimento de Stern-Gerlach. De outro modo, o *spin* está em uma superposição de seus estados definidos para cima e para baixo, como é mostrado por esta fórmula comum para um estado arbitrário de *spin*:

$$|\Psi> = (a\,|\uparrow> + b\,|\downarrow>),$$

em que os pesos a e b são tais que $a^2 + b^2 = 1$

Se os dois estados bem definidos, para cima e para baixo (*up* e *down*), contribuem igualmente para o estado de *spin* arbitrário, então $a = b = 2^{-1/2}$. Essa é a marca de um *qubit* (bit quântico), um dispositivo cujo estado é a superposição dos estados 0 e 1 em igual medida: $\Psi> = 2^{-1/2}\,(\,|0> + |1>)$.

Um análogo clássico é a moeda lançada, que, durante seu voo, podemos dizer que está em uma superposição dos estados "precisos" de cara e coroa. A maior parte dos físicos não percebeu a centralidade da superposição durante os primeiros dias da mecânica quântica, quando a ênfase recaía no cálculo dos níveis precisos de energia, para dar conta da gigantesca pilha de dados acumulados pelos espectrocopistas desde meados do século XIX. Schrödinger (1935), que não estava interessado em tais cálculos, enfatizou devidamente a centralidade da superposição e do emaranhamento – duas marcas registradas da teoria quântica. Na realidade esses dois traços são um só: de fato, a superposição nada mais é senão autoemaranhamento. Isto é, dizer que dois ou mais estados bem definidos de um único *quantão* superpõem quantidades é dizer que eles estão emaranhados. Assim, a propriedade básica é emaranhamento, quer de diferentes estados básicos (precisos) de um único *quantão*, quer de diferentes *quantões*.

Chance Irredutível

Em geral, admite-se que o cálculo de probabilidades elucida o conceito de chance ou de aleatoriedade. Essa opinião é falsa pela seguinte razão. Considere o mais simples, embora idealizado, exemplo de aleatoriedade: o de uma sequência binária de o's e 1's (ou caras e coroas, respectivamente) produzida por um lançador de moeda. Há n^2 de tais sequências de comprimento n. Todas elas, perfeitamente regulares como 01010101, ou irregulares como 01100010, têm a mesma probabilidade, isto é, $(1/2)^n$. Essas sequências de eventos equiprováveis não são objetos matemáticos bem definidos, pois nenhuma fórmula pode defini-los. (Em outras palavras, essas sequências não têm termo geral definido como $x^n/n!$ no caso da função exponencial). Por outro lado, sequências bem definidas ou séries, finitas ou infinitas, podem ser definidas escrevendo-se os primeiros poucos termos e depois "...", que significa "e assim por diante". Mas na sequência binária aleatória não há o "assim por diante", porque ela não envolve nenhum "assim": não há uma ordem geral de ponta a ponta, ou regularidade. Em suma, Aleatoriedade = Desordem.

Como em uma sequência binária o é tão provável quanto 1, nem mesmo um ser onisciente poderia predizer o termo seguinte de qualquer dos o's ou dos 1's. Em resumo, o conceito de chance, ao contrário do de probabilidade, é não matemático. Mas, sem dúvida, pertence em tudo às ciências factuais e às tecnológicas. Nesses casos, falar de chance é legítimo apenas se acompanhado por um modelo de um mecanismo de randomização – que, por certo, é uma coisa concreta que pode produzir somente sequências finitas de eventos aleatórios (ver Bunge, 2006a; Volchan, 2002).

A situação na física quântica é similar, só que pior. Um ser onisciente seria incapaz de derivar a função de estado de um *quantão* de qualquer outro modo a não ser resolvendo a equação de estado correspondente. Mas conhecer a função de estado só nos permite calcular probabilidades. Isto é, ao lidar com *quantões*, Deus seria tão desafiado como qualquer um de nós. Por exemplo, Ele poderia apenas calcular a probabilidade de um *quantão* indo para a esquerda ou para a direita de um objeto em forma de cunha bem delineada colocado diante de um feixe de "partículas" incidentes. Para tomar outro exemplo, dois *classões*, partindo do mesmo estado inicial, hão de acabar no mesmo estado final. Em contrapartida, dois *quantões* no mesmo estado inicial acabarão, muito provavelmente, em dois estados diferentes, cada um dos quais sendo apenas um membro de todo um conjunto de possibilidades, sendo cada um deles uma probabilidade objetiva. Essas possibilidades são reais, não imaginárias, pois são aquelas permitidas pelas leis da mecânica quântica e pelas condições de contorno. (Compare essas possibilidades reais, ou as que obedecem a leis, com as possibilidades puramente conceituais, que são propostas pela fantasia de metafísicos de mundos possíveis, como Saul Kripke e David Lewis, segundo os quais qualquer coisa serve.)

Na teoria quântica, os estados realmente possíveis que uma coisa pode assumir são representados pelos valores de uma função de estado (ou "onda"). Uma função de estado Ψ é básica no sentido de que não pode ser derivada de quaisquer outras funções. (O que pode ser deduzido é o futuro valor de Ψ a partir de seu valor inicial.) Logo, na teoria quântica, a probabilidade é uma propriedade tão fundamental quanto a energia. (De fato, ambas ocorrem na mesma condição em uma equação de estado ou "onda", que é da forma "$D\Psi = 0$", na qual D designa um operador que contém o operador energia para o *quantão* em questão, e Ψ é a correspondente função de estado ou de onda.)

Em outras palavras, de acordo com a teoria quântica, a aleatoriedade é um traço básico da realidade, ao passo que na física clássica ela é uma propriedade derivada, embora igualmente objetiva. Note, entretanto, que essa conclusão só pode ser inferida sob a interpretação realista da probabilidade como a medida de possibilidade. Se, por contraste, se adota a concepção subjetivista ou bayseniana da probabilidade como a medida da incerteza subjetiva, então a aleatoriedade reside, unicamente, no olho do observador. Além disso, nesse caso, uma vez que as probabilidades quânticas são calculadas a partir de estados, nada existe em qualquer estado objetivo. Em particular, esteja o átomo no estado excitado ou em seu estado fundamental, isso dependeria do observador, e a única tarefa do experimentador seria a de contemplar o seu próprio umbigo.

Mas a causação é tão fundamental e objetiva quanto a chance, como é demonstrado pelo fato de que a função de estado depende criticamente das forças e das coerções que atuam sobre o *quantão*. Por exemplo, as funções de estado para um átomo de hidrogênio no vácuo em um campo elétrico ou em um campo magnético são diferentes uma da outra; elas também são diferentes se um átomo estiver confinado mais do que no espaço vazio. Além disso, como vimos anteriormente, um *quantão* pode ser subjugado por seu ambiente macrofísico, a ponto de ser transmutado em *classão*: lembre-se da fig. 3.1. Assim, a teoria quântica reteve a causação, ainda que com uma capacidade diminuída e combinada com a chance. Em contraposição, a antecedência ("o *input* precede o *output*") remanesceu incólume: não há inversão de tempo exceto como operação conceitual da mudança do sinal da variável tempo. É verdade, Feynman e outros pretenderam que os pósitrons nada mais eram do que elétrons viajando para o passado, apenas porque a inversão simultânea do tempo e do sinal da carga elétrica deixa as equações básicas invariantes. Mas isso é ficção científica (Bunge, 1959b).

Em colisões entre *classões*, tal como balas em seus alvos, o resultado depende crucialmente da seção de choque geométrica do alvo, que é constante – em particular, independente da velocidade. Por contraste, quando *quantões* colidem uns com os outros, a seção de choque não desempenha papel algum, porque os *quantões* não têm forma própria. Para *quantões*, a área característica é a assim chamada seção de choque efetiva. Longe de ser constante, essa quantidade é inversamente proporcional ao quadrado da velocidade dos *quantões* incidentes.

Em outros casos, o espalhamento será inelástico, isto é: os projéteis serão absorvidos pelo alvo ou causarão a ejeção de *quantões* qualitativamente novos. Por exemplo, um feixe de prótons colidindo com núcleos de átomos de hidrogênio hão de gerar um feixe de mésons π positivos e negativos conforme o esquema da reação: $p + p \rightarrow p + p + \pi^+ + \pi^-$. (Alguns dos prótons são espalhados elasticamente, enquanto o resto combina-se com os alvos a fim de produzir qualitativamente novas coisas, mésons.) Esta e reações similares ocorrem não somente em colisores, ou seja, aceleradores de alta energia, mas também em estrelas e na alta atmosfera terrestre (como efeitos de chuveiros de raios cósmicos). A energia total, carga elétrica e *spin* são conservados nesse processo, mas o número de coisas e suas massas pode aumentar. Nacos de pão e de peixe não podem ser multiplicados à vontade, mas *quantões* podem – embora com gasto de energia e não com encantamentos, de certo.

Paradoxos

Comenta-se que, no que diz respeito à teoria quântica, nenhuma questão é demasiado tola, e nenhuma resposta é demasiado absurda. De fato, essa teoria deu origem a uma porção de "paradoxos" – isto é, a resultados contraintuitivos. Entretanto, esquece-se com muita frequência que a mecânica clássica e a teoria dos campos também pareciam paradoxais por ocasião do seu nascimento: como poderia um corpo, uma vez posto em movimento, manter-se em movimento sem ser empurrado ou puxado; como poderia a lua causar marés à distância; como poderiam ondas eletromagnéticas existir de outro modo senão cavalgando sobre um substrato, o éter; e como poderia um sistema, abandonado a si mesmo, tornar-se crescentemente desordenado? Demonstrou-se que esses e outros "paradoxos" acabaram sendo apenas ideias inconsistentes com a intuição ou o senso comum, ou seja, conhecimento fóssil.

Muitos dos assim chamados paradoxos quânticos resultaram ser dessa mesma espécie, isto é, perplexidades devido a não familiaridade. Mas é possível mostrar que outros derivam da interpretação subjetiva,

apresentada nos anos de 1930 pela Escola de Copenhague, conduzida por
Bohr e Heisenberg. Todos eles caem sob o título de "efeito observador".
Os mais conhecidos deles são a "função de onda" colapso (seção Perda
de Nitidez deste capítulo), o gato de Schrödinger e o paradoxo quântico
de Zenon (ver Bunge e Kálnay, 1983a; 1983b).

Concedo que todos os paradoxos quânticos são variações de dois
jogos familiares que envolvem randomizadores. Esses jogos são ou clássicos, como o lançamento de uma moeda, ou quantomecânicos, como os
efeitos da radioatividade. Analisemos, rapidamente, os dois casos. Podemos distinguir três estágios no jogo da moeda: o lançamento da moeda
(que pode ser mecanizado para evitar vieses), o voo da moeda e a ater-
rissagem. Todos nós concordamos que, durante o voo, os estados finais
cara e coroa têm a mesma probabilidade, isto é, ½. O desacordo surge
apenas quando se pergunta: "Qual é a probabilidade de *ver* uma cara tão
logo a moeda tenha aterrissado?" Um seguidor da escola de Copenhague
responderá que a observação foi a causa de a moeda aterrissar ou com
a cara ou com a coroa para cima, e que ambos os eventos têm probabilidade ½. Por outro lado, um realista há de declarar que a observação,
ao contrário do experimento, não possui efeito causal. Ele irá, também,
observar que, tão logo a moeda tenha aterrissado, a probabilidade real
ou física desapareceu: *alea jacta est*. A incerteza passou da moeda para
a mente, que jaz além de meu círculo visual físico. Somente os supersti-
ciosos tendem a crer que o jogador, por puro poder mental, pode forçar
a moeda a mostrar um ou outro lado, uma vez que tenha aterrissado.

A contrapartida quântica é a seguinte: um dispositivo é ativado por
um dos produtos da desintegração de uma pequena amostra de material radioativo. Denomine E o efeito observável desse processo, como
um sinal sonoro ou quando na ativação de um circuito elétrico. O fundamentalista de Copenhague pretenderá que, dado o fato de nenhuma
observação ser completa enquanto a fase final não tenha sido registrada,
a ocorrência de E tem de ser atribuída ao observador ou até à consciência dele. Mas o realista notará que E não pode ser registrado a menos
que ele tenha ocorrido no começo e que esse evento seja o elo final de
uma cadeia de eventos estritamente físicos. Isso é assim a tal ponto que
a probabilidade de E ocorrer na próxima unidade de tempo é calculada
exclusivamente com base na força da lei de desintegração radioativa. E
o realista pode acrescentar que a situação epistêmica seria a mesma no
caso de um experimento físico, em que o cientista projeta e desencadeia
uma cadeia de eventos puramente físicos, como uma colisão de um feixe
de prótons de alta energia com os núcleos de átomos de hidrogênio, que
reproduz as partículas iniciais e produz mésons π positivos e negativos,
como vimos na seção precedente. Mesmo em experimentos psicológicos,

o experimentador toma o cuidado de permanecer à distância de seus objetos experimentais, tão logo estes últimos tenham sido preparados.

Se os *quantões* são paradoxais (contraintuitivos), a matéria escura é até mais ainda, a despeito do fato de se pensar que ela constitui 95% da matéria total do universo. Ela é chamada "escura" porque não emite nem reflete luz, mas é sabidamente existente porque os corpos visíveis orbitam ao seu redor. No momento presente, a conjuntura favorita é que ela consiste principalmente de partículas materiais de fraca interação WIMPs [na sigla inglesa]. Mas, por certo, ninguém duvida de que no fim de contas algo mais será descoberto acerca da matéria escura, devido ao usual jogo que se estabelece entre observação e teoria.

Por ora, as únicas lições filosóficas a serem derivadas da descoberta da matéria escura são que a matéria escura se apresenta em uma larga variedade de espécies, e que devemos estar preparados para encontrar novas e surpreendentes espécies de matéria se nos limitarmos ao materialismo e ao cientificismo. O rei medieval Afonso X, o Sábio, teve um vislumbre de tal complexidade: ele disse que, tivesse Deus o consultado, quando Ele estava para criar o mundo, ele O teria aconselhado a fazer algo mais simples.

Materialismo *versus* Idealismo

Lê-se, ocasionalmente, que o poder da matemática para descrever a realidade externa é tal que esta última deve ser matemática (e.g., Tegmark, 2008). Esse argumento omite um ingrediente crucial de toda teoria física; a interpretação de alguns de seus símbolos em termos de entidades físicas e suas propriedades, como quando se assume que "E_n denota a energia do átomo em seu enésimo estado". Tais pontes entre fato-símbolo estão ausentes da pura matemática pela simples razão de que os objetos matemáticos não possuem propriedades físicas. Daí por que nem teria sentido experimentar e medir, digamos, a energia de um número, ou o tempo de vida de um espaço vetorial. Eis por que uma axiomatização correta de uma teoria física deve incluir um postulado de interpretação junto a cada postulado matemático (Bunge, 1967b). E daí por que há interpretações alternativas da mecânica quântica (ver, e.g., Bunge, 1956b; Neuenberg, 2007).

Em outras ocasiões sustentou-se que o universo é mental, pois "nada existe além de observações" (Henry, 2005). Mas essa extraordinária sentença viola a gramática do verbo "observar". De fato, esse verbo representa uma relação especial entre um animal dotado de órgãos dos sentidos e seus objetos de observação – uma coisa ou um evento. Não pode haver nenhuma observação se cada um dos dois termos da relação estiver faltando. No entanto, garantem-nos, em termos não gramaticais e sem nenhuma evidência devida, que o todo da realidade – presente, passada e futura – é um "efeito observador". Berkeley e Fichte ficariam deliciados. Do mesmo modo, ficariam os administradores de ciência em busca de dinheiro, visto que o mentalismo não tem necessidade de laboratórios ou de observatórios.

Seria possível encontrar algum suporte empírico para a interpretação subjetivista da mecânica quântica? Vejamos. Como foi sugerido acima, e como Norman Robert Campbell sustentou de modo persuasivo há quase um século (1920), uma teoria física consiste de um formalismo matemático acrescido de uma interpretação. Esta última asserção é um conjunto de assunções semânticas (também conhecidas como "regras de correspondência" e "definições operacionais"). São declarações do tipo "o Conjunto S é um conjunto de coisas da espécie K"; e o "atributo (e.g., função) A representa a propriedade P dos Ks". Chamando de M o formalismo matemático e de N a sua interpretação, uma teoria física T pode ser concebida como uma soma lógica de M com N; i.e.: $T = M \cup N$. Logo, alterar M ou N resulta numa teoria diferente. Uma vez que o formalismo M é filosoficamente neutro, a filosofia do teórico será incluída nas assunções semânticas N. Não é de se admirar, pois, que se N concorda com a filosofia P, os partidários de P sustentarão que T confirma P: na realidade isso está contido nas premissas.

Confrontemos, agora, duas teorias T_1 e T_2, que compartilham do mesmo formalismo matemático M, mas diferem em sua interpretação. Isto é, $T_1 = M \cup N_1$ e $T_2 = M \cup N_2$. A seguir, enriqueçamos T_1 e T_2 com indicadores I_1 e I_2 respectivamente, construindo uma ponte com conceitos teóricos nas teorias rivais com suas contrapartes empíricas ou observáveis. Agora derivemos as consequências testáveis c_1 e c_2 da união das teorias com suas correspondentes baterias de indicadores: $T_1 \cup I_1 \vdash c_1$, $T_2 \cup I_2 \vdash c_2$ em que $\vdash$ designa a relação de acarretar (ou a implicação lógica). Finalmente, planejamos e realizamos um experimento crucial capaz de decidir entre c_1 e c_2.

Obviamente, se as assunções semânticas N forem materialistas e realistas, os indicadores correspondentes serão relações entre variáveis físicas, ao passo que se as assunções N forem idealistas e subjetivas, elas serão dispostas em pares, ao lado das relações entre variáveis psicológicas. No primeiro caso os testes serão experimentos ou observações físicas, tais como medidas de linhas espectrais ou de intensidade de feixes de partículas. No caso alternativo, em que as assunções semânticas N são idealistas e subjetivistas, realizaremos testes psicológicos, ou apenas contemplaremos nossos umbigos.

Que tipo de procedimento empírico, físico ou psicológico valerá como relevante evidência empírica para a teoria T em questão? A resposta depende do leitor. Ele deve estar apto a responder por si próprio se o físico, que opta por qualquer das interpretações em jogo, executa os testes empíricos que o confirmam ou o falsificam. Desse modo, ele estará habilitado a checar se o físico em questão pratica a filosofia que eles pregam. Assim, a decisão final, se o universo é físico ou mental, dependerá do tamanho do orçamento do experimentador: se adequado, ele poderá dar-se ao luxo de realizar um experimento físico, e concluir que a física estuda a matéria, ao passo que, se o orçamento do físico for pequeno, ele pode somente pensar sobre seus próprios pensamentos, e concluir que o universo é mental, como a escola de Copenhague sempre defendeu. Assim o subjetivismo acaba sendo sempre mais barato que o objetivismo.

Observações Finais

Concluindo, a física quântica reteve algumas ideias clássicas, em particular as de tempo e antecedência; ela alterou radicalmente outras, em especial as de causação e chance; e desistiu de muitas das propriedades previamente atribuídas à matéria, tal como a da conservação da matéria e da massa, da estabilidade, da separabilidade, da individualidade (ou independência) e dos valores precisos de cada propriedade. Não há, pois, dúvida de que a física quântica tenha necessidade de mudanças radicais na metafísica, mesmo que a maioria dos metafísicos não as tenham percebido (Bunge, 1977a, 1985 e Maudlin, 2003 são exceções).

A epistemologia, em contrapartida, não foi alterada pela revolução quântica, exceto que esta última deu o golpe de graça quer no realismo, quer no positivismo ao confirmar o princípio do antigo atomismo, segundo o qual o perceptível deve ser explicado em termos do imperceptível. É verdade que as variáveis dinâmicas, como posição, o *momentum* e o *spin* são, amiúde, denominadas "observáveis". Mas essa convenção é bem uma cortesia ao positivismo, pois as propriedades correspondentes dos *quantões* são tudo menos diretamente observáveis. A observação de todos os "efeitos" quânticos envolve amplificadores.

Todos os resultados experimentais, em todas as escalas – micro, meso e macro –, são explicados com a ajuda de teorias que não contêm atributos fenomenais. O projeto, a calibração e o aperfeiçoamento do até mais simples dispositivo de laboratório como escalas, amperímetros, chapas fotográficas e contadores Geiger, demandam várias teorias. Assim, no laboratório, em contraste à vida comum, os dados empíricos são produzidos mais do que proporcionados por meio de teorias (Bunge, 1967a; 1973a). O empirismo é apenas adequado para caçadores e coletores.

É verdade, os *quantões* são tão sensíveis ao experimento que se costuma pensar que sua própria existência depende dele. Assim, Heisenberg (1969, p. 171) sustentou que os átomos não são coisas em si próprias, mas "partes de situações de observação", logo, coisas para nós, usando os termos de Kant. Porém, o uso da teoria quântica para explicar eventos que ocorrem bem longe de quaisquer laboratórios, tal como as reações nucleares no Sol, deveria ter dissipado quaisquer dúvidas concernentes à existência autônoma dos *quantões*. A negação de tal autonomia é tanto uma relíquia da filosofia de Berkeley-Kant-Comte-Mach quanto um produto da confusão entre "realidade" e "existência separada (ou independente)". (Análogo: apenas pelo fato de que as crianças são inseparáveis de seus cuidadores, não se segue que elas não sejam reais.) Por contraste, a centralidade do conceito de energia nunca foi desafiado. Lancemos, pois, mais de perto, um olhar sobre esse conceito que é tão central para a ontologia quanto para a física.

4.
CONCEITO GERAL
DE MATÉRIA:
SER É VIR A SER

Pode-se ler cuidadosamente uma enciclopédia de física sem jamais encontrar a palavra "matéria", ainda que a obra inteira não lide com nenhuma outra coisa. Por exemplo, os físicos do estado sólido estudam coisas materiais no estado sólido, não este último em si mesmo. Uma razão maior para a omissão do substantivo "matéria" e do adjetivo "material" é que o conceito de matéria é uma categoria ontológica muito geral: na física não há teoria geral da matéria, assim como não há teoria geral de processos.

Steven Weinberg (1992, p. 3), um eminente estudioso de matéria no nível microfísico, acredita que o conceito de matéria perdeu o seu papel central na física. Isso acontece porque ele conservou a definição obsoleta de "material" como objeto dotado de massa. E alguns filósofos, como Daniel Stoljar (2006), interpretaram a ausência de "matéria" do vocabulário da física contemporânea como evidência de que os cientistas ignoram o que seja o "físico". Noam Chomsky (2009) concorda, e oferece como prova de semelhante ignorância alegada as opiniões idiossincráticas dos físicos contemporâneos John A. Wheeler e Henry Stapp. Wheeler sustenta que os constituintes últimos do universo são bits de informação (acerca do quê?); e Stapp pretendeu que a mecânica quântica tratasse eventos como "acréscimos experienciados no conhecimento" (do quê?). Não procure provas que apoiam quaisquer dos *obiter dictum*, pois são retóricas. E note que as duas posições são loucas e estéreis, mais do que promissoras heterodoxias: e elas são motivadas pelo velho sonho idealista de destruir o materialismo.

Pegar um punhado de excentricidades antirrealistas e antimaterialistas que prendam a atenção é bem mais fácil do que estudar física ou química, as ciências da matéria *par excellence*. Além disso, tais pérolas modernosas de sabedoria não são piores que os pronunciamentos fenomenalistas, bem mais antigos, de Locke, Berkeley, Hume, Kant, Comte e Mach, segundo os quais o conhecimento está limitado a descrever aparências: que as coisas em si próprias são, com certeza, obrigadas a permanecer "atoladas em mistério", ou poderiam até não existir (ver Bunge, 2006a, para uma crítica do fenomenalismo). Aceito que o "misterianismo" não é apenas estéril: ele é também um obstáculo para o avanço do conhecimento e um alarmante indicador de decadência intelectual.

A coisa mais próxima a uma teoria física geral da matéria é a termostática clássica, que lida com sistemas macrofísicos isolados de composição arbitrária e, portanto, independentes de quaisquer propriedades particulares, como o calor específico ou a viscosidade. Mas, como Clifford Truesdell (1984) corretamente notou, a termostática é excessivamente simplista para sistemas macrofísicos, porque ignora processos, tais como fluxos, e assume o isolamento. De fato, como a microeconomia neoclássica, a termostática diz respeito unicamente a sistemas fechados e trata cada mudança como uma sequência de transições lentas atemporais entre estados de equilíbrio. Logo, ela não é nem tão geral, nem tão acurada como Max Planck e Einstein julgavam que ela era.

Assim, se desejamos esboçar um conceito geral da matéria, devemos nos voltar para outro lugar. Sugiro que olhemos para as formulações mais abstratas das teorias físicas mais gerais: as baseadas em princípios variacionais ou extremos, como os de Hamilton (ver Lanczos, 1949). Todos esses princípios versam sobre a única propriedade física universal: energia.

Energia

Há uma propriedade comum a todos os objetos materiais, de tal ordem que nenhum objeto imaterial (ideal, imaginário, abstrato) pode possuir? Em outras palavras: caso haja, qual é a propriedade física universal, portanto, aquela que individualiza a matéria? Resposta: é a energia. Mas existem vários tipos ou espécies de energia: cinética e potencial, a elástica e térmica, elétrica e magnética, nuclear e química, e assim por diante. De fato, há tantas espécies de energia quantas são as espécies de processos. Correspondentemente, há tantos conceitos especiais de energia quantos são os capítulos das ciências químicas e físicas. (Mas não há nenhum conceito de energia biológica, psicológica ou social.)

Ao contrário de outras espécies, os vários tipos de energia são mutuamente equivalentes, no fato de que podem ser transformados uns nos outros. Não há nenhuma restrição, todavia a energia térmica não pode ser totalmente transformada em trabalho, ou em energia macromecânica, pois algo dela permanece ligado ao sistema termodinâmico. Essa unidirecionalidade parcial é expressa pela segunda lei da termodinâmica. Mas essa restrição não afeta os processos microfísicos, isto é, aqueles em que a constante de Planck h desempenha um papel. E, sem dúvida, a energia total média envolvida em qualquer processo que ocorra em um sistema fechado remanesce constante. (A cláusula "média" é requerida porque, de acordo com a teoria quântica, em geral uma coisa tem uma distribuição de energia mais do que um valor único ou preciso.) Semelhante conservação quantitativa é a razão pela qual todas as espécies de energia podem ser consideradas como sendo mutuamente equivalentes. E isso, por sua vez, justifica falar-se de energia em geral.

Contudo, tanto o conceito geral de energia como o princípio geral de conservação de energia, embora radicados na física, transbordam-na. Na verdade, cada ramo da física defende seu(s) próprio(s) conceito(s) especial(ais) de energia, e prova sua própria lei de conservação de energia, mas nenhum define o conceito geral. Para adicionar energias de dois ou mais tipos necessitamos incorporar as disciplinas correspondentes. Por exemplo, a energia total do jato de um fluído ou gás eletricamente carregado só pode ser calculada na interciência da eletro-magneto-termo-hidrodinâmica. Isso talvez ocorra porque o celebrado *Feynman Lectures on Physics* afirma que a física dos dias de hoje não sabe o que a energia é. Poderia a filosofia ajudar? Vejamos.

Aqui está uma chave: todas as teorias físicas fundamentais, desde a mecânica e a termodinâmica clássicas até a teoria da gravitação de Einstein e a eletrodinâmica quântica, podem ser moldadas no formalismo hamiltoniano ou no seu cognato, o lagrangiano. A peça central de qualquer teoria semelhante é uma função ou operador H que representa a energia total do referente. H depende do tempo e de certas variáveis básicas (indefinidas) denominadas coordenadas generalizadas e momentos generalizados. As equações de movimento (ou do campo de propagação) da coisa em questão, seja ela partícula, corpo, campo ou *quantão*, constituem um sistema de equações para as taxas de variação de H com respeito àquelas variáveis. (Em particular, o gradiente de H é igual à força precedida do sinal de menos.) Todas as mudanças envolvem uma variação de energia com respeito às coordenadas generalizadas. Em outros termos, para algo acontecer deve haver uma *inomogeneidade* ou gradiente de energia. Pierre Curie disse em sua fórmula incisiva: *L'asymétrie crée le phénomène* (A assimetria cria o fenômeno).

Assim sendo, estipulamos o seguinte:

Definição. Energia = Mutabilidade.

Um pedante, como esse autor, reescreveria esse enunciado como segue:
Para todo x: (x tem energia = $_{\mathrm{df}}$ x é mutável).

Agora pomos em ação essa definição. Começamos assumindo que:

Postulado 1. Todos os objetos materiais (concretos) e somente estes são mutáveis.

Isto é:

Para todo x: x é concreto se e somente se x for mutável.

Observação 1. Igualamos "concreto" com "material". Essa convenção é mais comum na filosofia do que na física. De acordo com a nossa estipulação, os campos da física são exatamente tão materiais quanto os corpos extensos. (Lembre a seção Outras Características de Quadro Clássico do capítulo 2)

Observação 2. Nossa definição do conceito geral ou ontológico de energia em termos de variabilidade mostra que ele é definido mais do que primitivo (definição indefinível). Por outro lado, os conceitos de energia que ocorrem nas teorias moldadas no formato hamiltoniano são primitivos em si.

Observação 3. Como Aristóteles notou, mudança de lugar é a espécie mais simples de lugar, pelo fato de que ela é meramente quantitativa. Além disso, ao contrário da mudança qualitativa, que é absoluta, a mudança de lugar é relativa a um sistema de referência: o que está em repouso relativo a um referencial está se movendo em relação a outros referenciais. Logo, o repouso, que Aristóteles julgou como sendo o estado de coisas "natural", é um caso muito especial do movimento. O conceito de equilíbrio estável generaliza o de repouso. Correspondentemente, a afirmação de que os sistemas em equilíbrio reagem às perturbações, de tal maneira que restauram o equilíbrio (ou "princípio" de Le Chatelier), pareceria vindicar a cosmovisão basicamente estática de Aristóteles. Mas isso não é assim, porque o "princípio" em questão não é uma lei da natureza, porém um critério de equilíbrio estável: uma regra para identificar esse estado particular. Do mesmo modo, o postulado da economia padrão, segundo o qual todos os mercados estão em equilíbrio, ou retornam a ele se perturbados, é apenas uma peça ilusória de pensamento. Em suma, a natureza não gosta, particularmente, de repouso, e a sociedade não cultua o equilíbrio. Como disse Heráclito, toda a coisa está em um processo de mudança: realidade e mutabilidade são cotermos.

A Definição acima e o Postulado 1 em conjunto acarretam:

Teorema Para Todo x: Se x for um objeto material, então x tem energia e vice-versa.

Esse teorema tem duas consequências imediatas. A primeira é:

Corolário 1. Aos objetos abstratos (ideal, imaginário, não concreto) falta energia.

Por exemplo, os conceitos de energia não possuem energia. (Aviso: ausência de P, em que P representa uma propriedade quantitativa, não é o mesmo que $P = 0$. Por exemplo, não é que o saldo credor da conta bancária de uma vaca seja zero: vacas simplesmente não podem ter contas bancárias – exceto, sem dúvida, em alguns dos mundos possíveis imaginados por metafísicos enfastiados com o mundo). Quando falamos que conceitos, hipóteses ou teorias mudam, queremos dizer que cérebros acostumados a pensar neles estão agora pensando ideias diferentes deles. Por exemplo, alguém pode dar uma nova definição para condenar à morte o conceito de energia. Mas cada conceito desse tipo é atemporal. Se se prefere, sucessivas criações conceituais de alguém não mudam por si. O mesmo vale para o conceito de matéria: encarada como conceito, a matéria é imaterial, tal como o conceito de movimento é imóvel e o conceito de vida é isento de vida.

A segunda consequência imediata do teorema acima é:

Corolário 2. Energia é uma propriedade, não é uma coisa, estado ou processo. (Aviso: alguns autores tratam "energia" e "radiação" como se fossem sinônimos, o que não são. Radiação é uma coisa e, como tal, possui energia.)

Observação 3. Pelo fato de a energia ser uma propriedade, ela pode ser representada ou por uma função ou por um operador. Na física clássica, alguém pode afirmar que $E(c, x, t, f, u)$ é um valor arbitrário da energia de espécie E da coisa c, situada no ponto x, no tempo t, relativo ao referencial f, e calculada ou medida em unidades de energia u. A função em questão tem, assim, a forma geral $E: C \times E^3 \times T \times F \times U \rightarrow \mathbb{R}$, em que C é o conjunto de todas as possíveis coisas; E^3 representa o espaço euclidiano tridimensional; T, o conjunto dos instantes; F, o conjunto dos sistemas de referência; U, as unidades de energia e $\mathbb{R}$, a reta real. No caso de uma interação de energia, como a gravitacional ou elétrica, C será substituído pelo conjunto $C \times C$ de pares de entidades concretas. Na física quântica, a energia é representada por um operador hamiltoniano. (Por exemplo, o operador energia cinética de um *quantão* de massa m é $(ih\nabla/2\pi)^2/2m$. A propriedade correspondente é a densidade de energia $\Psi \cdot H\Psi$, que depende do lugar e do tempo. Incidentalmente, todas as densidades são quantidades intensivas, ou quantidades não aditivas, diferentemente das dos comprimentos e dos intervalos de tempo, que são extensivos.)

Observação 4. Todos os valores de energia são dependentes do sistema de referência. Logo, uma e mesma coisa possui tantos valores para energia quantos forem os sistemas de referência, movendo-se com velocidades diferentes uns em relação aos outros. Por exemplo, a energia cinética de uma partícula em relação a um referencial ligado a ela é nula, enquanto essa energia não é zero relativamente a qualquer outro referencial em movimento. De modo similar, a energia total de uma coisa incrustada em um campo torna-se zero quando sua energia cinética é igual à sua energia potencial. Entretanto, a energia zero não é a mesma coisa que falta de energia, como a temperatura zero (em alguma escala) não é o mesmo que falta de temperatura. Nesses casos, diferentemente do caso da massa (não existente) do fóton, zero é apenas um valor numérico especial; ademais, ele depende, amiúde, de uma escala convencional.

Observação 5. Admite-se que há alguns casos dúbios. Por exemplo, livros, contas bancárias, contratos, cópias heliográficas, diagramas de circuitos, partituras musicais, mapas são coisas materiais? Sim, mas elas são algo mais: elas transmitem significados. Elas são objetos *semióticos*, razão pela qual pertencem à cultura. Daí por que são inúteis, a não ser quando acompanhadas por códigos que permitam aos seus usuários lê-las ou interpretá-las. E daí por que essas coisas podem ser concretizadas de múltiplos modos, isto é, por múltiplos suportes físicos: pense nas várias "encarnações" do dinheiro: moeda, nota, cartão de crédito, ordem de pagamento, nota promissória etc. (Mais em Bunge, 2003a)

Observação 6. O Corolário 2 implica que o conceito de uma coisa material não pode ser substituído pelo de energia. Não há algo como energia em si própria: todo valor de energia é a energia de algo. Daí por que o energetismo, que há um século foi apresentado como alternativa tanto para o materialismo quanto para o idealismo, é, logicamente, insustentável. Entretanto, os energetistas, particularmente o grande físico-químico Wilhelm Ostwald (1902), estavam certos ao defender que a energia é universal – uma espécie de moeda corrente interdisciplinar. Eles estariam até mais certos se tivessem proposto o seguinte:

Postulado 2. Energia é a propriedade física universal: o único traço comum a todas as coisas materiais.

Observação 7. Poder-se-ia mesmo pensar que a posição no espaço-tempo é outra propriedade física universal. Ela o é, porém, de acordo com qualquer teoria relacional do espaço-tempo (na medida em que é oposta ao absoluto; e.g., Bunge, 1977a; Bunge e García-Máynez, 1977; Pérez-Bergliaffa et al., 1998), não é uma propriedade básica, mas derivada: ela é a estrutura básica da coleção de todas as coisas, cada uma das quais possui energia. Grosseiramente, o espaço está radicado no espaçamento das coisas, e o tempo, em sua mudança. Não há espaço sem coisas, e não há tempo sem mudança. Aristóteles aquiesce.

Observação 8. O Postulado 2 não afirma que cada coisa tem um valor preciso de energia em um dado tempo e relativo a qualquer sistema de referência dado. Ele não o faz porque valores precisos de energia constituem a exceção mais do que a regra. De fato, conforme a teoria quântica, normalmente um *quantão* encontra-se em uma superposição de autofunções de energia infinitamente numerosa, cujos autovalores correspondentes espalham-se ao redor de um valor central, como em um nível atômico de energia ou na média espacial de uma distribuição de energia.

A nossa assunção final é:

Postulado 3. A energia total de um objeto material isolado não muda no curso do tempo.

Observação 9. Isto é, sem dúvida, o princípio geral da conservação da energia. Esse princípio é de tal modo extremamente geral que pertence antes à filosofia do que à física.

Observação 10. Sustentou-se que a energia não é conservada em um universo em expansão. Mas, uma vez que o universo não tem muros, não é um sistema fechado, de modo que o princípio em questão não se aplica a ele.

Observação 11. Qualquer violação do princípio acima é suspeita. Exemplo 1: a cosmologia do estado-estacionário, popular nos meados do século XX, postulava a contínua criação da matéria, portanto, também de energia, a partir do nada. Essa hipótese contribuiu ao descrédito e à queda final da teoria (Bunge, 1962). Exemplo 2: a telecinesia, ou a capacidade de mover coisas por puro prazer mental, envolve a violação da conservação de energia. Isso não dissuadiu um número de filósofos, entre eles C.D. Broad e K.R.Popper.

Observação 12. Segundo a eletrodinâmica quântica, a energia do vácuo não é zero, mas flutua irregularmente em torno de zero. Esse resultado não invalida a caracterização da energia como a propriedade universal de todas as coisas. Tudo o que ele faz é restringir o domínio da validade da definição clássica de vácuo como ausência de entidades materiais dotadas de massa. O campo eletromagnético, que permanece na região do espaço depois que todas as cargas foram neutralizadas e todos os circuitos elétricos desligados, é uma coisa concreta, apesar de tênue. É tão concreta que exerce a mensurável força de Casimir, uma força de atração entre duas placas paralelas perfeitamente condutoras e eletricamente neutras colocadas no vácuo. O desvio de Lamb, a pequena diferença em energia entre dois níveis atômicos de energia, é outra de muitas propriedades mensuráveis no vácuo. Em resumo, não há vácuo total: o universo é um *plenum*. Aristóteles e Descartes podem sentir-se vindicados. Mas, embora o éter deles *fosse* pura fantasia, o vácuo quântico é descrito em termos exatos, e sua existência tem sido confirmada por inúmeros experimentos.

Observação 13. Tem havido muita conversa sobre "energia escura" na cosmologia recente. Essa expressão é desnecessariamente misteriosa, pois se admite que a energia escura é o nome dado a uma entidade ou processo desconhecido que atua contra a gravidade. Por sua vez, tal ação contra parece necessária para dar conta da aparente expansão acelerada do universo. Mas semelhante aceleração pode acabar sendo ilusória: isto é, pode ser explicada pela física ordinária.

Observação 14. O conceito de energia pode ser usado para definir o de causação e para distinguir o último conceito de correlação. De fato, a causação pode ser definida como transferência de energia, como nos casos do feixe de luz que queima uma folha seca ou ativa uma fotocélula. (Em ambos os casos a causa é a absorção de luz, e não luz; do mesmo modo, os efeitos são processos: combustão no primeiro caso, e emissão de elétron, no segundo. Para generalizar, os relatos das relações causais são eventos ou processos.) Em contraposição, nenhuma transferência de energia necessita ser envolvida na correlação entre dois "fatores" ou variáveis. Se for apenas por essa razão, é errado definir causação como um caso particular de probabilidade, ou seja, quando a probabilidade é igual à unidade – o modo como Patrick Suppes (1970) procedeu em sua metafísica probabilística.

Isso completa a nossa miniteoria da energia. A conclusão é que energia é uma propriedade física universal; que as várias leis especiais da conservação são outros tantos exemplos do princípio geral de conservação; e que "matéria" é definível como "tendo energia" (ou "tendo capacidade de mudar"). Esse resultado filosófico foi alcançado pela combinação da ontologia com a física.

Informação

Exploremos brevemente a relação entre os conceitos de matéria e de informação.

Há vários conceitos de informação, em particular os semânticos e os técnicos. O primeiro é grosseiramente equivalente ao do portador de conhecimento como um texto ou um diagrama. Por contraste, os conceitos técnicos de informação referem-se a coisas concretas como sistemas de comunicação, sistemas nervosos e sistemas compostos de moléculas de DNA e as proteínas que elas codificam. Nenhum portador material, nenhuma informação.

Claude Shannon publicou sua teoria da informação no mesmo ano de 1948 em que Norbert Wiener lançou a cibernética, ou a ciência geral de controle. Ambas as disciplinas tornaram-se, instantaneamente, famosas e, por causa de sua generalidade, foram, de pronto, bem aplicadas e mal aplicadas. Wiener (1948, p. 155) escreveu algo que se tornou célebre: "informação é informação e não matéria ou energia. Nenhum materialismo que não admita isso pode sobreviver nos dias presentes". Entretanto, todas as definições técnicas de "informação" mostram, com clareza, que, longe de ser autoexistente como a matéria, a informação é uma propriedade de sistemas materiais muito especiais, como sistemas nervosos e redes de TV, e, como tais, inseparáveis da substância material e da energia.

A vasta maioria das coisas não carrega informação, enquanto toda informação cavalga sobre fluxos de energia, os quais são todos materiais. Assim, no fim, a informação é tão material quanto a energia, embora muito menos ubíqua por envolver codificação, e códigos são convencionais bem como artificiais. Por exemplo, as luzes dos sinais de tráfego funcionam somente para pessoas que conhecem a convenção em que a luz verde denota "siga" e a luz vermelha representa "pare". Em contrapartida, o tráfego em redes neurais "obedece" apenas a certas leis naturais como aquelas que "governam" os correspondentes sinais elétricos e químicos.

Em suma, o conceito de informação é derivado e não primário; em particular, ele depende do conceito de matéria. Na verdade, toda informação é transmitida por algum processo físico, assim como todo bit de energia é a energia de alguma entidade material, e toda transferência de energia é um processo físico que conecta duas ou mais entidades físicas. (A verdade é que as *teorias* da informação são tão gerais que elas não especificam a composição dos sistemas de comunicação: elas são substância neutra.) Um exemplo de uma coisa assim é um comutador, visto que ele pode estar em um dos dois estados "*on* , ligado" e "*off*, desligado", e, assim sendo, codifica um bit de informação. Para inverter o famoso *slogan* de John A. Wheeler, nós sempre conseguimos bits de its e nunca o inverso.

No entanto, a ideia de que a informação é mais básica do que a matéria ou a energia tornou-se bastante popular em todos os campos de pesquisa durante a segunda metade do século XX, da física à bioquímica, à biologia molecular, à psicologia, à sociologia. Basta lembrar as tentativas de entender o DNA como constituído pelas "letras" A, C, G, e T; as propostas de Hilary Putnam de considerar a mente como um conjunto de programas de computador; e a asserção de Niklas Luhmann de que a sociedade é um sistema de comunicação em que as pessoas não interessam – um gráfico sem nós. Essas fantasias ficaram agarradas aos valores da revolução da informação, mas não contribuíram em nada para o nosso entendimento da realidade. Isso acontece porque elas focalizam um único aspecto das coisas e dos processos e propõem concepções rasas dos mecanismos que tornam obtusas as coisas materiais. Por exemplo, embora seja verdade que todas as transações sociais são acompanhadas por trocas de informação, é igualmente verdade que nós só as entendemos quando estudamos seus aspectos específicos, tais como o que distingue o manufaturar do fazer política, ou o cortejar do comerciar.

Metafísica Digital

A metafísica digital é a doutrina segundo a qual bits são blocos construtores do universo (e Deus é um programador de computador). Trata-se de uma nova versão do mito pitagórico – como Gregory Chaitin (2006), um membro proeminente da nova irmandade esotérica, admitiu. Essa ideia parece ter várias fontes. A primeira raiz, obviamente encontrada em Frank Wilczek (2008) e em outros importantes cientistas, faz uma confusão entre coisas reais e os modelos que temos delas. Essa confusão é uma face do pensamento mágico, implícito no ato de espetar alfinetes em bonecas, como um método barato e seguro de assassinato. Outra fonte do digitalismo é o culto ao computador e a concomitante adoração a programadores como seres oniscientes, além da adoração a modelos de computadores como infalíveis e dotados de vida própria.

Uma terceira, e fonte independente de "filosofia digital", é a velha confusão positivista de evidência (Como você sabe?) com referência (Do que se trata?). Por certo, sabemos que uma observação ou uma medida não é completa até que seu resultado não tenha sido registrado – isto é, traduzido em uma peça de informação. A partir daí, Wheeler inferiu que a informação cria realidade. Como Paul Davies (2004, p. 10) colocou, Wheeler tentou "girar a relação explanatória convencional:

matéria → informação → observadores

na sua cabeça, e situar o estatuto do observador (sic) na base da cadeia explanatória,

observadores → informação → matéria

chegando, assim, ao seu famoso dito 'it from bit', com o 'it' referindo-se a um objeto físico tal como um átomo, e sendo o "bit" a informação que o relaciona a ele. Em "it from bit", o universo é fundamentalmente um sistema processador de informação do qual a aparência de matéria emerge como o mais alto nível de realidade".

Há um passo faltante no argumento precedente, ou seja, a fórmula de Berkeley: "Ser é perceber ou ser percebido." De fato, o raciocínio de Wheeler parece correto se esse *link* for explicitamente interpolado. Mas então se torna claro que a tese de Wheeler é apenas uma formulação requentada do subjetivismo de Berkeley – a fonte original de todas as interpretações antirrealistas da ciência (Bunge, 1955, 2006a). Pior ainda, a existência do universo anterior ao surgimento da física atômica torna-se altamente problemática.

Uma lacuna ulterior na história do "it from bit" é o mecanismo pelo qual coisas materiais emergem de símbolos. Como é possível que a energia seja criada a partir de objetos abstratos que, como o 0 e o 1, são despidos de energia e obedecem a regras feitas pelo homem mais do que a leis físicas? Como é possível obter um choque elétrico de um diagrama de circuitos? Como é possível a um físico forjar mais uma versão do misticismo pitagórico sem a menor preocupação com a evidência empírica?

Uma quarta e um tanto inesperada fonte de digitalismo é o empirismo (ou positivismo); a concepção de que todo conhecimento é um feixe de dados e, em particular, de que as teorias são apenas dados condensados. Essa visão envolve a tese de que necessitamos somente de números computáveis ou, para colocar essa tese de modo negativo, ela diria que nós não necessitamos de outros números reais além de frações, visto que todo resultado de mensuração é uma fração. Um positivista tolerante permitirá que os matemáticos brinquem com números transcendentais ou números não computáveis como o π, definível como a série infinita

$$\pi/4 = 1 - 1/3 + 1/5 - 1/7 + \ldots$$

Esse número pode ser computado em qualquer aproximação desejada, truncando-se a série acima e somando a ela o polinomial resultante. Mas um positivista radical procurará persuadir os matemáticos de que eles devem renunciar aos números reais, e reconceitualizar retas como séries de frações. Isto é, o empirista radical tentaria digitalizar todas as ciências. Isso envolveria renunciar à vasta maioria de números, que são não computáveis. Consequentemente, forçar-nos-ia, também, a enterrar o cálculo infinitesimal e a substituir as equações diferenciais por equações de diferenças finitas. Felizmente, a grande maioria de matemáticos e cientistas nem sequer ouviu a sirene digital.

O que dizer da realidade virtual? Quão reais são os mundos virtuais em que os "vidrados" no computador gostam de navegar? Admite-se que tais mundos não existem fora das telas do computador e dos cérebros que os olham; no entanto, as realidades virtuais são, em cada bit, tão reais quanto aqueles cérebros, uma vez que eles os conjuram – assim como os sonhos. A localização no mundo externo de alguém é suficiente, mas não necessária, para a existência real: o mundo interno dela está no mundo externo dessa pessoa. Vamos habitá-lo por um momento.

O Que Está lá Fora

"Por que existe algo em vez de nada?" Essa questão, amiúde creditada a Heidegger, foi, na realidade, proposta por Leibniz (1956, II, p. 1038), e sempre foi debatida na teologia islâmica. A pergunta faz sentido a teólogos ao se indagarem sobre qual razão poderia ter tido Deus para criar o Universo. Mas ela não tem lugar numa ontologia secular, que toma a existência do Universo como dada e tenta explicá-la. Somente a existência das coisas particulares, em contraste com a da totalidade das coisas, poderia interessar a alguns de nós. Por exemplo, os biólogos gostariam de saber por que os organismos existem, particularmente em vista do mito popular de Richard Dawkins, segundo o qual eles são apenas funis para a transmissão de genes, portanto dispensáveis em princípio e, assim, "paradoxais". Os economistas devem se perguntar por que ocorrem emoções, uma vez que elas só podem distorcer ou até bloquear os cálculos sagazes de um ator racional. E os filósofos políticos têm de se perguntar se o socialismo democrático poderia existir, dada a força dos interesses individuais.

Em sua obra principal, *Ser e Tempo*, o famoso escritor existencialista Martin Heidegger lida unicamente com a existência humana ou, antes, com um punhado de traços dela. Isso é tudo o que ele tem a dizer acerca do sendo, uma geração mais tarde: "A essência do Sendo é Ele próprio." (Heidegger, 1954) E Jean-Paul Sartre, seu antigo imitador, declarou que "não há existência, exceto em ação". Nenhuma sentença nos ajuda a entender perguntas como: "Grávitons existem?"; "Existem átomos, enquanto não estão sendo manipulados?"; ou "Há livre mercado em equilíbrio?"

Lógicos, que ocupam a outra ponta do espectro filosófico, nos asseguram que o quantificador existencial ∃ exatifica o conceito de existência.

Ele o faz? Considere essas duas sentenças: "Há supercordas", e "Há números irracionais". De acordo com os imperialistas lógicos, ambas as informações são formalizadas exatamente da mesma forma, ou seja, "$\exists x Px$" ou "há Ps". No entanto, a primeira sentença reivindica a existência real ou material, enquanto a segunda afirma a existência ideal de certos objetos matemáticos não encontrados no mundo real.

A lógica não está equipada para distinguir e muito menos para checar as duas principais espécies de existência: real e ideal. Isso não é um problema em matemática, que lida exclusivamente com objetos ideais; mas ela põe o problema da existência real nas mãos dos cientistas factuais e dos filósofos sãos. A ambiguidade do símbolo $\exists$ sugere interpretar "$\exists x Px$" como "*alguns* indivíduos são Ps", sem efetuar nenhum compromisso existencial, de modo que um ateu poderia dizer que algumas deidades (imaginárias) são (por mais imaginadas que sejam) benevolentes, se subornadas. Voltaremos a esse problema no capítulo 5.

Como a existência real está relacionada à materialidade? Não vale *definir* a materialidade como existência real, ao modo dos materialistas dialéticos, porque um idealista objetivo – como Platão, Hegel, Dilthey, ou um metafísico dos mundos possíveis – poderia pretender que as ideias por si próprias são exatamente tão reais como – ou, de fato, até mais reais do que – pedaços de matéria. Logo, a relação existência-materialidade deve ser afirmada ou negada explícita e separadamente da definição de materialidade. É por isso que colocamos:

Postulado 4. Todos e somente os objetos materiais existem objetivamente (realmente).

Em suma: Realidade = Materialidade. Observe que essa não é uma definição (identidade), mas uma assunção. Uma consequência imediata disso é:

Corolário 3. Não existe, objetivamente (realmente), objetos ideais (ou imaginários).

Por seu turno, esse enunciado implica:

Corolário 4. Não há quaisquer estruturas matemáticas fora daqui.

Os dois últimos corolários destinam-se a descartar o idealismo objetivo, ainda forte entre os filósofos, matemáticos e até os físicos teóricos que precisam lembrar que não faz sentido perguntar, por exemplo, quais números correm mais depressa, ou se as álgebras booleanas poderiam curar resfriados comuns. Se houver dúvida acerca da presença de platônicos entre nós, consulte a abundante literatura a respeito de universos paralelos (e.g., Everett, 1957; Lewis, 1986; Tegmark, 2004).

Esperamos que nossas assunções precedentes elucidem o que se *entende* por "existência real", mas elas não nos auxiliam a *reconhecer* um objeto como existindo ali fora. Para realizar essa segunda tarefa, necessitamos estabelecer uma ponte entre a ontologia e a epistemologia normativa, isto é, a metodologia. Quer dizer, precisamos explicitar os critérios de existência real (ou material). Aqui há dois critérios em duas partes cada:

Critério 1 (necessidade e suficiência). Um objeto

> (i) é provável que exista realmente (materialmente) se, e somente se, a hipótese de sua existência for plausível; isto é, que pertença a uma teoria confirmada empiricamente, ou a uma teoria que seja coerente com outras teorias bem corroboradas.
> (ii) existe realmente (materialmente) se, e somente se, ele foi detectado diretamente (pelos sentidos), ou indiretamente (por meio de instrumentos científicos).

A parte (i) desse critério foi utilizada quando se avaliou a probabilidade de existência das ondas eletromagnéticas (Maxwell), dos pósitrons (Dirac) e das ondas gravitacionais (Einstein), antes que adquirissem evidência experimental. Quanto à parte (ii), a detecção direta é, por certo, perceptual, ao passo que a detecção indireta é obtida por meio de instrumentos simples de observação, tais como as lentes de aumento, ou complexos, como amperímetros ou radiotelescópios. Em adição necessitamos do

Critério 2 (suficiência). Um objeto existe realmente (materialmente) se

> (i) reage (chuta de volta) quando atua;
> (ii) foi reproduzido ou fabricado.

A reatividade a um estímulo envolvido na parte (i) é suficiente, mas não necessária, porque a nossa ação pode não ser energética o suficiente para provocar uma reação testável – como quando apontamos um holofote para o Sol. E a parte (ii) se aplica diretamente no laboratório, na bancada ou no campo. Um exemplo recente é o experimento realizado no CERN (Centre Européen pour la Recherche Nucléaire) para produzir e detectar o *bóson* de Higgs, que foi teoricamente postulado.

Os físicos notarão que o nosso critério de realidade difere substancialmente do aventado por Einstein, Boris Podolski e Nathan Rosen no famoso artigo de 1935. Retrospectivamente, constatamos que eles confundiram "real" com "clássico", uma vez que fizeram a pressuposição de que aquilo que chamaram de "elementos de realidade" eram entidades clássicas ou propriedades, tais como a separabilidade e valores simultâneos bem precisos de posição e velocidade (Bunge, 1979b). Eles também subordinaram o problema ontológico de realidade à questão epistemológica de previsibilidade: estipularam que x existe se x puder ser previsto com certeza. Bohr e seus seguidores usaram essa infeliz confusão de realismo com classicismo para defender a própria confusão deles: o contrabando do positivismo subjetivista sob o pretexto da mecânica quântica. Analisando a questão, ainda que tardiamente, constatamos que o realismo pode manter-se com a teoria quântica (Bunge, 1967b).

Entretanto, o realismo epistemológico sem materialismo é vulnerável e inútil para a ciência, porque se pode adotar o realismo objetivo de Platão ou de Hegel, isto é, adotar a concepção de que ideias existem por si sós. Para um adepto de Platão, o critério de existência (ou realidade) é a não contradição: uma ideia existe desde que ela não seja contraditória. Obviamente, esse critério não se aplica a entidades materiais, pois a contradição e o seu dual, a chamada consistência, são peculiares aos constructos, e checá-los não requer quaisquer procedimentos empíricos.

O melhor modo de reforçar o realismo epistemológico é combiná-lo com o materialismo, produzindo o que se pode chamar de *hilorrealismo* (Bunge, 2006a). Assim, um *hilorrealista* admitirá uma teoria científica que coloca a existência de coisas previamente desconhecidas, embora estranhas ou "paradoxais", desde que sejam bem confirmadas e não contradigam a massa de conhecimento de base. Por outro lado, um *hilorrealista* rejeitará a assim denominada metafísica digital (its de bits) ao afirmar que a noção de informação tem sentido apenas com referência a sistemas de informação, que são todos artefatos concretos.

Observações Conclusivas

Os conceitos de matéria e energia sofreram enormes mudanças ao longo da história da ciência – exatamente tanto quanto outros conceitos ontológicos chaves, como os de espaço, tempo, causação, chance, vida e mente. Em nosso ponto de vista, o que é comum a todos esses conceitos, isto é, o conceito mais geral de uma coisa material, é o seguinte:

Para qualquer x: (x é material = x é mutável).

Desde que, por sua vez:

Mutabilidade = Possuir energia,

segue-se que:

Para qualquer x: (x é material = x tem energia).

Além disso, como a energia é conservada, assim também será a matéria – embora não a massa. E como a matéria não pode ser destruída, os filósofos devem prestar uma atenção mais detida ao conceito contemporâneo de matéria – antes que os físicos o alterem de novo. Esse conceito é tão amplo que se aplica aos seres vivos e aos sistemas sociais.

O conceito ampliado de matéria sugere ampliação do fisicalismo para aquilo que pode ser chamado de *materialismo inclusivo*, que pode ser condensado nos seguintes postulados:

Materialidade = Mutabilidade
Realidade = Materialidade

Expandiremos essa concepção no capítulo 7. Mas, antes de fazê-lo, será melhor examinar mais de perto espécies suprafísicas de matéria (embora não sejam não físicas).

5.
EMERGÊNCIA E NÍVEIS

A concepção de mundo que enformou a vanguarda da comunidade científica ocidental entre c.1600 e c.1850 concebia o Universo como um mecanismo de corda automático maximal: lembre-se do capítulo 2. Por volta do fim desse período, certo número de descobertas e invenções contribuiu para o declínio desse mais antigo modo científico de ver o mundo: as maravilhas da física dos campos, das sínteses químicas, da embriologia e da evolução biológica e social. Essas e outras mais mostraram que a matéria, longe de ser a substância passiva imaginada pelos metafísicos tradicionais, era capaz de auto-organização espontânea – as transmutações e metamorfoses sonhadas pelos antigos alquimistas e naturalistas. Alguns desses processos resultaram ser reais, e eles não foram admirados com "piedade natural", à maneira dos holistas: eles foram agora analisados em seus componentes elementares. Em alguns casos, houve a tentativa de reproduzi-los no laboratório, e até para melhorar a natureza – por exemplo, manufaturando materiais artificiais, como papel e plástico, assim como transurânicos, organismos geneticamente modificados, e, por certo, organizando totalmente sistemas sociais não naturais, como escolas, igrejas, negócios, exércitos e governos.

Em meados do século XX, sabia-se que os constituintes elementares do chumbo e do DNA eram os mesmos, ou seja, elétrons e núcleons, bem como glúons, que mantém esses últimos juntos; a platina possui apenas um elétron a mais que o irídio; nós compartilhamos com os chimpanzés por volta de 99% de nossos genes; Nova York e uma primitiva aldeia amazônica têm como habitantes membros da mesma espécie biológica; poemas sublimes e calúnias vis podem ser compostos com as mesmas palavras e assim por diante. Tais similaridades básicas não acarretam identidades fundamentais: a platina não é 77 partes em 78 do irídio; o leitor não é 99% chimpanzé; o senado dos Estados Unidos não é, basicamente, uma assembleia de anciões de uma tribo primitiva, e assim por diante.

Fig. 5.1: Análise de cima para baixo e de baixo para cima
complementam-se uma com a outra.

A moral filosófica é clara. A composição, embora essencial, não é tudo: estrutura e mecanismo são igualmente importantes (ver Bunge, 2003a para o modelo de um sistema composição-meio-ambiente-estrutura-mecanismo). Logo, o composicionismo, ou o reducionismo ingênuo, ou o individualismo metodológico são simplistas. Em outros termos, a análise ou decomposição é sempre necessária, mas nunca suficiente para compreender totalidades. Devemos também descobrir os limites que mantêm juntas as partes e explicar a emergência de propriedades globais – por exemplo, as ligações do hidrogênio entre as moléculas de água do corpo humano, e as ligações psicológicas e econômicas entre os membros de uma firma de negócios. Ao lado disso, devemos colocar a coisa de interesse no seu contexto, em vez de tratá-la como um indivíduo solitário. Por exemplo, átomos no centro da Terra perdem seus elétrons exteriores; neurônios comportam-se diferentemente em distintas redes neuronais; e patrões tirânicos podem atuar de modo calmo e amoroso em casa.

A lição metodológica é que deveríamos suplementar cada análise de baixo para cima com uma análise de cima para baixo, porque o todo restringe as partes: pense apenas nas tensões em um componente de uma estrutura metálica, ou no estresse em um membro de um sistema social, em virtude de suas interações com outros constituintes do mesmo sistema (ver fig. 5.1).

Essa conclusão contradiz o princípio da cosmovisão fisicalista (ou materialista vulgar), segundo a qual o universo se apresenta em um único nível, o das coisas físicas, razão pela qual os fisicistas podem, eventualmente, tecer a teoria de tudo. (No fisicalismo do século XIX, e mais tarde no físico-quimicalismo, triunfou o mecanismo que havia prevalecido nos dois séculos anteriores.)

A contraparte metodológica é que o programa atomístico para explicar o todo pelas suas partes falha toda vez que o comportamento das partes é fortemente influenciado por sua posição no todo. Por exemplo,

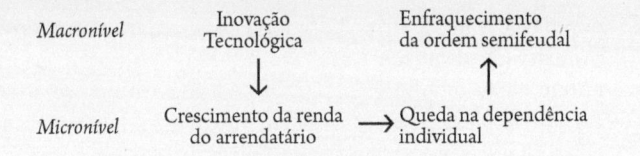

Fig. 5.2: O diagrama de Boudon-Coleman que explica o impacto político dos avanços na tecnologia da agricultura em uma sociedade semifeudal. De Bunge, 1966. Outros processos coletivos, como a fervura, o crescimento por meio da divisão celular, a inflamação e as epidemias, começam em um micronível.

a família inteira das teorias da escolha racional, tão popular nos estudos sociais, falhou porque o comportamento individual é fortemente influenciado pelas circunstâncias macrossociais, tais como a situação política e econômica.

Em geral, é mais frutífero inter-relacionar níveis do que tentar reduzi-los para baixo (micro-redução) ou, ainda mais para baixo. Os diagramas de Boudon-Coleman (Bunge, 1966; Coleman, 1990) devem, portanto, aparecer provavelmente em todas as disciplinas que envolvem dois ou mais níveis de organização (ver fig. 5.2).

No curso dos últimos dois séculos, a química, a biologia e a ciência social encontraram sistemas de milhões de diferentes espécies, confirmando, assim, a impossibilidade de tecer uma teoria que se ajustasse a tudo. Na verdade, conhecemos cerca de duzentas diferentes espécies de "partículas elementares"; mais de cem diferentes tipos de átomos; mais de dois milhões de espécies de moléculas; centenas de milhões de espécies biológicas; e centenas de tipos de sistemas sociais. Em outras palavras, algumas coleções de coisas, sejam elas átomos, moléculas, manchas, fibras, blocos de construção da Lego, gente, ou o que você tiver, podem combinar-se em sistemas qualitativamente diferentes. Isso, o conjunto de processos que envolvem saltos qualitativos, é tudo sobre o que versa a emergência, no sentido ontológico (ver, e.g., Alexander, 1920; Bedau e Humphreys, 2007; Blitz, 1992; Bunge, 1969, 1979a e 2003a; Lewes, 1874; Luisi, 2006; Morgan, 1933; Needham, 1943; Sellars, 1970; Wimsatt, 2007.)

Emergência e níveis se encontram em toda parte, exceto na mecânica clássica, que lida apenas com corpos pequenos e grandes. Essa ciência omite o fato de que uma coleção de partículas, como as moléculas de água, pode se organizar de diferentes maneiras: como flocos de neves, cubos de gelo, gotas d'água, lagos, rios, mares ou nuvens. Cada uma dessas coisas tem propriedades que faltam nas outras. Outros exemplos familiares de emergência e níveis são a pilha de tijolos-parede-casa-cidade, população-gangue-firma-conglomerado, e letra-palavra-frase-sentença-texto. Os níveis mais altos são dependentes dos níveis mais baixos, porém não são redutíveis a eles no sentido ontológico, mesmo que as coisas complexas (sistemas) sejam mostradas como emergindo da interação de seus constituintes. A análise deveria explicar a emergência, em vez de eliminá-la. (Mais a respeito de redução na seção Redução e Fusão do capítulo 9.)

Apesar de tudo aquilo que se conheceu por um bom tempo, a noção explícita e geral de um nível integrativo, ou nível de organização, é antes recente (Bunge, 1960a, 1969 e 1980b; Hartmann, 1949; Novikoff, 1945). Ainda nem esse conceito e nem o de um sistema alcançaram a corrente em voga da metafísica. Pior ainda, por ser mais dispendioso e consumir mais tempo, é a omissão da estrutura de nível do universo, pois ela facilitou a proliferação, não checada, das teorias de nível básico, como a prometida "teoria de tudo", as teorias quânticas do universo e as fantasias sobre a natureza física (não biossocial) da mente, bem como sobre a redutibilidade da ciência social à biologia. Torna-se, portanto, necessário recordar alguns dos pontos salientes da doutrina dos níveis.

Matéria Física

Os antigos atomistas, e dois milênios mais tarde também a mecânica estatística, contestaram a doutrina da camada única, afirmando, como alternativa, que as coisas da vida cotidiana são compostas de entidades imperceptíveis. Eles também sustentaram que as coisas macrofísicas possuem propriedades emergentes, como temperatura e entropia, que os seus componentes microfísicos carecem. Além disso, as pontes micro--macro envolvem o conceito de chance objetiva, que não ocorre nem na mecânica clássica nem na eletrodinâmica clássica.

A consequência epistemológica da divisão micro/macro era óbvia: precisamos de dois conjuntos de teorias físicas, a microfísica e a macrofísica, para dar conta da realidade física. A física quântica confirmou tal conclusão, embora a descoberta de entidades macrofísicas quânticas, tais como os anéis supercondutores, deslocou a fronteira entre os dois estratos, do micro/macro para o *quantão*/*classão*, ou *quantum*/clássico. De todo modo, a esperança de uma única teoria de tudo foi abortada antes do nascimento, tanto pela filosofia materialista como pela física moderna.

O programa inicial da física atômica desde a Antiguidade era claro: dar conta das macrocoisas perceptíveis em termos de microcoisas imperceptíveis. Em nossa terminologia, a meta era construir *classões* a partir de *quantões*. Muita coisa desse programa foi levada a cabo com sucesso.

Por exemplo, há um século as fotocélulas foram explicadas em termos dos elétrons ejetados por fótons incidentes; imãs foram explicados em termos de *spins* – e os momentos magnéticos associados – dos átomos que os compõem; e as macropropriedades de peças de matéria condensada de certos tipos, particularmente os semicondutores utilizados em dispositivos eletrônicos, são explicadas em termos das propriedades de seus constituintes atômicos. De todas essas conquistas, a última exerceu o impacto mais importante na indústria, pois o computador eletrônico digital é filho do casamento da física quântica do estado sólido com a teoria matemática da computação.

Entretanto, a interpretação padrão (ou de Copenhague) da teoria quântica conta uma história diferente: de acordo com ela, essa teoria somente calcula os possíveis resultados de observações. Por exemplo, está postulado que os autovalores de um operador que representa um "observável" (variável dinâmica) são os possíveis resultados de medidas do dito observável, como se houvessem metros universais. Ademais se admite que todas as mensurações e experimentos têm a ver exclusivamente com dispositivos classicamente descritíveis. Mas isso é obviamente falso, uma vez que a explicação da ionização, que ocorre numa câmera de nuvens e no contador Geiger, bem como nas reações fotoquímicas que acontecem numa chapa fotográfica, requer a física quântica. De qualquer modo, a ortodoxia de Copenhague erige uma estrita dualidade entre *quantão* e *classão*, em que esses últimos devem ser considerados como irredutíveis. Na realidade, o dogma estabelece que o observador, seus aparelhos e o objeto de observação constituem um todo não analisável. A astrofísica, que depende muito da teoria quântica, desmente essa tese, pois nenhum instrumento de medição e muito menos observadores poderiam chegar sequer perto de uma estrela.

Essa dualidade micro-macro, que está em agudo contraste com o programa atomístico, não é um resultado científico, mas uma interpolação filosófica. De fato essa dualidade deriva do princípio subjetivista (ou positivista) segundo o qual não existe tal coisa como realidade objetiva: existiriam apenas fenômenos, isto é, aparências para algum observador. Em particular, os fatos quânticos surgiriam unicamente da observação. Na realidade, como Bohr e Heisenberg declararam certa vez, até macrofatos, como a passagem de um bonde, são resultados de observações repetidas. O leitor ingênuo poderia perguntar: "Observações do que, senão de átomos, bondes, ou do que você tiver?" Mas ser-lhe-ia dito – como foi dito ao meu mestre Guido Beck, quando ele trabalhava para Heisenberg, em Leipzig – que essa e outras perguntas similares não deveriam ser feitas. O *slogan* de Mussolini, "acredite, obedeça, lute", foi adaptada para "Acredite, obedeça, calcule".

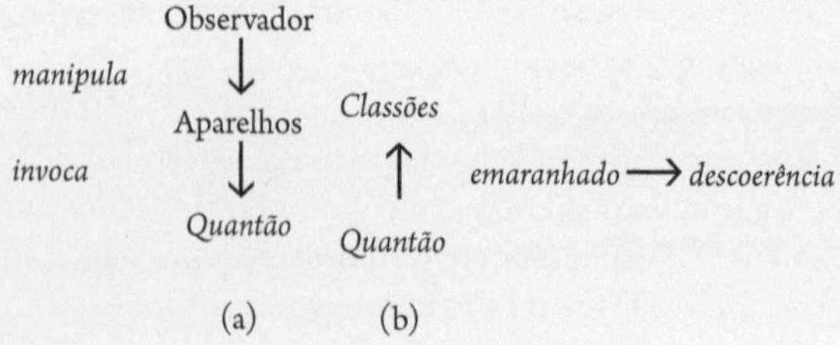

$$\text{manipula} \quad \begin{array}{c} \text{Observador} \\ \downarrow \\ \text{Aparelhos} \\ \downarrow \\ \text{Quantão} \end{array} \qquad \begin{array}{c} \textit{Classões} \\ \uparrow \\ \text{Quantão} \end{array} \quad \textit{emaranhado} \longrightarrow \textit{descoerência}$$

$$\text{invoca}$$

(a)   (b)

Fig. 5.3: A dualidade *quantum*/clássica. a. Ortodoxia de Copenhague: o observador onipotente manipula o aparelho que, por seu turno, faz aparecer, por mágica, fatos quânticos. b. Programa de descoerência: *classões* emergem de *quantões*, particularmente quando estes últimos ficam emaranhados no ambiente (natural ou artificial).

Até recentemente, a ortodoxia de Copenhague só poderia ser contrariada pela análise conceitual: mostrando que nem os axiomas da teoria, nem os dados experimentais, referem-se a observadores. Essa situação mudou nos anos de 1990, com o desenvolvimento da teoria da descoerência e do experimento (ver Schlosshauer, 2007). Recorde-se, por exemplo, da difração de *bucky balls* (bolas de fullereno, que contêm centenas de átomos de carbono), tais como moléculas de C_{70}, cujo diâmetro é de cerca de 1 nm. Em temperaturas abaixo de $1.000°K$, essas coisas difratam quando atravessam fendas duplas: são *quantões*. Mas à medida que as moléculas são aquecidas a $5.000°$ por um feixe de laser, o padrão de interferência desvanece gradualmente: os *quantões* tornam-se, gradualmente, *classões*, como resultado da descoerência. Um resultado desses experimentos é que a fronteira *quantão-classão* pode ser deslocada para o ambiente macrofísico, que pode, em particular, ser o aparelho (ver fig. 5.3).

Esses recentes desenvolvimentos sustentaram a meta original do programa quântico, ou seja, a derivação da física clássica a partir da teoria quântica. Isso implica que estaremos eventualmente aptos a dispensar conceitos clássicos, como o de atrito, calor, temperatura, viscosidade, vorticidade e elasticidade, imantação, tensão superficial e molhagem? Esses conceitos continuarão a ser necessários, porque representam propriedade e processos objetivos da matéria massiva, que emerge de miríades de fatos quânticos. Do mesmo modo, a explicação neurocientífica de processos cognitivos e afetivos não nos permite dispensar palavras como "medo", "imaginação" e "amor". Emergência explicada ainda é emergência.

Em outras palavras, a epistemologia não apaga a ontologia, porque o universo é objetivamente estratificado. As diferenças qualitativas entre os níveis de realidade impõem uma pluralidade de níveis de descrição, mesmo se os mais altos puderem, em princípio, ser explicados em termos

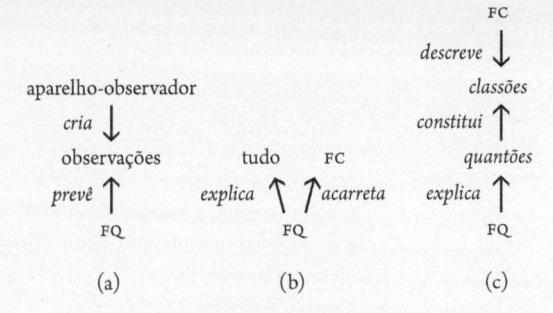

Fig. 5.4: Níveis de descrição, FC = física clássica. FQ = física quântica. a. Doutrina de Copenhague. b. Programa de Descoerência. c. Visão Realista.

dos níveis mais baixos. De fato, os proponentes da tese de que a teoria quântica é escritura de símbolos universais diziam designar funções de estado para gatos, observadores, instrumentos de medição e até para o universo. Mas, concedo que tais símbolos sejam falsos, pois não constituem soluções para quaisquer equações que contenham hamiltonianas: eles não passam de rabiscos (ver fig. 5.4).

Em resumo, *classões* emergem de *quantões*, razão pela qual é legítimo tentar derivar a física clássica da teoria quântica, em vez de considerar a primeira como um dado absoluto e ponto de partida. Mas o objetivo final do programa de "descoerência", isto é, o de dispensar completamente todas as ideias clássicas, parece uma pura fantasia, porque as propriedades clássicas, tais como forma, viscosidade e temperatura são exatamente tão reais como as propriedades quânticas, como o *spin* e a não separabilidade. Em poucas palavras: a distinção entre os níveis quânticos e clássicos é objetiva, e não apenas questão de níveis de descrição e análise.

Se houver dúvida, lembre-se da cadeia que começa no centro de nossa estrela e termina como a luz do Sol, o vento, a chuva, a corrente oceânica, a reação química ou o metabolismo. Toda energia que obtemos do Sol vem, em última análise, das reações termonucleares que ocorrem no centro de estrelas. A maior parte dessas reações envolve transmutações (o sonho dos alquimistas), como no caso do Deutério + Trítio → Hélio + Nêutrons. Por sua vez, a luz solar produzida pelas reações nucleares no Sol é crítica para a fotossíntese, um processo quântico sem o qual não haveria plantas e, portanto, nem animais. Observe os sucessivos níveis: *quantões*-moléculas de luz-macromoléculas-organelas-células-organismos multicelulares.

Matéria Química

Os *inputs* (reagentes) e os *outputs* (produtos) de reações químicas são coisas físicas; mais precisamente são *quantões*, *classões*, ou *semiclassões*. Mas a matéria que emerge no instante que começa uma reação química e subsiste até ela parar é qualitativamente diferente dos *inputs* e *outputs*, mesmo se demorar, como ocorre amiúde, tão pouco quanto um femto--segundo (1fs), ou 10^{-15}s. Essa substância é, sem dúvida, um pedaço de matéria que está sofrendo implacáveis mudanças (qualitativas). Pedaços familiares de matéria química são chamas, ferrugem em chaminés de ferro, em cubas de fermentação, conteúdos de panelas de cozinhar, matéria viva em decomposição. (Os químicos podem estar tentados a considerar os seres vivos como reatores químicos muito complexos. Mas os biólogos sabem que milhares de reações químicas em andamento em um organismo a qualquer tempo são programados e coordenados de tal modo que três características não químicas – homeostase, autorregeneração e sobrevivência – estão asseguradas.)

Pensa-se, em geral, que moléculas são *bits* de matéria compostas de átomos. Entretanto, seu modo de composição está longe de ser bem conhecido. Por exemplo, a molécula de hidrogênio, H_2, a mais simples de todas, não emerge da mera justaposição de dois átomos de H. De fato, esses átomos são os precursores da molécula H_2 mais do que seus componentes, pois quando combinados, os prótons originais e os elétrons são redistribuídos de maneira contraintuitiva. Na verdade, a despeito de sua mútua repulsão eletrostática, os dois elétrons atômicos se juntam, e interpõem entre eles dois prótons; e esse par constitui a ligação química (ou covalente). Esse tipo de ligação, descoberta em 1916, é muito diferente da ligação iônica, tal como a que mantém os íons de cloro e sódio ligados na molécula de sal. Enquanto a ligação iônica exemplifica a atração eletrostática, conhecida desde a antiguidade, a explicação da ligação covalente envolve o conceito de um elétron, que foi inventado apenas em 1898. Incidentalmente, quando a revista *Nature* comemorou o cinquentenário desse fato, ela incluiu uma discussão para debater se isso era uma descoberta ou uma invenção. Para um realista, a resposta é clara: o elétron foi descoberto, porém as várias teorias do elétron foram inventadas. Tanto é assim que feixes de elétrons podem ser gerados e manipulados no laboratório, enquanto teorias várias do elétron só podem ser expandidas, corrigidas ou substituídas com lápis e papel.

Como todos os emergentes, o H_2 tem propriedades que faltam a seus precursores, como uma energia de dissociação característica e um espectro de banda em vez de um de linha. Uma molécula bem mais complexa é o fullereno C_{60} [forma alotrópica do carbono com sessenta átomos], um recurso importante da nanotecnologia. Essa molécula inesperada, descoberta apenas em 1985, é uma coisa mesofísica, pois possui uma forma bem definida (semelhante a uma bola de futebol), porém ela difrata através de um sistema de fendas, tal como *quantões*: ela é, então, um *semiclassão* (ou um *semiquantão*). Note que os conceitos ontológicos chave na descrição precedente – os de matéria, energia, sistema, precursor e emergência – estão conspicuamente ausentes das principais correntes metafísicas e até dos dicionários filosóficos padrão.

Considere a seguir as moléculas que emergem de colisões não elásticas entre as moléculas mais simples. Uma das mais simples é a molécula de água, comumente simbolizada como H_2O. Essa fórmula exibe as componentes atômicas – ou antes, os precursores – do sistema, mas não sua estrutura, que é parcialmente mostrada pela fórmula estrutural $H-O\cdots H$, juntamente com os dados segundo os quais o sistema tem a forma de V, sendo o ângulo de cerca de 104°, e a distância interatômica de aproximadamente 1 Å

Se as moléculas de água se ajuntarem em grande número, emerge um corpo de água líquido – aquele que pertence ao quarto nível integrativo, depois do das partículas elementares, átomos e moléculas. Todos sabemos algo sobre o líquido água, mas somente a química quântica sabe por que ela existe, em geral. Na verdade, como H_2O é antes leve, a água seria um gás à temperatura ordinária, se não fosse pela ligação forte do hidrogênio, um tipo não clássico de acoplamento intermolecular. Paradoxalmente, esse e outros tipos de ligações químicas envolvem duas propriedades clássicas, distância interatômica e ângulo, e nenhuma delas desempenha papel importante na física atômica, em que propriedades dinâmicas, como o momento e o *spin*, têm precedência sobre propriedades geométricas e cinemáticas. A forma emerge junto com as moléculas. Os componentes do assim chamado universo primevo eram despidos de forma.

A água tem propriedades únicas que a tornam essencial à vida. Uma delas é o fato de ser gregária: as moléculas de água tendem a encontrar-se em flocos de neve e bolas de gelo, gotinhas e lagos, geleiras e mares. As ligações que fazem esses sistemas existirem são de duas espécies: ligações covalentes e de hidrogênio. Como vimos acima, uma ligação covalente é um par de elétrons compartilhado entre dois átomos, como no caso da molécula de hidrogênio H_2, já mencionado. Em contraposição, a ligação de hidrogênio é uma interação entre um átomo de hidrogênio e um átomo eletronegativo como o oxigênio. Ambas as ligações ocorrem em certa quantidade de água, e elas trocam de lugar em rápida sucessão – uma característica dinâmica que está ausente do familiar modelo de moléculas bola-haste. A água é única pelo fato de que o número total de ligações de

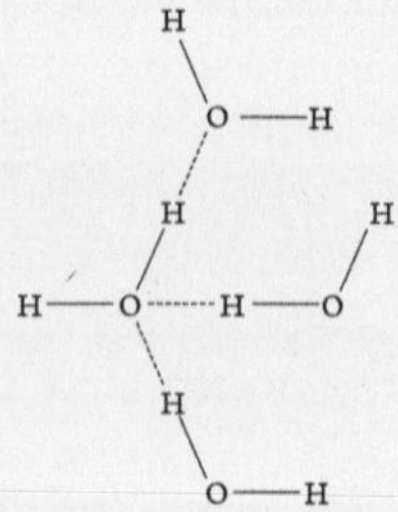

Fig. 5.5: Instantâneo imaginário de um sistema composto de moléculas de água. As linhas cheias representam ligações covalentes, ao passo que as pontilhadas representam ligações de hidrogênio.

uma molécula de água chega a quatro, o que explica o alto grau de fervura desse líquido (ver fig. 5.5).

Suponha, por um momento, que a química quântica, que ainda está na sua infância, devesse explicar satisfatoriamente a emergência de algumas biomoléculas típicas, como o DNA, do mesmo modo que algumas das reações químicas mais complexas, como a síntese de RNA. Se isso viesse a acontecer, a teoria química estaria reduzida à (seria deduzida da) teoria quântica, com algumas assunções subsidiárias. A maior parte dos cientistas alegaria que tal redução desaprovaria a tese ontológica, segundo a qual existe uma coisa tal como um nível químico distinto. Peço licença para divergir: aceito que exista semelhante nível suprafísico, definido como o conjunto de todos os sistemas em que ligações químicas mudam. Além disso, a mecânica quântica tem de ser enriquecida com hipóteses subsidiárias, a fim de produzir a química quântica (ver Bunge, 1982a).

A matéria química deveria atrair uma atenção mais acurada dos metafísicos, se não por outro motivo, pelo menos por causa de sua notável capacidade de sintetizar espontaneamente moléculas de vários milhões de espécies. Semelhante poder morfogenético espontâneo, particularmente no caso dos compostos de carbono, é muito maior do que os da matéria física, que está limitada ao crescimento dos cristais, à formação de rochas e de grandes quantidades de líquidos. A química sintética, a síntese de moléculas no laboratório, arreia as forças espontâneas auto--organizadoras. E a vida sintética, a produção de células vivas a partir da matéria química, é presumivelmente um alvo factível, mesmo se distante do objetivo da bioquímica.

Em suma, deveríamos reconhecer a existência de peças de matéria, ou seja, moléculas pertencentes a um nível estrutural delas próprias e originárias de similares processos suprafísicos, ou seja, reações quími- **125** cas, como as exemplificadas pelo fogo, pela oxidação, pela redução, pela hidrólise, pela eletrólise e pela síntese molecular. O nível em questão é, por certo, o nível químico. Em geral é aceito que os componentes e os precursores dos membros desse nível sejam físicos. Tudo isso sugere que a química, embora dependente da física, não é um capítulo dela.

Matéria Viva

As coisas vivas são tão diferentes das não vivas que, até a um século atrás, acreditava-se amplamente que elas se caracterizavam pelo comportamento da busca de meta, ou até de uma entidade imaterial, diversamente denominada *intelequia*, *Bildungskraft* ou *élan vital*. Esta doutrina, vitalismo, foi destruída pela assim chamada concepção mecanicista da vida. Esse ousado projeto de pesquisa foi desencadeado pela biomecânica e pela física médica, inaugurada por Giovanni Borelli por volta de 1650. Três séculos mais tarde, essa concepção mecanicista da vida desembocou no quimicalismo físico, de acordo com o qual os organismos nada mais são que reatores químicos muito complexos (Loeb, 1912).

Entretanto, as coisas vivas têm certo número de propriedades inter-relacionadas que os sistemas químicos carecem. Eis aqui algumas poucas delas: celularidade, metabolismo, homeostase, divisão celular, hereditariedade, mutação, morfogênese, autorregeneração, evolução, valor, doença e morte. A celularidade é a contrapartida biológica da atomicidade: ela consiste no fato de que as unidades de matéria viva são células, que são sistemas dotados de um envoltório ou membrana externa semipermeável. Em outros termos, todos os organismos são celulares ou multicelulares: não há vida subcelular. O metabolismo é, por certo, o processo de autorrenovação química, em particular por meio da síntese proteica e pela incorporação e transformação de itens (nutrientes) ambientais. A homeostase é a capacidade de manter um meio interno razoavelmente constante (em particular, temperatura e acidez) em virtude de mecanismos de controle (caminhos de realimentação) formados dentro do organismo. A divisão celular, que envolve a autoduplicação de RNA e ruptura dos cordões do DNA pelas enzimas, é o destino último de todas as células, exceto da maioria dos neurônios. A morfogênese é um processo que envolve a diferenciação celular e a construção de órgãos com funções específicas, isto é, processos que nenhum outro componente do organismo pode sofrer.

A hereditariedade é a capacidade de reproduzir organismos para transmitir alguns de seus traços a alguns de seus frutos. Tal transmissão é, em geral, bastante fiel ("fiel ao tipo"), porque as unidades de hereditariedade, moléculas de DNA, são antes robustas e inertes. Mas, sem dúvida, essas moléculas são sensíveis a fortes estímulos ambientais, como raios cósmicos e certas enzimas. Por exemplo, dois gêmeos idênticos podem possuir o gene da esquizofrenia, mas, ao passo que um deles também dispõe da enzima que torna ativo esse gene, o seu irmão gêmeo pode não tê-la, de modo que lhe é poupada essa terrível doença mental. Tal fato deve bastar para relegar ao repouso o mito do gene egoísta.

Quanto à evolução, a maioria dos biólogos concorda que ela resultou da concorrente operação de mutação, seleção ambiental, construção de nicho, hibridização (principalmente em plantas) e alguns outros mecanismos presentes em todos os níveis, desde a molécula até o organismo inteiro, a população, a comunidade. Uma concepção popular é que a evolução nada mais é senão uma mudança em frequências genéticas, enquanto o DNA é a unidade evolucionária. Essa ideia é errônea, pois o que impele a evolução é a seleção natural, e o que acaba sendo selecionado (para reproduzir) é o organismo como um todo, não o seu genoma. Além disso, não apenas os genes estão sujeitos à mutação: as proteínas também podem sofrer mutação, logo evolver, como foi sugerido primeiro pela resistência a novas drogas que algumas proteínas podem adquirir.

De maneira não surpreendente, o conceito de emergência foi inicialmente proposto pela biologia evolucionária, a qual mostrou que a história da vida é uma história de especiações e extinções. Interessante é que a evolução sugeriu progressão gradual a algumas pessoas (Darwin foi a primeira delas) e a saltação (variação brusca ou mutação) a outras. Hoje, em geral, se concorda que a negação da saltação é tão incompatível com a evolução quanto a negação da continuidade: que a evolução, em todos os níveis, é gradual em algum aspecto, e descontínua em outros (Blitz e Bunge, 1989).

Finalmente, pode-se supor que esse valor emergiu junto com a vida, uma vez que perguntas do tipo "qual é o valor (ou preço) de x para y?" só faz sentido com referência a organismos e suas criações, tais como tocas, ninhos, diques, máquinas e organizações. Por exemplo, pode-se dizer que montes de adubos metabolizam; mas eles assim o fazem em benefício de seu proprietário, não em seu próprio. Uma indagação como "qual é o valor desta coisa, ou processo, para essa molécula (ou pedra, ou feixe de luz, ou estrela)?" não merece resposta. Por contraste, uma questão como "qual é o valor da substância, órgão, ou processo x para o organismo y?" é, em princípio, respondível: podemos descobrir o papel que x tem para manter o organismo y com boa saúde, por inibição experimental ou mesmo removendo x, e checando o efeito dessa alteração no estado de saúde do organismo. O valor é coextensivo e coeso com a vida, mas isso não acarreta que tudo que fazemos é adaptável, isto é, preservador da vida. Por exemplo, nem a música, nem a filosofia são adaptáveis; quer a procriação ilimitada, quer a guerra são, definitivamente, mal adaptáveis.

Em resumo, a vida não se caracteriza por uma ou mais propriedades especiais. Antes, como Alexandr Oparin (1953) enfatizava, cerca de um século atrás, ela é caracterizada por um sistema inteiro de propriedades especiais inter-relacionadas. Entretanto, esse é também o modo como os físicos caracterizam as coisas físicas. Por exemplo, até os humildes elétrons e pósitrons caracterizam-se por uma dúzia de propriedades básicas, relacionadas umas às outras por uma peculiar equação de estado (ou de onda). Até agora, os biólogos encontraram algumas das variáveis bióticas básicas, mas não a contraparte de uma equação de estado físico. O máximo que eles fornecem são listas de propriedades-chave, tais como aquela acima proposta.

A concepção materialista de vida, sugerida pela filosofia, bem como pela bioquímica e pela biologia evolucionária, inspirou o ambicioso projeto de pesquisa de sintetização de células no laboratório. Esse projeto experimental, iniciado por Oparin em 1924, continua ainda em andamento em vários laboratórios ao redor do mundo (ver, e.g., Lazcano, 2007a; Luisi, 2006). Especialistas concordam que a vida na Terra emergiu há cerca de 3,5 bilhões de anos, mas ainda assim discordam sobre a precisa sequência que parte da molécula até a primeira célula. De fato, há no mínimo dez hipóteses em competição acerca da biogênese.

Todavia, elas podem ser agrupadas em duas escolas principais. A maior parte dos pesquisadores (primeiro da escola genética ou heterotrófica) conjectura que o material genético (em particular, o RNA) e a evolução darwiniana foram essenciais. Mas uma forte minoria (a escola do primeiro-metabolismo, ou autotrópica) especula que a biogênese era um processo puramente físico-químico, que conduziu diretamente redes catalíticas não genéticas de macromoléculas para as primeiras células. Como ambas as escolas empregam o método científico, sua rivalidade estimulou sua produtividade, em vez de degenerar em controvérsias estéreis. Além disso, a rivalidade se desvanece quando a controvérsia é colocada em um contexto mais amplo, pois a escola genética admite que o material genético primitivo se autojuntou a partir de material abiótico (ver fig. 5.6).

Em 1953, dois sensacionais avanços reforçaram a hipótese de que a matéria viva é tão material como a matéria não viva; a revolução da biologia molecular e a primeira bem-sucedida síntese de aminoácidos por Miller e Urey, seguida pela síntese de Har Khorana de longas cadeias de ácidos nucleicos.

Do lado negativo, a biologia molecular levou ao exagero reducionista a afirmação de que os genes governam a vida, razão pela qual o

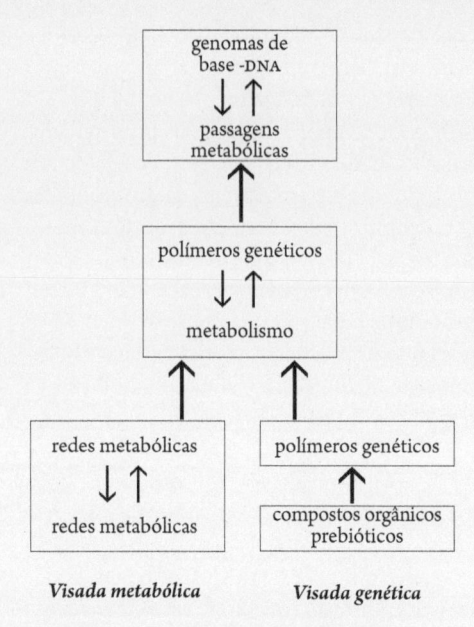

Visada metabólica   *Visada genética*

Fig. 5.6: As duas principais hipóteses científicas correntes acerca da origem da vida. De Lazcano (2007b, p. 60).

sequenciamento bem-sucedido do genoma humano revelaria o segredo da vida. Outro aspecto negativo da revolução da biologia molecular foi a maneira descuidada com que tem sido usada a expressão ambígua "informação genética". De fato, com frequência ela tem sido interpretada em termos antropomórficos, como o conjunto de instruções para montar um organismo, como se ele fosse um brinquedo da Lego. (A "informação genética" é, na realidade, uma abreviatura da ordem dos nucleotídeos, nos ácidos nucleicos. Esse conceito não está relacionado nem ao conceito físico de informação, como entropia ou desordem, nem ao conceito estatístico de informação utilizado na engenharia das comunicações.) Entretanto, não devemos nos queixar em voz demasiado alta, porque há um preço a pagar por qualquer novidade conceitual, ou seja, a imprecisão.

Em suma, a biologia deu à filosofia ao menos três presentes no curso de um século e meio: o conceito de um nível integrativo, e as teses da materialidade da vida, assim como o da bioevolução por meio da mudança e da evolução natural. Justamente por isso, a biologia ficou livre do criacionismo, do vitalismo e do reducionismo radical – a concepção segundo a qual somente importa a composição de um sistema. O leitor é convidado a comparar essa rica colheita às contribuições efetuadas pelos metafísicos, tanto nas disciplinas que lhes é própria quanto na ciência durante o mesmo período.

Matéria Pensante

Adotamos a hipótese de identidade psiconeural. Isto é, pressupomos que a *res cogitans* não é a alma mítica imaterial, porém o cérebro de animais altamente desenvolvidos. Essa assunção filosófica, que se originou na antiga medicina grega, tem sido o princípio condutor da neurociência cognitiva e afetiva – a recente fusão de neurociência e psicologia. Essa tese será desenvolvida nos capítulos 9 e 11. Ela é enunciada aqui somente para não se perder um passo na escada dos níveis a ser introduzido mais tarde.

Poder-se-ia pensar que a psicologia se torna dispensável se os processos mentais forem vistos como processos cerebrais. Mas semelhante eliminação – efetivamente proposta pelos materialistas autodenominados eliminativistas – não seria aconselhável, porque os psicólogos estudam processos mentais em animais altamente gregários, cujos cérebros são bombardeados por estímulos sociais vindos de outros cérebros, e que, por sua vez, afetam os processos afetivos e cognitivos sofridos por outra pessoa. Daí por que necessitamos da psicologia social, a interciência que investiga como a matéria pensante interage com a matéria social. Retornaremos a esse assunto no capítulo 9.

Matéria Social

As interações sociais, do pareamento sexual às disputas políticas, geram, mantêm ou alternam sistemas sociais, desde familiares e firmas até nações e mais do que isso. Tais sistemas são compostos de animais, mas eles não possuem propriedades biológicas – primeiro porque eles não metabolizam. Porém, eles são tão concretos, ou materiais, como seus componentes: pode-se dizer que constituem a matéria social, assim como os organismos constituem substância viva.

Embora óbvias para um materialista, as asserções precedentes serão rejeitadas não só pelos idealistas, os quais pretendem que tudo quanto for social é espiritual (*geistig, moral*) e, portanto, é o objeto das *Geisteswissenschaften* (ciências espirituais ou culturais).

A alegação de que existe tal coisa como matéria social também será rejeitada pelos assim chamados individualistas metodológicos, pois eles negam a própria existência de totalidades sociais – e, consequentemente, não podem fazer quaisquer contribuições originais para seu estudo. Porém, semelhante negação equivale a negar a existência de corpos sólidos, com base no fato de eles serem compostos de átomos ou moléculas; ou negar a existência de sentenças, com base no fato de elas serem compostas de letras.

Quem quer que deseje estudar indivíduos mais do que totalidades sociais deverá se concentrar em biologia ou psicologia humana; e, mesmo assim, sua pesquisa sentirá falta não menos da matriz social da existência humana. E se o ambiente social da pessoa é ignorado, então seu comportamento no amor, na aprendizagem, no trato com os pais, no trabalho, na tensão, na revolta e muito mais permanecerá desconhecido. Em geral, um sistema não é apenas o conjunto de seus componentes. Cada sistema concreto deve ser analisado em sua composição, estrutura (conjunto de ligações entre seus constituintes), ambiente e mecanismo (o processo que o torna aquilo que ele é). Daí por que o entendimento de sistemas requer que sejam abordados de maneira sistemática, mais do que de modo individualista ou holístico. Matemáticos, físicos, químicos e biólogos sempre conheceram esse truísmo (ver, e.g., Bunge, 2003a).

Matéria Artificial

Artefatos, ou coisas feitas, pode-se dizer que incorporam ou materializam ideias ou sentimentos, porque são projetados, amiúde, com ajuda de conhecimento de alto nível tecnológico. Era como o jovem Marx distinguia uma casa de uma colmeia – uma distinção que escapou a Popper, quando ele enfiou no mesmo saco casas, ninhos, cupinzeiros, viveiros de coelhos e diques de castores. Sem dúvida, artefatos de animais podem ser muito complexos, mas não há indicação de que sejam construídos segundo um plano: a habilidade para construí-los é inata, e o processo de construção é um resultado automático da combinação de programação genética com materiais e circunstâncias ambientais.

Pelo fato de os artefatos incorporarem ideias ou sentimentos, pode-se afirmar que constituem matéria de tipo especial, isto é, artificial ou fabricada, por contraste com o natural ou descoberto.

Para compreender as diferenças entre a matéria natural e artificial, lembremo-nos dos traços salientes da manufatura de qualquer bem, tal como um filão de pão ou um livro (ver fig. 5.7).

A matéria artificial é de duas espécies: despida de significado, como uma ponte, uma casa, uma máquina ou uma organização formal; e significativa, como um texto ou um diagrama. É verdade, diz-se, amiúde, que sistemas sociais produzidos têm significados; mas esse uso da palavra "significado" é metafórico: o que efetivamente se pretende com isso é que tais sistemas são dotados de propósitos, ou melhor, são utilizados como meios para alcançar metas.

Outra classificação útil de matéria artificial é a seguinte:

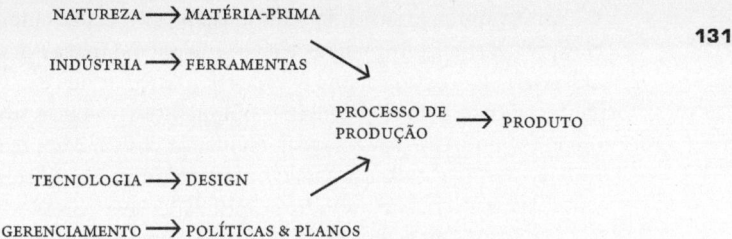

Fig. 5.7: Matéria artificial é matéria natural transformada por ações guiadas por ideias de engenharia e gerenciamento.

Artística: música, pintura, escultura.

Semiótica: poesia, ficção, literatura não ficcional.

Tecnológica: diagramas técnicos, máquina, oleoduto, meios de transporte, rede de TV.

Social: organização social formal (firma comercial, escola, mercado, estado, igreja).

Todas as organizações sociais formais, como escolas, corporações e governos são artefatos, pois são projetadas, mesmo se muitas vezes apenas em forma de esboço, antes de serem agregadas. Destarte, elas contrastam com organizações informais, como as famílias e as gangues, que emergem, se desenvolvem e se desmantelam de um modo mais espontâneo. A artificialidade de organizações formais exibe importância em virtude da popularidade comparativa em círculos conservadores devido à tese de Friedrich Hayek, pela qual tudo que é social é espontâneo – sem, no entanto, existir ao mesmo tempo como social, pois, segundo o mesmo autor, há apenas indivíduos.

Emergência

As páginas precedentes deveriam ter armado o palco para a introdução formal de três conceitos-chave de nossa ontologia: os de emergência, nível e degraus de escada (ou "hierarquia"). O polímata George Lewes introduziu, em 1877, a palavra atualmente em moda "emergência", mas o conceito foi inventado antes por John Stuart Mill (ver Blitz, 1992). Sem dúvida, Mill notou que a síntese da água, a partir do hidrogênio e do oxigênio, envolve a emergência de propriedades, as da água, que faltam a seus precursores.

Um platônico tentaria dar conta das propriedades emergentes em seus portadores. Aristotélicos e cientistas sabem mais. Por exemplo, a síntese da água citada acima é um caso particular de uma reação química da forma: $A + B \to C$. A cinética química descreve esse processo com a seguinte equação para a taxa de mudança das concentrações do produto da espécie C em termos das concentrações dos reagentes de tipos A e B: $d[C]/dt = k\,[A].[B]$. Não há propriedades sem portadores. Falando lógica e gramaticalmente: todo predicado é atribuído a, no mínimo, um sujeito, como em Px e Rxy.

O conceito de emergência foi originalmente entendido como uma categoria ontológica, sinônimo de ocorrência de novidade qualitativa no curso de um processo e, portanto, claramente exemplificado pela cristalização, pela síntese química, pela morfogênese, pelo desenvolvimento e evolução biológicos, pela aprendizagem de novas habilidades, pela organização social e pela história (ver, e.g., Bunge, 2003a, 2003b; Coleman, 1990; Luisi, 2006; Moessinger, 2008; Piaget, 1965).

Entretanto, pelo fato de alguns filósofos irracionalistas e psicólogos terem acentuado a ocorrência da emergência, mas negado a possibilidade de explicá-la em termos de processos de nível mais baixo, a palavra foi finalmente tomada como representando uma categoria epistemológica. (A opinião obscurantista de que o novo e o complexo não podem ser explicados em termos do velho e do mais simples é, algumas vezes, enganosamente denominada de "emergência forte".) De nossa parte, manteremos o conceito ontológico original, ou, antes, os conceitos: a "emergência" será igualada ao advento de qualitativamente novos objetos, propriedades ou processos.

Distinguimos, assim, dois conceitos ontológicos de emergência: um sincrônico, ou emergência$_1$, e outro diacrônico, ou emergência$_2$. O primeiro coincide com o de *bulk proprierty* [propriedade massiva, substancial] ou qualidade gestáltica, ao passo que o segundo tem a ver com o processo. De fato, uma propriedade massiva (ou emergente$_1$) de um objeto é aquela em que nenhuma parte ou componente do objeto em questão a possui. Por exemplo, a liquidez, ou fluidez, é uma propriedade de grandes coleções de moléculas de água, e o significado é uma propriedade das concatenações de fonemas ou letras. Christian von Ehrenfels introduziu esse conceito em 1890, que se tornou uma palavra de efeito da psicologia gestáltica e a trombeteou contra o associacionismo, segundo o qual toda novidade é de natureza combinatória. Infelizmente, o movimento da Gestalt negou que a emergência$_1$ fosse um conceito analisável: ela se uniu ao intuicionismo.

De outro lado, uma propriedade emergente$_2$ é uma propriedade qualitativamente nova de uma coisa que nenhum de seus percursores a possui.

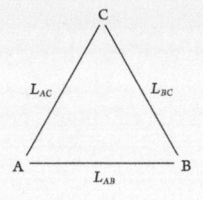

Fig. 5.8: Leis ligando três propriedades: *a, b* e *c.*

Por exemplo, a adaptação é um traço emergente da maioria dos organismos, tanto no fato de ser uma propriedade massiva como no de ter surgido no curso da evolução junto com a síntese das primeiras células, a partir de seus precursores pré-bióticos. O dual, ou o complemento da emergência$_2$, como na especiação, é, por certo, subemergência, como na extinção de espécies. (Para maior precisão ver o capítulo 14)

A figura seguinte ilustra a ideia segundo a qual novas propriedades, longe de surgirem *ex nihilo*, emergem de outras preexistentes. Se uma coisa *a* com propriedades A e B gera uma coisa β com propriedades A, B e C, então a coisa β e a nova propriedade C são emergentes em relação a α, A e B. Além disso, se A e B forem ligados pela lei L_{AB}, então C está relacionada a seus precursores A e B por meio das leis emergentes adicionais L_{AC} e L_{BC} (ver fig. 5.8).

A ideia de que algo radicalmente novo jamais pode surgir tem sido combatida desde que o *Eclesiastes* asseverou que "não há nada de novo sob o Sol." (Para uma história dessa ideia e de sua dual, ver Merton e Barber, 2004) A ideia mais popular acerca de algo novo é que tudo quanto parece ser novo já existiu, na realidade, previamente em uma forma latente: que todas as coisas e todos os fatos são "pregnantes", não importa o que possa surgir deles. Um exemplo primeiro de semelhante neofobia é a concepção de causas como contidas nos seus efeitos, como a fórmula escolástica expressou: "Não há nada no efeito que não tenha estado na causa."

O preformacionismo, a antiga doutrina biológica segundo a qual todos os estágios de um processo morfogênico estão contidos no zigoto, envolve, ainda, outra negação do novo. Seu sucessor contemporâneo é a doutrina de que qualquer forma nova que apareça está contida no "código de instrução" herdado: o genoma seria o destino. A informação genética é, assim, a herdeira do destino teológico e do preformacionismo secular (ver Mahner e Bunge, 1997, p. 280-294). Por outro lado, os químicos modernos têm evitado o preformacionismo. Em particular, nenhum químico especulou se o hidrogênio e o oxigênio estão pregnantes de água, exatamente como nenhuma pessoa sã pretendeu que meninas nasceram "prenhes". sem dúvida, a potencialidade precede o fato, mas este último não está contido no primeiro, porém emerge da conjunção de possibilidade e circunstância.

Não há nenhum mecanismo universal de emergência: como todos os mecanismos são específicos com relação à sua matéria mesma, coisas de diferentes espécies mudam diferentemente. Entretanto, quando próximas de seus pontos críticos, muitas coisas pertencentes a distintas espécies possuem propriedades macrofísicas similares – algo que é referido como *universalidade*. Por exemplo, água e dióxido de carbono comportam-se termodinamicamente do mesmo modo quando suas fases líquidas e gasosas se separam. Ao lado disso, todos os processos evolucionários (ou históricos) compartilham certos traços comuns. Eles envolvem a formação de novas espécies a partir das velhas de acordo com as leis e sob circunstâncias ambientais, algumas das quais favorecem, enquanto outras se opõem à emergência de certas novidades. Em particular, a nutrição pode favorecer ou frustrar a natureza, que, por sua vez, reagirá sobre a primeira.

Embora não haja mecanismo universal para a emergência, pode-se conjecturar, com segurança, que nada emerge *de novo*: que toda coisa nova se desenvolve ou se evolve a partir de coisas preexistentes, de modo que há continuidade ou conservação, juntamente com descontinuidade ou novidade. Em particular, a evolução biológica é qual uma árvore, como Darwin supôs, de modo que organismos complexos de gêneros muito diferentes possuem, em geral, ancestrais comuns mais simples. (O mesmo vale para a evolução social.) Por exemplo, os olhos de todos os organismos modernos, sejam de aranhas ou de gente, descendem de fotorreceptores de animais unicelulares, em vez de terem emergido independentemente. Algo similar vale para os tetrápodes. A chave é a similaridade de certos blocos de genes (estufas agrícolas) e mecanismos genéticos regulatórios (ver Shubin, 2009). Assim, a idiossincrasia, em alguns aspectos, mescla-se à universalidade em outros.

Esses achados e outros relacionados sugerem que pode haver, no fim das contas, leis evolucionárias. Dois possíveis candidatos são os seguintes: 1. meios ambientes similares favorecem a emergência de fenótipos similares (*evolução convergente*); 2. meios ambientes diferentes favorecem na emergência de genótipos diferentes (*evolução divergente*). Essas não são fantasias desbragadas, mas hipóteses experimentalmente testáveis. Por exemplo, R. Craig Maclean e Graham Bell (2003), pesquisando a mesma bactéria em cerca de 1.100 gerações, em diferentes ambientes, encontraram evolução fenotípica convergente junto com conjuntos radicalmente diferentes de mutações benéficas (evolução genotípica divergente).

Em outras palavras, a evolução envolve tanto a conservação e, portanto, a repetição em alguns aspectos, junto com mudança qualitativa (emergência) e, por isso, a singularidade em outros aspectos. Graham Bell (2008) propôs a sugestiva metáfora musical: a evolução envolve alguns temas – os genes principais em que as mutações benéficas podem ocorrer – e incontáveis variações sobre os temas, algumas devidas a mutações, outras a circunstâncias ambientais, e todas elas sujeitas à seleção. E, de quando em vez, as variações se acumulam a ponto de uma nova espécie emergir – ou algumas velhas extinguirem-se. A emergência (especiação) e sua dual submergência (extinção) constituem a trama principal da evolução: os pormenores são comentários e notas de rodapé.

Além disso, a evolução começa no nível molecular. Por exemplo, experimentos recentes mostraram que, como resultado de mutações, certas proteínas adquirem novas funções de uma maneira irreversível (ver Bridgham et al.,2009). Esse e outros achados justificam a ênfase de Gould (2002) na singularidade e na contingência (circunstância) históricas. A evolução é irreversível (lei de Dollo) porque cada uma de suas fases é construída sobre suas predecessoras. Um engenheiro de sistemas poderia formular a questão do seguinte modo: se um traço importante de um sistema muda, então outros traços dele devem também alterar para que o sistema se mantenha funcionando. Se não o fizerem, o sistema rebenta.

A irreversibilidade vale não somente para moléculas complexas, organismos e sociedades, como também para materiais com memória. Por exemplo, os imãs "lembram" magnetizações prévias, como espadas "lembram" o processo de têmpera do metal. Em todos esses casos, a exata reversibilidade (ou recuperação de todos os traços ancestrais) é impossível. O velho mito da eterna recorrência, popularizado por Nietzsche, é apenas isto: um mito.

Enquanto alguns pensadores enfatizaram a lei e a uniformidade, outros acentuaram a circunstância (ou contingência). Entretanto, aqui não há oposição: alguém pode assumir que circunstâncias presentes (ou condições iniciais e restrições) são não mais do que o estado final de um processo prévio que segue diferentes leis. Assim, se uma semente carregada por uma corrente de vento cair sobre um solo fértil e germinar, ou sobre uma pedra e ser comida por um pássaro, isso depende não só das leis da termodinâmica, mas também da distribuição do solo, rochas e pássaros na referida região. E não há nenhum acaso no tocante a tais distribuições: elas envolvem acidentes, mas não chance ou aleatoriedade no sentido técnico (estatístico) de desordem.

Para concluir esta seção, noto que os conceitos de emergência analisados acima são apenas tenuemente relacionados ao de superveniência, isto é, àquilo que vem depois, familiar aos filósofos. Essa ideia foi introduzida por G.E. Moore, o filósofo da famosa "falácia naturalista", quando argumentando contra a possibilidade de definir conceitos axiológicos, como "bom" e "belo", em termos de conceitos da ciência natural, tais como os de simetria e eficácia. Jaegwon Kim (1993) tentou elucidar o conceito de superveniência. Em minha opinião, ele falhou no seu intento de alcançar essa valiosa meta por ter lidado com propriedades apartadas em si próprias de seus portadores, e adotou um ponto de vista estático que omite o fato de que toda emergência ocorre no curso de um processo. Em resumo, Kim, desavisadamente, adotou a doutrina das formas de Platão. Além disso, identificou propriedades com suas conceituações, ou seja, predicados. Na verdade, ele postulou que o conjunto de todas as propriedades constitui uma álgebra booleana. Mas essa assunção tem as absurdas consequências de que para cada propriedade há uma propriedade negativa, e que para quaisquer duas propriedades há tanto uma propriedade disjuntiva quanto uma propriedade conjuntiva. Assim, uma coisa poderia possuir traços que lhe faltam: poderia ter as propriedades de não possuir um *spin*, de ser um peixe ou um contabilista (inclusive "ou"), e de ser, ao mesmo tempo, um elefante e uma luz. A familiaridade com as ideias de cientistas sobre as propriedades e sua emergência poderia ter evitado tais equívocos (ver mais em Bunge, 1977a, 2003a; Mahner e Bunge, 1997).

Níveis

Outro conceito-chave de nossa ontologia é o de nível ou, mais precisamente, nível estrutural, organizacional ou integrativo – em contraste ao nível de análise (ver, e.g., Bunge, 1959b; 1960a; Needham, 1943; Novikoff, 1945; Simon, 1962). Um nível estrutural é um conjunto de objetos, cada um dos quais possuindo propriedades peculiares a eles – tais como, e.g., ser apto a metabolizar ou a formar sistemas sociais. Entretanto essa definição é defeituosa porque ela é grosseiramente a mesma da de uma espécie de coisas, tais como uma espécie química ou biológica. Em ambos os casos o conceito em questão é definido por um sistema de propriedades, isto é, um conjunto de propriedades inter-relacionadas. Concentremos nossos esforços para uma maior precisão.

Para caracterizar de modo único a noção de um nível de realidade precisamos também caracterizar a relação entre dois níveis adjacentes. Estipulamos que o nível L_{n-1} *precede* o nível L_n se todo objeto em L_n for composto de objetos de L_{n-1}. Assim, a relação parte-todo define a relação de precedência de nível. Colocamos que o conjunto de todos os níveis é ordenado pela relação de nível de precedência. Isso pode ser denominado

$\uparrow$ *Emergência*

Artificial
Social
Pensar
Viver
Química
Física

Fig. 5.9: Uma escada de níveis: *Matter genera*. O leitor é convidado a propor a divisão de cada nível em subníveis.

de *escada de níveis* ou, se preferirmos, *de grande cadeia do ser* – uma antiga grande ideia (Lovejoy, 1953).

A escada de níveis não deveria ser comparada com as cascas de uma cebola, e isso por três razões. Primeiro, porque as cascas de uma cebola são todas qualitativamente semelhantes, ao passo que utilizar o conceito de nível é interessante para marcar distinções qualitativas. Segundo, enquanto as cascas de cebola e outras camadas são reais, os níveis estruturais são conjuntivos e, portanto, objetos conceituais: eles não são reais de modo independente, embora alimentemos a esperança de que sejam realistas. (Observe que, enquanto "real" é uma categoria ontológica, "realista", ou "verdade", é uma categoria semântica e epistemológica. Por exemplo, todas as teorias são irreais, visto que carecem de existência independente, mas algumas são mais realistas, i.e., mais verdadeiras que outras.) Nossos níveis diferem, então, das camadas de Nicolai Hartmann (1949).

As escadas de níveis são, também, denominadas "hierarquias", o que é correto na medida em que essa palavra não seja entendida no sentido tradicional, isto é, que envolva uma relação de poder ou dominância, como nas organizações formais e nas hierarquias celestiais, imaginadas por Plotino, por Dioniso, o pseudoareopagita, e por Dante – para não mencionar incontáveis filósofos modernos. Pertencer a um degrau de uma escada de níveis naturais não confere valor ou poder a membros de outro degrau, seja este mais alto ou mais baixo, pois a dependência pode ser recíproca. Por exemplo, a sobrevivência depende da água; mas, por seu turno, a capacidade de explorar o ambiente facilita o acesso à água.

Propomos a escada de níveis mostrada na fig. 5.9, entretanto, cada um dos níveis indicados pode ser dividido em vários subníveis; na realidade, já distinguimos dois níveis físicos: os dos *classões* e os dos *quantões*. Os químicos traçam uma linha entre moléculas pequenas e macromoléculas com os polímeros; os biólogos, entre organismos unicelulares e multicelulares; e os cientistas sociais, entre o microssocial, o mesossocial e o macrossocial.

$\downarrow$ *Redução*

Tecnologia
Ciência Social
Psicologia
Biologia
Química
Física

Fig. 5.10: A escada de níveis epistêmicos. Atenção: não se pretende que a redução indicada tenha sido realizada.

O conceito de um nível permite-nos aprimorar o de emergência, assim denominado. Em vez de dizer que a propriedade P é um emergente deveríamos dizer que P emerge do nível L_n, o que sugere que P não era possuído por qualquer entidade de nível precedente L_{n-1}. Por exemplo, presumivelmente a propriedade de ser valioso emergiu junto com o nível vida; e o de atuar com deliberação emergiu junto com o nível composto de animais dotados de córtex pré-frontal – *grosso modo*, mamíferos e pássaros. Repare no círculo virtuoso: o conceito de emergência define o de nível, que, por sua vez, aprimora o conceito de emergência.

Parceiro Epistemológico

Os níveis examinados na seção anterior são ônticos, não epistêmicos: seus constituintes são coisas materiais, não ideias. A contraparte epistêmica da escada ôntica, fig. 5.9, é apresentada na fig. 5.10.

Enquanto os níveis ônticos são ordenados pela relação ôntica de precedência, os níveis epistêmicos são ordenados pela relação de redutibilidade, como quando os físicos explicam imãs em termos do *spin* e o magnetismo associado de seus átomos constituintes, e os cientistas sociais defendem que todos os fatos sociais emergem de ações individuais.

A tese do reducionismo radical é que todos os constructos de alto nível são dedutíveis (redutíveis aos) daqueles de nível mais baixo, de modo que tudo das ciências factuais será derivável da física. O caso mais famoso de redução é o da termodinâmica, a qual, sem dúvida, é dedutível das leis que são satisfeitas pelos componentes microfísicos dos sistemas termodinâmicos. Mas não há muitos exemplos como esse, nem mesmo dentro da física (ver Bunge, 1973a). O êxito limitado do programa reducionista está radicado em duas feições do mundo real. Uma delas é que a emergência e o nível estrutural da realidade acompanhante são penetrantes (Bunge, 2003a).

A segunda característica que limita a exequibilidade da redução é que, embora totalidades emerjam de seus constituintes, uma vez que estejam no lugar compelem a última (ver, supra, fig. 5.1). Por exemplo, a forte ligação entre as moléculas de um corpo aquoso, mostrado na fig. 5.5, explica o relativamente alto ponto de ebulição desse líquido: uma propriedade de um nível físico é aqui explicada em termos químicos. Segundo exemplo: há meio século, Ronald Melzack descobriu que cães criados em isolamento são insensíveis a estímulos que causam dor em cães normais: a dor (como o amor e a vergonha) seria, em grande parte, aprendida. Ou tome o caso familiar de uma pessoa que é um tirano em casa e um escravo no trabalho: sua personalidade muda com o ambiente. Mais uma vez a macroeconomia obriga e as circunstâncias explicam algo do que faz uma firma comercial (uma coisa microeconômica). Em suma, enquanto em alguns casos o nosso conhecimento de coisas em L_n é derivável de pedaços de conhecimentos relativos a L_{n-1}, em outros casos o inverso é o caso. Em resumo, os níveis epistêmicos não são isomórficos aos níveis do ser – o que basta para arruinar a teoria reflexiva do conhecimento (Bunge, 1959b).

As diferenças observadas entre os níveis mais altos e mais baixos não deveriam nos levar a uma tese holística e idealista, segundo a qual o mais alto nada deve ao mais baixo. E, no entanto, todos os idealistas sustentam que o espírito ou a mente (o sucessor secular da alma dos teólogos) está livre dos constrangimentos materiais; em particular, dos biológicos e econômicos. Kant, os neokantianos, os hermeneutas, os intuicionistas, os fenomenólogos e os existencialistas pretenderam que suas teses ontológicas, segundo as quais o espiritual é caminho superior ao material, implica o princípio metodológico de que o estudo do espírito e de suas obras demanda um método próprio como a intuição ou a "interpretação" (*Verstehen*), que nada deve ao método científico. Em suma, os dualistas ontológicos de todas as faixas estão casados com o dualismo metodológico.

À primeira vista, a doutrina dos níveis proporciona ajuda e conforto ao partido dualista, uma vez que eles também parecem violar o monismo, ou o princípio da continuidade sustentado por todos os naturalistas e pela maioria dos materialistas. A doutrina dos níveis parece conflitar, também, com o realismo científico que é cientificista, na medida em que afirma a validade universal do método científico. Mas aqui, como algures, as aparências podem enganar. Na verdade, a doutrina dos níveis é compatível com o monismo de substância, mas não com o monismo de propriedade: de fato, o monismo de substância pode ser combinado com o pluralismo de propriedade. Lembremos os significados desses termos.

Assim, os materialistas emergentistas concordam com Spinoza (uma substância, propriedades infinitamente numerosas), enquanto discordam de Descartes (duas substâncias, cada qual com uma propriedade singular – extensão no caso da matéria, e pensamento no da mente). Quanto ao método, a doutrina dos níveis apenas confirma a difundida opinião na comunidade científica, segundo a qual enquanto o *método* geral é o mesmo através de todos os campos da investigação séria, cada nível exige seu conjunto distintivo de *técnicas* especiais. Eis por que a contemplação mística do umbigo, o "método" dialético de Hegel, o entendimento simpático de Dilthey, a intuição global e súbita de Bergson e a intuição das essências, nunca produziram quaisquer novas verdades. Essas alternativas ao método científico são estéreis, porque estão olhando para dentro, e são dogmáticas, porque rejeitam a ciência, mas aceitam pressentimentos sem conferi-los. Essa falha justifica o *slogan* cientificista: "Go scientific or bust" (seja mais cientista ou desista).

Observações Concludentes

A realidade se apresenta em camadas mais do que em superfícies planas, porque as coisas tendem a reunir-se em sistemas, e cada sistema tem propriedades (emergentes) que seus componentes carecem. Consequentemente, o materialismo, para estar em consonância com a ciência, deve ser ao mesmo tempo sistêmico (mais do que individualista) e emergentista (mais do que fisicalista). Se essa injunção for tomada seriamente, o naturalismo será visto como insuficiente. Entretanto, o naturalismo é uma cosmovisão tão importante que merece um capítulo próprio – o próximo.

6.
NATURALISMO

s coisas podem ser divididas em naturais e não naturais. As naturais, por sua vez, podem existir ou na natureza ou na sociedade; as não naturais podem ser artificiais, como os livros, ou sobrenaturais, como deuses. O naturalismo é a concepção filosófica apresentada primeiramente por Tales de Mileto, segundo o qual o universo e a natureza são a mesma coisa, de modo que não há nada de sobrenatural e nada de irredutivelmente social. Por exemplo, de acordo com Aristóteles "é evidente que o Estado é uma criação da natureza, e que o homem é por natureza um animal político" (Aristóteles, 1941, p. 1253a).

Podemos distinguir duas espécies de naturalismo: o ingênuo e o sofisticado. O naturalismo ingênuo sustenta que toda coisa desejável "vem naturalmente", ou seja, é parte da natureza humana, inata, ou conectado ao cérebro. Assim, tanto o egoísmo e a agressividade – ou então a probidade – estariam em nossos genes, como a racionalidade e a ciência seriam apenas extensões do senso comum. Ademais, tudo que é natural seria superior a qualquer coisa que é artificial – daí a preferência pela medicação "natural" (charlatanismo) e a aversão aos organismos geneticamente modificados. Os *slogans* românticos "voltar à natureza" e "sentimentos superam a razão" são exemplos de naturalismo ingênuo. Mas também é, do mesmo modo, o animismo, o precursor da religião, que postula que todas as coisas têm "alma".

Embora o próprio naturalismo ingênuo possa "vir naturalmente", ele é falso e autodestrutivo. Falso porque a artificialidade é conhecida por ser tão inconfundivelmente humana como a versatilidade; mesmo os mais primitivos caçadores-coletores fazem ou usam ferramentas de vários tipos, inventam convenções sociais e organizam-se em sistemas sociais – sendo tudo isso inteiramente não natural, visto que são construídos e finalmente reformados ou desmantelados. E o naturalismo ingênuo é, também, autodestruidor, porque pode ser utilizado para justificar a lei do país, a religião e outras construções sociais: lembre-se do argumento segundo o qual a escravidão, ou então o capitalismo, é a ordem social natural.

O naturalismo sofisticado é algo diferente: é apenas um lembrete de que, apesar de toda sofisticação, os seres humanos são animais, e, consequentemente, devem atender às suas necessidades biológicas e ancorar as diferentes ciências humanas na biologia. Naturalistas sofisticados exigem, em particular, que a ciência social, a ética, e a epistemologia sejam "naturalizadas". Por sua vez, o naturalismo sofisticado se apresenta em três variedades principais: humanista (como o de Spinoza), vitalista (como o de Nietzsche), pragmatista (como o de Peirce, James, Dewey e Hugo Dingler). Vamos dar uma espiada neles.

Spinoza era um naturalista humanista, na medida em que ele defendia ao mesmo tempo a identidade entre realidade e natureza, a ulterior identidade de natureza e Deus, e a sacralidade de nossos semelhantes, seres humanos. Kant retomou esta última posição como a norma de que todas as pessoas deveriam ser consideradas e tratadas como fins, mais do que como ferramentas – um princípio que, se tomado a sério, seria visto como avalizando o igualitarismo.

O vitalismo é a doutrina segundo a qual todas as nossas ideias e ações devem servir à sobrevivência do indivíduo, ao passo que o pragmatismo está orientado para a ação. Conquanto diferentes, vitalismo e pragmatismo estão antes próximos um do outro. Assim, Goethe, o grande poeta romântico e naturalista amador, declarou em sua obra-prima, *Fausto*, que "a verde árvore da vida" é muito superior à "cinzenta teoria" e que "no princípio era a ação" e não a palavra.

As versões pragmatista e vitalista do naturalismo são cabalmente diferentes do naturalismo de Spinoza: elas são antropocêntricas e bastante egocêntricas. Enquanto Spinoza escrevia sempre em terceira pessoa, os vitalistas e os pragmáticos estão centralmente interessados no que lhes convêm crer e fazer. De outro modo, os pragmatistas são muito diferentes dos vitalistas. Enquanto os vitalistas rejeitam a razão e a ciência por completo, os pragmatistas não querem saber da investigação desinteressada: eles querem fazer pleno uso da ciência e da tecnologia para melhorar a condição humana. Isso explica a bem conhecida conexão entre vitalismo e fascismo (por meio da doutrina Sangue e Terra); mas também explica a conexão democracia-pragmatismo. Um problema maior com o pragmatismo é que, ao sustentar que a investigação desinteressada é perda de tempo, ele subestima as humanidades e negligencia, ou até descarta, a pesquisa básica desinteressada, a qual não somente enriquece nossas vidas como é fonte primeira da tecnologia.

Um recente exemplo de pragmatismo é a relutante política científica em financiar a pesquisa básica. Um exemplo relacionado é a alegação de que toda a pesquisa é conduzida por motivos utilitários, de tal modo que se deveria falar acerca da "tecnociência" mais do que da ciência e tecnologia como empenhos distintos, embora entrelaçados. Logo, dedicar-se à cosmologia, à biologia evolucionária, à história e à filosofia seria perda de tempo. Todavia, retornemos ao naturalismo em geral.

O naturalismo sofisticado promove a exploração científica da natureza, mas negligencia a matemática e tenta enfiar à força a indagação social na causa naturalista – como testemunha a sociobiologia humana e seu fruto, a psicologia evolucionária. Apresso-me a notar que o naturalismo é limitado, não porque exclua o cultural, o que ele não faz, mas porque nega sua especificidade e irredutibilidade. Em suma, o naturalismo promove a indagação, mas apenas até certo ponto.

E o naturalismo desencoraja a pesquisa quando mesclado ao ceticismo radical, como no caso de Sexto Empírico, Hume e o "naturalismo transcendental" ou "misterianismo". De acordo com este último ponto de vista, a "[r]ealidade, ela própria é, em toda parte, chapadamente natural". Mas a "[n]ossa arquitetura epistêmica obstrui o conhecimento da natureza real do mundo objetivo" (McGinn, 1993, p. 2). Como podem seres epistemicamente desafiados conhecer ou saber que o universo é tanto "chapadamente natural" quanto basicamente incognoscível? Mistério. E como podem cientistas compreender quando chegaram ao fim do caminho? Outro mistério. E, assim, aquilo que os cientistas consideram como sendo as mais audaciosas e mais compensadoras das explorações resulta ser apenas a versão secular de uma missa cristã.

Quer grosseiro ou refinado, o naturalismo se opõe ao espiritualismo em todas as suas formas, desde a religião até a filosofia idealista e os estudos sociais que subestimam ou mesmo omitem a assim chamada base material da existência humana. A teoria econômica padrão é um caso destes, pois toma por postulado, como Adam Smith fez em sua obra fundamental de 1776, que unicamente o trabalho é a fonte do valor, em particular, da riqueza. Ao destronar, assim, a natureza, essa teoria perdoa as práticas industriais que vêm destruindo todos os recursos naturais nos últimos dois séculos. A dicotomia natureza/cultura, e o correspondente cisma da ciência entre o natural e o social, ainda é um problema filosófico e prático em aberto.

Daí o plano deste capítulo: uma rápida revisão do espiritualismo seguida de um relance de olhar sobre as realizações do naturalismo, terminando com a sugestão de que o materialismo científico inclui tudo o que é valioso no naturalismo, embora transcendendo suas limitações.

Espiritualismo

As cosmovisões tradicionais eram espiritualistas, na medida em que giravam em torno de seres imaginários: elas tentavam compreender os fatos em termos de ficções, e o que era reputadamente mais baixo em termos do alegadamente mais alto. Lembre-se dos seguintes exemplos notáveis: Platão pretendia que as coisas concretas não são mais do que sombras de ideias (ou "formas", ou universais). João, o Evangelista, pensava que "no início era o Verbo, e o Verbo estava com Deus, e o Verbo era Deus" (João 1, 1); Aristóteles sustentava que Deus era o primeiro motor, ou a primeira causa de todas as mudanças; e Hegel, que o imã é a materialização do argumento (*Schluss*).

Cada escola filosófica ou religião é caracterizada pela posição que toma com respeito à natureza da realidade e seu conhecimento. Assim, os positivistas lógicos prescreveram que deveríamos sempre empregar o "modo formal", mais do que o "modo material": precisamos dizer "a palavra x significa y" e não "x é y", ou "x faz y"; Heidegger sustentou que "a palavra é a casa do ser", o que Jacques Derrida traduziu como "não há nada fora do texto", e Charles Taylor famosamente escreveu que os fatos sociais "são textos ou semelhantes a textos". Todas as religiões têm pretendido explicar o terreno em termos ultraterrenos. E as filosofias dominantes da história asseveram que a sociedade é movida quer por mentes individuais, quer pelo "Espírito do Mundo". Assim, o manifesto inicial da Unesco declara que "[g]uerras são feitas nas mentes dos homens". Em resumo, de acordo com o pensamento mágico, "o mais alto" prevalece sobre o "mais baixo", tanto no tempo quanto no poder, portanto, no poder explanatório também. A teologia explicaria a metafísica, que por sua vez explicaria a física. Igualmente, a filosofia explicaria a psicologia, que por sua vez explicaria a ciência social.

Por contraste, o pensamento científico toma como dado a existência real do mundo externo: ela é realista ou objetivista. E as sociologias da ciência, da tecnologia e da religião tentam explicar em termos sociais a emergência e a sorte de seus objetos. Ademais, as cosmovisões orientadas para a ciência estão livres das almas desencarnadas, dos espíritos do mundo e de outras ficções: elas são também tacitamente naturalistas ou materialistas em algum sentido – sem, todavia, negar necessariamente a existência e o poder do mental.

Os naturalistas e os materialistas tampouco rejeitam a espiritualidade, embora eles a redefinam. Na verdade, enquanto nas culturas tradicionais a espiritualidade era identificada com a religiosidade, nas culturas modernas a espiritualidade consiste em cultivar as ciências básicas, as humanidades e as artes. Isso inclui aprender teoremas, ler filosofia, história ou poesia, admirar a Notre Dame ou a Sydney Opera House, e ficar embevecido com Beethoven.

Naturalismo

O naturalismo é uma cosmovisão segundo a qual todos os existentes são naturais e nenhum deles é espiritual ou sobrenatural. Numa formulação negativa: não há nada fora da natureza (ver, e.g., Bechtel, 2008; Kanitscheider, 2006, 2007; Krikorian, 1944; Papineau, 1993; Ryder, 1994; Sellars, 1969; Shimony, 1993; Vollmer, 1986). Muitos materialistas chamam a si próprios de "naturalistas"; alguns para evitar que sejam confundidos com vorazes caçadores de bens materiais, e outros para escapar da acusação de serem "materialistas grosseiros", ou pior, de praticarem um "marxismo frouxo". Portanto, o naturalismo é, amiúde, apenas um materialismo tímido, tal como muitos agnósticos são ateístas envergonhados. Mas, com a mesma frequência, o naturalismo é uma forma de coisa alguma-exceto-um-ismo ou um reducionismo radical. Essa concepção focaliza os mecanismos básicos das coisas sem considerar sua estrutura e seu *modus operandi* ou mecanismo; ou, quando propõe mecanismos, nega que eles obedeçam a leis – uma visão que convida a milagres.

O naturalismo é particularmente óbvio no caso do fisicalismo e do geneticismo – de acordo com o qual o genoma é destino –, e da sociobiologia, que sustenta que tudo é social e, *no fundo*, biológico. Isso também é claro no caso dos fisiocratas: os economistas que defendiam que toda riqueza provém da terra (mais do que do trabalho ou do comércio), e que há uma ordem social natural, que deveria ser objeto de respeito e não da interferência dos governos. É discutível se a escola da Lei Natural é outra instância do naturalismo, porque foi proposta e mantida não apenas pelos antigos estoicos, que eram naturalistas radicais, mas, também, por teólogos como Tomás de Aquino. E Jeremy Bentham criticou a Lei Natural, mas tentou explicar todas as condutas humanas em termos de prazer e dor.

Os termos "natural" e "naturalismo" "vêm naturalmente" em todos os campos, mas eles são ambíguos, de modo que o seu emprego dá origem a equívocos. Por exemplo, a neofobia, o não gostar de qualquer coisa não familiar, vem naturalmente porque a maior parte das novidades, não tendo sido projetada por nós e para nós, provavelmente nos serão danosas, ou nos exigirão esforços extras ou até sacrifício. Em resumo, o conservantismo "parece" natural. Mas sentimo-nos, também, naturalmente interessados e desejosos por melhorar nossa condição, particularmente quando ela é insatisfatória, como normalmente (naturalmente) é o caso da vasta maioria das pessoas. Assim, a neofilia, a curiosidade e o reformismo concomitante parecem tão "naturais" quanto a neofobia e o conservantismo que ela inspira. A questão "natural" (óbvia) é se o equilíbrio "natural" (razoável) entre os dois opostos é viável e desejável. Tente essa injunção: preserve o que quer que seja (objetivamente, naturalmente) bom (benefício para muitos), e altere o que não for. Em todo caso, o "natural" é uma ferramenta tão ambígua e potente como o "útil", o "nobre", o "belo" e deve, por isso, ser manipulada com cuidado.

Para o naturalismo, ele representa doutrinas um tanto diversas, embora relacionadas na filosofia da religião, na teoria do valor, na ética, na ontologia, na lógica, na epistemologia e na filosofia das ciências sociais. Recordemos, brevemente, desses diferentes significados, a fim de esclarecer algumas recentes controvérsias filosóficas.

Em relação à religião, o "naturalismo" envolve, em geral, a rejeição do supernaturalismo. Os antigos estoicos gregos, Spinoza e Einstein podem ser considerados como naturalistas religiosos, por terem identificado Deus com a natureza. Mas os religionistas – sejam judeus, católicos, luteranos ou calvinistas – nunca foram enganados por essa tática: cheiravam nela um ateísmo disfarçado. A suspeita deles era justificada, pois, se todo existente é natural, então nada é sobrenatural. Isto é, para o naturalista não há Deus na acepção comum da palavra, que é a do ser caracterizado por propriedades sobrenaturais como imaterialidade, onipotência e onisciência. Logo a equação de Spinoza "Deus = Natureza" é contraditória em si e deve ser vista como um subterfúgio. Afinal de contas, o mote de Spinoza era *Caute*, i.e., "seja prudente". Em consequência, a caracterização vulgar de Spinoza como panteísta é incorreta: ele era um ateu secreto, porque era um naturalista. O mesmo vale para Einstein, que declarou, certa vez, que sua religião era a de Spinoza – isto é, nenhuma.

Em outros tempos, o "naturalismo" representou a tentativa de derivar as crenças religiosas da razão pura mais do que da revelação ("religião natural"). Em outros casos ainda, ele caracterizou a busca e a interpretação das pegadas alegadamente deixadas por Deus ao criar o mundo ("teologia natural"). A doutrina do "projeto (*design*) inteligente", preferida pela maioria dos republicanos contemporâneos nos Estados Unidos, é a última tentativa nessa direção. Entretanto, limitemos nossa discussão ao naturalismo filosófico.

Certo número de componentes, ou ramos do naturalismo filosófico, deve ser distinguido (ver, e.g., Koppelberg, 1999; Mahner, 2007a). Esforcemo-nos e, em breves linhas, analisemos as seguintes variedades, começando pela raiz.

No "naturalismo metafísico", o universo e a natureza coincidem, de modo que o sobrenatural é apenas uma ficção. Essa ontologia aparece em duas forças: a radical e a moderada. O naturalismo radical denega a existência do mental ou espiritual e, *a fortiori*, o da consciência e do livre-arbítrio, daí por que é, amiúde, denominado "eliminativo". Por exemplo, o eminente neurocientista Rodolfo Llinás (2001, p. 128) pretendeu que o *self* é um constructo que "existe somente como uma entidade calculada", ou seja, "um complicado autovetor (*eigen, self* vetor)" – mas ele não desvendou o correspondente operador ou matriz, em consequência do que sua assertiva é enigmática. De todo modo, o leitor poderá opor, provavelmente, reservas à pretensão de que se trata apenas de um objeto matemático e, como tal, incapaz de fazer algo por sua própria e livre vontade.

Muitos naturalistas eliminativistas consideram o cérebro basicamente como um computador e, como tal, despido de curiosidade desinteressada, de autoconhecimento (consciência), de iniciativa e de livre-arbítrio (ver, e.g., Churchland e Sejnowski, 1993; Churchland, 1984). Consequentemente, eles não explicam a criatividade – a capacidade de alcançar ideias radicalmente novas. Os naturalistas moderados, por outro lado, admitem mentes criativas. E alguns deles – em particular Donald Hebb (1980), o pai da neurociência cognitiva contemporânea – até reconheceram o livre-arbítrio. Mas, ao contrário dos materialistas científicos, os naturalistas de ambas as variedades tendem a subestimar a influência do contexto social e, por consequência, ignoram a psicologia do desenvolvimento e a social, que dão conta das diferenças entre capacidades cognitivas de modernos e primitivos (ver Mithen, 1996), e entre as do educado e as do deseducado (ver Vygotsky, 1978), bem como entre gêmeos idênticos que foram criados separados.

Incidentalmente, a hipótese do livre-arbítrio principiou como uma fantasia teológica que era um meio conveniente para culpar os seres humanos por aquilo que pudesse ser tomado como perversidade de Deus. (Foi assim que santo Agostinho usou o livre-arbítrio para combater o maniqueísmo.) Moralmente, porém, castigo justificado pressupõe autoconsciência, a capacidade de dizer o que é errado a partir do certo, e o livre-arbítrio. Daí por que, em nações avançadas, animais não humanos, crianças e deficientes mentais, e, nos anos mais recentes, também vítimas de lesões no lobo frontal, são excetuados dos rigores da lei criminal. Do que eu sei, naturalistas eliminativistas nunca enfrentaram esse problema. Assim, não se sabe se eles devem sustentar que ninguém deve ser inculpado por seus crimes, ou que não há circunstâncias atenuantes, em ambos os casos porque a consciência e o livre-arbítrio são ilusórios.

O "naturalismo lógico" aparece em duas versões: a forte e a fraca. A primeira afirma que a lógica é ontologia geral: que ela contém as leis mais gerais de todos os objetos, reais e imaginários – razão pela qual o matemático Ferdinand Gonseth (1937) chamou a lógica de "a física do objeto arbitrário". Essa concepção, sugerida primeiro por Aristóteles, é falsa, pois as leis da ciência são especificamente materiais, enquanto a lógica é um assunto neutro (ver Nagel, 1956). O que é verdade é que a lógica se *refere* a qualquer coisa, ainda que ela não descreva nada que seja extralógico em particular (ver Bunge, 1974b). Sem dúvida, os predicados na lógica predicativa, tal como os conjuntos na teoria dos conjuntos, e as funções na análise funcional, são arbitrários, daí por que a lógica se refere a qualquer coisa – o que, por sua vez, a torna eminentemente portátil através de campos de pesquisa. Mas a lógica formal não contém o conceito de mudança, que define o de matéria (lembre-se do capítulo 4). Presumivelmente, é por isso que Hegel (1926 [1812]) pensava que a lógica formal era subjetiva, ao passo que sua própria "lógica" (metafísica) gira em torno da noção do vir a ser.

A versão fraca do naturalismo lógico sustenta, de acordo com George Boole, que as leis da lógica são leis do pensamento e, como tais, leis psicológicas (ou neurocientíficas). John Dewey (1938) foi talvez algo mais do que um naturalista lógico: para ele a lógica era um produto biológico e o ápice da evolução. Essa concepção é falsa, como demonstra o fato de que o pensamento mais "natural" (espontâneo, não tutorado) é logicamente inválido (ver, e.g., Johnson-Laird e Wason, 1977). Estas são algumas das falácias mais comuns: a. confundir "alguns" com "tudo" ou "um" com "o"; b. identificar necessidade com necessidade e suficiência, ou "A⇒B" com "A⇔B"; c. concluir A a partir de "se A então B" e "B". As leis da lógica são efetivamente regras e, como tais, artefatos. Ademais, não há uma lógica única: há inúmeras lógicas não clássicas (ver, e.g., Haack, 1996) em adição à lógica padrão ou à clássica.

Muito do mesmo vale para as leis da matemática pura: elas não são naturais ou intuitivas; se fossem, elas não pareceriam misteriosas para a vasta maioria das pessoas. Uns poucos exemplos sustentarão isso. Primeiro, é natural pensar que há tantos números pares quantos são a metade dos números inteiros – mas isso é falso, como Galileu provou há séculos. Segundo, boa parte das pessoas a quem se peça para desenhar um triângulo arbitrário escolherá um triângulo acutângulo, embora haja três vezes mais triângulos obtusângulos do que acutângulos. Terceiro, a maior parte das pessoas não crê na igualdade $0^0 = 1$, embora seja um caso especial da identidade "$x^0 = 1$ para todo x". Em resumo, a matemática não se apresenta como algo natural para a maioria de nós (ver Kanitscheider, 2006, para uma análise e defesa do naturalismo matemático; e Bunge, 2006b, para um comentário).

A discrepância entre matemática e intuição explica por que a lógica e a matemática emergiram há menos de três milênios: elas tiveram de ser inventadas, como o bronze, o dinheiro, a escrita e o estado. Em resumo, o naturalismo lógico é indefensável. Por contraste, o materialismo tem algo a dizer acerca da lógica e da matemática: ou seja, de que tal como arados e poemas, elas são criações humanas mais do que residentes, seja em minas ou no reino grandioso das ideias de Platão.

Quine certa vez propôs o que ele denominou de "realismo matemático", que Putnam adotou em uma de suas muitas fases. Isso soa como naturalismo matemático e, na realidade, é uma espécie de platonismo generalizado, pois estabelece que há objetos matemáticos do mesmo modo que há átomos e estrelas. Ademais, parece óbvio a qualquer pessoa bastante ingênua crer que haja um único conceito de existência, ou seja, aquele descrito com exatidão pelo mal nomeado quantificador "existencial" $\exists$, como no princípio politeísta $\exists x$ (x é um deus)". Mas, do mesmo modo que distinguimos entre objetos abstratos com atributos conceituais e objetos concretos com propriedades não conceituais, devemos distinguir entre existência formal (ou conceitual), de um lado, e existência real (ou natural), de outro.

Se houvesse um único conceito de existência, haveria um único método para provar a existência de qualquer coisa. Mas, considerando que a existência formal deve ser ou postulada ou provada de um modo estritamente formal, a existência material ou real é um dado. Além disso, ela deve ser justificada por testes empíricos: pela comprovação de que, de fato, a coisa cuja existência fora assumida pode ser "chutada" e "chutada" de volta. Isso é assim porque coisas materiais, diferente de objetos abstratos, possuem energia e a capacidade de absorvê-la e liberá-la: elas são mutáveis (lembre-se do capítulo 1).

Como todas as opiniões desgarradas, o realismo matemático é incompleto, vago e arbitrário. Porque não é acompanhado de uma definição exata do conceito de um objeto físico, o realismo matemático não é sequer capaz de distinguir existência material de existência conceitual. Pior ainda, Quine nunca formulou uma ontologia exata e abrangente, esboçando os traços proeminentes das coisas que compõem o seu mundo. É por isso que todas as suas opiniões filosóficas, como as de Wittgenstein, conquistaram popularidade instantânea, porque vieram em pequenas doses e redigidas em palavras chamativas, além de serem extravagantes e, assim, originais no fim das contas.

Uma versão até mais fraca do naturalismo lógico é a seguinte: algumas assunções são mais naturais (familiares, óbvias, verossimilhantes?) do que outras, e alguns métodos de prova (particularmente os de Gentzen e Beth) são mais naturais (mais simples, intuitivos, didáticos?) do que outros. Porém, aqui, de novo, não há consenso sobre o próprio sentido de "natural". E, em qualquer caso, como a lógica formal tem mais de dois milênios de idade, é difícil de ser ensinada, pareceria não natural chamá-la de "natural".

O "naturalismo semântico" afirma que significado e verdade, os dois focos da semântica filosófica, deveriam encontrar sua explicação satisfatória em uma maneira naturalista. Por exemplo, no século XIX, Franz

Brentano (1960) igualou referência – uma componente do significado – com "intencionalidade". De fato, ele defendeu que a peculiaridade dos fenômenos mentais é sua referência a um objeto diferente do dito fenômeno – um claro caso de *obscurum per obscurius*. Searle (2007, p. 6) também fundiu intenção (ou intencionalidade), uma categoria psicológica, com referência (ou acerca do que), uma categoria semântica. O que equivale a pretender que uma única teoria possa cobrir uma *corrida* em duas acepções principais desse termo: competição e grupo étnico.

John Dewey (1958) defendeu que o significado não é um objeto mental, porém uma propriedade de conduta: palavras eliciam disposições para o comportamento manifesto. Quine (1968) adotou esse projeto behaviorista apenas para saltar subitamente para a tese cripto-idealista segundo a qual "não faz sentido dizer o que são os objetos [referentes] de uma teoria sem dizer como interpretar ou reinterpretar essa teoria em outra" (op. cit., p. 202). Embora essa sugestão possa ser útil ao se discutir a redução de número a conjuntos, ou a algum outro tema dos fundamentos da matemática, é completamente inútil descobrir qualquer coisa acerca dos referentes de uma teoria científica, tal como a mecânica quântica. Essa tarefa é realizada pela análise dos postulados da teoria e do modo como a teoria costuma dar conta dos fatos de uma certa espécie.

Por exemplo, nenhuma teoria científica extra é necessária para descobrir que a mecânica trata de corpos: basta notar que todos os predicados específicos ou técnicos nessa teoria representam propriedades de corpos. A "ontologia" (universo do discurso ou classe de referência) é o conjunto de todos os corpos. Qualquer "relatividade [referencial] ontológica [o]" estaria aqui fora de lugar. Porém, confesso que não sei como "interpretar ou reinterpretar" a mecânica em outra teoria – e de qualquer modo Quine não oferece nenhuma deixa. Devido a sua repetida menção ao teorema de Skolem, suspeito que o que ele tinha em mente eram modelos (exemplos) de teorias abstratas, tal como a teoria dos conjuntos. Mas as teorias na ciência factual são totalmente diferentes: seus universos de discurso ou classes de referência são fixados desde o começo por seus postulados, como "$x\,(p, f, t)$ representa a posição da partícula p, relativa ao referencial f, no tempo t". Para entender uma teoria factual a gente procura entrar nela e não sair.

Em um trabalho posterior, Quine (1973) tentou engordar seu anterior endosso à filosofia behaviorista da linguagem de Dewey, e tentou explicar a referência pelo modo como as crianças e estrangeiros aprendem a dominar uma palavra "certificando-se ante a presença de um objeto". Mas aprender como usar uma palavra é irrelevante para descobrir o objeto que a palavra nomeia. Por exemplo, não se aprende economia investigando o modo como uma criança adquire os conceitos de bem, preço, mercado e similares. Além disso, levar em conta o caráter psicológico da referência não pode nos ajudar a descobrir, digamos, se a mecânica quântica se refere ou não a observadores mais do que a coisas físicas. Em suma, o naturalismo não fornece uma teoria do significado, não mais do que pode explicar a origem dos códigos legais – daí por que a expressão "lei natural" é uma contradição em termos.

Há duas espécies de proposição semântica: convenções linguísticas como "seja f o símbolo que designa um sistema de referência arbitrário"; e assunções semânticas, como "a função f representa a propriedade P". Como todas as convenções, a primeira é arbitrária e, portanto, livremente substituível. Em contrapartida, assunções semânticas são testáveis e, portanto, sujeitas a erro e eventual retificação. (Daí por que seus nomes usuais "definição operacional" e "regra de correspondência" estão errados: definições são convencionais e regras são mais ou menos eficientes.) Por exemplo, há hipóteses rivais com relação ao operador que representa corretamente a velocidade de algo quantomecânico (ver Bunge, 2003a). Em qualquer caso, convencional ou hipotética, as estipulações semânticas não crescem em árvores; elas são tão não naturais como os códigos legais. Entretanto, vamos passar agora do significado para a verdade, o outro foco da semântica que está ao lado do significado.

Nietzsche – um notório naturalista da variedade vitalista e pragmatista – encarou a verdade apenas como uma ferramenta na luta pela vida. Ele nunca *definiu* o conceito de verdade, nem propôs *critérios* ou condições de verdade. Pior ainda, Nietzsche exaltou mentiras, em particular a "nobre mentira" de Platão, como sendo uma arma ainda mais poderosa do que a verdade na luta do super homem pela supremacia. Mais do que apenas um naturalista, ele era um brutalista. Daí por que Nietzsche tem sido o herói de um incontável número de reacionários, entre eles Hitler, Heidegger e Leo Strauss.

Entretanto, o fato de a concepção pragmatista de verdade ser falsa, não desqualifica todas as tentativas de naturalizar a "verdade". Com certeza é possível ler o conceito de verdade factual, ou verdade como correspondência, ou adequação do pensamento e fato externo, em termos de um processo cerebral que de algum modo "corresponde a" seu referente (ou *truthmaker* [fator de verdade], como é de moda dizer). É a isso, sem dúvida, o que esse autor se propôs (Bunge, 1983b, p. 119; e o capítulo 15 do presente trabalho).

O "naturalismo epistemológico" sustenta que a cognição é um processo natural e, como tal, o sujeito da pesquisa científica: que o Reino das Ideias de Platão é fictício, e igualmente o é a ideia de conhecimento em si, isto é, sem sujeito cognoscente. A versão forte do naturalismo epistemológico também defende que a epistemologia perdeu sua autonomia:

que ela está sendo substituída pela ciência cognitiva. Mas, visto que o desenvolvimento e a evolução humanos são mais biossociais do que puramente biológicos, é duvidoso que a epistemologia naturalizada, também conhecida como ciência cognitiva, possa solucionar quaisquer problemas importantes sem o auxílio da epistemologia social, também conhecida como neurociência cognitiva social. Isso vale, em particular, para a evolução.

O "naturalismo metodológico" pode ser entendido sob três modos muito diferentes. O que pode ser denominado de naturalismo metodológico *tácito* é a prática comum de remover o sobrenatural e o paranormal do projeto, da construção e da operação com instrumentos de medição. Em outras palavras, isso poderia excluir a possibilidade de eles poderem sofrer a interferência de entidades não naturais, como os espectros, o malicioso duende de Descartes, ou as alegadas competências paranormais, como a telecinesia. Em outros termos, nenhuma entidade espiritual deve interpor-se entre o observador e a coisa observada. A razão é que, se instrumentos de leitura pudessem dar conta por vias não físicas, eles nos informariam mais acerca de compostos coisa-espírito do que sobre coisas "normais" (naturais ou sociais).

Em adição ao naturalismo metodológico tácito, há o que pode ser chamado de naturalismo metodológico fraco, forte e extraforte. A versão *fraca* diz que a filosofia deveria usar métodos e achados nas ciências naturais. O naturalismo metodológico *forte* é idêntico ao cientificismo, ou à tese segundo a qual o método científico é aplicável em todos os campos de pesquisa, entre os quais as ciências sociais. Essa versão do naturalismo, amiúde chamada de cientificista, tem sido defendida pelos positivistas, pelos positivistas lógicos e por Quine entre muitos outros. Em contraposição, Putnam, Davidson, Rorty e outros têm defendido o que pode ser denominado de naturalismo "não-cientístico", o que é pouco mais do que um aceno perfunctório ao naturalismo ontológico (ver De Caro e Macarthur, 2004).

Finalmente, o naturalismo metodológico *extraforte* é o programa que trata de reduzir as ciências sociais às ciências naturais. A sociobiologia de Edward O. Wilson é o paradigma. Esse atrevido projeto estava condenado, desde o início, porque desconsiderava as diferenças entre o artificial ou convencional de um lado, e o natural de outro. O mesmo vale para a sucessora da sociobiologia, a psicologia evolucionária centrada no sexo. Embora seja verdade que o pareamento é natural, a corte e o casamento são construções sociais que variam nas diversas sociedades. A falha da sociobiologia teria sido antecipada, porque a própria expressão "naturalismo social" é um oximoro. Voltaremos ao assunto na seção Biologismo deste capítulo.

Fenomenalismo

É bem conhecido o fato de que os lagartos gostam de aquecer-se ao sol. Mas eles não sabem que devem o aquecimento ao sol, e o calor que sentem, ao seu sistema nervoso. Isso acontece porque, como Lovejoy (1955, p. 401) o formulou, um sujeito cognoscente "terá o poder de imputar alteridade e 'beyondness' [qualidade de estar além] àquilo que percebe, e, assim, não necessita estar cego ao resto do universo". Uma pessoa tem esse poder porque o seu sistema nervoso, ao contrário do de um lagarto, pode pensar, além de estar apto a perceber. Em outros termos, enquanto a cosmovisão do lagarto é necessariamente fenomenalista, portanto centrada no lagarto, uma pessoa pode ser naturalista e objetiva.

O fenomenalismo declara que há somente fenômenos, isto é, aparências para alguém. É a ontologia do empirismo, em particular, do positivismo lógico. Os positivistas lógicos – em particular, os membros do Círculo de Viena – eram os herdeiros de Ernst Mach, que seguiu Comte, que, por sua vez, devia muito ao idealismo subjetivista de Kant, que fora inventado por Berkeley. Em sua primeira *Crítica*, Kant (1787) sustentava que o mundo é uma pilha de fenômenos (aparências), mais do que uma coleção de *noumena* ou coisas existentes em si próprias; que, conquanto todas as coisas existam no espaço e tempo, estas são, por sua vez, formas de intuição, mais do que traços do mundo real, razão pela qual as coisas estão na mente; e que "Deus é mera ideia". Assim, Kant era um tímido naturalista – uma posição que não poderia satisfazer nem aos naturalistas, nem aos idealistas.

O mesmo se aplica a Hume, seu precursor – embora, ao contrário de Kant, Hume tenha concedido existência independente ao mundo externo. Mas Hume negou a possibilidade de se conhecer qualquer outra coisa além dos fenômenos (aparências) – e isso numa época em que os físicos e químicos estavam estudando fatos não fenomenais, como órbitas planetárias, gases imperceptíveis e reações químicas invisíveis. Não é que Hume não tivesse conhecimento dessas novidades: ele as rejeitou, explicitamente, porque contradiziam o fenomenalismo.

Um século mais tarde, Ernst Mach (1914), o grande físico experimental e psicólogo fisiológico, enfeitou o fenomenalismo de Berkeley, Hume e Kant. Ele afirmou, sem ambiguidade, a tese de que os tijolos de construção do universo são sensações. Obviamente, essa pretensão é naturalista, mas, também, é não científica, porque é antropocêntrica. Uma possível raiz dessa pretensão – à parte de sua origem histórica em Berkeley e Hume – é a confusão entre referência e evidência (Bunge, 1967a). Assim, uma peça de evidência empírica para a hipótese de que um pedaço de material é radioativo é ouvir os cliques de um contador Geiger colocado em sua vizinhança. No meu tempo podia-se comprar, por dez centavos, uma minúscula amostra de material radioativo montado sobre uma tela que, podia-se ver, faiscava no escuro. Mas, por certo, ninguém identificava a radioatividade com a percepção de semelhantes rápidas e diminutas centelhas: esta era, justamente, a prova da presença do dito material.

Em suma, o fenomenalismo é ainda bastante popular porque é do senso comum: no fim das contas, ele leva a teoria e o experimento a desvelarem a coisa-em-si subjacente à coisa-para-nós, ou o fenômeno. No entanto, quando Bas van Fraasen (1980) declarou que a meta da ciência é "salvar os fenômenos", muitos filósofos sentiram isso como se fosse uma lufada de ar fresco, quando, na realidade, não era nada senão a velha epistemologia milenar de Ptolomeu. H.G. Wells sentir-se-ia satisfeito em saber que os filósofos podem guiar sua máquina do tempo.

Fisicalismo

O fisicalismo é a tese de que tudo é físico, e de que nada é suprafísico, muito menos sobrenatural. Por exemplo, um naturalista consistente sustentará que bandeiras não são nada exceto pedaços de pano; consequentemente, a pessoa não entenderá por que tanta gente morreu defendendo suas bandeiras. Como todos os *ismos*, o fisicalismo apresenta-se em duas variedades, dura e mole. O fisicalismo duro sustenta que há somente entidades e propriedades físicas, enquanto o fisicalismo mole prescreve que usemos unicamente a linguagem da física e, em particular, que descrevamos tudo em termos espaço-temporal. Assim, o fisicalismo duro é idêntico ao que é comumente chamado de "materialismo crasso (ou vulgar)". Por outro lado, o fisicalismo mole é, amiúde, subjetivismo em disfarce científico, ou seja, fenomenalismo.

Um exemplo de fisicalismo mole é a concepção, adiantada por Otto Neurath (1981), e, em certo momento, compartilhada por Rudolf Carnap – dois dos pilares do Círculo de Viena. Trata-se da tese empirista de que, em última instância, todos os enunciados científicos são redutíveis a "sentenças de protocolo", as quais, por seu turno, são da mesma espécie que "Otto, no lugar x e no tempo y, percebeu z". Coletando todos os enunciados básicos empíricos desse tipo, obtém-se a física mais geral, a ciência unificada ou fisicalismo que é, apenas, "um tecido de leis que expressam conexões espaço-temporais" (Neurath, 1981, I, p. 414). Claramente Neurath, um sociólogo treinado como matemático, não compreendeu que as leis básicas da física, como as equações de Maxwell, não continham qualquer referência a procedimentos de teste, pela mesma razão que Referência ≠ Evidência.

O energetismo é agora uma variedade esquecida do fisicalismo, segundo o qual, tudo, dos corpos aos valores, é feito de energia. Seu criador, o eminente químico-físico Wilhelm Ostwald (1902, p. 373), considerava a matéria "uma aparência secundária que ocorre como a coexistência de certos tipos de energia". E ele pensava que, se a energia não era nem matéria nem ideia, o energetismo era a alternativa tanto para o materialismo como para o idealismo. Ele dedicou seu livro a Ernst Mach, que podia não tê-lo aprovado, porque para Ostwald a energia toma precedência sobre a sensação.

Mas, por certo, não há uma coisa tal como a energia em si: energia é uma propriedade de coisas concretas (materiais), de fato, é sua peculiaridade (ver capítulo 4). E que isso é assim, evidencia-se pela inspeção de qualquer fórmula física que contenha o conceito de energia, como na mais famosa de todas: E (sistema fechado) = constante, e E (corpo de massa m) = mc^2. Se não houver portadores de energia, que são coisas materiais, não há energia.

Finalmente, o fisicalismo forte ou autêntico é a tese segundo a qual todos os existentes são físicos, se não manifestadamente, pelo menos quando analisados em seus últimos constituintes. Por exemplo, o cérebro seria um sistema físico, e o sentir e o pensar seriam processos físicos. O fisicalismo também pode ser entendido como naturalismo radical, no sentido de que afirma que tudo no mundo é natural, e nega que haja diferenças qualitativas entre o físico de um lado e o químico, o biológico, social, semiótico e tecnológico de outro. Compreensivelmente, os físicos são os mais entusiásticos dos fisicalistas.

Todavia, não é fácil ser um filósofo fisicalista consistente. Por exemplo, Papineau (2003, p. 353), um autodenominado fisicalista, concebe um estado mental como a "instanciação de uma propriedade mental". Mas essa locução é duplamente platônica, mais do que materialista. Primeiro, porque sugere que propriedades precedem suas "instâncias" (portadores), enquanto para o materialismo as propriedades vêm com seus portadores. Segundo, porque a frase em questão identifica tacitamente as propriedades possuídas por entidades físicas com os atributos, ou conceitualizações, correspondentes.

Um materialista sofisticado salientará a distinção atributo-propriedade, e isso por duas razões. A primeira é que apenas conceitos e proposições gerais podem ser instanciados (exemplificados). Segundo, porque, embora propriedades naturais sejam traços de objetos naturais – portanto inseparáveis destes últimos –, atributos são componentes de nossas concepções, em particular teorias, sobre eles (ver mais em Bunge, 1977a). Por exemplo, corpos possuem massa, mas essa propriedade é conceituada de modo diferente na mecânica clássica e na mecânica relativística. E, de qualquer modo, para um materialista como para qualquer cientista, todo estado é um possível estado de uma entidade material (ver capítulo 14).

Tem sido afirmado, amiúde, que as propriedades fenomenais, como o enrubescer e a amargura, não podem ser resolvidas em termos físicos. Por exemplo, David Chalmers (1995) assevera que, embora se concorde amplamente que a aparência provenha de uma base física, não temos uma explicação do porquê e como isso surge assim. Essa proposição é verdadeira, mas ela não refuta o naturalismo, pois o fisicalismo é apenas uma versão primeira e mais grosseira do naturalismo. Um naturalista não fisicalista argumentará que os fenômenos ocorrem unicamente em organismos sencientes, quando interagem com seu meio ambiente. Fatos fenomenais, ou experiências, são fatos da vida animal e, portanto, eles demandam biologia, além da física e da química. Sustentar que a ocorrência de fenômenos falsifica o naturalismo ou o materialismo revela a ignorância das muitas variedades do naturalismo e do materialismo. Um materialista emergentista contemporâneo, em particular, é obrigado a saber que a visão, a audição, o olfato e similares são tarefa dos neurocientistas, e não dos físicos.

Biologismo

Examinemos agora uma versão bem mais restrita do naturalismo, ou seja, o biologismo, ou o programa de explicar fatos não biológicos em termos biológicos. O biologismo aparece em duas versões: forte ou radical, e fraca ou moderada. O biologismo forte é a velha concepção animista pela qual tudo no mundo é vivo (ou "animado"). Essa cosmovisão era comum na antiga Índia, e era parcialmente compartilhada por Platão, que no seu *Timeu* sustenta que a Terra é um animal. Entretanto, essa crença particular de Platão não contaminou o restante de suas obras, que eram de ponta a ponta racionalistas. Por contraste, os vitalistas consistentes, como Nietzsche e Bergson, eram irracionalistas, em particular intuicionistas.

O biologismo fraco sustenta que tudo que é humano é entendível em termos puramente biológicos, sem recorrer aos conceitos psicológicos ou sociológicos. Certo número de doutrinas modernas enquadra-se no biologismo: o vitalismo de Nietzsche, o darwinismo social, o culto nazista de raça e de instinto, a sociobiologia humana, a hipótese gaia e a atual psicologia evolucionária. A antropologia filosófica de Ludwig Feuerbach (1845), que influenciou Marx e Engels, pertence à mesma tradição. Seu famoso aforisma "o homem é aquilo que ele come" inspirou o biólogo e filósofo catalão Ramón Turró, que em 1912 defendeu que o que gera conhecimento não é a curiosidade, como pensava Aristóteles, mas a fome – daí o nome "trofologia", o estudo do comer, para sua doutrina. A trofologia está viva e muito bem: Hillard Kaplan e colaboradores (2000) sustentam que a feição distintiva de nossa espécie é a tendência para buscar recursos alimentares caloricamente densos em grande volume e com alta habilidade. Isso é possivelmente verdadeiro, desde que seja complementado pela cooperação e compartilhamento de comida.

Em sua *Genealogia da Moral* (1887), bem como em alguns aforismos colecionados em *Vontade de Potência*, Nietzsche exigia a "naturalização" de todo o conhecimento humano, em particular, o da ética. Ele concebia que a moralidade padrão frustrava os nossos instintos, que ele os desejava livres. Nietzsche rejeitava todas as limitações "não naturais" ao egoísmo, em particular, "a vontade de potência": que o mais forte prevaleça, que valha a "lei da selva". Daí o desdém de Nietzsche pela compaixão e cooperação e seu ódio pela democracia, pelo sindicalismo e pelo socialismo. Não é de surpreender que Nietzsche tenha sido o filósofo pop favorito de Hitler – uma admiração que Hitler partilhava com seu camarada professor Heidegger. É verdade, também, que Nietzsche era admirado pelos anarquistas e outros inconformistas, mas apenas por seu iconoclasmo e ardente panfletarismo.

Nietzsche era radical, superficial, inconsistente e suficientemente vitriólico para conquistar rebeldes semicultos – bem como partidários do capitalismo "selvagem", tais como a filósofa pop Ayn Rand, uma naturalista, realista e veemente advogada do "egoísmo racional". Seu célebre pupilo, o superbanqueiro Alan Greenspan, permanece sendo acusado de ser parcialmente responsável pelo descalabro financeiro de 2008. Ele admitiu que essa crise o pegou de surpresa, porque confiava que o "egoísmo racional" levaria banqueiros e financistas a tomar sábias decisões. Entretanto, sigamos em frente.

A sociobiologia humana é o programa que procura dar conta, em termos biológicos, de tudo que é social, "antecipando, assim, a ciência social", como Alexander Rosenberg (1980) formulou. Esse programa tem exercido forte impacto sobre a ciência social e a cultura popular, e tem sido ambivalente em ambos os casos. Na verdade, a sociobiologia humana insuflou um pouco de biologia nas ciências sociais; justamente por isso, enfraqueceu tanto o sociologismo como o idealismo. O sociologismo envolve a tese, defendida por Karl Marx e Emile Durkheim, segundo a qual o todo social determina a conduta de seus componentes (ação de baixo para cima); correspondentemente, ele também sustenta que a ciência social nada deve à biologia e à psicologia. E a escola idealista nos estudos sociais, advogada por Wilhelm Dilthey, difundida por Heinrich Rickert, defendida, da boca para fora, por Max Weber, e praticada por

Pitirim Sorokim, Alfred Schütz, Clifford Geertz e os etnometodologistas entre outros, sustenta que o cientista social deve focalizar as vidas interiores ou espirituais do povo; de onde os nomes de *ciências morais* e *Geisteswissenschaften* – ciências culturais ou espirituais.

A reação naturalista, tanto ao sociologismo quanto ao idealismo, foi particularmente marcante e bem-sucedida na antropologia pop, como fica evidenciado no *best seller* de Lionel Tiger e Robin Fox (1971), *The Imperial Animal*. Esses pioneiros da sociobiologia humana enfatizaram nossa animalidade e forte sexualidade, nosso egoísmo, competitividade e agressividade. Eles também proclamaram a superioridade do macho, assim como a primazia da força bruta e da dominação sobre o trabalho, a inteligência, a cooperação, o compromisso e a moralidade. De acordo com eles, caçar, lutar pelas fêmeas e fazer sexo sempre foi mais importante do que a sociabilidade. A falta de evidência empírica da arqueologia não inibiu esses fantasistas. Em particular, a ausência de cenas de hostilização nas pinturas realistas das cavernas, que cobriam 25 milênios, nada lhes disse acerca da natureza humana. Hobbes e Nietzsche finalmente conseguiram conquistar os departamentos de ciências sociais.

Ao contrário da maioria de seus colegas, Tiger e Fox adotaram o individualismo ontológico e metodológico: eles focalizaram indivíduos, mais do que sistemas sociais, como famílias, bandos, tribos, empresas comerciais, forças armadas ou igrejas. E eles não estavam interessados na maneira como as pessoas ganhavam a vida e adaptavam o meio às suas necessidades: eles retratavam os homens como obcecados pelo poder, por causa do sexo. Consequentemente, Tiger e Fox não tiveram paciência com a democracia, o feminismo, o bem-estar social ou o pacifismo. Em sua concepção, a natureza humana fora fixada há cerca de cem mil anos, e ela é tão robusta que as reformas sociais estão condenadas a falhar. Do que os homens precisam, sugeriram eles, não é de líderes democráticos, e muito menos de trabalhadores no "setor de melhorias da raça humana", porém de implacáveis guardas de zoológico.

Alguns geneticistas comportamentais e antropólogos moleculares que se seguiram usaram a genética "folk" de Richard Dawkins para experimentar e "naturalizar desigualdades sociais", como Jonathan Marks (2002) o colocou na sua devastadora crítica. A menos inibida dessas críticas foi *The Bell Curve* (1994), o *best seller* do professor Richard Herrnstein e do jornalista Charles Murray. Sua clara mensagem estava em sintonia com a virulenta ideologia neoconservadora do dia: uma vez que a ciência provou que a posição social depende da inteligência, e esta é inata, não há nada que possa ser feito a fim de melhorar a sorte do pobre.

A biologia evolucionária exerceu, desde o início, forte impacto sobre a teoria social e política, tanto na de esquerda como na de direita. Os marxistas viram nela evidência indireta para a concepção de que as instituições são historicamente mutáveis. E os conservadores interpretaram-na como uma confirmação do dogma segundo o qual os indivíduos nascem como pessoas comuns ou de classe alta, ou ainda como racionalmente inferiores ou superiores. O biologismo também inspirou buscas puramente acadêmicas, como a tentativa de explicar a evolução das linguagens por analogia com a evolução biológica, com absoluta negligência dos fatores econômicos e políticos. No entanto, parece óbvio que hoje em dia o inglês não seria a língua de escolha se a Grã-Bretanha e a América tivessem permanecido culturalmente atrasadas, e não houvessem conquistado enormes extensões do planeta. As línguas evolveram, junto com as culturas que as falam. Em particular, prosperaram ou declinaram, em conjunto com as comunidades científicas, tecnológicas, artísticas e humanísticas que elas serviram; e quando as populações migraram, carregaram consigo as palavras junto com seus genes (ver, e.g., Cavalli-Sforza et al., 1994).

Do mesmo modo, a música do rock não dominaria o mercado musical se tivesse emergido na Albânia ou no Nepal, em lugar de na Grã-Bretanha e Estados Unidos, e se não estivesse vinculada aos discos, à guitarra elétrica, às drogas, ao *show-business* e às indústrias de televisão; e se os jovens das nações afluentes tivessem sido mantidos com base nas pequenas heranças que seus ancestrais haviam recebido. Os historiadores da música não podem ignorar que o culto a Wagner atingiu seu pico em conjunto com os impérios coloniais europeus, assim como não podem subestimar o poderoso fator do negócio na ascensão da música comercial, em larga escala, por volta de 1950. Em resumo, os historiadores da cultura têm muito a aprender com os historiadores da vida social, econômica e política, mas nada com os biólogos, exceto que mesmo o mais sofisticado artista precisa comer. Poderiam os biólogos explicar por que Mozart e Schubert morreram pobres, enquanto Elvis Presley e os Beatles acabaram ricos? Eles nunca poderiam sequer explicar por que mercadores da morte e fomentadores de guerras ganham muito mais dinheiro do que bons pais. No fim das contas, a medida do êxito biológico não é a contagem de corpos, porém a aptidão darwiniana (o tamanho da progênie).

Decididamente, mudanças sociais radicais, tais como a emergência da agricultura e do estado, a urbanização, a industrialização, a militarização, a alfabetização, a democratização e a secularização refutam o biologismo, pois tais processos não estão gravados no genoma e não resultam de alterações biológicas. Ao contrário, esses processos causam mudanças na nutrição, no metabolismo, na higiene e nos modos de pensar. Por exemplo, a emergência de cidades favorecerem a propagação e a letalidade de pragas; o declínio da civilização maia foi seguido por um decréscimo na estatura; a "descoberta" e a pilhagem da América acabaram por dizimar as populações indígenas pelo espalhamento de germes ocidentais entre eles; a desigualdade social induz o estresse e as patologias que o acompanham – e assim por diante. Do lado positivo, basta lembrar os benefícios à saúde decorrentes não só do saneamento como da redução da jornada de trabalho, da emancipação feminina e do progresso na legislação social. Em resumo, a organização social tem um forte impacto biológico, daí por que adiantar as ciências biossociais e as tecnologias é muito mais importante e urgente do que tentar reduzir as ciências sociais à biologia (ver Bunge, 2003a, 2009).

Em conclusão, a abordagem zoológica (ou etológica) do social foi inicialmente positiva na medida em que lembrou aos cientistas sociais de que somos animais. Porém, seu impacto negativo foi bem mais forte e nocivo: ela desviou a atenção do especificamente social e foi usada pelo American New Right (Nova Direita Americana) para justificar o ataque ao estado de "bem-estar social" e sua preferência pela agressão militar, em vez de cooperação internacional. Em resumo, o biologismo, a partir de Nietzsche ao nazismo, à sociobiologia humana e à psicologia evolucionária, fracassou como nova base para a ciência social, e acabou como ideologia da direita.

O biologismo está em declínio na academia. A concepção ascendente é a de que somos produtos tanto do genoma como da cultura; e que esses dois "fatores" coevoluíram (ver, e.g., Cavalli-Sforza e Feldman, 1981; Richardson e Boyd, 2005). E isso não poderia ser de outro modo, porque a sociabilidade é uma propriedade essencial dos humanos, e quase tudo que é social é artificial, não natural. Por exemplo, comer é natural, mas comer comida não saudável não o é; sentar é natural, mas sentar muitas horas diante de uma tela não o é. E a combinação de maus hábitos alimentares com sedentarismo causou a atual epidemia de obesidade, diabetes, artrite e doenças cardiovasculares; tudo isso contribuiu para o declínio da fertilidade.

Em resumo, o biologismo está errado porque ignora o fato óbvio de que humanos são, em grande parte, artificiais. Como Merlin Donald (1991, p. 382) escreveu, "o universo darwiniano é exíguo para conter a humanidade. Nós somos de uma ordem diferente". No entanto, o malogro do biologismo é aquele do naturalismo, que é uma versão do materialismo vulgar, e não do materialismo emergentista, uma versão muito mais ampla do materialismo a ser defendida no próximo capítulo.

Os Três Mosqueteiros do Naturalismo

Os escritos dos mecanicistas, ou materialista "vulgares", Ludwig Büchner, Jacob Moleschott e Karl Vogt eram enormemente populares na segunda metade do século XIX. Büchner, um médico, foi de longe o mais original e influente dos três. Seu livro, *Força e Matéria*, de 1885, circulou em várias línguas por toda a Europa, e continuou a ser editado durante meio século. É verdade, a anexação da biologia, psicologia e ciência social permaneceu no estágio programático; mas a cosmologia espiritualista foi gravemente ferida em quase todos os domínios. As zombarias de Friedrich Engels (1954) nada fizeram para desacreditar o materialismo mecanicista, particularmente porque ele opôs a este a alegada profundidade e sutileza da dialética de Hegel. Foi um gesto natural para os amigos da ciência tomarem o partido de Büchner, Moleschott e Vogt, mais do que o de seus inimigos mais estridentes.

Um século mais tarde, outra troica acendeu o entusiasmo dos naturalistas: o trio composto por Richard Dawkins (1976), Steven Pinker (2003) e Daniel Dennett (1995). Esses escritores populares desfrutam de uma vantagem sobre seus predecessores: eles pregam a partir do púlpito acadêmico. Lamentavelmente, como será argumentado logo mais, o naturalismo desses três mosqueteiros envolve um pouco de má ciência, da própria lavra deles, em consequência da qual, na realidade, eles debilitaram a causa naturalista.

Para começar, os três autores em questão propagaram o nativismo, cujo dogma central é "a natureza supera a criação" – ou "genoma é o destino". Essa doutrina, por sua vez, baseia-se em uma extravagante versão da genética, de acordo com a qual a molécula de DNA é "egoísta", ou destinada a espalhar sua própria espécie tão longe e amplamente quanto possível; os genes também seriam autossuficientes, em particular autoduplicados, bem como os sujeitos e unidades de seleção natural; em contraposição, a própria existência do organismo inteiro seria "paradoxal", visto que sua única função seria a de servir como meio para a transmissão do material genético de uma geração (de organismos!) à próxima.

Ironicamente, o geneticismo está em desacordo com a genética. De fato, o DNA é antes inerte, e somente as enzimas podem dividi-lo. Além disso, o DNA não "especifica" o modo de dobramento das proteínas, que é fortemente influenciado pelo meio celular. Segundo, ninguém sabe ainda como induzir um saco contendo moléculas de DNA e uma mistura de água e biomoléculas para metabolizar, o que é a própria condição primeira para estar vivo. Consequentemente, a biologia sintética, que intenta manufaturar células a partir de seus componentes abióticos, terá de abarcar muito mais do que a engenharia genética.

Terceiro, o organismo inteiro, não o genoma, é sujeito à seleção natural, e, portanto, à unidade de evolução. A razão é que a seleção natural é acerca da sobrevivência e da reprodução, o que só os organismos podem realizar. Se fosse preciso morrer antes de reproduzir, os preciosos genes da pessoa não seriam transmitidos à geração seguinte. Mais ainda, ao contrário do gene passivo, o organismo reage de volta sobre seu ambiente: ele toma parte na construção de seu próprio *habitat* – ele adapta a si mesmo e o seu meio (ver Lewontin e Levins, 2007; Odling-Smee et al., 2003).

Quarto, os autores em questão partilham da má concepção, largamente difundida, segundo a qual a seleção natural preserva todas as adaptações e elimina todos os traços disfuncionais. Embora a seleção natural seja efetivamente um maravilhoso mecanismo de adaptação, ela é, de longe, demasiado lenta e imperfeita para eliminar completamente coisas disfuncionais, como as unhas dos artelhos (que hoje em dia beneficiam os pedicuros), os dentes do siso (obviamente destinados a enriquecer os ortodontistas) e doenças debilitantes, como a depressão, que só trazem benefício aos psiquiatras – ainda que Randolph M. Nesse e George C. Williams (1994) as tenham visto como adaptativas para conduzir o paciente a renunciar às lutas desesperançadas (ver mais contra o adaptacionismo em Gould, 2002).

Outra contribuição original, embora equivocada, de nossos autointitulados "luminares" é a ideia de que a evolução foi programada por "algoritmos evolucionários" (Dennett, 1995). Mas, por certo, um processo não pode ser ao mesmo tempo natural e guiado por algoritmos, pois estes são artefatos. Ademais, todo algoritmo destina-se a produzir infalivelmente um resultado de uma espécie prescrita, enquanto a especiação é dificilmente previsível – exceto, sem dúvida, na criação deliberada de híbridos como o tangelo (fruta cítrica, híbrida, entre a tangerina e a toranja).

Além disso, como Stephen Jay Gould e Richard Lewontin acentuaram corretamente, a evolução caracteriza-se pela contingência – por circunstâncias não biológicas externas, como as catástrofes geológicas e climáticas. E, como François Jacob (1977) sugeriu, o processo evolucionário parece mais a obra de um funileiro que trabalha com quaisquer bugigangas que encontre em sua caixa de ferramentas, do que de um engenheiro que pode começar do nada, que sabe de antemão o que quer e planeja alcançá-lo. Isto é, moléculas e órgãos mudam funções, na medida em que a oportunidade permite. Por exemplo, as esponjas, que são organismos extremamente primitivos, contêm os mesmos neurotransmissores que nos seres humanos desempenham papéis eminentes; e as glândulas suprarrenais dos seres humanos, que estariam dentro do cérebro em um corpo bem projetado, estão montadas nos rins, embaixo. A natureza é uma montadora, não uma escultora.

Em quinto lugar, os três autointitulados campeões "iluminados" de Darwin admiram e propagam as fantasias dos assim chamados psicólogos evolucionários (ver, e.g., Buss, 2004). Em particular, esses autores partilham a crença de que a mente humana estava basicamente adaptada ao "meio ambiente do Pleistoceno", um período que começou há cerca de 1,6 milhões de anos. Assim, seríamos fundamentalmente fósseis vivos; andaríamos pelas ruas principais de Miami, e alguns de nós pelo seguro jardim de Harvard, ou até sobre a superfície da Lua, dotados de cérebros pré-históricos. Nada, nem sequer as revoluções do Neolítico, a Industrial ou a Francesa, poderiam ter possivelmente alterado a natureza humana: a evolução humana parou há cerca de cem mil anos, de tal modo que a psicologia evolucionária pudesse ser inventada. A razão, dizem-nos, é que a natureza humana reside no genoma, o qual, por suposição, não sofre mudança, é basicamente autossuficiente, bem como o primeiro motor de tudo que é humano.

Verdade, nenhum dos autores em questão nega a "influência" do ambiente, em particular a do contexto social. Mas o ponto em que todos os três falham é que a sociabilidade e a artificialidade são partes da "natureza" humana – uma parte que fica fora do alcance da biologia. Não se trata apenas do fato de que os seres humanos se engajam em relações sociais e utilizam artefatos, porém de que estes são não naturais e, no entanto, eles codefinem a humanidade, justamente por terem 23 cromossomos, por descender de hominídeos e possuírem um cérebro dotado de plasticidade capaz de aprender quase tudo. De fato, esta última capacidade parece estar radicada em uma coleção de genes de RNA (as regiões humanas aceleradas 1 e 2) peculiares aos seres humanos. Mas as potencialidades individuais não podem ser realizadas na ausência de circunstâncias sociais favoráveis.

Finalmente, ambos, Pinker e Dennett, juntamente com Hilary Putnam, Margaret Boden, Patricia Smith Churchland e outros filósofos defenderam a metáfora de computador para o cérebro. À primeira vista, essa concepção parece naturalista porque dispensa a alma imaterial – embora alguns dos acima mencionados tenham afirmado que o importante é a função e não a substância. Mas os computadores não são exatamente coisas naturais. Pior ainda, ao contrário de cérebros humanos vivos, eles estão limitados a efetuar operações algorítmicas. Carecem de espontaneidade, criatividade, *insight* (intuição), capacidade de sentir emoções e sociabilidade. De fato, os computadores têm de ser programados; não pode haver programas para fazer surgir ideias originais; um computador emocional será inconfiável e, portanto, não comerciável; e nós não teríamos emprego para computadores que pudessem se associar livremente entre eles. (Mais sobre isso no capítulo 11)

Em suma, a causa do naturalismo não tem sido bem servida pelos Três Mosqueteiros: os mosquetes estão obsoletos.

Psicologismo

Psicologismo é a tentativa de dar conta do comportamento social e dos traços sociais em termos psicológicos, sem considerar itens sociais irredutíveis, como estrutura social, instituição e movimento social. As incursões sociais de Freud e John Searle constituem outros tantos exemplos do psicologismo. Igualmente o é a abordagem da escolha racional, tão popular nos estudos sociais.

Freud defendia que os conflitos sociais resultavam, em última análise, do complexo de Édipo: os homens se revoltam contra a autoridade porque identificam seus patrões com seus pais. Que as mulheres também podem revoltar-se contra o *establishment,* as autoridades e os sistemas de governo estabelecidos, e que se pode objetar a um mal da sociedade sem deixar que as animosidades pessoais obliterem o julgamento da pessoa não ocorreu a Freud. Seja como for, a interpretação psicanalítica de fatos sociais está agora fora de moda.

Searle (1995) tentou explicar os assuntos sociais em termos de "intencionalidade", uma palavra ambígua, como vimos na seção Naturalismo deste capítulo. Mas ele confinou sua atenção em trivialidades, tais como o fato de que o valor do papel moeda depende de uma convenção, e como os "casos em que *eu* estou fazendo algo somente como parte do nosso fazer algo". Uma única categoria, como intencionalidade, utilidade econômica ou classe social, não pode sugerir teorias que expliquem fatos macrossociais, como pobreza, inflação, desigualdade, discriminação, autoritarismo, desemprego ou guerra, todos os quais são sistêmicos.

O psicologismo tem sido desmedido nos estudos sociais, desde os anos de 1870, quando a economia neoclássica conquistou a ascendência e se derramou sobre todas as disciplinas sociais sob o nome de "teoria racional da escolha". De fato, essa teoria postula que a ação individual é a raiz de todos os eventos sociais e que todos os indivíduos, independentemente de seu lugar na sociedade, atuam de modo a maximizar suas esperadas utilidades. Pois bem, o conceito de utilidade social é claramente um conceito psicológico, uma vez que é definido como o produto da utilidade *subjetiva* ou ganho pela probabilidade *subjetiva* (ou intensidade de crença) de uma ação. Como nenhuma das duas feições é acessível à mensuração objetiva elas em geral são assumidas *a priori* – um procedimento dificilmente científico (ver Bunge, 1996).

Por contraste, a economia experimental é o estudo científico do comportamento econômico de indivíduos, tais como a relação entre produtividade e incentivos de vários tipos, e a da satisfação do trabalho com a capacidade de influenciar decisões gerenciais. Entretanto, tais estudos – como o de Daniel Kahneman e Ernst Fehr – concernem a indivíduos mais do que a sistemas econômicos, como firmas e economias nacionais. Logo, a classificação de semelhante pesquisa como *economia experimental* é incorreta: ela pertence à psicologia social, ainda que a maioria de seus praticantes atue em departamentos econômicos. Até aqui pode se dizer que o peculiar da economia experimental não é sequer um projeto de pesquisa, ainda que ele possa ser um projeto interessante e útil, particularmente se evitasse o psicologismo.

A rejeição do psicologismo não envolve a negação de que os atores sociais são, em grande parte, motivados por suas crenças. Em 1928, o sociólogo W.I. Thomas salientou que as pessoas reagem não a fatos sociais em si próprios, porém ao modo como elas os percebem (Merton, 1968, p. 19-20). Portanto, é verdade que (um pouco) do ser que existe socialmente está em parte no olho do observador. É também verdade que nós atuamos segundo nossos valores e crenças – mas sempre dentro de contextos sociais que precedem e, em geral, dominam o individual, como Marx notou. E esses contextos, com certeza, reagem sobre o ator individual. Como resultado, algumas de suas ações hão de ficar frustradas, enquanto outras terão consequências não pretendidas. Em outras palavras, as consequências de uma ação "não estão restritas à área específica em que se tenciona centrá-las, e ocorrem em campos inter-relacionados explicitamente ignorados no momento da ação" (Merton, 1976, p. 154).

O naturalismo predispõe o estudioso da sociedade a adotar uma abordagem individualista, isto é, a principiar sua pesquisa a partir de uma ação individual. Mas acontece que toda a ação ocorre em um contexto social preexistente. Pense no que é uma caça a um emprego em um período de recessão econômica. Há pouca coisa que o indivíduo isolado, por mais esperto e bem informado que seja, pode fazer para alterar a situação social. Somente organizações, como estados, partidos políticos e grandes corporações podem alterar fatos relativos à sociedade. E tais organizações não podem ser compreendidas pela psicologia individual, pois essa disciplina estuda cérebros, não sistemas sociais. Em resumo, o naturalismo não enfrenta matérias sociais com sucesso porque essas são artificiais.

Linguística, Axiologia, Ética, Lei e Tecnologia Naturalizadas

Vamos dar uma espiada em quatro projetos de naturalização, começando pelo *naturalismo linguístico* ou biolinguística. Trata-se da tese segundo a qual a linguagem é natural e, sobretudo, instintiva, enquanto a linguística é basicamente uma ciência natural (ver Pinker, 2003). Ao mesmo tempo, a maior parte dos defensores dessa concepção adotou o dualismo mente/corpo cartesiano – o qual, incidentalmente, confirma a necessidade de distinguir o naturalismo do materialismo.

Parte desse projeto de naturalização é a audaciosa asserção de que nascemos conhecendo a gramática universal (GU), a intersecção das gramáticas de todas as gramáticas particulares. Infelizmente, ninguém se deu ao trabalho de estabelecer explicitamente as regras da GU; e os geneticistas não encontraram o(s) presumível(eis) gene(s) da GU. E tampouco há qualquer razão para esperar tais achados, pois as linguagens são altamente convencionais: a relação palavra-objeto (ou signo-significado) é artificial, e são da mesma ordem as categorias gramaticais. Por exemplo, por que seria mais natural usar *river* [rio], em vez de *potamós*, ou inversamente, para denotar uma corrente de água em inglês? E por que seria a ordem mais comum, sujeito-verbo-objeto (SVO), em inglês, mais natural do que sujeito-objeto-verbo (SOV), que prevalece em japonês? Não há evidência de que uma seja mais adaptativa que a outra. Por contraste, defensavelmente as ordens VSO e VOS são mais *lógicas* do que suas alternativas, porque quando formalizamos sentenças no cálculo predicativo, começamos com o predicado mais saliente. Assim, alguém formaliza "*b* disse *c*" como *Sbc*. Mas a racionalidade, sem dúvida, é tudo menos natural, como sugerem suas atualizações.

Longe de ser um item natural como a digestão ou o andar, a fala é social. Isso é assim porque, diferentemente da vocalização dos animais, a fala é uma ferramenta de comunicação simbólica e, como tal, sujeita à evolução cultural. Mas, sem dúvida, pode-se esquecer de tudo isso se alguém esquece convenientemente a existência da linguística histórica e nega a legitimidade das sociolinguísticas – no caminho que Chomsky e sua escola o fazem. Contudo, tais lacunas bloqueiam o entendimento que as conquistas e as migrações em massa levaram às mudanças na linguagem. Por exemplo, a transformação do antigo inglês (ou anglo-saxão) no inglês seria incompreensível para alguém que não soubesse das profundas modificações levadas a efeito pela Conquista Normanda. Do mesmo modo, a chegada em massa dos imigrantes europeus aos Estados Unidos ajuda a entender algumas das diferenças entre o inglês britânico e o norte-americano. Por outro lado, nós ainda ignoramos as causas da assim chamada "Great Vowel Shift" (Grande Deslocamento de Vogal), que ocorreu entre Chaucer (que pronunciava A, E, I, O e U como os alemães e espanhóis faziam e ainda fazem) e Shakespeare. Se é que se pode dizer alguma coisa, diga-se que esse deslocamento foi mal adaptado e, portanto, não natural.

Tudo isso não é para negar a legitimidade do *aspecto* biológico do estudo da fala, como distinto da língua – para usar a importante distinção de Saussure entre *parole*, um processo em seres humanos vivos, e *langue*, um objeto abstrato resultante da pretensão de que as expressões linguística existem por si próprias. Por exemplo, a aprendizagem da fala (sua ontogenia) e dos defeitos da fala, como o gaguejar e a dislexia, são certamente características biológicas, visto que ocorrem nos cérebros. Mas tais cérebros estão engastados em redes sociais, as quais são construídas e reformadas e destruídas por meio de ferramentas de comunicação, principalmente as "linguagens naturais" – todas elas artefatos sociais. Portanto, é preciso estudar linguística biossocial mais do que biolinguística. Entretanto, passemos a outras facetas do programa de naturalização.

O "naturalismo axiológico" sustenta que nossos valores básicos são mais naturais do que convencionais, bem como intersubjetivos mais do que subjetivos. Isso seria assim porque todos os seres humanos têm, *grosso modo*, as mesmas necessidades básicas, o que, por sua vez, se deve aos pontos comuns de nosso *make up* (composição) biológico. Ademais, isso deve valer para todos os seres vivos, visto que estamos todos na mesma "árvore da vida", e uma vez que a apreciação é uma condição de sobrevivência. Assim, os valores emergiram há cerca de 3,5 bilhões de anos, junto com a vida. Consequentemente, não há nada de falacioso acerca do naturalismo-valor. Ao contrário, o que é falacioso é a famosa denúncia de G.E. Moore da "falácia naturalista". Neurocientistas cognitivos perpetram sem remorso essa "falácia" quando, com base nos estudos de imagens do cérebro, concluem que a avaliação da meta de uma ação humana "está correlacionada" com a atividade no córtex orbito-frontal (ver, e.g., Hare et al., 2008). A biologia derrotou o idealismo axiológico.

Eu acho que o naturalismo axiológico é obrigatório para os valores biológicos, particularmente o bem-estar, mas não para os valores sociais, morais e estéticos. Estes últimos, como os gostos adquiridos, dependem fortemente da experiência, da posição social e do meio ambiente social. Em matérias sociais, morais e estéticas, os gostos de uma pessoa são, amiúde, os desgostos de outras. Assim sendo, há preferências subjetivas somadas às objetivas. Ademais, a maioria dos valores econômicos políticos e culturais não são naturais, na medida em que dependem do trabalho da tradição, da perspectiva e da expectativa. Por exemplo, não há nada de natural no que diz respeito à convenção social, ao preço (contrário ao valor de uso) ou à reputação.

Todavia, a assunção básica do naturalismo axiológico coloca que os valores, ou pelo menos alguns deles, são "reais" mais do que subjetivos – com a prescrição de que a realidade seja entendida para incluir não só a natureza, mas toda a sociedade, bem como o *self*, que é em ampla medida talhado pelo ambiente social (ver Boudon, 2001; Railton, 2003).

O "naturalismo ético" é a tese de que as normas morais são ou naturais ou redutíveis à ciência natural. A primeira visão pode ser apelidada de ingênua, e a última de naturalismo ético sofisticado. Os antigos estoicos gregos e romanos, como Zenon, o Estoico, e os modernos filósofos da moral emotivista, de Hume aos positivistas lógicos, eram naturalistas éticos ingênuos, uma vez que ambos os grupos recomendavam "seguir a natureza". Quando alguns dos primeiros darwinistas sugeriram que a evolução possui uma flecha da moral, Thomas Henry Huxley (1983), alcunhado de "*terrier* macho de Darwin", reagiu espirituosamente e alegou que a moralidade é totalmente artificial, desde que ela almeja suprimir o egoísmo, que é natural porque procede do instinto de autopreservação. Contrariamente aos estoicos, Huxley estabeleceu de modo excelente que "o progresso ético da sociedade depende não em imitar o processo cósmico, e muito menos afastar-se dele, mas em combatê-lo".

Agora o naturalismo ético ingênuo foi recentemente defendido, de modo parcial, pela pesquisa experimental em dois campos não esperados: na primatologia e na economia comportamental. De fato, observando chimpanzés e bonobos, Frans De Waal (1996) descobriu que, longe de serem constantemente agressivos, esses nossos parentes próximos são, no todo, de boa índole – o que explica porque eles formam, sobretudo, grupos estáveis. Com certeza, os macacos trapaceiam e lutam por poder e para ascender ao harém dos machos alfas; mas eles cooperam, amiúde, para alcançar seus objetivos e não são cruéis. Em resumo, não se comportam de forma diabólica ao modo que a antropologia pop está acostumada a nos relatar. Mas tampouco eles são bons samaritanos.

Contrariamente aos chimpanzés, os humanos adultos poderiam parecer "fortes retribuidores" imbuídos de um senso de probidade. Na realidade, trabalhando com humanos, alguns economistas comportamentais (ou experimentais), de Daniel Kahneman a Ernst Fehr e seus colegas na Universidade de Zurique, corroboraram com o que qualquer pai e professor sabem, mas que os economistas ortodoxos e os psicólogos evolucionários, de estilo próprio, ignoram, a saber, que a maioria de nós é basicamente íntegra (ver Fehr e Fischbacher, 2003; Gintis et al., 2005). (Por contraste, chimpanzés são basicamente egoístas [ver Jensen et al., 2007]). Ademais, isso é um aspecto da natureza humana, pois o sentimento de injustiça tem um "correlato" neural, ou seja, a ínsula. De fato, nos seres humanos a atividade da região do córtex pré-frontal é tanto mais intensa quanto mais injustamente uma situação é percebida pelo sujeito (ver Hsu et al., 2008; Purves et al., 2008, p. 615). Em resumo, a aversão à injustiça é generalizada. Entretanto, ela não é inata, como se verá na seção Desenvolvimento do capítulo 10.

Assim, a psicologia contemporânea refuta a pessimista visão judaico--cristã da natureza humana, ao passo que ela confirmou a de Adam Smith sobre as emoções morais como raiz de nossas atitudes para a probidade e a justiça distributiva. Mas como todas as disposições naturais, o senso de probidade é alterado pela educação e reflexão, como mostram as diferenças individuais nas reações à injustiça. Por exemplo, considerações práticas podem forçar alguém a estabelecer um equilíbrio entre equidade e eficiência, como na triagem médica. Nesse caso o putâmen, o qual responde pela ineficiência, compete com a ínsula, e a terceira região, a região subgenual caudado/septal, é igualmente ativada (ver Hsu et al., 2008). A moral dessa história é que o sentido de probidade envolvido na justiça distributiva não é apenas um tema acadêmico, muito menos uma miragem (Hayek): ele está profundamente engastado em qualquer cérebro que não tenha sido irreparavelmente danificado pela economia padrão ou por uma ideologia conservadora. Uma lição mais geral é que nossas ideias morais possuem fortes raízes emotivas que podem se entrelaçar com raízes cognitivas. Esse achado refuta o utilitarismo e constitui uma vindicação parcial do emotivismo – somente parcial porque este último omite a componente cognitiva.

O que chamei de naturalismo ético *sofisticado* é o projeto de reduzir normas morais às ciências naturais, em particular, à biologia humana (Edel, 1944). Elliot Sober e David Sloan Wilson (1998) enfrentaram corajosamente esse ambicioso projeto com a ajuda da biologia evolucionária. Em particular, eles abraçaram a "regra" (hipótese) de William Hamilton, segundo a qual o comportamento altruísta ocorre espontaneamente em todas as espécies quando certa condição é dada. Essa condição é que o custo c do comportamento altruísta é menor do que o seu benefício b, descontado pelo coeficiente r da relação genética entre ator e beneficiário: $c < r.b$. Alguns interessantes casos confirmatórios têm sido citados, mas eles não incluem seres humanos.

Nos humanos, a relação social toma precedência sobre a relação biológica. Por exemplo, é provável que ajudemos esposos, amigos e parceiros geneticamente não relacionados mais do que ajudamos nossos parentes genéticos. (Nesses casos, $r = 0$, de modo que a condição de Hamilton para o comportamento altruísta torna-se "$c < 0$", o que não tem sentido.). A violência doméstica é menos frequente ou letal que a violência de rua.

O mesmo vale na guerra: lembre que três dos principais chefes de Estado envolvidos na Primeira Guerra Mundial, isto é, o kaiser alemão e os imperadores britânico e russo eram primos. Por outro lado, uma "família" da máfia não está baseada em parentesco. Em resumo, entre os humanos nem o conflito nem a cooperação são fadados pela relação doméstica: interesses (ou valor), laço social e conflito social superam a relação genética.

Ironicamente, enquanto o altruísmo possa, provavelmente, intrigar biólogos e economistas ortodoxos, ele não surpreende, em grande medida, psicólogos ou cientistas sociais. Estes últimos sabem que dar pode ser mais agradável do que receber, e que partilhar é uma condição para manter a posição ou a reputação de alguém em qualquer rede social. Mas como Robert Luis Stevenson notou há muito tempo, pessoas normais são meio a meio, ou egotistas mais do que plenamente egoístas ou plenamente altruístas. Nós precisamos ser algo egoísta para subsistir e algo altruísta para coexistir.

A moralidade não pode ser naturalizada com êxito porque os fatos morais são mais sociais do que biológicos, tal como ocorre somente em contextos sociais: Robinson não se defrontou com dilemas morais antes de encontrar Sexta-Feira. Por exemplo, a ação voluntária e o crime são fatos morais, porque são pró e antissociais respectivamente. Em segundo lugar, todas as morais pertencem a uma tradição e existem em algum contexto social. Isto é, as normas morais são inventadas e aplicadas por atores humanos com interesses definidos e em circunstâncias sociais definidas. Se você mudar o ator ou a circunstância, é provável que um diferente conjunto de deliberações morais seja envolvido.

Daí por que as morais diferem de uma sociedade para outra, porque elas mudaram no curso da história e porque pode haver progresso moral, como no caso da abolição da escravatura e da pena capital (ver, e.g., Westermarck, 1906-1908). Em conclusão, a moralidade não pode ser naturalizada porque é um capítulo do manual de manutenção social. Não pode ser "materializada" no sentido de que ela pode e deve ser vista como uma característica da coexistência social de agentes materiais (pessoas) em sistemas materiais do tipo social.

O que vale para as morais, também vale, *mutatis mutandis*, para a ética, ou o estudo das morais. A ética analisa e avalia as regras de conduta, e como tal é uma tecnologia social, e não um ramo da história natural. E, ao contrário dos ofícios sociais, espera-se que as tecnologias façam uso deliberado das leis científicas. Pois bem, uma lei científica, se aplicável em geral, é tecnologicamente ambivalente, pois permite duas distintas e até mutuamente opostas regras ou prescrições (ver Bunge, 1967a). Na verdade, uma lei L a envolver um meio M e um objetivo ou consequência G de interesse prático tem a forma:

Lei – Se o antecedente M ocorre, a consequência G segue-se (ou é provável que siga). [1] Uma lei dessa forma sugere duas regras tecnológicas mutuamente duais:

Regra 1 – Para atingir G, coloque M em ação. [2a]
Regra 2 – Para evitar G, evite que M aconteça. [2b]

Note que enquanto o esquema da lei acima [1] é isento de valor, as regras [2a] e [2b] baseadas nela (embora não deduzidas dela) são carregadas de valor. Além disso, a escolha entre procurar G e evitar G, portanto entre aplicar [2a] e utilizar [2b], envolverá deliberações morais, se for provável que a consequência G afete outros indivíduos além do ator. Logo, o projeto de naturalização implica um círculo lógico: a tentativa de derivar qualquer norma moral da ciência envolve normas morais.

A biologia sozinha não pode dar conta da natureza humana porque, como o arqueólogo britânico Gordon Childe formulou em 1936, o homem é o animal que faz a si mesmo. Portanto, somente uma combinação de evolução biológica com evolução social pode explicar a emergência, a reforma e a revogação de normas sociais, morais e legais. Em particular, seria tolice explicar constituições em termos puramente biológicos. O mesmo vale para códigos internacionais como a Carta das Nações Unidas tanto quanto para fatos sociais em geral. Essa é a razão pela qual a expressão "ciência social naturalizada" é um oximoro.

O "naturalismo legal" sustenta que apenas as leis são naturais. Mas a história mostra que não há algo como lei natural: todos os códigos legais são artificiais. E, como todos os artefatos, as assim chamadas leis positivas são obrigatoriamente imperfeitas, embora também perfectíveis por meio de pesquisa, do debate e da luta. Infelizmente, o debate contemporâneo sobre lei natural foi distorcido pelos positivistas do campo legal: em sua sofreguidão para defender a racionalidade e o secularismo, bem como o *status quo* e a correspondente ordem legal, eles sustentam que se deve escolher entre as duas escolas, a de lei natural e o positivismo legal, e que a primeira é apenas um vestígio da tradição, enquanto a ciência, ou pelo menos a racionalidade, está do lado da escola do *might makes right* (o poder faz o direito). Na realidade, nenhuma escolha desse tipo é obrigatória, porque há um *tertium quid* (terceira coisa), isto é, o realismo legal. Essa escola defende que a lei é mais que uma ferramenta de controle social: ela pode ser também um instrumento de progresso social, em particular, um adjunto a quaisquer políticas com vistas a atingir justiça social (ver Bunge, 1998; Pound, 1954). A disjunção entre lei e moralidade pretendida pelo positivismo legal é errônea porque leis regulam nosso comportamento para com outros, e como tais elas são regras gerais objetivas a serem avaliadas por suas consequências (ver Wikström e Treiber, 2009).

O que vale para a tecnologia social, em particular para a ética e a lei, vale para todos os outros ramos da engenharia: eles também são atividades artificiais, centradas no projeto de artefatos. O que é também verdade, mesmo se paradoxal, é que a artificialidade é da essência da natureza humana: os humanos, por mais primitivos que sejam, usam, ou até inventam e moldam, artefatos de muitas espécies, desde ferramentas e armas até instituições e palavras. Somente os artefatos produzidos por animais não humanos, tais como as aranhas, abelhas, castores, corvos e pássaro, são naturais, no sentido de que os animais correspondentes o produzem instintivamente, sem efetuar antes quaisquer esforços e sem nenhuma necessidade de aprendizado formal. Os artefatos materiais humanos e seus ofícios e tecnologias correspondentes são tão não naturais como poemas, canções, regras de etiquetas, códigos legais, religiões e teorias científicas. Uma vez que a antropologia naturalista não pode dar conta do artificial, por muito menos omite por completo a artificialidade que distingue os humanos de outros animais. Logo ela não é adequada para o consumo humano.

Lancemos finalmente um olhar sobre um programa especial de naturalização. A tentativa de reduzir todas as ciências do homem à neurociência.

Neuro Isto e Neuro Aquilo

A neurociência desbancou recentemente a física como a ciência mais *sexy*; e está completando com sucesso a naturalização da psicologia que Hipócrates e Galeno começaram na Antiguidade. De fato, a neurociência afetiva e cognitiva substituiu ao mesmo tempo o behaviorismo, que era científico, porém excessivamente estreito, e a psicanálise, que era muito ampla, mas, também, pseudocientífica. Afortunadamente, a neurociência cognitiva não eliminou a psicologia social, mas fundiu-se com ela. Na verdade, a psicologia social tradicional, que nasceu nos anos de 1930, está sendo agora enriquecida com a neurociência cognitiva a fim de produzir neurociência cognitiva social (ver, e.g., Cacioppo et al., 2006).

Era talvez inevitável que o êxito do programa de naturalização na captura do mental inspirasse o que pode ser apelidado de *neuroimperialismo* – a tentativa de explicar cada bit de comportamento em termos neurocientíficos. De fato, em anos recentes, testemunhamos o nascimento de neuroeconomia, neuro-história, neurodireito, neuroética, neuromercadologia e neuropoética. Quanto disso é ciência ou tecnologia legítimas e quanto disso é promessa vazia? Vejamos.

A neuroeconomia é o estudo do comportamento econômico dos indivíduos à luz da neurociência cognitiva e afetiva (Camerer, 2003). Essa disciplina emergente apresentou certas diferenças entre a compra planejada e a impulsiva: enquanto a primeira é guiada pelo córtex pré-frontal, a última encontra-se sob forte influência dos sistemas subcorticais – como era de se esperar. Resultados desse tipo são interessantes, porém limitados, porque eles se referem a indivíduos e não a firmas e mercados, e também porque achados de laboratório são um guia pobre para o comportamento da vida real.

O neurodireito é o estudo neurocientífico daquilo que os juristas denominam *mens rea*, a mente criminal. Sabe-se, há décadas, que o pico das transgressões juvenis ocorre por volta dos dezessete anos, quando os rapazes formam novos relacionamentos longe do controle da casa e da escola, e quando seus cérebros ficam inundados pela testosterona, enquanto seus córtices pré-frontais encontram-se ainda imaturos. Mas o neurodireito não pode explicar porque a taxa de crimes é bem maior nos Estados Unidos do que no vizinho Canadá, que por sua vez possui uma taxa maior que a da Europa Ocidental, Índia e Japão. O neurodireito tampouco explica o que impulsiona uma persistente transgressão, ou seja, o crime do adulto. Tais limitações do neurodireito são devidas ao fato de que o crime, diferentemente da poesia ou da matemática, é idêntico ao comportamento antissocial, e o entendimento de tal conduta exige uma exploração do ambiente social (ver, e.g., Wikström e Sampson, 2006).

A neuroética é o estudo do modo como o cérebro internaliza normas morais, bem como o estudo das causas patológicas para a falha de tal "enculturação" moral. O caso clássico é, sem dúvida, o de Phineas Gage, que perdeu sua consciência moral devido a um grave dano no seu lobo frontal. Mas esse é um caso muito excepcional: na vasta maioria dos casos, o comportamento imoral resulta mais de uma incompleta socialização ou patologia social do que de uma deficiência neural.

E o que dizer acerca dos sete pecados capitais: poderia a neurociência explicar a ira, a ganância, a preguiça e o resto, como foi sugerido em um programa do History Channel? Isso é extremamente improvável por duas razões. Uma delas é que cada lista de pecados é culturalmente determinada. Por exemplo, agressão, escravização, roubo e insensibilidade social não ocorrem na lista dos pecados cristãos. E a pior das agressões, a militar, não é cometida na ira; do mesmo modo, ladrões não são motivados pela ira ou ganância: a maioria deles rouba para alimentar suas famílias em tempos de desemprego ou desintegração social. Focar o cérebro como fonte das quantidades dos males sociais apenas desvia a atenção de sua fonte estrutural.

A razão pela qual a neurociência não pode por si enfrentar os problemas sociais é porque ela explora o que está dentro dos cérebros das

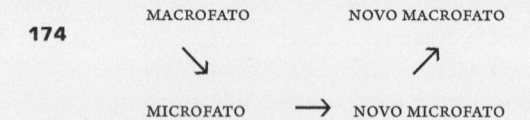

Fig. 6.1: Um macrofato, como uma enchente ou uma revolução, elicia emoções que mobilizam indivíduos que cooperam a fim de mudar o meio ambiente. (Inspirado em Coleman ⌈1900, 10ff⌉)

pessoas, e não o que se passa entre elas: apenas a ciência social e biossocial está equipada para lidar com relações sociais. Portanto a abordagem neurocientífica de todo o tipo de comportamento humano é bem-vinda com cautela, pois cada pessoa é um membro de diversos círculos sociais ou sistemas, que restringem, em alguns aspectos, o comportamento enquanto estimulam em outros. Assim, embora seja verdade que as transações do mercado de ações sejam influenciadas pelo medo ou ambição, tais emoções não têm sua fonte no interior dos cérebros: eles são gerados por fatos macrossociais, tais como desastres naturais ou políticos, inflação, desemprego, agitação social, guerra e inovação industrial. Considere o cenário familiar: um desastre golpeia uma comunidade cujos membros se unem para remediar algumas consequências do desastre (ver fig. 6.1).

Em conclusão, o naturalismo deveria ser expandido para dar lugar à economia, à política e à cultura. Essa expansão denomina-se "materialismo sistêmico emergente", que será examinado no próximo capítulo.

Observações Conclusivas

O grande mérito do naturalismo é que ele mina o pensamento mágico, em particular o surrealismo. O naturalismo, porém, é limitado e, portanto, fraco, pois não dá conta das especificações do social, da moral, do legal, do científico, do tecnológico e do artístico. Daí por que ele falhou em explicar qualquer processo social em larga escala, da emergência da cultura à ascensão e queda de impérios. Depois de tudo o ponto principal do ser humano é o de "violar a ordem natural" – para aprovar o paradoxo de que a natureza humana é amplamente artificial.

Ademais, de acordo com o naturalismo, a natureza humana é biológica, daí por que a reforma social é inútil, ou pior, como Pinker (2003, p. 294), Tiger (2008) e outros têm alegado. (Obviamente Noam Chomsky não observou que seu nativismo e antievolucionismo conflitam com sua posição política esquerdista.) Assim, ironicamente, o naturalismo, que era científico e politicamente progressista entre o Renascimento e o Iluminismo, é hoje em dia invocado para manter o conservantismo. Pior ainda, alguns dos campeões do secularismo e da ciência sem papas na língua lutam corretamente contra o criacionismo e a parapsicologia, mas passam por cima igualmente de doutrinas pseudocientíficas, muito mais danosas, como teorias científicas padrão da economia e da política. E os que advogam os direitos dos animais, naturalistas também, estão geralmente descompromissados acerca das violações dos direitos humanos.

Em resumo, o projeto de naturalização é perfeito em temas da ciência natural, mas é enganoso em temas da ciência social: aqui, no melhor dos casos, tenta despolitizar a política, e no pior disfarça uma agenda política regressiva. As limitações e os excessos do naturalismo sugerem que essa cosmovisão deveria ser expandida para abarcar o artificial e o social, que são quase inteiramente não naturais. (Eles possuem fontes naturais ou raízes, mas são feitos, não descobertos.)

Em outras palavras, antes da emergência do homem moderno, o universo era totalmente legal. Depois desse evento, em um mínimo canto do universo, ou seja, nas regiões habitadas de nosso planeta, apareceram regras (ou normas) em adição às leis. Por exemplo, os conceitos matemáticos são sujeitos a regras de lógica; sistemas sociais "obedecem" a leis tanto naturais quanto sociais, além de convenções sociais e normas, muitas das quais locais; e computadores operam de acordo tanto com as leis da eletrônica quanto com os programas que os seus usuários lhes impõem. Qualquer ontologia realista deve ir além do naturalismo e dar lugar ao artificial e ao social.

A proposta de ampliação do naturalismo (ou fisicalismo, ou materialismo vulgar) não deveria confundir-se com o sociologismo, ou com a tentativa de dar conta de tudo que é humano em termos puramente sociais, esquecendo-se de que os humanos são *animais* sociais. Em outras palavras, as falhas do naturalismo não são corrigidas ao exagerar o aspecto não natural da natureza humana, mas ao misturar os dois aspectos. Eu admito que, quando combinado com uma abordagem sistêmica e com o método científico, o materialismo apresenta todas as vantagens tanto do naturalismo quanto do sociologismo, e felizmente nenhuma de suas deficiências. Entretanto, essa espécie de materialismo merece um capítulo à parte – o próximo.

7.
MATERIALISMO

A palavra "materialismo" é ambígua, pois designa tanto uma doutrina moral quanto uma filosofia. Em linguagem comum, "materialismo" é sinônimo de "hedonismo", ou a busca de prazer e de posses materiais. De outro lado, o materialismo filosófico é a cosmovisão segundo a qual tudo que é real é material. As duas doutrinas são, logicamente, independentes: o hedonismo é coerente com o imaterialismo, e o materialismo filosófico é compatível com sublimes valores morais. Epicuro, o mais famoso materialista da Antiguidade, era conhecido por ser extremamente austero. E hoje em dia alguns dos mais gananciosos magnatas e políticos corruptos gostam de denunciar o materialismo e pregar a espiritualidade que eles confundem com religiosidade.

Não é de surpreender que o materialismo tenha sido denegrido por mais de dois milênios por solapar a religião, um suporte principal de governos conservadores. Por exemplo, Francis Collins, o atual diretor do US NIH (National Institute of Health – Instituto Nacional de Saúde dos EUA), recentemente sustentou que "as pretensões do materialismo ateísta devem ser objeto de firme resistência". Ele não disse por que, talvez porque não saiba o que significa realmente o "materialismo". É de se presumir e de se esperar que o doutor Collins, que tem uma sólida folha corrida de pesquisas, desaprovasse qualquer investigador do NIH que repetisse a colocação de John Eccles (1951) segundo a qual a mente imaterial é a causa da atividade do cérebro. De fato, espera-se que os cientistas chequem suas crenças religiosas e idealistas à porta de seus laboratórios.

O materialismo filosófico tem um grande âmbito de sobreposição com o naturalismo, visto que ambos rejeitam o supernaturalismo e concordam que o mundo, ou a realidade, compõe-se exclusivamente de objetos concretos. Mas diferem com respeito às características da matéria. Na verdade, o naturalismo envolve um conceito muito especial de matéria, ou seja, o conceito investigado pela física, química e biologia. Consequentemente, os naturalistas negam a existência de outros tipos de matéria: o pensar, social e artificial, em particular semiótico, ou significar a matéria, tal como esta folha de papel impresso.

Assim, o materialismo é menos abrangente do que o materialismo sistêmico e emergentista a ser advogado neste capítulo. Isto é, uma pessoa pode ser naturalista sem ser materialista. Por exemplo, pode-se pretender que os componentes básicos da realidade não sejam coisas materiais, porém fatos (Wittgenstein), estados de negócio (Armstrong), ou processos (Whitehead) – que são outros tantos meios involuntários de desmaterializar o mundo. Inversamente, é possível ser materialista sem ser naturalista, como é o caso dos materialistas que, como o presente autor, enfatizam a especificidade do social e do artificial, os quais vão além do natural, muito embora seus componentes últimos sejam naturais. Em conclusão, a relação entre naturalismo e materialismo é de uma sobreposição parcial: nenhum dos dois inclui o outro.

De qualquer modo, o materialismo, embora antigo, é confessadamente ainda imaturo. Isso acontece em parte porque ele foi banido pela maioria das escolas desde o tempo de Platão, e permaneceu, por consequência, em grande parte, nas mãos de amadores, desde o médico Büchner, do famoso *Força e Matéria* (1855), até Lênin, o revolucionário profissional que escreveu *Materialismo e Empiriocriticismo* (1907). Mas nem mesmo o famoso lógico de Harvard, Willard van Orman Quine, que escreveu acerca da ontologia em grande parte de sua longa vida acadêmica, e chamou a si próprio de fisicalista, conseguiu levar adiante o materialismo. Além disso, Quine era tudo menos um forte materialista, pois pretendia que o quantificador "existencial" ∃ cobrisse tanto a existência conceitual quanto a real – um caso de imperialismo lógico e não de fisicalismo (lembre-se da seção Naturalismo do capítulo 6). Ele também falhou no intento de elucidar o conceito do mental, do qual não gostava, embora lhe devotasse muitas observações imprecisas e fugazes (ver, e.g., Lycan e Pappas, 1976). Muita coisa parecida pode ser dita acerca de seu antigo aluno David Louis, o autointitulado materialista que trabalhou principalmente sobre mundos possíveis (isto é, imaginários).

Uma vez que o termo "materialismo" é polimorfo, é aconselhável qualificá-lo – ou seja, distinguir alguns dos membros da família de ontologias que ele representa. Começamos com a mais velha forma de materialismo, quer dizer, o fisicalismo.

Materialismo Clássico

O materialismo clássico é igual ao mecanicismo: é a concepção segundo a qual o mundo é uma coleção de corpos. Não é de surpreender que o mecanicismo pretenda que a mecânica é necessária e suficiente para explicar o mundo. Uma versão mais forte do mecanicismo sustenta que todos os corpos complexos, como o nosso próprio, são máquinas. Mas essa doutrina, apresentada por Julien Offray de La Mettrie (1748), teve pouquíssimos seguidores antes da emergência da cibernética, da teoria da informação e da inteligência artificial (IA) de meados do século XX. A crer em seus entusiastas, o universo é um sistema de informação e os seres humanos são basicamente computadores autoprogramados. (Lembre-se da seção Informação do capítulo 4, e veja o capítulo 12.)

O materialismo mecanicista é a mais antiga cosmovisão secular: ele foi inventado ao mesmo tempo na Índia e na Grécia há mais de 2500 anos, juntamente com o atomismo (ver, e.g., Charbonnat, 2007; Lange, 1905; Plekhanov, 1967). Lucrécio o imortalizou em seu belo poema filosófico, *Da Natureza das Coisas*. Os nominalistas medievais, em particular William Ockham, bem como os seguidores ocidentais de Averróis, eram materialistas de todas as espécies, embora não especificassem a natureza precisa do mobiliário do mundo. O mecanicismo inerente à revolução científica era definitivamente materialista, e a primeira cosmovisão científica era para valer. Durante o Iluminismo, o materialismo foi expandido para a mente e para a sociedade por pensadores tão influentes como D'Holbach, Claude A. Helvétius e La Mettrie. Ele foi, justamente, considerado como subversivo e consequentemente banido. Foi preciso a Revolução Francesa de 1789 para que o consenso oficial sobre o materialismo fosse levantado. Ainda assim, quantos professores se atreviam a chamar a si mesmos de materialistas em nossas esclarecidas e liberais sociedades?

Durante o século subsequente o materialismo mecanicista foi quase esquecido na França, mas largamente popularizado na Alemanha e na Grã-Bretanha: recorde-se dos livros populares de Ludwig Büchner e John Tyndall. Mas o materialismo não tomou de assalto a cidadela acadêmica, que estava ocupada, mesmo o Novo Mundo, por kantianos (idealistas subjetivos) e hegelianos (idealistas objetivos).

No século passado, o materialismo tornou-se academicamente respeitável em dois improváveis lugares: primeiro nos EUA, com George Satayana e Roy Wood Sellears, e mais tarde na Austrália, com David Armstrong, J.C.C. Smart e U.T. Place. Contudo, por discutível que seja o materialismo, sempre foi praticado por todos os cientistas, até mesmo por aqueles que defendiam crenças religiosas, visto que entidades imateriais não desempenhavam nenhum papel em suas teorias e experimentos. Por exemplo, embora Newton fosse um devoto unitarista, Deus não desempenhava nenhum papel em suas equações do movimento.

Entretanto, o materialismo ainda é uma concepção minoritária na comunidade filosófica, em grande parte porque sofreu de má publicidade desde o nascimento. De fato, desde o tempo de Platão, o materialismo foi vilipendiado como sendo grosso e imoral, e poucos professores ousaram ensiná-lo. Até o dia de hoje, as ideias ontológicas de Hobbes, Pierre Gassendi, D'Holbach, Helvétius, Joseph Priestley, Ludwig Feuerbach, Engels e Ernst Haeckel são sistematicamente distorcidas, caluniadas ou simplesmente ignoradas na história dos cursos de filosofia. (Por exemplo, Randall Collins devotou uma única página em seu tratado de mil páginas sobre a sociologia das filosofias.) E quão exíguo materialismo é ensinado em suas versões mais antigas, ou seja, o materialismo vulgar ou eliminativo, isto é, o fisicalismo. Até o materialismo dos dois tratados de Descartes é usualmente silenciado, enquanto os rasos aforismos de Wittgenstein, bem como as enunciações sem sentido de Heidegger, são vistas como pérolas de sabedoria.

Há muitas razões, algumas boas e outras más, para rejeitar ou ignorar o materialismo. Suas sólidas razões costumavam ser as seguintes: o materialismo é uma coleção de teses disjuntas e incompletas, mais do que uma teoria bem construída e bem consistente; ele permaneceu, do ponto de vista analítico, cru e, em particular, alheio à lógica moderna; ele subestimou o poder das ideias; nenhum materialista levou em conta a matemática. Poucos, se é que alguns, materialistas foram além do utilitarismo com relação à teoria dos valores e à ética; e a maior parte dos materialistas é constituída de amadores, mais do que de *scholars* profissionais. Em todo caso, nenhum dos contemporâneos materialistas de Platão, Leibniz, Berkeley, Kant ou Bernhard Bolzano atingiram a sofisticação e a eminência desses filósofos idealistas.

Mas, por certo, as más razões invocadas para ignorar ou rejeitar o materialismo têm sido, de longe, mais eficazes, embora dificilmente filosóficas. Uma delas foi, e ainda é, que o materialismo solapa as indústrias do medo, em particular o medo de Deus, da morte e do progresso científico. Outra razão ilegítima, para ignorar ou rejeitar o materialismo, foi a relação íntima do materialismo dialético com a versão marxista leninista do comunismo. Entretanto, a primeira razão é injustificada, porque o idealismo, em particular o subjetivismo, pode ser tão desprovido de Deus quanto o materialismo; lembre-se que na sua primeira crítica Kant declarou que "Deus é uma mera ideia".

A segunda razão para rejeitar o materialismo é também injustificada, porque tem havido um bocado de materialistas conservadores, de

Thomas Hobbes a Nietzsche, dos darwinistas sociais até os psicologistas evolucionários contemporâneos, segundo os quais a "biologia é destino". Algo similar vale para o idealismo. Por exemplo, houve aí quer neo-hegelianos liberais, quer fascistas como Benedetto Croce e Giovanni Gentile, respectivamente. Em resumo, não existe relação lógica entre materialismo e ideologia sociopolítica: nenhuma implica a outra. (Por contraste, o realismo, uma escola epistemológica, está fortemente correlacionada com o progressismo político, porque reforma social pressupõe que a sociedade existe fora da mente do sujeito, e que a ação política consiste na tentativa de alterar a realidade social.) O materialismo deve ser julgado por seus méritos teóricos e não por seus acidentais associados políticos, que se distribuem pelo inteiro espectro político, de Marx a Nietzsche.

Entretanto, examinemos as honoráveis razões para rejeitar ou ignorar o materialismo, porque esse exame pode sugerir um programa inteiro para atualizar o materialismo. Para começar, retomemos ao presente mais próximo do materialismo, ou seja, o naturalismo. O materialismo compartilha muitas teses cruciais com o naturalismo. Tanto assim que John Dewey, Sydney Hook e Ernest Nagel (1945) – os mais influentes filósofos norte-americanos de seu tempo – achavam-se em dificuldades para distinguir as duas filosofias. A única diferença, detectada por eles, é que encaravam a teoria da identidade psiconeural como uma especulação que necessitava de prova científica – uma razoável avaliação para a época, visto que a neurociência cognitiva ainda era embrionária.

A questão da mente sempre foi o principal osso de disputa entre naturalismo e materialismo. Enquanto o materialista sustenta que as funções mentais são funções cerebrais, um naturalista pode crer na mente imaterial. Consequentemente, enquanto o materialista é irreligioso, o naturalista pode conceder um lugar para a religião – um lugar com um Deus relaxado, e sem vida vindoura, apesar de tudo. Essa diferença tem uma contrapartida política: enquanto nunca houve um imperador epicurista, houve um imperador estoico, Marco Aurélio; e um dos ministros de Nero era o filósofo estoico Sêneca. Em resumo: o naturalismo é dissidente, porém, politicamente inofensivo, enquanto o materialismo é compelido a enfraquecer qualquer regime baseado na fé – razão pela qual foi tão mal recebido desde os dias de Platão.

Em suma, o materialismo clássico, como o naturalismo, é fisicalista ou fisicoquimicalista, e, assim, aberto à acusação de ser grosso, isto é, de ser incapaz de apreciar os valores superiores. Mas teve a virtude da clareza e, em particular, de evitar as pseudos sutilezas da dialética hegeliana, para a qual nos voltamos a seguir.

Materialismo Dialético

A próxima versão do materialismo a conquistar alguma popularidade foi o materialismo dialético esboçado por Friedrich Engels, em 1877. Essa ontologia foi destinada a ser a contrapartida materialista da "lógica" de Hegel. Como a de Hegel, ela estava centrada no conceito de conflito ("contradição"), e tornou-se parte da ideologia comunista no século XX. Em decorrência, ela teve a recepção ambivalente dessa ideologia: adotada como dogma oficial na esfera soviética, e injuriada ou ignorada da mesma maneira em outros lugares. O materialismo, tanto marxista como não marxista, foi praticado por prestigiosos historiadores britânicos e franceses em meados do século XX, e mais tarde por alguns importantes antropólogos e arqueólogos britânicos e norte-americanos, a começar por Gordon Childe e Marvin Harris, tendo ambos alcançado amplos índices de leitura.

O materialismo dialético é, amiúde, sumariamente acusado de ser uma ideologia e, consequentemente, rejeitado desde logo como tal. Na realidade trata-se de uma ontologia séria, embora defeituosa. Karl Marx e Friedrich Engels fizeram a costura do materialismo dialético a partir do materialismo do século XVIII e de Feuerbach, de um lado, e da dialética hegeliana de outro (ver, e.g., Cornforth, 1954; Engels, 1940, 1954; Shirokov, 1937; Wetter, 1958). À primeira vista, essa síntese tem as virtudes do materialismo clássico e do dinamismo de Hegel (ou processo metafísico). Em um exame mais detido, o materialismo dialético é visto de maneira confusa como não sendo, ao mesmo tempo, nem plenamente materialista nem consistente com a ciência moderna. Deixe-me fundamentar essas acusações.

As seguintes são apenas algumas das mais destacadas confusões do materialismo dialético (ver Bunge, 1981). Uma: a amontoação da contradição lógica com a oposição ôntica e o embate, e a conversa subsequente de "lógica dialética", o que englobaria a lógica comum como uma espécie de aproximação em movimento lento. Tanto a conjunção da contradição com a oposição ôntica, quanto o projeto (interrompido) de edificar uma lógica dialética são inteligíveis no contexto do sistema de Hegel, em que todos os existentes são ideais, donde "tudo que é real é racional, e tudo que é racional é real". Mas essas confusões são indesculpáveis à luz da lógica matemática, cujas leis se aplicam unicamente a predicados e proposições, e da ciência factual, cujas leis se aplicam, embora de maneira apenas aproximada, exclusivamente a coisas materiais.

A segunda confusão da dialética é a assim chamada lei da dialética, ou seja, a "transformação da quantidade em qualidade e inversamente". Tal transformação é simplesmente impossível. O que se tem em mente com essa sentença canhestra é que certas mudanças quantitativas dão origem a novas qualidades (propriedades); e que nisso elas são seguidas por novos padrões quantitativos. Por exemplo, quando uma aldeia cresce a ponto de tornar-se uma cidade, o tipo de governança política muda, como consequência de que o crescimento da população pode ser controlado. O precedente é apenas um exemplo da emergência, da ocorrência de uma novidade radical como feição da combinação de duas ou mais coisas. (A assim chamada teoria da complexidade lida com emergência no caso de sistemas compostos de um grande número de itens).

As duas outras "leis" da dialética estabelecem que todo existente é a "unidade de opostos", e que toda mudança vem da "contradição" ou "luta" de tais opostos. Ambas as hipóteses são falsas. A primeira é falsa como é demonstrado pela existência de *quanta* elementares (indivisíveis), como elétrons e fótons. Ademais, a afirmação em questão leva a uma regressão infinita: de fato, cada um dos dois "opostos" em questão deveria, por seu turno, consistir de dois opostos, e assim por diante, sem fim. A segunda hipótese, acerca da fonte de toda mudança, é falsificada por todos os casos de cooperação, quer na natureza, quer na sociedade. Por exemplo, os átomos combinam-se para formar moléculas, e estas para formar líquidos ou sólidos; e as pessoas cooperam para formar famílias, firmas comerciais, gangues e outros sistemas sociais. De fato, pode-se conjeturar que todo existente é ou um sistema ou um componente de tal sistema. Esta é, por certo, a hipótese central da ontologia sistêmica (ver Bunge, 1979b). Entretanto, retornemos às confusões do materialismo dialético.

Uma terceira confusão importante é entre "mudança" e "relativo". Essa confusão aparece nas recorrentes declarações de Engels e Lênin, de que "todo conhecimento é relativo" – significando temporário, mais do que eterno. Tal confusão é inofensiva quando efetuada por Planck no momento em que ele escreve sobre "o progresso do relativo ao absoluto", a fim de significar o progresso das propriedades e leis covariantes para invariantes – isto é, de itens que valem como relativos a algum referencial para aqueles que, como as leis básicas e a velocidade da luz no vácuo, valem para todos os referenciais. Mas quando ligada à tese de Marx, segundo a qual o conhecimento é criado pela sociedade como um todo mais do que por indivíduos ou equipes, a dita confusão conduz facilmente ao relativismo antropológico e epistemológico – um dos flagelos pós-modernistas.

Finalmente, todos os materialistas dialéticos, em especial Lênin, têm confundido consistentemente o materialismo, que é basicamente uma tese ontológica, com o realismo, que é uma família de epistemologias. No entanto, é possível ser ao mesmo tempo realista e imaterialista, ou não realista e materialista. De fato, há quatro combinações possíveis dessas escolas.

MR (e.g., Demócrito)   M̄R̄ (e.g., Nietzsche)
M̄R (e.g., Tomás de Aquino)   M̄R̄ (e.g., Kant)

Examinemos agora minha acusação de inconsistência. Longe de ser monista, o materialista dialético é dualista, tanto em sua filosofia da mente quanto em sua ontologia social. De fato, ele considera a mente como imaterial, e a sociedade composta de uma "superestrutura espiritual", que repousa sobre uma infraestrutura material. A tese anterior é clara na denúncia feita por Lênin quanto à asserção de Joseph Dietzgen de que os pensamentos são materiais: "se tal inclusão é feita, o contraste epistemológico entre mente e matéria, idealismo e materialismo, um contraste sobre o qual o próprio Dietzgen insiste, perde todo o significado" (Lênin, 1947, p. 251).

Incidentalmente, o herdeiro político de Lênin criticou tal contraste e involuntariamente reinventou o monismo neutro, ou a concepção do duplo aspecto, que foi avançada por Spencer como alternativa quer ao materialismo, quer ao idealismo. De acordo com Stálin, "o mental e o material são duas formas diferentes do mesmo fenômeno" – como Mark Moiseevich Rozenthal e P. Yudin (1945) nos informam na entrada "dualismo" de seu autorizado dicionário da filosofia soviética. Mas duas décadas mais tarde o nome de Stálin foi apagado da mesma obra e, com ele, a confusão de materialismo e monismo neutro (ver Rozenthal e Yudin, 1967). Entretanto, voltemos ao mestre Stálin.

Ao comentar a *Lógica*, de Hegel, Lênin (1981, p. 182) deu um passo ulterior na mesma direção imaterialista: ele se moveu do dualismo para o trialismo. Na verdade, enunciou a mesma tese que Karl Popper (1967) iria popularizar, meio século depois, sob o nome de "mundo 3": de que "há *efetivamente*, objetivamente, *três* membros: 1. natureza; 2. cognição humana = *cérebro* humano (como o mais elevado produto dessa mesma natureza); e 3. a forma da reflexão da natureza na cognição humana e esta forma consiste, precisamente, de conceitos, leis, categorias etc. (grifos do original)". Adicionando-se o Um a esta tríade resultaria na cosmologia espiritualista de Plotino. E tampouco foi essa a única vez que Lênin antecipou Popper: ele também apontou, em 1908, o que Popper anunciou em 1952: que Berkeley foi um precursor de Mach. Não há dúvidas, essas são puras coincidências. Mas elas deveriam forçar os admiradores de Popper a ser mais críticos.

Não é de surpreender que o dualismo psiconeural fosse a filosofia soviética oficial da mente, e que a tese da identidade (ou materialista) psiconeural fosse rejeitada como peça de "materialismo vulgar", como Michail Jarochewski (1975) nos informa. As defesas que o presente autor fez da identidade psiconeural, na revista russa *Filosofskie Naukie* (1979) e sua contraparte húngara (Bunge, 1982b), foram severamente criticadas, por serem críticas do dualismo. O interessante é que, enquanto meu crítico soviético era um especialista em marxismo, meu crítico na revista húngara, de filosofia marxista, foi um eminente neurocientista; Janos Szentagothai que, por acaso, também era um devoto cristão.

Ainda assim, alguns materialistas dialéticos criticaram, com razão, muitas filosofias irrealistas e espiritualistas. Por exemplo, Engels criticou um certo número de confusões e erros de Eugen Dühring. Mas este era um obscuro *scholar* acadêmico independente e um alvo fácil. Seria de longe mais útil se Engels tivesse se lançado sobre os filósofos mais influentes de seu tempo, como Schopenhauer, Comte e Mill, assim como os de longe mais para populares filósofos, como Nietzsche e Spencer. E em seu *materialismo e empiriocriticismo*, Lênin (1947) criticou as errôneas concepções idealistas de um certo número de eminentes físicos de sua época. Embora alguma coisa de seu criticismo se dirigisse ao alvo, o procedimento de Lênin era mais dogmático do que científico: importava-se em efetuar afirmações veementes da forma "isto está errado porque contradiz Engels"; e em acusar idealistas de serem "lacaios da burguesia". Lamentavelmente, a maioria dos professores de filosofia soviética seguiu esse exemplo, estabelecido primeiro por religionistas dois milênios antes.

Em suma, o materialismo dialético é mais confuso que exato. E o grosso de suas teses inteligíveis é inconsistente com a ciência moderna. Pior ainda, conquanto professem amor à ciência, os materialistas dialéticos procedem tipicamente de maneira dogmática. Até grandes cientistas como o físico John D. Bernal e o biólogo J.B.S. Haldane caíram sob o feitiço do charlatão Trofim Lysenko apenas porque ele era um protegido de Stálin. O que mostra, incidentalmente, que a experiência científica é imunização insuficiente contra a pseudociência. Somente o conhecimento científico, junto com a rigorosa reflexão filosófica (em particular, metodológica), pode nos vacinar contra essa praga.

Materialismo Histórico e Australiano

Vamos examinar duas escolas materialistas com alcance mais restrito do que as discutidas antes neste capítulo: o histórico e o australiano. O materialismo histórico, originalmente proposto por Marx e Engels sem qualquer insensatez dialética, é a ontologia social e a filosofia da história, segundo a qual os primordiais motores da sociedade são a necessidade biológica e o interesse econômico mais que as ideias.

Há duas versões principais do materialismo histórico: a política e a apolítica. Quaisquer estudiosos da sociedade que comecem perguntando como as pessoas ganham sua subsistência, mais do que o quais são suas crenças, cerimônias e condição política, qualificam-se como materialistas históricos. Assim, pode-se dizer que Ibn Khaldûn e os membros da escola francesa dos *Annales*, como Fernand Braudel, Marc Bloch e Lucien Febvre, bem como o norte-americano Immanuel Wallerstein, praticaram o materialismo histórico, tanto quanto os marxistas britânicos Eric Hobsbawm, Edward P. Thompson e Eric Wolf (ver, e.g., Bloch, 1949; Braudel, 1969; Hobsbawm, 1997).

Um grande mérito dos materialistas históricos dos Annales foi que, longe de serem economistas, eles praticavam o que chamavam *histoire totale*. Isso pode ser também chamado de *historiografia sistêmica*, pois vai do ambiente geográfico, da demografia e do comércio exterior até assuntos da vida diária, como sexo e gosto por alimentos, seja na pequena aldeia dos Pirineus, Montaillou, seja na vasta bacia do mediterrâneo: o materialismo deles, como o de Ibn Khaldûn, era materialismo sistêmico. Incidentalmente Joseph Stálin, um autointitulado materialista histórico, era na realidade um idealista histórico, pois sustentava que as pessoas são movidas, primordialmente, por considerações políticas, morais e espirituais (ver Wetter, 1958, p. 219). O mesmo vale para o marxista Antonio Gramsci, que estava muito mais interessado em ideias e em políticas do que nas assim chamadas bases materiais da existência.

O materialismo histórico tem dois grandes méritos. O primeiro foi adiantado, em uma época em que as filosofias seculares dominantes eram o neo-hegelianismo, um ramo do idealismo objetivo, e o neokantianismo, uma versão do idealismo subjetivo. Além disso, Marx e Engels sugeriram que se olhasse primeiro para a economia, e no tocante a tudo que é social em uma perspectiva histórica e, portanto, como transitório mais do que eterno. Essa proposta era tanto original quanto enormemente fecunda. Na opinião de Geoffrey Barraclough (1979, p. 64), um *scholar* não marxista, esta é a "única teoria coerente da evolução do homem em sociedade, e, nesse sentido, a única filosofia da história que exerce uma influência demonstrável sobre as mentes dos historiadores atuais". A influência marxista sobre a arqueologia, particularmente evidente na obra de Gordon Childe e na arqueologia soviética, foi igualmente forte e positiva (Trigger, 2006) – um completo contraste com a censura marxista dos avanços na física, química, biologia, psicologia e sociologia.

Acredita-se amplamente que Max Weber foi anti-Marx porque pretendeu seguir a orientação do filósofo idealista Wilhelm Dilthey, o paladino da abordagem *Verstehen*. Mas a obra substantiva de Weber foi em grande parte inconsistente com sua filosofia declarada (ver Bunge, 2007a); e sua importância foi extremamente exagerada, pois ele nunca conduziu pessoalmente qualquer pesquisa empírica e omitiu todos os grandes movimentos sociais de seu tempo: nacionalismo, militarismo, democratização, sindicalismo, socialismo, feminismo, secularização, a transformação da indústria e a vida cotidiana por meio da tecnologia baseada na ciência e, acima de tudo, toda a emergência do Império Alemão, bem como a globalização através do imperialismo. A meu ver, a popularidade atual de Weber é devida mais à sua enorme erudição e às suas opiniões conservadoras do que às suas contribuições originais à ciência social. E por causa do mito de que era o anti-Marx, Weber foi beneficiário da Guerra Fria; o mesmo processo político que fraturou e finalmente destruiu a escola dos Annales.

Entretanto, o materialismo histórico marxista foi arruinado por três sérios defeitos. Um deles foi que, especialmente no caso de Engels, ele não estava baseado em pesquisa original. Por exemplo, a brilhante obra de Engels sobre *A Origem da Família* (1884) contou exclusivamente com o trabalho de campo de Lewis Henry Morgan (1877), um pioneiro da antropologia evolucionária. Uma segunda deficiência do materialismo histórico marxista foi o fato de ele condescender com a profecia: pretendia que o socialismo era inevitável, e assim convidava, inconscientemente, à passividade política. Nós aprendemos, a grande custo, que nada na evolução, seja social ou biológica, é inevitável: há acidentes de todas as espécies, bem como inovações imprevisíveis, como as armas nucleares, a informática e o deslocamento da classe trabalhadora para a direita.

Uma terceira falha do materialismo histórico de Marx e Engels é que ele não era consistentemente materialista, uma vez que pressupunha que a sociedade está dividida em dois níveis: a infraestrutura material (ou econômica); e a superestrutura espiritual (ou político-cultural) (Engels, 1954). Aceito que um materialista consistente considerará a sociedade toda como um sistema material, muito embora um sistema composto de subsistemas igualmente materiais terá entre eles sua cultura (Bunge, 1981). Em sociedades tradicionais, relações de parentescos e "identidades" étnicas são decisivas, e por consequência o são pessoas associadas em tribos, clãs e grupos étnicos. As sociedades modernas, em contrapartida, são constituídas essencialmente por subsistemas de três espécies: a economia, o regime político e a cultura. Uma concepção materialista consistente da sociedade encara todos os três subsistemas como coisas concretas. Em particular, as culturas (no sentido sociológico) são sistemas materiais, porque são compostas por pessoas concretas que produzem ou trocam bens culturais, de poemas e teoremas até fotocópias de plantas e receitas, por meio de canais de comunicação concretos (Bunge, 1981).

Em sua versão marxista, a divisão infraestrutura-superestrutura vem acompanhada de seu postulado adicional, segundo o qual a primeira move a segunda e, ademais, atua como um motor imóvel. Porém, na

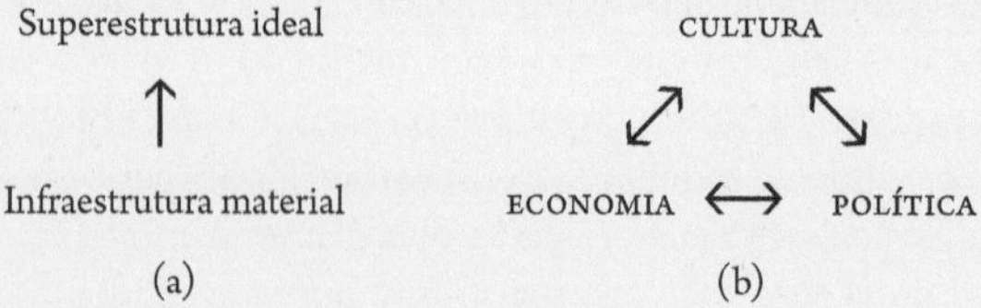

Superestrutura ideal   CULTURA

↑   ↙   ↘

Infraestrutura material   ECONOMIA ⟷ POLÍTICA

(a)   (b)

Fig. 7.1 a: Concepção marxista da sociedade; b. Concepção sistêmica da sociedade.

ontologia científica não há partes separadas, ainda que, por certo, elas sejam distinguíveis. Uma ontologia social científica tratará os três subsistemas, acima mencionados, como interatuantes. Em particular, a economia agirá não somente sobre o regime político e a cultura, mas será também objeto de *inputs* políticos e culturais. Por exemplo, na sociedade contemporânea, todo o movimento político há de ou favorecer ou prejudicar os negócios, e a indústria será alimentada não apenas pelo trabalho e o capital, mas também pela tecnologia que, por seu turno, depende da ciência. Pense apenas no impacto dos eletrônicos sobre todos os ramos da economia (ver fig. 7.1).

Finalmente, uma palavra sobre a filosofia materialista da mente, proposta pelos filósofos australianos Ullian T. Place (1956), Jack Smart (1963b) e David Armstrong (1968). Todos os três argumentam em favor do que eles denominam de "naturalismo de estado central". Trata-se da antiga "teoria da identidade", de acordo com a qual todos os processos centrais são processos cerebrais (ver O'Connor, 1969). Em particular, a consciência é "um processo em que uma parte do cérebro escaneia a outra parte do cérebro" (Armstrong, 1968, p. 94).

Essa concepção veio inesperadamente como uma lufada de ar fresco em uma época em que a maioria dos filósofos ainda se sentia envergonhada com a metafísica, desconfiada do materialismo e simpática ao behaviorismo e sua filosofia, ou seja, o positivismo lógico. Este último considerava o problema mente-corpo como um pseudoproblema, visto que ele igualava a materialidade como "possibilidade de sensação". Herbert Feigl (1967) foi o único sobrevivente do Círculo de Viena a tomar esse problema seriamente, e a chamar a si próprio de monista. Mas ele não era materialista: Feigl adotava o monismo neutro (ou teoria do duplo aspecto), que aprendera com Bertrand Russell. Ele assumiu essa posição porque abordava a questão da mente/corpo como um problema epistemológico e não ontológico. E, de seu ponto de vista, havia duas "perspectivas" igualmente legítimas, ou modos de descrição de experimentos mentais: os egocêntricos e os intersubjetivos. Mas o monismo neutro não adota uma posição definida, pois ele não nos diz o que a mente é. Portanto, não ajuda o pesquisador que deseja explicar a visão, a ilusão, ou a dor, pois explicar é desvelar o mecanismo. E um mecanismo é o processo que faz um sistema concreto ser o que é (Bunge, 2006a). Entretanto, retornemos aos australianos.

As limitações do materialismo australiano podem ser facilmente compreendidas com uma visão retrospectiva. Em primeiro lugar, ele ficou confinado à filosofia da mente: até há pouco tempo nada tinha a dizer a respeito do espaço ou tempo, causação ou chance; nem tampouco acerca da vida, da sociedade ou do artefato. Ele nem sequer propôs uma definição correta e precisa de "matéria", além de nos dizer que ela é aquilo que a física investiga. Smart (1963a, p. 651) conjeturou até que pontos de espaço-tempo poderiam ser as entidades últimas da física, ainda que eles não possuam propriedades físicas.

Em segundo lugar, e como uma consequência, o materialismo australiano não situou o problema da mente/corpo em um contexto metafísico mais amplo. Portanto, usou somente noções de conhecimento comum da coisa, do estado, do processo ou da causação. Por exemplo, Place sustentou que eventos mentais são "compostos" de eventos físicos, mas não ofereceu um claro conceito do processo de composição.

Em terceiro lugar, o materialismo australiano igualou o "material" ao "físico", e consequentemente eles consideraram cérebros e computadores como sistemas físicos, ao passo que, de fato, os primeiros são biológicos e os últimos artificiais. Logo, não se mostraram ansiosos por aprender da neurociência, da biologia evolucionária, da psicologia desenvolvimentista ou da psicologia social. (Smart [1963b] adotou a mesma tese de La Mettrie, de que o "homem é uma máquina".) Consequentemente, rejeitaram a emergência e as camadas de organização, e retiveram a fé mecanicista de que a biologia seria finalmente reduzida à química, e a química, por sua vez, à física: a filosofia da ciência deles era radicalmente reducionista e, por conseguinte, era mais uma matéria de fé do que, de fato, científica. Mas tudo isso é passado: a filosofia australiana está, hoje em dia, nas garras da metafísica dos mundos possíveis. Até Armstrong (1997) renunciou à matéria: ele sustenta que os constituintes básicos do mundo são estados de coisas – como se estes pudessem existir à parte das coisas materiais. Em resumo, o materialismo australiano desmaterializou-se por falta de nutrição científica.

Ainda assim, deve-se creditar aos materialistas australianos o fato de terem revivido o interesse pelo materialismo, e por terem desacreditado o dualismo psiconeural. Em suma, eles tiveram todas as virtudes e

190

defeitos do materialismo mecanicista (ou vulgar). Iremos argumentar que o materialismo científico supera as limitações deste último em escopo, profundidade e precisão.

Materialismo Científico: Emergente, Sistêmico e Embasado na Ciência

Eu tomo o materialismo científico como sendo a fusão do materialismo com o cientificismo, ou a tese de que qualquer coisa que possa ser estudada é melhor investigada quando se utiliza o método científico (ver Bunge, 1977a, 1979a, 1981; Bunge e Mahner, 2004). Assim, o materialismo científico é um caso de sincretismo filosófico (ver fig. 7.2).

O materialismo científico surgiu com esse nome nos anos de 1850. Era obra de Ludwig Büchner, Heinrich Czolbe, Jacob Moleschott e Karl Vogt (ver, e.g., Engels, 1940, 1954; Gregory, 1977). Todos os quatro admiravam a ciência natural, mas somente Moleschott a praticou como cientista, e nenhum deles foi além da popularização do materialismo mecanicista e do empirismo. Seus escritos, particularmente *Kraft und Stoff* (Energia e Matéria), de Büchner – apelidado de Bíblia do materialismo –, foram extremamente populares. Eles efetivamente desacreditavam a religião, o espiritualismo e a *Naturphilosophie* de Goethe, Hegel e Schelling: eles advogaram o naturalismo e a reputação da ciência na cultura popular. Mas não eram originais; eram mecanicistas em uma época quando o mecanicismo começava a declinar até na física; eles não propuseram quaisquer projetos de pesquisa. Para materialistas exercerem impacto na ciência é preciso que exibam credenciais científicas e procurem resolver algumas charadas filosóficas que desaceleram o progresso da ciência em seu tempo.

O materialismo científico contemporâneo, como vejo, tem cinco traços distintos. Evidentemente, o primeiro deles é o *materialismo*: ele sustenta que todos os existentes são materiais; ele é dinamista, embora não dialético: toda coisa é cambiável, porém nada é a união de opostos, e a cooperação é tão importante como a luta; ele é sistêmico, embora não holístico; em consequência, ele também é *emergentista*, visto que uma peculiaridade dos sistemas é que eles possuem propriedades que seus componentes carecem; e ele é *científico* e portanto crítico, e trabalha com trabalhos em curso (*work in progress*), mais do que com produtos acabados.

Muitos naturalistas compartilham de três ou quatro desses princípios. Mas a segunda tese de que não há nada fora da natureza ou da *sociedade* é distintiva do realismo científico. Essa tácita extensão de realidade, para incluir o fabricado ou artificial junto com o que é encontrado ou natural, enfatiza a emergência e sugere um universo de múltiplas camadas e a

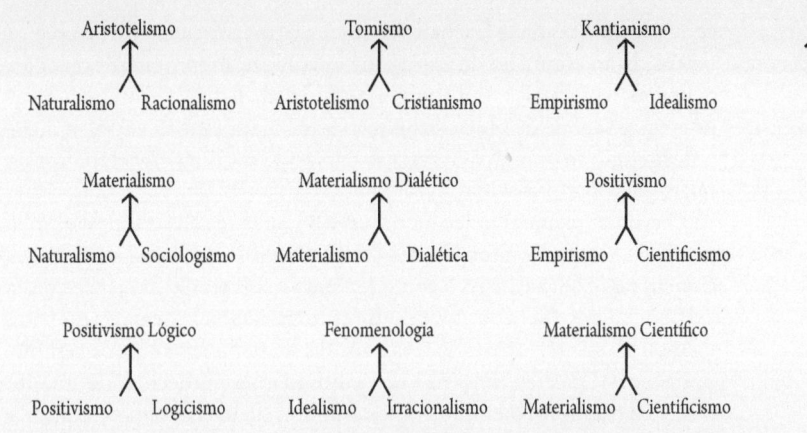

Fig. 7.2: Exemplos de sincretismo filosófico. Advertência:
isto é apenas um quadro. A verdade é mais complexa.
Por exemplo, Aristóteles não era plenamente naturalista.

concomitante limitação da estratégia reducionista (ver, e.g., Bunge,
2003a). O mais antigo materialista sistêmico foi o influente barão Thiry
d'Holbach (1770, 1773); e o primeiro materialista sistêmico a enfatizar a
emergência junto com o cientificismo foi Roy Wood Sellears (1970).

Dado que o materialismo científico é uma ontologia, ele é relevante
para todos os campos de pesquisa com a única exceção das ciências formais. De fato, visto que nem a lógica nem a matemática trata com o
mundo real, todas elas estão livres da ontologia. Essa asserção parece
óbvia, no entanto tem sido ocasionalmente negada, de modo que deveríamos examinar as pressuposições ontológicas das ciências factuais,
também chamadas de ciência empíricas e *Realwissenschaften* (ciências
real) – natural, biossocial e social. Comecemos atacando três monstros
incorrigíveis: a lógica materialista, a matemática e a semântica.

Lógica materialista e matemática: a lógica e a matemática seriam as
mais gerais ciências do ser existente. A primeira declaração dessa doutrina encontra-se em Aristóteles. Dois milênios mais tarde, no tempo
em que os positivistas lógicos passavam por sua fase fisicalista, o injustamente esquecido matemático suíço Ferdinand Gonseth (1937) afirmou
que a lógica é "a física do objeto arbitrário". Essa opinião tem um grão de
verdade: todas dentre as muitas teorias lógica são, na verdade, ciências
do objeto arbitrário, razão pela qual elas são neutras topicamente. Mas
a fórmula de Gonseth omite os fatos que: a. há tantas teorias lógicas
quantas os lógicos cuidam de inventar, ao passo que, em princípio, há

somente uma teoria física mais verdadeira para cada categoria de objetos físicos; b. ao contrário da física, que envolve testes empíricos, a lógica é inexpugnável a eles; c. a energia, a propriedade física universal, não é uma propriedade de objetos abstratos exatamente como a consistência, o desiderato metalógico universal, não pode ser uma característica de quaisquer objetos físicos.

O eminente matemático Saunders McLane (1998), o cofundador da teoria da categoria, propôs uma tese mais sutil: que a matemática é a ciência dos padrões. Isso é verdade, mas, assim como acontece com a existência, deve-se distinguir padrões materiais dos formais (ou leis). Primeiro, porque a maioria dos padrões matemáticos – por exemplo, os da teoria da categoria – não tem contrapartes conhecidas no mundo real. Por exemplo, o enunciado de que um dado diagrama é comutativo não possui significado físico: ele diz unicamente que dois mapas podem ser compostos de modo a formar um terceiro. Em segundo lugar, todos os padrões reais envolvem propriedades, como momento, valência e hereditariedade, que objetos formais provavelmente não podem ter. Por exemplo, não faz sentido perguntar o que são os *spins*, a energia, os antepassados evolucionários ou o preço de um número de operadores ou de um só. No entanto, a tese de McLane contém um grão de verdade, ou seja: a formalização de padrões reais (leis naturais ou sociais) envolve padrões formais. Em outras palavras, a aplicação científica de conceitos matemáticos requer a adição de hipóteses semânticas, isto é, fórmulas da forma "o constructo c representa o ítem factual f." Contudo, apenas alcançamos o nosso próximo tema.

O materialismo semântico é a tese nominalista que afirma que não há constructos: que há signos (como palavras e numerais) e não conceitos; sentenças e não proposições. Um indicador de nominalismo é chamar de cálculo *sentencial* o que o restante de nós denomina de cálculo *proposicional*. Um segundo exemplo é o "construal" (interpretação ou avaliação de algo) de predicados como coleções de indivíduos, isto é, classes – ou seja, a confusão de predicados com suas extensões, portanto a identificação de propriedades que, conquanto diferentes, são possuídas pelos mesmos objetos (ou pelas mesmas *n-uplas* de indivíduos), como no caso do "preço" ou da "quantidade" no universo dos bens de um dado tipo. Um terceiro exemplo de nominalismo é a obstinada recusa de Quine (1953) de aprovar significados. Uma quarta é a tese (Hilbert e Bernays, 1968, p. 21) de que a teoria dos números lida com numerais (*Ziffern*: do alemão, algarismos). Mas, por certo, os símbolos, como os numerais (os nomes dos números inteiros) não são objetos matemáticos: como Frege nos lembra, ao contrário dos conceitos, os signos têm propriedades físicas e químicas, e não conceituais. Todos os matemáticos admitem tacitamente a distinção entre conceitos e seus símbolos quando anotam regras de designação como: "seja a reta real designada por $\mathbb{R}$". Incidentalmente, quase todos os membros desse conjunto são destituídos de nomes, pois $\mathbb{R}$ é não enumerável, enquanto o conjunto de nomes é contável. Logo, um nominalista estrito deve expelir a reta real do seu universo de discurso.

Uma vez que a semântica é a ciência da significação e da verdade, sendo ambas, antes de tudo, conceitos abstratos, não é óbvio como proceder para reduzi-las à psicologia. (Contudo, ver capítulo 15 para a naturalização da verdade factual.) Por contraste, é claro que as aplicações da semântica não independem da ontologia. Por exemplo, a aplicação de qualquer teoria de referência exige uma decisão concernente à natureza dos referentes em questão. Por exemplo, um materialista assumirá que o conceito de massa se refere a corpos materiais, enquanto um idealista poderia pretender que ele se refere à nossa ideia de um corpo, que, por seu turno, é uma ideia em si própria e não uma entidade física autônoma.

Considere, por exemplo, quaisquer dois "observáveis" quantomecânicos (variáveis dinâmicas) representados por operadores não comutáveis A e B (tais como posição e *momentum*, ou os componentes do *momentum* angular) tais que $AB - BA = iC$, em que C é um terceiro operador. (Essa é a raiz matemática do "princípio de incerteza" de Heisenberg) A interpretação de Copenhague dessa fórmula é que A e B não podem ser *observados* simultaneamente, ou que seus valores exatos não podem ser medidos ao mesmo tempo. Mas essa interpretação (ou hipótese semântica) é falsa, visto que nenhuma menção a instrumentos de observação ou medida é feita tanto na postulação quanto na dedução do valor da diferença entre AB e BA. A interpretação realista da fórmula em questão é muito diferente: as propriedades representadas por A e B são objetivamente mais espalhadas do que pontualmente exatas: semelhante indistinção é inerente por natureza, como foi argumentado antes (seção Perda de Nitidez do capítulo 3). Não é de admirar que não possamos conhecer os valores precisos de A e B ao mesmo tempo: eles simplesmente não existem ao mesmo tempo. O que um dispositivo de medição pode fazer é aumentar a precisão (ou a "definição" ou a determinação) de A à custa de B, ou inversamente.

O segundo conceito é um pivô essencial da semântica, aquele da verdade, e constitui toda uma família de conceitos: verdade formal (ou matemática), verdade factual (ou verdade empírica), verdade moral e verdade artística. Essas distinções são tanto semânticas quanto epistemológicas. Mas elas também colocam um problema para o materialista. De fato, o materialismo vulgar, consistente, como o nominalista, tenderá a rejeitar não só as distinções em questão mas também o próprio conceito de verdade, porque ele pretende usar símbolos mais do que conceitos, e símbolos podem ser cômodos ou embaraçosos, mas não verdadeiros ou falsos. O materialismo científico, por outro lado, não tem problema com constructos. Sustenta que esses são criações humanas e não entidades ideais autoexistentes, ainda que não haja nada que nos impeça de fingir que elas desfrutam de existência independente. Mas o materialista não deve objetar ao pensamento pelo qual se concebe as proposições como se elas existissem independentemente dos correspondentes processos mentais. Tal distinção, assim como a relação entre as verdades de ambos os tipos, vale de fato à pena, e nós a fizemos no capítulo 6. Nossa tarefa imediata é lidar com o vizinho da porta seguinte que a semântica tem: a teoria do conhecimento.

Uma "epistemologia materialista" é uma extensão de sua contrapartida naturalista (seção Materialismo Dialético, supra). Ela postula não apenas que a cognição é um processo cerebral, mas também que ela não pode responder plenamente por tudo, em termos neurocientíficos, porque cérebros humanos não existem em um vácuo social: nós aprendemos dos outros, e pescamos na lagoa comum denominada "conhecimento humano". O embasamento social da cognição é tal que o cérebro isolado não funciona normalmente: ele é provavelmente sujeito à alucinação. Basta lembrar os experimentos sensacionais de privação sensorial realizados em 1951 por Donald Hebb (1980) – e recentemente pela CIA com prisioneiros em Guantánamo. Em suma, a cognição é um processo cerebral fortemente influenciado pelo ambiente. Por consequência, a epistemologia deve ser socializada, assim como naturalizada. O materialismo encoraja esse desenvolvimento, enquanto o naturalismo e o idealismo o desencorajam. Mas, sobre o social abaixo.

Materialismo Isso, Materialismo Aquilo

A "Metodologia Materialista" prescreve, tal como sua contraparte naturalista, que nada imaterial poderia ser invocado no projeto, na construção e na operação de dispositivos para testes, como os instrumentos de medição. Pois, se isso ocorresse, então as correspondentes operações empíricas seriam não confiáveis. Por exemplo, a inesperada leitura de um ponteiro seria devido, em termos de entidades, a espíritos malignos ou similares, diferentes das que estão sendo observadas. Na ciência, anomalias empíricas são explicadas em termos de fatores naturais, tais como correntes de ar, vazamentos de vácuo, contaminação química ou bacteriológica, projeto experimental defeituoso, ou testemunho preconceituoso. Recorrer a fatores não materiais é encarado como não científico. Logo, o materialismo é irrefutável por meios empíricos. Isso não prova que ele é dogmático: apenas mostra que a pesquisa científica pressupõe o materialismo.

Até o momento, de vez em quando se reivindica que a ciência revela a ação direta da mente sobre a matéria. A mais conhecida dessa pretensão é sem dúvida a parapsicologia, que pretende investigar a telepatia, a telecinesia e similares "fenômenos *psi*". Mas, sem dúvida, nenhuma evidência sólida para tais reinvindicações jamais foi produzida (ver Kurtz, 1985). Além disso, nenhuma evidência desse tipo poderia ser esperada se a neurociência cognitiva fosse levada a sério, pois essa disciplina assume e confirma a tese da identidade psiconeural, de acordo com a qual processos mentais são processos cerebrais, portanto simplesmente indissociáveis do corpo como metabolismo. Logo, a tolerância à pesquisa parapsicológica, recomendada pelos empiristas, pode dotá-los de uma respeitabilidade a que não faziam jus.

A segunda violação aparente do materialismo é a versão de Copenhague da teoria quântica da mensuração. De fato, de acordo com ela, uma medição não se completa enquanto a correspondente observação do aparelho de medição não for efetuada; e como tal observação (leitura de instrumento) é um ato consciente, deve-se concluir que a consciência do observador desempenha um papel crítico no comportamento objetivo daquilo que se mede (London e Bauer, 1939, p. 41).

O mais bem conhecido exemplo do alegado papel ativo da consciência do observador no mundo físico é o gato de Schrödinger. Reivindica-se que, na medição em que a tampa da caixa não é aberta, o gato está em uma superposição de estados de vida e morte: o ato observacional projetaria essa superposição em um dos dois estados. Mas uma câmara situada no interior da caixa registraria a evolução do estado de saúde do gato sem a intervenção do observador. Ademais a mecânica quântica não contém qualquer variável que represente observadores, deixando isolados seus estados mentais. Isso pode ser assegurado pela axiomatização da mecânica quântica. O resultado dessa operação é uma interpretação objetiva (realista) e materialista da teoria, livre de fantasmas (Bunge, 1967b; Pérez-Bergliaffa et al., 1993).

Mas, sem dúvida, esse argumento não impede que qualquer pessoa se incline, subordinando-se a uma filosofia não científica: essa pessoa poderia arguir que os resultados das mensurações clássicas também dependem da consciência do observador, pois elas envolvem observações. Ela poderia ir ainda mais longe e sustentar que toda vez que se realiza uma mensuração, e um dos possíveis valores teóricos sai do esperado, as possibilidades não consumadas são consignadas a universos paralelos, nos quais, em cada um deles, a contraparte do observador terrestre realiza uma medida similar (Everett, 1957). Mas essa é uma peça de ficção científica, porque viola todas as leis de conservação, em particular a da energia; e também porque os universos paralelos são, em princípio, inacessíveis um ao outro, em particular a partir do nosso e, assim, a sua existência é um ato de fé, mais do que uma hipótese científica testável (Bunge, 2006a, p. 97-98). Lidar com mentes leva, naturalmente, à psicologia.

A "psicologia materialista" nega a existência de mentes, almas, espíritos, sejam humanos ou divinos. O materialismo eliminativo, como mostramos na seção Materialismo Clássico acima, vai muito além: nega também a própria existência de processos mentais em humanos e em outros animais. (Assim, o irrepreensível John Herman Randall Jr. [1958] desejava "matar" a "mente" do mesmo modo que James destruiu a "consciência".) O behaviorismo radical, ou psicologia estímulo-resposta, defende essa concepção, que seguia seu caminho nos anos de 1960, quando ressuscitou a psicologia cognitiva e a neurociência cognitiva.

A psicologia cognitiva padrão é dualista, não materialista, pois negligencia o cérebro. Em contrapartida, a neurociência cognitiva (ou afetiva) adota a hipótese da identidade psiconeural, segundo a qual todos os processos mentais são processos cerebrais. (Mais precisamente, a coleção de processos mentais está incluída nos processos cerebrais. Em símbolos óbvios $M \subset B$, mais do que $M = B$.) Infelizmente, muitos defensores dessa hipótese materialista expressam-na de modo grosseiro, de modo que sugerem adesão ao dualismo mente/corpo, tal como a expressão "o cérebro causa a mente" (John Searle). E, de forma mais frequente, na literatura científica: "Esse sistema cerebral é útil à (ou instancia a) função mental". Essa coisa canhestra gera desde uma análise insuficiente até a falta de um referencial ontológico abrangente.

O "materialismo social" (ou melhor, "sociológico") é a concepção de que cada sociedade é um sistema material. Trata-se da visão dos materialistas históricos, marxista e não marxista, bem como de materialistas culturais, como Marvin Harris (1979) e Bruce G. Trigger (2003a). Cabe notar a diferença entre os materialistas sociológicos e os fisicalistas: os primeiros defendem, comumente de um modo tácito, que a sociedade, embora material, é, predominantemente, um sistema *extrafísico*, uma vez que seus componentes – pessoas e artefatos – não são físicos. (O neologismo "extrafísico" denota coisas que estão além do alcance da física. Organismos e sistemas sociais são extrafísicos, mas não suprafísicos, porque não estão livres das limitações físicas, tal como a conservação de energia.) As relações sociais são também extrafísicas, embora alguns de seus portadores, como os canais de comunicação e processos, são físicos. Cuidado: enquanto a ala marxista do materialismo histórico exagera a importância da economia, o materialismo cultural de Harris exagera a importância do biológico.

O "materialismo linguístico" retém a distinção clássica de Saussure entre *parole* ou fala, e *langue* ou linguagem: apesar de a primeira ser um fato social, a última é um sistema de signos ou símbolos. Portanto, enquanto o puro linguista estuda linguagens como sistemas abstratos, linguistas de campo, neurolinguistas, psicolinguistas e sociolinguistas estudam falantes reais e comunidades linguísticas. Todavia, idealistas como Chomsky e seus seguidores ignoram a linguística empírica; na realidade, os dois ramos dessa ciência são mutuamente complementares.

O "materialismo legal" (ou jurídico) é outro caso especial do materialismo social (ou sociológico). Tal qual seu parceiro epistemológico, o realismo legal, o materialismo legal defende que os códigos legais são manuais operativos para a coexistência social, o qual requer o funcionamento e a coordenação eficientes dos vários componentes da sociedade. O materialismo legal se opõe ao naturalismo legal (ou lei natural) ao considerar normas legais como coisas artificiais ou fabricadas pelo homem. Mas ele também se opõe ao positivismo legal (a escola do poder-faz-direito), relembrando que não há nada de absoluto acerca da norma básica, isto é, da *Grundnorm*, de uma ordem legal, desde que o fabricado pode ser desfeito. O idealismo legal (e.g., Dworkin, 1986) advoga que a lei ultrapassa tudo – uma asserção que menospreza a pressão que vem de cima (o poder das elites) e que vem de baixo (os sindicados operários e os partidos liberais e socialistas). Em contraposição, o materialismo vulgar sustenta que a lei é observada apenas quando não traz, de modo aberto, inconveniência aos poderes econômicos, políticos e culturais existentes, e quando não torna o dia a dia da pessoa comum muito árduo – de outro modo as pessoas tentariam quebrar a lei. O que ocorre com as normas legais ocorre com os imperativos morais, para os quais nos voltaremos agora.

O "materialismo moral" argumenta que a moralidade é o núcleo de nosso *kit* de sobrevivência social: que normas morais deveriam facilitar a existência e a coexistência. Trata-se de algo, consequentemente, mais secular do que religioso: o materialismo moral nos obriga, do mesmo modo que Spinoza, a considerar mais os companheiros humanos do que os extraterrestres imateriais, não negociáveis: a fazer sacrifícios toleráveis e úteis, como voluntariar-se por boas causas, em vez de jogar fora recursos em cerimoniais projetados para aplacar ou subornar poderes imaginários.

O materialismo moral também nos prescreve que as condições materiais devem ser promovidas para a prática das normas morais, pois é difícil comportar-se altruisticamente em um estômago vazio, desobedecer a ordens não morais que emanam de tiranos, ou resistir à tentação de explorar ou oprimir o fraco a partir das alturas do poder político. O nobre *slogan* da Revolução Francesa, *liberdade, igualdade, fraternidade*, não poderá ser implementado, a menos que o poder das elites seja distribuído de modo equitativo na sociedade. Em suma, continuemos a difundir sementes de uma moral "elevada", enquanto se prepara uma base propícia para sua germinação.

O "materialismo ético" é a concepção segundo a qual problemas morais são problemas sociais que surgem quando recursos escassos são manipulados por pessoas com poder desigual (seção Filosofia Prática do capítulo 1). Exemplos: a alocação de benefícios e encargos entre membros de um sistema social, como uma família, uma firma comercial ou uma organização política. Visto que os problemas morais são problemas sociais, eles só podem ser solucionados por ação social; e, de acordo com o cientificismo, eles são melhor resolvidos à luz do melhor conhecimento social mais do que por intuição moral ou *ukase* (direito do czar) político (Bunge, 1989; Railton, 2003).

O "materialismo metaético" sustenta que as normas morais não caem do céu, nem tampouco são gravadas na pedra. Ao contrário da lenda de Moisés, o materialismo metaético sustenta que as normas morais são tanto feitas pelo homem quanto sujeitas à mudança juntamente com outras feições da vida social. Tais mudanças são incitadas por um exame das consequências que derivam de normas morais anteriores – o que constitui razão para advogar uma ética consequencialista e experimental mais do que deontológica e dogmática. Por exemplo, a *Déclarations des droits de l'homme et du citoyen* (Declaração dos Direitos do Homem e do Cidadão, 1789) foi um produto da Revolução Francesa, que substituiu a ordem feudal pela burguesia. Por seu turno, aquele manifesto ético-político exerceu forte influência sobre a vida política em todo mundo, levando eventualmente ao sufrágio universal que não estava contido naquela declaração.

Mas verificou-se eventualmente que os direitos políticos eram insuficientes, e os direitos socioeconômicos, como o seguro-desemprego e o seguro-saúde, foram incorporados. Assim, a ética, como a engenharia, evoluiu à luz de reflexão e experiência. Mas diferentemente da engenharia, a ética também foi objeto de contenda política. Por exemplo, nas sociedades mais avançadas, pessoas doentes são tratadas como pacientes mais do que como fregueses; e a pena de morte foi abolida não apenas em bases morais, mas também porque as estatísticas mostraram que não é impediente do crime.

Além disso, o materialismo metaético, assim como o realismo metaético, não objeta a assim chamada falácia naturalista. Na verdade, embora não perpetre a falácia de tentar deduzir *deve* de *é*, o materialismo metaético afirma que: a. nós pulamos por cima do abismo toda vez que realizamos uma ação guiados por uma norma ou regra; b. é desejável tanto justificar quanto criticar normas morais à luz da ciência social; e c. todos os imperativos, em particular os morais, são transladáveis em declarativos quando convertem "faça x" em "você tem o dever de fazer x".

Finalmente, o "materialismo político" argumenta que a política, longe de ser pura, é o braço dos interesses econômicos (em particular dos religiosos). Consequentemente, ele também sustenta que para ser efetiva a ação política deve ser percebida como aquela que promove os interesses de alguma seção da sociedade – daí por que há ou houve partidos políticos aristocráticos, burgueses, de classe média, de classe trabalhadora, agrários, católicos, evangélicos, islâmicos e outros. Segue-se que quaisquer movimentos políticos que se propunham a perseguir metas sublimes mas não práticas, como o amor ou a ilustração universais, estão destinados a falhar: para ter a chance de vitória, um movimento político deve ser visto como um movimento que esteja promovendo fortes interesses materiais quaisquer que eles sejam. Entretanto, isso não implica que os políticos devem desfazer-se de ideais generosos: implica somente que semelhantes ideais devem ter raízes práticas e precisam ser perseguidos por meios realistas. Por exemplo, alfabetização universal beneficia não só o alfabetizado mas também os negócios que necessitam de trabalhadores capazes de ler instruções e anúncios comerciais – ou, pelo menos, os preços de itens anunciados em catálogos comerciais ilustrados (mais em Bunge, 2009).

Hilorrealismo

O realismo é a concepção de que o mundo externo existe por si próprio (componente ontológico) e de que ele pode ser conhecido, mesmo se apenas parcialmente (componente epistemológico). Mas o realismo não se compromete no tocante à natureza do mundo. Daí por que ele deve ser distinguido do materialismo, embora ambos sejam, com frequência, confundidos. Essa confusão é bastante natural, porque as duas doutrinas compartilham do princípio ontológico segundo o qual a realidade existe independentemente do inquiridor – por exemplo, que, como Balzac o colocou em um de seus romances, as flores vêm antes da botânica.

Como o materialismo, o realismo aparece em muitos aromas. As principais variedades do realismo são: a ingênua e a científica. O realismo ingênuo sustenta que as coisas são realmente como nós as vemos: que o nosso cérebro (ou nossa mente) apenas "reflete" as coisas que estão fora. O realismo científico, por contraste, diz que a cognição é construtiva, mais do que "reflexão" passiva: que ela envolve a criação de constructos, tais como os de zero, elétrons, nação e universo, que vão além das aparências e além da intuição; e que o mundo visível é mais bem explicado em termos de entidades invisíveis como átomos, fótons, genes, neurônios e governos.

A natureza construtiva da pesquisa científica é demonstrada não somente pela análise filosófica: ela é também resultado da neurociência cognitiva. De fato, a concepção popular de que o cérebro humano é passivo, de que ele responde apenas às demandas momentâneas do ambiente, é falsa: o cérebro está em constante atividade espontânea mesmo durante o sono. Eis por que, embora seu peso seja apenas de cerca de 2% do peso total do corpo, o cérebro humano consome cerca de 20% da provisão energética total do corpo. Até a percepção, o mais básico processo mental, nada é senão um processo dependente do estímulo. Como William James (1890, v. II, p. 103) o formulou em seu clássico *Principles*: "*enquanto parte do que percebemos nos chega por meio de nossos sentidos a partir dos objetos diante de nós, outra parte* (e pode ser a maior) *vem sempre* [...] *de nossa própria cabeça*" (itálico no original). Retornaremos a esse tópico na seção A Plásticidade do Cérebro, do capítulo 9.

Em suma, conquanto o realismo e o materialismo sejam logicamente independentes um do outro, cada um deles é por si incompleto e raso sem o outro. Isso se deve à natureza tanto de nosso equipamento sensório quanto do mundo externo: por serem os nossos sentidos limitados, eles penetram somente na realidade profunda da pele. Isso nos força a pensar além dos perceptos: para hipotetizar entidades imperceptíveis, bem como para projetar indicadores e ferramentas que incorporem tais indicadores, de modo que possamos conferir quais das entidades por nós imaginadas existem efetivamente no mundo real. Daí por que os cientistas praticam o hilorrealismo mesmo quando pregam o positivismo.

A Espiritualidade em um Mundo Material

Na linguagem corriqueira, "espiritual" é tomado como sendo o oposto de "material". Na psicologia biológica, e na correspondente filosofia da mente, não há coisas tais como espíritos imateriais ou almas. Nessas disciplinas há unicamente cérebros e suas funções. Nessa perspectiva, tudo o que é espiritual é material, na medida em que é um processo cerebral. Até mesmo atividades cognitivas superiores, como o pensar abstrato, não são exclusivamente cerebrais: elas também são profundamente entrelaçadas com processos sensórios e motores (Mahon e Caramazza, 2009). Em suma, o pensamento puro é encarnado, não desencarnado. Ademais, tudo que é espiritual é mais dispendioso, porque a atividade mental é uma atividade metabolicamente de alto custo de manutenção, e uma atividade que requer longos anos de aprendizado e uma pequena quantidade de liberdade econômica e política.

Os casos de culto religioso e da disputa e reflexão teológica são mais complicados do que os das buscas acadêmicas, porque podem envolver intensas emoções e custosos compromissos, e porque, longe de serem persecuções desinteressadas, as pessoas se engajam nelas esperando recompensas, quer terrenas, quer de outro mundo. Pense apenas na expiação e na aprovação social procurada pelo crente religioso comum: as estacas das madeiras, sejam celestiais ou mundanas, são, ou costumam ser, bem mais altas do que aquelas envolvidas em atividades desinteressadas. Somente os budistas tibetanos conseguiram maximizar a esperada utilidade da prece, acionando suas máquinas de oração sem pensar ou sentir afora algum cansaço físico.

Observações Concludentes

Em conclusão, o materialismo é plural: é toda uma família de doutrinas, do fisicalismo mais brando – naturalismo – até o mais duro, ou materialismo eliminativo. Como o ateísmo, o naturalismo é o modo de ver negativo: ele diz que não há nada fora da natureza, mas não diz o que há dentro dela. Em contraposição, o materialismo sustenta não somente que o sobrenatural é mítico, mas também compromete-se tanto consigo quanto com a natureza do universo. Por exemplo, os fisicalistas sustentam que todas as coisas são físicas, donde se segue que todas as ciências factuais são físicas ou a ela redutíveis. O fisicalismo, em particular o mecanicismo, era plausível entre a Revolução Científica e o Iluminismo, muito embora a biologia já tivesse principiado a enfraquecê-lo. Mas, a partir de cerca de 1850 em diante, o fisicalismo tornou-se crescentemente insustentável em face da maturação da biologia e da ciência social. No entanto, a maioria dos filósofos contemporâneos agarrou-se às identidades obsoletas de "Material = Físico = Corpuscular", e "Materialismo = Fisicalismo". Por exemplo, Kim (2006) escreve a respeito do domínio mental como "superveniente" ao físico – não ao biológico. (Recorde o capítulo 5.)

Hoje em dia, apenas um punhado de filósofos são fisicalistas – em particular aqueles que acreditam que o cérebro é um sistema físico mais do que biológico. Eles parecem obsoletos não apenas por causa de um equívoco, a saber, a crença popular de que todo o materialismo é fisicalista, assim como alguns dos mais inovadores biólogos no passado, como Claude Bernard e Jacques Loeb, denominavam-se "mecanicistas", quando criticavam o vitalismo, embora, na realidade, fossem físico-quimicalistas. Do mesmo modo, somente sociobiólogos acreditam atualmente que a sociologia, a economia e a história são ciências naturais. A maioria dos cientistas sociais sabe que o social é irredutível à biologia, se não por outro motivo, pelo menos porque há valores sociais como o mérito, além de valores naturais como a saúde. Entretanto, os estudiosos da sociedade, amiúde, admitem itens não naturais por uma razão errada: por acreditarem ou que a fonte de ação social é a mente imaterial, ou que a "sociedade" é o plural de "indivíduo", e que a vida social é impelida unicamente por interesses individuais.

No entretempo, as ciências não físicas têm avançado a passo rápido, a despeito das restrições idealistas (em particular, neokantianas) e da ilusão naturalista. As ideias de emergência e nível de organização vêm ganhando prosélitos na prática ainda que muitas vezes de modo tácito, isto é, sem sofisticação filosófica. Por exemplo, qualquer biólogo contemporâneo sabe que o organismo molecular inteiro tem propriedades que nenhuma de suas células possui, e que as células fazem coisas que a biologia molecular nem sequer tenta explicar. O materialismo científico acomoda todas essas novidades, enquanto o naturalismo e o fisicalismo não o fazem, ainda que estejam, de longe, mais próximos da verdade do que a franja radical do idealismo, ou seja, a hermenêutica, a qual compartilha do mito cabalístico segundo o qual palavras criam coisas.

Cientistas naturais ativos, com a exclusiva exceção do minguado bando de psicólogos dualistas, são materialistas, ainda que eles próprios não se denominem assim. De fato, nenhum químico, físico ou biólogo vivo se atreve a pretender que as coisas por eles estudadas interajam com agências imateriais, tais como almas desencarnadas, fantasmas ou deidades. Em resumo: o materialismo científico tem o suporte da ciência natural. Além disso, pode-se argumentar que ele é uma condição necessária para o progresso de todas as ciências.

Mas o materialismo está longe de ser suficiente. Por exemplo, até meados do século XIX a psicologia não foi muito além de Galeno, porque era puramente especulativa; a biologia soviética retrocedeu a partir do momento que os fantasmas de Lysenko se tornaram credo oficial; e as especulações da escola racional nos estudos sociais não resolveram quaisquer problemas nesse campo, a despeito de focalizar interesses materiais. Para que o materialismo ajude a ciência, ele precisa combinar com o método científico. Em seguida devemos enfrentar o mais árduo e espinhoso problema com que se defrontam todos os materialistas: a natureza da mente.

ME parte ii NTE

8.
O PROBLEMA MENTE/CORPO

A concepção mais popular acerca da natureza da mente é a de ser imaterial, portanto separável do corpo. Ademais, acredita-se ainda largamente que nós somos vivos ("animados") na medida em que temos almas (*animae*), e que morremos quando ela nos deixa. Saul Kripke (1971) reviveu esse mito pré-histórico ao defender que processos mentais não podem ser neurais porque a associação cérebro-mente é antes contingente, mais do que necessariamente lógica – portanto, pessoas em mundos alternativos talvez não necessitassem de cérebros para pensar. Isso é tudo o que a metafísica modal (ou de mundos possíveis) consegue nos dizer a respeito da mente. Os psicólogos nos dizem muito mais, sem dúvida, porém muitos deles ainda não estão interessados no cérebro, que os neurocientistas cognitivos consideram como órgão da mente: sejam ou não dualistas, esses psicólogos comportam-se como se fossem. De fato, atuam como tal sempre que escrevem sobre o "substrato" ou o "correlato" neural desta ou daquela função mental, o que significa dizer que as pernas constituem o substrato ou o correlato do andar.

Entretanto, o dualismo mente/corpo foi desafiado numerosas vezes desde a Antiguidade. Por exemplo, na Renascença tardia, quando um professor ministrava sua aula inaugural na inquieta Universidade de Pádua, seus alunos perguntavam-lhe o que pensava sobre a natureza da alma, sua relação com o corpo e suas perspectivas sobre a imortalidade da alma: eles queriam saber se o professor era um espiritualista ou um naturalista. Cesare Cremonini, o mais famoso e bem pago professor de seu tempo, ensinava o naturalismo de Alexandre de Afrodisias, em particular sua concepção a respeito da mortalidade da alma – ao mesmo tempo que, ainda nos tardios anos de 1620, ele continuou ensinando a *astronomia* de Aristóteles e se recusava a olhar pelo telescópio do colega Galileu (Renan, 1949).

Por volta da mesma época, Descartes escreveu dois trabalhos basicamente naturalistas, seus *Traité du monde* e *Traité de l'homme*, os quais não ousou publicar por medo da Inquisição. E um século depois, La Mettrie, Helvétius, Holbach e outros *filósofos* reafirmaram a convicção de Hipócrates e Galeno, de que o cérebro é o órgão da mente. Seus trabalhos foram amplamente lidos a despeito de terem sido banidos e, no caso de Helvétius, seu livro *De l'Esprit* foi queimado pelo executor oficial. A visão materialista da mente de David Hartley foi tolerada, mas Joseph Priestley teve que emigrar para a então jovem nação Estados Unidos, por defender que a alma morre com o cérebro.

No século XIX, Pierre-Paul Broca e Carl Wernicke criaram a neuropsicologia, e falar de psicologia fisiológica tornou-se popular nas escolas de medicina. Mas os professores de filosofia ainda se recusavam a ouvir. Igualmente os behavioristas, que costumavam dominar toscamente os departamentos de psicologia da América entre 1920-1960, decretaram a irrelevância do cérebro para o comportamento. E os psicanalistas, que reinaram até recentemente na psiquiatria norte-americana, fantasiavam sobre a alma e seu domínio do corpo.

A solução mais barata do dilema mente/corpo é negar a existência de crenças, desejos, medos, esperanças, intenções e similares. Essa é a assim chamada postura eliminativista: pretender que todas essas categorias mentalistas pertencem à psicologia popular (ou pré-científica) (ver, e.g., Stich, 1999). Um certo número de influentes filósofos norte-americanos, tais como Willard van Orman Quine, Richard Rorty e Paul Churchland, assumiram essa posição, que nada mais é senão uma reformulação do behaviorismo, e que pode ser considerado como uma reação primitiva ao dualismo psiconeural.

Ao aferrarem-se abertamente ao comportamento, os eliminativistas ou behavioristas definiram sua bandeira, isto é, o comportamento como "uma reação do animal a um estímulo", ou até como "o que um animal faz". Assim eles colocaram respiração, suor e outras ações automáticas na mesma categoria que as ações dirigidas para metas como a resolução de um problema de labirinto ou a construção de ninhos. E eles passaram por cima de tudo que o cérebro faz quando não agimos, em particular ao idear ou ao emocionar-se. Não é de espantar que os estudiosos do comportamento animal ainda não concordem sobre o que constitui o comportamento (Levitis et al., 2009). Afortunadamente, psicólogos continuam cultivando a psicologia como o estudo científico da mente concebida como um (sub) conjunto de processos cerebrais (ver Hebb, 1980, p. 2). Ainda assim, essa redefinição da tarefa da psicologia levanta duas questões: quais cérebros, e quais processos? Entretanto, devemos postergar essas questões para a seção A Plasticidade do Cérebro, do capítulo 9.

O resultado é que isso, a mais difícil de todas as Grandes Questões, está sendo ativamente investigado no laboratório. Isso a despeito dos filósofos que, como Colin McGinn (2004), declaram que a mente jaz além do alcance da ciência. Por que se dar ao trabalho de estudar a literatura técnica rapidamente crescente sobre a neurociência cognitiva, essa abordagem científica do problema mente/corpo? É verdade, alguns filósofos da mente, em crescente número, advogam a adoção da abordagem neurocientífica para o problema. Porém, a maioria deles usa um único exemplo: "Dor = disparos de fibras C". Isso está errado porque esses nervos conduzem unicamente estímulos de receptores de um certo tipo: sentir dor é um processo consciente que ocorre nos recessos profundos do cérebro. E nós nos tornamos tão habituados a igualar a liberdade acadêmica com a licença de repetir coisas obsoletas e até absurdas que, enquanto ainda acumulamos desprezo sobre aqueles colegas de Galileu que se recusavam a olhar através de seu telescópio, levamos muito a sério os filósofos da mente que se recusam a olhar para a ciência contemporânea da mente, ou seja, a neurociência cognitiva.

Outros filósofos da mente não são espíritos tão tacanhos quanto confusos, por falta de uma ontologia ampla e clara. Assim John Searle (2007, p. 40 e s), que publicou largamente sobre esse assunto, nos diz que ele se opõe ao materialismo e ao dualismo psiconeural. No entanto, também defende que estados mentais são *causados* por processos cerebrais em nível neural. Serão estados de um tipo causados por processos de outro? Essa conversa de causação ascendente soa para mim de modo dualista. Ademais, é uma reminiscência do materialista vulgar Karl Vogt, do século XIX, cuja famosa vindicação era "o cérebro secreta pensamentos como o fígado secreta bílis". Há, no caso, uma confusão ontológica elementar: por definição, processos são sequências de estados, e apenas eventos são supostos para causar eventos (ver mais no capítulo 14). Por exemplo, não é o LSD por si, mas o tomar LSD que causa alucinações.

Um monista psiconeural do tipo materialista declararia que todos os estados mentais são estados cerebrais, e que o mesmo vale para mudanças de estado mental, isto é, eventos e processos. Por exemplo, ele diria que sentir náusea é o mesmo que certo processo em uma rede cerebral que inclui a ínsula. Afirmaria também que todos os processos cerebrais são causados por outros processos, ou no cérebro ou atuando sobre ele. E deveria também saber que essa tem sido uma tese central do materialismo, tanto hindu como ocidental, por no mínimo 2.500 anos, e que apenas os materialistas vulgares ou eliminativistas (isto é, os behavioristas) a rejeitam. Tudo isso sugere que o problema mente/corpo pode ser tratado de modo proveitoso apenas dentro de um quadro ontológico amplo, e com alguma informação sobre sua história. Entretanto, no que se segue estaremos aptos a fornecer apenas uma pincelada de tudo isso (ver Bunge, 1980a; Bunge e Ardila, 1987; Hebb, 1980; Purves et al., 2008).

Diálogo Introdutório

FILÓSOFO: Você acabou de enrubescer!

CIENTISTA: Acho que sim.

FILÓSOFO: Por que você enrubesceu?

CIENTISTA: Devido ao seu comentário sobre a ingenuidade filosófica dos cientistas.

FILÓSOFO: Desculpe. De qualquer modo, você acabou de mostrar, inconscientemente, um claro exemplo do poder da mente sobre a matéria. De fato, seu embaraço, um processo mental, causou seu enrubescimento, um processo psicológico.

CIENTISTA: Não se apresse. O que leva você a negar que embaraço, ou qualquer outro processo mental, no tocante a isso, é um processo fisiológico?

FILÓSOFO: É porque nós o descrevemos em termos psicológicos.

CIENTISTA: Ah! Mas isso é somente por causa da tradição e por razões de brevidade. Eu poderia explicar.

FILÓSOFO: Vá em frente, nós temos tempo.

CIENTISTA: Bem, para começar, o embaraço em questão aconteceu em meu cérebro, não algures em meu corpo, e muito menos fora dele.

FILÓSOFO: Como você sabe? No fim das contas, é mera conjectura que eventos mentais sejam eventos cerebrais, certo?

CIENTISTA: Conjectura, sim. Mera conjectura, não, porque isso foi bem confirmado por estudos eletrofisiológicos e de lesões, que as emoções são processos em rede cerebrais que incluem tanto regiões corticais como subcorticais.

FILÓSOFO: Suponha que eu lhe conceda isso. O que é que nós ganhamos concebendo o mental como neural?

CIENTISTA: Ganhamos entendimento. Você entende um processo quando expõe seu mecanismo. E acontece que todos os mecanismos são processos em coisas materiais, tais como cérebros.

FILÓSOFO: E qual seria o mecanismo do processo que estamos discutindo?

CIENTISTA: Esquematicamente, seria a seguinte cadeia causal: ouvir sua observação (área auditiva) – entendê-la (área de Wernicke) – sentir raiva ou vergonha (um circuito que contém o hipotálamo, o córtex orbitofrontal, ou outras regiões do cérebro) – ativação da circuitação motora do cérebro – dilatação das capilaridades da face. Concedo, no entanto, que os detalhes ainda precisam ser elaborados. Mas o grande retrato está aí e esse retrato é um projeto inteiro de pesquisa e não apenas uma história.

FILÓSOFO: Ainda assim você apenas descreveu um caso de causação para baixo, de um nível elevado para um nível mais baixo.

CIENTISTA: Como quiser. Mas prefiro chamá-lo de processo de cima para baixo que ocorre na cabeça. E o ponto é que esse processo ocorre no cérebro, e é descritível em termos puramente neurocientíficos.

FILÓSOFO: Eu contesto isso: a própria palavra "embaraço" é um termo psicológico que não aparece no vocabulário neurofisiológico. E, seguramente, o mesmo se aplica ao restante do vocabulário psicológico.

CIENTISTA: É verdade. Mas o ponto em discussão é que os processos mentais podem ser explicados, ao menos em princípio, em termos neurofisiológicos. Entretanto, esses processos neurofisiológicos, denominados "mentais", são qualitativamente diferentes de todos os outros; no fim das contas, são recém-chegados na evolução. Além disso, eles não ocorrem em um vácuo social. De fato, o embaraço, como a vergonha e a compaixão, é uma emoção social.

FILÓSOFO: Assim você não elimina nem o mental nem o psicológico. Você retém uma distinção entre os níveis e faz concessões à psicologia, e talvez até à sociologia.

CIENTISTA: Absolutamente não. Nós identificamos o mental com o neural de uma maneira muito particular, e fundimos a psicologia com a neurociência – e a sociologia também, quando é o caso do estudo do social e da ação. Em suma, ao mesmo tempo realizamos uma redução ontológica e efetuamos uma coalescência epistêmica.

FILÓSOFO: Vou meditar sobre isso com cuidado.

CIENTISTA: Faça isso. Mas lembre-se que o problema corpo/mente é científico, bem como filosófico e teológico. Recorde-se, também, que nenhuma ideia pode ser discutida fecundamente em um vácuo. Em particular, uma ideia materialista da mente deve ser discutida no contexto de uma ontologia materialista abrangente. Proceder de outro modo seria ingênuo do ponto de vista filosófico.

FILÓSOFO: *Touché*!

Ciência, Filosofia e Religião Intersectam-se

Algumas das mais interessantes Grandes Questões conceituais encontram-se na intersecção da ciência, filosofia e religião. Os problemas da natureza e da origem do universo, da vida, da mente, da sociedade e da religião acham-se nessa categoria; assim, também estão os problemas sobre o que é bom e o que é correto e sobre o que deve ser feito para identificar e solucionar os problemas morais e sociais que suscitam a ação e a inação dos homens. Qualquer desses problemas é um contraexemplo à tese positivista, segundo a qual esses três domínios – ciência, filosofia e religião – são mutuamente disjuntos.

Mas, embora a dita tricotomia seja insuficiente para os problemas, ela é válida para abordá-los. De fato, enquanto os teólogos recorrem tanto à revelação quanto à exegese da assim chamada escritura revelada, os cientistas investigam problemas quer empiricamente, quer teoricamente. Eles procuram novo conhecimento para resolver problemas velhos ou novos. Daí ser falsa a tese reconfortante de que ciência e religião podem coexistir pacificamente porque estariam preocupadas com "non-overlapping *magisteria*", ou seja, "domínios de questionamento que não se sobrepõem", como pretendeu o grande Steven Jay Gould (1997b).

A religião e a ciência estão ontologicamente em desacordo, porque a primeira afirma enquanto a segunda nega a existência de entidades sobrenaturais, bem como a de almas desencarnadas. São também metodologicamente incompatíveis uma com a outra, porque, enquanto os cientistas buscam verdades, os religionistas pretendem já tê-las encontrado. Daí por que não há busca de novas verdades sob uma teocracia, nem sob um regime totalitário.

Algo similar vale para a relação entre ciência e filosofia. De fato, um certo número de problemas é, ao mesmo tempo, científico e filosófico. Exemplos: o que são a matéria, a causação, a chance, a vida e a mente? Conquanto à primeira vista a física e a química tenham solucionado o primeiro problema que, por sua vez, efetivamente ainda coloca certo número de questões filosóficas, tais como as discutidas por Michael Frayn, em sua famosa peça *Copenhague*. Por exemplo, será que os eventos microfísicos acontecem apenas quando algum experimentador os induz? Do mesmo modo, os biólogos têm ainda de responder à questão: "O que é a vida?", e os psicólogos, à questão: "O que é a mente?", para a satisfação de cada um deles.

Como se deve proceder para enfrentar esses problemas híbridos? Diante dessas questões os filósofos se dividem em dois campos: o pró e o não científico. Enquanto o primeiro procura orientação da ciência, os não científicos empenham-se em especulação desenfreada. Não é de surpreender que os filósofos não científicos constituam a vasta maioria. Afinal de contas, ignorar a ciência é muito mais fácil do que aprender algo dela.

Eu não estou contando apenas os bem conhecidos inimigos da ciência, como Berkeley, Giambattista Vico, Jean-Jacques Rousseau, Johann Gottlieb Fichte, Schelling, Hegel, Nietzsche, Bergson, Croce, Giovanni Gentile, Husserl e Heidegger. Nem estou contando os filósofos indiferentes à ciência como Moore, Wittgenstein, Peter Strawson, Kripke, David Lewis e Habermas. Eu também estou incluindo os filósofos não científicos, alguns grandes e influentes pensadores que são, em geral, considerados como pró-científicos, como Locke, Hume e Kant. A razão é que todos os três acreditavam que tudo quanto podemos saber são fenômenos ou aparências, caracterizadas por propriedades secundárias ou *qualia*, como a cor e o paladar.

Assim, John Locke (1690, Bk IV, sec. iii, p. 28) advertia que "não podemos ter conhecimento distinto" do movimento dos corpos fora da nossa experiência, porque não entendemos como eles causam sensações em nós a não ser que seja pela intersecção de "um Agente infinitamente sábio". Assim, "somos absolutamente incapazes de conhecimento universal e correto" dos corpos ao redor de nós. Pouco suspeitava Locke que seu ceticismo em relação ao poder da ciência estava aquém de seu próprio tempo, uma vez que a revolução científica já estava bem adiantada. Em particular, ele não conhecia o *Magnum Opus*, de Newton (1687) – que continha precisamente algumas das leis do movimento que Locke julgava incognoscíveis –, que apareceria no mesmo ano em que ele concluiria seu *Essay*. Felizmente, nem mesmo a imensa autoridade de Locke pôde evitar a marcha triunfal do newtonianismo. Entretanto, seu ceticismo relativo ao poder da ciência eclipsou a importante obra de seu quase contemporâneo Thomas Willis, o antigo neuroanatomista moderno que considerava o cérebro como o órgão da emoção, da percepção e da memória (Zimmer, 2004), fato que constitui mais um exemplo do dano que as filosofias superficiais como o fenomenalismo podem causar. Por exemplo, na astronomia os fenomenalistas defendiam a concepção geocêntrica do sistema planetário; na física, atacavam a teoria atômica e na psicologia favoreciam o behaviorismo.

Pior ainda, até a maior parte dos filósofos que professam amor à ciência não a utiliza para enfrentar qualquer dos grandes problemas em questão. Por exemplo, alguns positivistas têm pretendido que o problema mente/corpo é um pseudoproblema, e outros têm repetido a doutrina do duplo aspecto. Lênin e seus seguidores sustentaram que ideias são o oposto da matéria. Ludwig Wittgenstein pretendeu que somente a um ser humano (mais do que ao seu cérebro) pode ser dito que ele percebe ou é consciente – porque esta é a maneira como os predicados psicológicos são usados na linguagem comum. Hilary Putnam propôs que a mente é apenas um conjunto de programas de computador – uma concepção adotada por Daniel Dennett e outros filósofos da mente. Karl Popper defendeu o dualismo psiconeural e reviveu a conhecida analogia de Platão: a mente está para o cérebro como o piloto está para o barco. Outros estudiosos, como John Searle, ainda defendem que o cérebro causa a mente – o que significa afirmar que as pernas causam o andar, mais do que o fato de andar ser a função específica das pernas.

A variedade de bizarras opiniões filosóficas acerca da natureza da mente brota das tácitas convenções, infelizmente errôneas, de que a imaginação filosófica não deve ser constrangida por quaisquer achados científicos, e que os problemas filosóficos podem ser enfrentados um a um, mais do que em maços. Acontece que sustento as concepções segundo as quais a filosofia deve estar intimamente vinculada à ciência, e que nenhuma das Grandes Questões a envolver fatos pode ser tratada com sucesso exceto à luz de teorias precisas, empiricamente testáveis, a respeito da natureza da realidade e do conhecimento dela (Bunge, 2006a).

Em suma, o problema da natureza da mente sempre foi de grande interesse para cientistas, físicos, filósofos, teólogos, xamãs e diletantes no esotérico. Assim como no caso de outros problemas importantes, enquanto uns poucos filósofos efetuaram sugestões úteis, a maioria atrapalhou a investigação séria do tema – por exemplo, pretendendo que ele seja insolúvel, ou que deva ser abordado via linguagem, ou via tecnologia do computador. Vamos dar uma olhada de relance sobre três importantes concepções da mente, cada uma delas entusiasticamente endossada por alguma escola filosófica.

Dualismo Psiconeural Clássico

Há correntemente três principais concepções da mente: dualismo psiconeural, computadorismo e a tese da identidade psiconeural. Vamos dar uma espiada nelas (mais sobre o dualismo em Armstrong, 1968; Bunge, 1980a; Bunge e Ardila, 1987; Ingenieros, 1946; Kim, 2006; Lovejoy, 1955). O dualismo psiconeural é por certo a antiga opinião de que matéria e mente são entidades ou substâncias distintas; de que uma pode existir sem a outra e que elas podem interagir, mas nenhuma delas pode ajudar a explicar a outra. O dualismo foi definido por filósofos famosos tais como Platão, Descartes e Popper, bem como por alguns poucos eminentes neurocientistas entre os quais Hughlins Jackson, Charles Sherrington, Wilder Penfield, Roger W. Sperry e John C. Eccles; e é um componente de todas as religiões e cosmologias primitivas, bem como da psicanálise e da New Age. Suas grandes vantagens são que ele se afigura óbvio; ele parece explicar sem esforço cada bit do comportamento humano; e é inerente ao dogma da sobrevivência da alma após a morte.

Além disso, à primeira vista o dualismo psiconeural é sustentado pela lógica. De fato, considere o seguinte argumento bem conhecido, à luz da lei de Leibniz, segundo a qual dois objetos são idênticos se, e somente se, tiverem as mesmas propriedades.

1. Eu tenho conhecimento direto de meus estados mentais.
2. Eu não tenho conhecimento direto de meus estados cerebrais.

Portanto, pela lei de Leibniz, meus estados mentais não são idênticos aos meus estados cerebrais.

Esse argumento é falacioso, porque ter ou faltar conhecimento direto não é uma propriedade dos itens em questão, ou seja, dos estados mentais e estados cerebrais. De fato,

> A "propriedade" atribuída na premissa (1), e retirada da premissa (2), consiste, unicamente, no reconhecimento, na percepção, ou no conhecimento do objeto do item como uma coisa ou outra. Mas tal apreensão não é uma propriedade do próprio item, adequada para adivinhar entidades, uma vez que um e o mesmo objeto pode ser sucessivamente reconhecido sob um nome ou descrição, e, no entanto, deixar de ser reconhecido sob outra descrição (acurada, correferencial). Embotadamente, a lei de Leibniz não é válida para essas "propriedades" adulteradas (Churchland, 1984, p. 42).

Além disso, o dualismo psiconeural está exposto a certo número de objeções fatais. Recordemos algumas delas.

1. *O dualismo é conceitualmente vago.* Na verdade, a própria expressão "estado mental" é, na melhor das hipóteses, uma notação taquigráfica, porque todo estado é estado de uma coisa concreta (material) em um dado tempo. (Por exemplo, o estado de um paciente hospitalizado em um dado tempo é grosseiramente indicado pelos valores de seus sinais vitais naquele instante.) E a expressão "interação mente/corpo" é um oximoro porque, por hipótese, a mente imaterial é impregnável por estímulos físicos, assim como a matéria não pode ser afetada diretamente por pensamentos ou emoções. O próprio conceito de uma ação é bem definido apenas com referência a coisas materiais. Pense, e.g., na ação

do campo de gravitação terrestre sobre uma aeronave, na ação do ácido nítrico sobre uma moeda de cobre, ou a do café, do vinho, do anestésico ou da cocaína sobre o cérebro.

2. *O dualismo é experimentalmente irrefutável*, visto que não se pode manipular uma coisa não material, como se pressupõe que a alma ou a mente o sejam, com instrumentos materiais como bisturis e comprimidos. Em outras palavras, somente objetos materiais são mutáveis e podem atuar sobre ferramentas materiais tais como instrumentos de medição. O cérebro é, assim, um objeto, porém a mente não material não é, como é demonstrado pelo absoluto malogro dos videntes, médiuns e parapsicólogos.

3. *O dualismo considera apenas a mente adulta*. Logo é inconsistente com a psicologia desenvolvimentista, que mostra como capacidades cognitivas, emocionais e sociais se desenvolvem (crescem e decaem) juntamente com o cérebro e o contexto social do indivíduo.

4. *O dualismo é inconsistente com a etologia cognitiva*, em particular com a primatologia, a qual mostra que compartilhamos algumas capacidades mentais com o nosso parente evolucionário próximo. Ele é também inconsistente com a psicologia comparativa e a arqueologia cognitiva, pois essas ciências sugerem que nossas capacidades mentais se evolveram como resultado de mudanças biológicas e sociais. É verdade, algo dessa evidência deriva do puro antropomorfismo. Mas há também sólida evidência de estudos anatômicos e fisiológicos. No fim de contas não haveria nenhuma fisiologia humana, desde as dissecações de macacos por Galeno e dos experimentos clássicos com animais de Claude Bernard até os nossos dias, sem o estudo de animais, ainda que filogeneticamente tão distantes de nós como as moscas da fruta e os vermes.

5. *O dualismo viola a física*, em particular a lei da conservação de energia. Por exemplo, a energia seria criada se uma decisão de dar um passeio fosse um evento na alma não material. Ademais, o dualismo é inconsistente com a ontologia naturalista que sustenta tudo das ciências factuais. Isso torna a psicologia descerebrada (sem cérebro), uma disciplina solitária anômala. Ela também priva a ciência da mente da panóplia de instrumentos cirúrgicos e farmacêuticos que lhe permitem tratar com êxito doenças mentais que não respondem à psicoterapia.

6. *O dualismo confunde* até investigadores que estão contribuindo para o seu falecimento. De fato, na literatura cognitiva, afetiva e social da neurociência lê-se, amiúde, sentenças da forma "*N* é o *substratum* (ou correlato) neural da função mental *M*", e "o órgão *O serve* (ou medeia, ou *instancia*) a função mental *M*" – como se as funções fossem acidentalmente ligadas a órgãos, ou fossem até anteriores a eles; e os órgãos fossem meios a serviço das funções. Por que não dizer simplesmente

"o órgão O desempenha a função [ou faz] *F*"? Afinal, não se diz que as pernas *servem* ao andar, as tripas *medeiam* a digestão, e assim por diante. Não se pergunta, tampouco, o que vem antes, o nariz ou o ato de cheirar.

Por que não dizer simplesmente que o cérebro sente, emociona, conhece, tenciona, planeja, quer, e assim por diante? Falar de substrato e de correlato, de subserviência e de mediação, é apenas uma relíquia do dualismo e nutre a ideia (funcionalismo) de que o que importa é função, que pode ser estudada independentemente da substância. Mas não há nem o andar sem pernas, nem o respirar sem pulmões. Em geral, não há função sem órgão, nem órgão sem funções. O sorriso do gato de Cheshire em extinção pertence à ficção e não à ciência. É verdade, a maioria dos neurocientistas cognitivos usa as expressões "correlato neural" e "substrato neural" sem assumir que há algo "acima e por cima" da função cerebral. Mas isso não é desculpa: eles deviam aprender a dizer o que querem significar.

7. *O dualismo isola a psicologia* da maioria das outras disciplinas, na medida em que nenhuma delas admite a dicotomia substância/função. Imagine generalizar a fala correlata: "Os correlatos planetários das órbitas de Kleper", "o correlato da luz da refração", "os correlatos moleculares das reações químicas", "os correlatos fluídos das correntes e dos redemoinhos", "os correlatos 'organismais' da evolução" e assim por diante. Muito do mesmo se aplica à fala "substrato", como na frase comum "o substrato neural da tomada de decisão". Algo similar vale para a fala "subserviência": é uma relíquia tanto do dualismo quanto do finalismo e, mais particularmente, do princípio idealista de Platão (*Leis* X, 896), segundo a qual "a alma é a origem primeira e o poder movente de tudo que é, ou veio a ser, ou virá a ser".

8. *O dualismo é, no melhor dos casos, estéril; e contraprodutivo, no pior.* De fato, ele desovou superstições e pseudociências em abundância, desde crenças no sobrenatural e na vida após a morte, até a parapsicologia, a psicanálise e a memética. E o dualismo desacelerou o progresso de todas as disciplinas que lidam com a mente, em particular a psicologia biológica, a neurologia, a psiquiatria, a psico-neuro-farmacologia e a neuroengenharia. Mas não impediu alguns desses especialistas de estudar e até recomendar o uso de agentes psicotrópicos para propósitos militares e controle de motins.

Em resumo, o dualismo psiconeural é científico e filosoficamente insustentável. Pior ainda, ele continua sendo obstáculo maior para a investigação científica da mente, bem como para o tratamento médico de doenças mentais. No entanto, é ainda muito popular, especialmente na versão computadorizada, que envolve o dualismo *hardware/software*. Entretanto, vamos postergar a discussão dessa forma de dualismo em moda para o capítulo 12.

A Mente Sobre a Matéria?

O controle cognitivo do comportamento, como empurrar, guiar, desenhar, escrever e autodominar-se, tem sido tradicionalmente encarado como prova do poder da mente sobre a matéria, ou "causação para baixo" (Campbell, 1974b). A psicossomática e os efeitos placebo são, com frequência, vistos da mesma maneira. Em particular, tem-se dito que os benefícios salutares do otimismo e os efeitos doentios da baixa autoestima e do estresse social exemplificam o poder da mente sobre a matéria.

Mas, sem dúvida, numa perspectiva científica não pode haver nenhuma causação Mente → Matéria, apenas porque ela violaria a conservação da energia e do *momentum*. Existem somente: a. relações causais do mesmo nível entre eventos neurais, como os de alegria e de tristeza causados pelo aprendizado de algo; e b. relações causais de baixo para cima e de cima para baixo entre eventos corpóreos neurais e não neurais, como o embotamento causado por um golpe na cabeça, e a aceleração dos batimentos cardíacos causados pela visão do ser amado.

Em particular, os efeitos placebo envolvidos em minorar a dor e favorecer a recuperação são, hoje em dia, explicados em termos puramente científicos, embora de modo apenas esboçado, em parte graças à descoberta de nervos que conectam o córtex cerebral ao sistema imune (ver, e.g., Cacioppo et al., 2006; e a revista *Brain, Behavior and Immunity*). Por exemplo, o poder de um símbolo para curar ou aborrecer (Símbolo → Significado → Comportamento) pode, às vezes, ser explicado como um caso de condicionamento clássico (Benedetti, 2009). De outro lado, a analgesia placebo pode envolver opioides endógenos gerados pelo cérebro. Os efeitos placebo que envolvem expectativas de recompensa, como no alívio da dor, desencadeado pela mera visão de um estetoscópio sobre o avental branco, é um processo em um complexo circuito do cérebro. Finalmente, a pesquisa tem mostrado que prazeres e dores sociais, como a inveja e a *Schadenfreude* (alegria com o mal alheio), envolvem o mesmo circuito neural que aqueles causados por estímulos físicos dolorosos (Takahashi et al., 2009). Em suma, os efeitos placebo são reais: eles são elos nas cadeias fisiológicas causais. Mas seus benefícios são limitados. Por exemplo, tratamentos com placebos podem reduzir os desconfortos e as dores causadas pelo câncer, mas não podem deter o crescimento do tumor.

Em resumo, verificou-se que o que costumeiramente era visto como casos da ação Mente → Corpo, eram processos Cérebro → Cérebro, ou Cérebro → Resto do Corpo. Esse desvio da fantasia psicossomática freudiana para a psico-neuro-endócrino-imunologia foi um resultado recente dos experimentos pioneiros de Walter Cannon (famoso pela homeostase) e Hans Selye (o pai da pesquisa sobre o estresse). Eles e seus seguidores

Córtex pré-frontal* ⟶ *Córtex motor** ⟶*Dedo**

Fig. 8.1: A cadeia causal entre a decisão de mover um dedo e o movimento efetivo do dedo passa pela ativação do córtex motor. O *asterisco* simboliza um evento, e a *flecha*, uma pulsação do nervo. No caso de pacientes com próteses neurais, o último *link* é um cursor de computador ou mão mecânica.

mostraram de maneira conclusiva que os sistemas nervoso endócrino e imunológico constituem um supersistema – mais um triunfo do materialismo sistêmico. A importância dessas sínteses para a farmacologia e medicina, em particular para a psiquiatria, deviam ser óbvias.

Ironicamente, a psico-neuro-endócrino-imunologia explica por que xamãs e logoterapeutas são ocasionalmente eficazes, bem como o motivo pelo qual a exclusão social pode literalmente adoecer. Assim, as taxas da morbidade e mortalidade dos pobres são mais altas do que a dos restantes de nós, não só porque aqueles não podem satisfazer todas as suas necessidades e carências, mas também porque sofrem uma avaliação social negativa, o que baixa a imunidade deles (e.g., Kemeny, 2009). Esse resultado confirma a descoberta anterior dos psicólogos sociais de que a desigualdade relativa pode ferir mais do que a pobreza absoluta. Entretanto, retornemos ao problema mente/corpo.

Em anos recentes, neuroengenheiros inventaram dispositivos que, quando implantados no cérebro de um paraplégico ou de um macaco imobilizado, permitem ao animal controlar um cursor de computador ou um braço robótico. Os dualistas interpretam esse feito tecnológico como evidência para o poder da mente sobre a matéria. Mas, sem dúvida, para o bioengenheiro o que acontece é que uma parte do corpo, ou seja, uma região no córtex pré-frontal, ativa a prótese neural e faz com que ela execute os movimentos desejáveis. Do mesmo modo, os efeitos analgésicos de placebos e de preces de poder curativo (não confiáveis) podem ser entendidos como efeitos de processos no cérebro sobre outras partes do corpo. É matéria sobre matéria do começo ao fim. Não poderia ser de outro modo, uma vez que cadeias causais são sequências de eventos e todo evento é uma mudança em uma coisa material (ver fig. 8.1).

A explicação da deliberação e da coragem dos monges budistas vietnamitas que nos anos de 1970 puseram fogo em si próprios para protestar contra a guerra é similar. Mas, por certo, esse caso é bem mais complexo

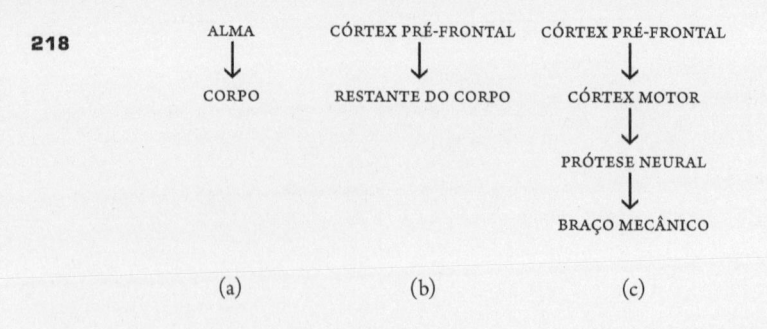

Fig. 8.2: Causação *top-down* (*de cima para baixo*): a. dogma
dualista; b. hipótese materialista; c. neuroprótese.

do que o controle requerido pelas atividades da vida de todo dia, pois
ele envolve livre-arbítrio, e um grau de abnegação e controle emocional
estudados, que ultrapassam qualquer coisa que as pessoas comuns podem
alcançar. Incidentalmente, a regulação da emoção, quer deliberada ou
automática, é um tópico quente na psicologia (ver Gross, 2007).

O monista materialista não considera estes como sendo casos do
poder da mente sobre a matéria, mas do controle que partes do cérebro,
em particular o córtex pré-frontal, podem exercer sobre o resto do corpo.
Portanto, os casos em questão são exemplos da identidade psiconeural
e não contra exemplos dela. Tanto é assim que o controle cognitivo do
comportamento tornou-se um capítulo padrão da neurociência cognitiva, bem como a base científica da neuroengenharia (ver DiLorenzo et
al., 2008). Trata-se apenas de basear a neuroengenharia em uma filosofia
alternativa da mente, como a de Descartes, Hume, Kant, Hegel, Husserl,
Wittgenstein ou as versões de Popper do dualismo mente/corpo.

Considere o neuroengenheiro que projeta ou implanta uma prótese de
motor neural que possa capacitar uma pessoa paralisada da cabeça para
baixo a mover um cursor sobre uma tela, ou um braço mecânico, apenas
imaginando essa ação. Esse tecnólogo ou técnico insere um eletrodo no
córtex motor de um cérebro e não em uma mente não material. Essa reorientação tem sido acompanhada de uma ligeira mudança de terminologia:
neurocientistas e bioengenheiros falam de causação *top-down* [de cima
para baixo] mais que *downward* [para baixo]. A cadeia causal em questão
não é interrompida por uma lacuna imaterial: ela é plenamente material.
O monismo materialista subjaz e motiva a neuroengenharia e a indústria
de próteses neurais, enquanto o dualismo psiconeural as desencoraja. É
bom saber que a filosofia correta pode trazer saúde e dinheiro além de
promover ou bloquear o progresso social (ver fig. 8.2).

Finalmente, lembremos do inverso da causação *top-down*, ou seja, *botton up* [do fundo para cima], ou da causação molécula-para-o-cérebro. Isso acontece toda vez que bebemos uma xícara de café ou um copo de vinho. De fato, a cafeína e o álcool são consumidos precisamente por causa de seus efeitos sobre a cognição e o humor, respectivamente. Embora as funções dessas substâncias sejam notórias, seu modo de ação ainda se encontra sob investigação (ver, e.g., Iversen et al., 2008). O que mostra que os cientistas, ao contrário da maior parte dos filósofos da mente, não são funcionalistas: eles não ficam satisfeitos até que descubram o mecanismo subjacente à função de interesse.

Em resumo, as flechas causais mente-mente e mente-corpo são encaradas como segue pelos materialistas monistas e dualistas:

TIPO DE EVENTO	DUALISMO		MONISMO MATERIALISTA	
Mesmo nível	$mental_1$	$\rightarrow$ $mental_2$	$neural_1$	$\rightarrow$ $neural_2$
Downward (para baixo)	mental	$\rightarrow$ corporal	neural	$\rightarrow$ corporal
Upward (para cima)	corporal	$\rightarrow$ mental	corporal	$\rightarrow$ neural

O Dualismo É Arriscado

O dualista consistente rejeitará qualquer tratamento de doenças mentais que envolva tais meios materiais como neurocirurgia e comprimidos psicotrópicos (ou neuroativos). Ele também rejeitará a prótese neural que os engenheiros neurais estão projetando para ajudar pessoas que sofreram graves lesões cerebrais. Mas devido à eficiência de tais meios, o neurologista, o psicólogo clínico ou psiquiatra dualista podem estar dispostos a sacrificar sua integridade filosófica e prescrevê-los, para mexer com as mentes alegadamente não materiais. Afinal de contas eles têm de sustentar suas famílias.

Lamentavelmente, o diagnóstico das doenças mentais ainda se encontra em um estágio primitivo. Isto é assim a tal ponto que a cada nova edição da obra padrão do *Diagnostic and Statistical Manual of Mental Disorders* (Manual de Diagnóstico e Estatística de Distúrbios Mentais) oferecem-se novos critérios. Por exemplo, parece difícil distinguir entre depressão maníaca e demência precoce, bem como identificar a esquizofrenia. A razão, diz-se algumas vezes, é que certos sintomas principais de diferentes perturbações são os mesmos. Mas essa situação é comum na medicina: a relação causa-sintoma é de muitos-para-um, mais do que de um-para-um. Tal ambiguidade é característica de todos os problemas inversos (ou mal formulados), seja em medicina, em engenharia ou em física (ver Bunge, 2006a).

Como tal situação poderia ser melhorada? Concedo que o remédio seja substituir as usuais *tipologias sintomáticas* (ou *clínicas*) com *classificações somáticas* (ou *neurocientíficas*). (As classes, em uma classificação propriamente dita, são disjuntas pareadamente, o que não é o caso dos tipos.) Para tomar um exemplo familiar: um desconforto digestivo vulgar pode ser causado por uma disfunção do estômago, do intestino, do fígado ou da vesícula biliar. Somente um exame cabal desses órgãos poderia localizar a causa e, assim, sugerir a devida terapia.

Aceito que o caso das doenças mentais é paralelo: seu diagnóstico permanecerá incerto enquanto prevalecer o dualismo psiconeural, pois essa filosofia da mente aconselha focalizar os sintomas ou fenômenos mentais, mais do que principiar com eles mas buscando sua origem em fatos cerebrais objetivos. Por exemplo, a cleptomania e o abuso de drogas são comportamentos muito diferentes, e, no entanto, ambas as doenças são tratadas com êxito pelo naltrexone, uma droga que bloqueia os mesmos receptores opioides, o que sugere que envolvem os mesmos circuitos cerebrais. Sintomas não resolvem o problema do diagnóstico: eles apenas o colocam.

Portanto, proponho que se complemente as tipologias psicológicas existentes com classificações neurocientíficas, em que as enunciações diagnósticas não sejam do tipo "dado a pânico", "bulímico", "compulsivo obsessivo", "patologicamente incapaz de tomar decisões" ou "excessivamente desinibido"; mas "perturbação possível da amígdala", "possível problema do hipotálamo", "distúrbio possível do núcleo caudato", "dano possível do córtex pré-frontal", "dano órbito-frontal possível", respectivamente. Note que, em todos esses casos, pressupõe-se que as doenças mentais são doenças do órgão mais do que anormalidades do cérebro inteiro ou moleculares.

De qualquer modo, doenças mentais não são doenças do cérebro inteiro. Por exemplo, o mal de Parkinson é uma doença da substância negra do cérebro; a depressão envolve desequilíbrio de serotonina; o mal de Alzheimer começa como placas β-amiloides em neurônios; a esclerose múltipla é devida à forte perda de mielina em nervos periféricos – e assim por diante. Em resumo, todas as desordens psiquiátricas são orgânicas: nenhuma delas é puramente mental ou funcional. Logo, elas deveriam ser classificadas em termos neurocientíficos. Isso implica que a psiquiatria genética, em particular a busca de genes singulares "responsáveis" pelas doenças mentais, não parece promissora, ao menos por ora. É preciso mais do que um gene trapaceiro ou faltante para driblar a mente, ou qualquer outra função de um sistema de células altamente complexo. O holofote deve ser posicionado sobre o meio da escala de níveis. A propósito, a concepção funcionalista da mente, favorecida pela maioria dos filósofos contemporâneos da mente, deve ser abandonada por ser tanto rasa cientificamente quanto arriscada, do ponto de vista médico.

Isso não implica que deveríamos adotar o assim chamado modelo do canivete suíço do exército [canivete de múltiplas lâminas], favorecido por frenologistas e psicólogos evolucionários. Essa é a opinião de que o cérebro é composto de módulos mutuamente independentes, e cada um deles desempenha uma função mental singular. Os neurocientistas sabem que não é assim: que cada componente cerebral interage com vários outros subsistemas no corpo. Eles também sabem que, em alguns casos, duas diferentes doenças mentais são devidas à perturbação de um único órgão cerebral. Por exemplo, tanto o mal de Huntington como a doença compulsivo-obssessiva se devem às perturbações do núcleo caudato, uma das assembleias que englobam os gânglios básicos. Ainda assim, é verdade que em cada circuito neural há um componente dominante. Por exemplo, o pânico pode ser induzido seja por um estímulo visual, auditivo ou háptico, mas a amígdala será uma parte de todas as variedades do pânico. Daí a regra: para tratar de perturbação estomacal recorrente de qualquer espécie, cheque os intestinos mesmo que venha a ser comprovado no final que o culpado é o fígado, a bílis ou até o córtex cerebral. (Ver mais sobre a localização com coordenação no capítulo 9.)

O mecânico do carro procede de maneira semelhante: ele classifica os defeitos do carro em problemas com a ignição, cilindros, transmissão, circuito elétrico e assim por diante, e tenta pressupor danos nas peças a partir das queixas do motorista. Daí por que mecânicos de carro são, em geral, mais eficientes do que psicólogos ou psicoterapeutas: eles não destacam o sistema do órgão. Eles vão do sintoma à disfunção, ao defeito da parte. É por isso que preferem classificações essencialistas profundas a tipologias sintomáticas superficiais.

(O essencialismo é a tese ontológica segundo a qual as coisas têm propriedades de duas espécies: o essencial e o acidental. A contraparte metodológica do essencialismo é a seguinte: somente as propriedades essenciais devem ser utilizadas para definir classes. Por exemplo, a Tabela Periódica dos Elementos baseia-se nas propriedades essenciais dos átomos, que são os números de seus prótons e nêutrons. Um átomo não muda de espécie se apenas perde ou ganha um ou dois elétrons. Lamentavelmente, o eminente biólogo evolucionário Ernst Mayr escreveu algumas das páginas mais influentes contra o essencialismo; e, acreditando que a biologia é uma ciência autônoma, ele não se deu ao trabalho de conferir como as espécies são definidas em outras ciências como a química.)

Para concluir, as filosofias não precisam ser socialmente úteis, mas não devem ser socialmente danosas. Concedo que as filosofias dualistas da mente são arriscadas para a saúde mental porque elas desviam a atenção do pesquisador e do terapeuta do cérebro para um item imaterial e, portanto, inacessível. Isso não é dito para negar os efeitos benéficos de algumas terapias que usam a fala: afinal, as palavras são estímulos físicos e algumas delas podem realçar os processos cerebrais autocurativos, enquanto outras podem induzir o paciente a corrigir maus hábitos. Em outros termos, algumas palavras são tão boas quanto os atos porque afetam o cérebro e não a alma mítica.

Explicando Objetivamente a Subjetividade

Filósofos subjetivistas renunciam ao mundo real e tentam descrevê-lo em termos de experiência subjetiva. Assim, o fundador da fenomenologia descobriu as delícias da *Lebenswelt*, ou mundo da vida (Husserl, 1970), somente depois de ter passado toda a sua vida acadêmica imerso em si próprio ("egologia") e pretender que a essência das coisas pode ser apreendida unicamente "pondo-se entre parênteses" o mundo externo (i.e., pretendendo que ele não existe). Por causa disso, ele deteve sua busca da transcendência, e propôs que tudo, até a matemática, devia ser remontado aos termos da vida cotidiana – um gênero de sociologismo barato.

Por certo, nem Husserl nem seus seguidores cada vez mais numerosos jamais levaram a cabo seu programa epistemicamente reacionário. Por exemplo, eles nem sequer tentaram explicar em chã linguagem como a chuva se forma, como o fogo principia, como o metabolismo se processa ou como as crises econômicas se originam. Em todo caso, o Husserl tardio não inventou nada: ele inconscientemente reescreveu o projeto fenomenalista que Hume esboçara duas centúrias antes, e Kant, bem como os positivistas, adotaram. Esse projeto consiste *em explicar a objetividade em termos subjetivos (ou na primeira pessoa)*. Por exemplo, Ernst Mach tentou dar conta do mundo físico em termos de sensações.

Isso é exatamente o inverso do que a psicologia científica, em particular a neurociência cognitiva, a afetiva e a social, têm feito: explicar a subjetividade em termos objetivos (ou da terceira pessoa). Tome, por exemplo, a experiência do membro fantasma pela qual passaram inúmeros veteranos de guerra. Ninguém nega que essa experiência é subjetiva, uma vez que tão somente seus pacientes podem tê-la. Mas ela é real: o amputado trata a parte fantasmática como real e, amiúde, sofre realmente dor, que ela (a parte) localiza-se em um lugar que ela não mais possui. Sendo processos reais, eles têm de ser explicados em termos objetivos (ou não experienciais).

De fato, as experiências com membros fantasmas foram explicadas, de início, em termos do "esquema corporal" gravado no córtex somato-sensório, um engrama que persiste após a amputação. Ronald Melzack (1989) achou essa teoria demasiado vaga e incapaz de dar conta de todos os dados – como o caso de pessoas que nasceram sem membros poderem sentir dor, ao passo que pessoas com membros inteiros serem incapazes de sentir dor neles mesmo sob dolorosos estímulos. Logo depois, Melzack propôs sua própria teoria: ele partiu da hipótese de que nascemos com uma "neuromatriz" do *self* do corpo, que é em seguida modificada pela experiência; e que essa rede neural particular, longe de aceitar todos os *inputs* do corpo, filtra-os e nos fornece a sensação de ter o corpo todo sob seu poder.

Essa hipótese explica os casos extremos de insensibilidade congênita à dor e a espontânea ocorrência de dor (neuropatia). Pesquisas posteriores poderão modificar essa conjectura, mas qualquer alternativa deve manter provavelmente sua ideia nuclear de que os nossos cérebros constroem imagens de nosso corpo e, em geral, de todas as nossas experiências e, sobretudo, da unidade da experiência.

Obviamente, o projeto de explicação objetiva da subjetividade está afinado tanto com a Revolução Científica como com a Ilustração, pois ele é mais materialista e realista do que idealista e subjetivista. A execução desse projeto requer que se afaste a atenção das mentes descerebradas para cérebros "pensantes", porque explicar é revelar mecanismos, e estes são processos que tornam sólidos os sistemas materiais (Bunge, 2006a). De fato, como um compêndio recentemente colocou, "a meta abrangente do campo da neurociência cognitiva é explicar processos mentais e comportamentos em termos da estrutura e da função de relevantes regiões do cérebro e do resto do sistema nervoso" (Purves et al., 2008, p. 57).

Atingir essa meta tem sido um sonho dos filósofos materialistas desde a Antiguidade. Abandone essa filosofia e esse grande projeto não poderá nem mesmo ser formulado; remova-se o cérebro e a mente não remanesce; ignore-se a "base", o "substrato" ou o "correlato" neurais dos processos mentais, e nenhuma esperança de entendimento pode ser razoavelmente mantida. Portanto, qualquer filosofia descerebrada da mente tem de apagar dois milênios de ciência da mente.

Observações Conclusivas

De todas as grandes e veneráveis questões científicas, o problema mente/corpo é o mais árduo, estando cercado pela mais espessa barreira teológica e nevoeiro filosófico. Não é de admirar, porque a alma tem sido a propriedade tradicional de sacerdotes, xamãs, charlatões e filósofos que se recusam a estudar a moderna psicologia e, no entanto, proclamam confiantemente que não existe semelhante problema, seja porque Platão o resolveu, seja porque não há mente, ou porque a mente é misteriosa.

Por exemplo, Colin McGinn (1993, p. 36) partilha da opinião de John Tyndall, um médico do século XIX citado por William James (1890, I, 147), segundo o qual "a passagem da física do cérebro para os fatos correspondentes da consciência é impensável". Mas "pensável" (ou "concebível") é um conceito psicológico e não epistemológico como o da plausibilidade (ou verossimilhança) de uma hipótese à luz de um dado corpo de conhecimento.

Ademais, não se espera que filósofos recorram a argumentos de autoridade do modo como McGinn faz, particularmente quando a alegada autoridade conquistou sua reputação em um campo muito distante. No caso do problema mente/corpo, espera-se que os filósofos construam com base na neurociência cognitiva. Essa ciência é a única autoridade provisória que um filósofo da mente poderia admitir. Mas as quatro páginas da longa bibliografia de McGinn incluem apenas duas referências científicas e absolutamente nenhuma aos proponentes da identidade psiconeural, que é, não por acaso, o propulsor filosófico da neurociência cognitiva.

Verifiquemos o que os cientistas contemporâneos da mente pensam acerca da questão da mente.

9.
A MATÉRIA PENSANTE: A PLASTICIDADE DO CÉREBRO

A filosofia da mente é o capítulo da ontologia que lida com os traços mais básicos e universais da mente humana. Ela pode ser tanto tradicional (pré-científica) ou contemporânea (cientificamente orientada). A filosofia tradicional da mente é, em poucas palavras, a hipótese de que tudo o que é mental ocorre na mente imaterial. Essa é a visão dos xamãs e dos sacerdotes, bem como dos psicanalistas, dos médiuns e dos praticantes do culto *new age*. Os filósofos idealistas, os linguistas indiferentes aos locutores reais, assim como muitos psicólogos, concorrem para isso. O famoso filósofo Hilary Putnam (1975, p. 291) formulou isso de modo memorável: "Nós poderíamos ser feitos de queijo suíço e pouco importaria." E o fundador da metafísica dos mundos possíveis negou a identidade dos estados mentais e dos estados cerebrais porque se poderia *imaginar* um estado do cérebro que não é um estado mental, bem como um estado mental que exista sem o estado cerebral correspondente (Kripke, 1971, p. 162-163). Assim, o fato de que os zumbis sejam concebíveis é utilizado para apoiar uma filosofia da mente indiferente à ciência da mente.

Por contraste, pesquisadores médicos e filósofos materialistas desde a Antiguidade, bem como neurocientistas cognitivos, desde Broca e Wernicke, postularam que todos os fatos mentais acontecem em cérebros. De um modo mais simples: nós pensamos e sentimos com nossas cabeças – daí por que a decapitação sempre foi vista como a melhor defesa contra o pensar perigoso. O parceiro metodológico dessa filosofia materialista da mente é, por certo, a estratégia que pode ser condensada na seguinte regra: *para compreender a mente, estude o cérebro vivo.* Isso é exatamente o que a neurociência cognitiva vem fazendo, desde que Donald Hebb (1949) escreveu seu projeto de pesquisa (ver, e.g., Purves et al., 2008). Por exemplo, os traços de memória consistem de grupos de neurônios esparsamente distribuídos. Daí por que lembranças terríveis, que estão gravadas na amígdala, podem ser literalmente mortas pela ablação de porções desse subsistema do cérebro.

É admitido que a psicologia descerebrada possa descrever corretamente alguns fenômenos mentais. Mas ela não pode explicar nenhum
deles, porque a explanação genuína envolve mecanismos de revelação
(Bunge, 1967a; Machamer et al., 2000); além disso, todos os mecanismos são processos em sistemas materiais (Bunge, 2006a). A implicação
médica é que sérias doenças são males cerebrais que demandam terapias
disruptoras de processos neurais. Entretanto, visto que os cérebros vivos
estão imersos em um ambiente social, a neurociência cognitiva e afetiva
tem de fundir-se com a psicologia social. O resultado é a neurociência
cognitiva social (ver, e.g., Cacioppo, 2006).

A tese de que o cérebro é o órgão mental pode ser sustentada somente
se o cérebro for pressuposto como sendo incansavelmente ativo, até no
sono, na ausência de estímulos externos, enquanto executa tarefas "des-
mentalizadas" (de rotina): se ele for visto como capaz de estimular-se e
reorganizar-se, ele próprio – isto é, como sendo dotado de espontaneidade,
de automotivação, de funcionamento automático, de autoprogramação,
bem como da capacidade de fazer os seus próprios reparos.

Concordamos que assumir que apenas um conhecimento do cérebro
pode ajudar a entender a mente envolve investimentos bem maiores em
engenhosidade e em trabalho experimental do que adotar quaisquer das
simples concepções rivais, desde a velha psicologia da alma até o computacionalismo em moda, porque acontece que o cérebro humano é o
mais complexo sistema do mundo. Como Ken Hill disse, a respeito da
fama da inteligência artificial, "se o cérebro fosse bastante simples para o
entendimento, seríamos tão simples que não poderíamos (entendê-lo)".

Identidade Psiconeural

Lancemos um rápido olhar sobre as mais importantes alternativas ao dualismo clássico, quer dizer, a teoria da identidade psiconeural, ou antes, à
hipótese. (Nas ciências exatas, uma teoria propriamente dita não é uma
conjectura desgarrada, porém um sistema hipotético-dedutivo.) Essa é a
conjectura redutora pela qual todos os processos mentais são processos
neurais. Mais precisamente: *para cada processo mental M, há um processo N
em um sistema cerebral, tal que M = N*. Por exemplo, ver é a função específica
do sistema visual; sentir medo é a função específica do sistema centrado na
amígdala; deliberar e tomar decisões são funções específicas do córtex pré-
-frontal, e assim por diante. (Ver, e.g., Bindra, 1980; Bunge, 1980a; Changeux,
2004; Hebb, 1980; LeDoux, 2002; Mountcastle, 1998; Zeki, 1993.)

No presente contexto, uma *função* é entendida como um processo
em uma coisa concreta, tal como a circulação do sangue no sistema

ORGÃO	FUNÇÃO(ÕES) ESPECÍFICA(S)
Amígdala	Sentimento de medo
Sistema auditivo	Audição
Tronco encefálico	Vigília
Córtex entorrinal	Mapa do ambiente espacial
Hipocampo	Memória de curto prazo, orientação espacial
Ínsula	Nojo [aversão]
Núcleo *acúmbens*	Prazer
Bulbo olfatório	Olfato
Córtex pré-frontal	Controle cognitivo, funções executivas
Sistema Visual	Visão
Avaliação & decisão	Córtex medial pré-frontal
Cérebro inteiro	Consciência

Tab. 9.1: Fisiologia da mente em poucas palavras

cardiovascular e a formação de uma decisão no córtex pré-frontal. E uma *função específica* de um sistema s é uma função que somente s pode efetuar. Por exemplo, o cérebro realiza um grande número de funções, mas só o cérebro pode pensar. Os funcionalistas apagam os s's no cômputo prévio, ou concebem os órgãos como simples meios para o desempenho das funções. Um exemplo desse modo teleológico de pensar é o título de Popper e Eccles: *The Mind and Its Brain* (A Mente e Seu Cérebro). Por que não *Walking and Its Legs* (O Andar e Suas Pernas), *Digestion and Its Gut* (A Digestão e suas Entranhas) e similares?

Os funcionalistas incorrem no mesmo erro que Aristóteles acusou Platão de cometer: o de falar de movimento em si mais do que de corpos moventes. Por outro lado, os neurocientistas cognitivos e afetivos tentam localizar os processos mentais no cérebro e revelar seus mecanismos: eles trabalham sobre a fisiologia da mente, assim como outros cientistas operam sobre a fisiologia da digestão (ver tabela 9.1).

Lamentavelmente, a hipótese da identidade psiconeural é com frequência mal formulada, até por pessoas que pretendem sustentá-la. Em uma versão popular "pensamento e consciência são produtos (*Erzeugnisse*) do cérebro" (Engels, 1954, p. 55). Em outra, "o cérebro *causa* a mente" (Searle, 1997) ou, em geral, a "anatomia neural causa a função mental". Ambas são formulações inconscientes do epifenomenalismo, a doutrina dualista segundo a qual os eventos mentais são o subproduto passivo da atividade do cérebro, de maneira muito parecida como o ruído é um subproduto de máquinas.

A versão do epifenomenalismo referente à produção é equivocada, porque um produto é, em geral, pensado como uma substância separável de sua fonte e incapaz de reagir sobre ela – por exemplo, a bílis é um produto do fígado. A versão causal do epifenomenalismo também é errada, porque a relação causal vale entre eventos e não entre coisas e eventos que nelas ocorrem. Por exemplo, a rotação não é um efeito da roda, mas apenas o que a roda faz – sua função específica, além de derrapar, é ficar superaquecida por fricção, fazer barulho etc. E tampouco é a roda o "correlato físico" ou "substrato" da rotação. É igualmente absurdo dizer que a roda "subserve" ou "instancia" a rotação, ou que ela é o "substrato material" da rotação. Diz-se, ao invés, que as rodas giram. Ademais, e ao contrário do epifenomenalismo, se o cérebro fosse causar a mente, então esta última deverá, por seu turno, reagir sobre a primeira, visto que todo evento inicia uma nova cadeia causal (Lachs, 1963).

As funções mentais não são nem produtos nem efeitos do cérebro: elas são o que o cérebro pode fazer. Da mesma maneira, a contração muscular não é nem produto nem efeito do músculo: é apenas a atividade muscular específica. (Ver Bunge, 1980a, para uma formalização do conceito de uma função específica.) A hipótese monística psiconeural diz simplesmente que processos mentais são processos em sistemas cerebrais, tais como as "áreas" da linguagem no córtex cerebral.

Essa hipótese foi central para a psicologia médica desde Hipócrates e Galeno, e não menos como alvo dos teólogos e dos filósofos idealistas. E, por certo, ela é a assunção central da neurociência cognitiva, na medida em que ambas tentam "mapear a mente dentro do cérebro". Entretanto, devo apressar-me em advertir que esse mapeamento resultou em algo muito diferente de um mapa com correspondência 1 para 1 de um território: ver seção Localização-Cum-Coordenação abaixo.

Para enfatizar que o monismo materialista defende certa identidade, e não mera correlação ou paralelismo, reformulemo-lo de uma maneira mais explícita, ainda que pedante: *Para cada processo mental* M, *há um processo* N *em um sistema cerebral, tal que* M = N. De modo equivalente: *para cada função mental* F, *há um sistema cerebral* B *que efetua* F. Corolário médico: *Se* B *é ferido ou está ausente,* F *é perturbado ou deixa de ocorrer.*

A hipótese da identidade psiconeural nessa formulação é empiricamente testável. De fato, é possível alterar sistemas neurais por meios farmacológicos ou cirúrgicos, ou então pelo EMT (Estimulação Magnética Transcranial) e medir as mudanças resultantes no comportamento. Ao contrário do IRM (Imagem por Ressonância Magnética), que revela certas funções mentais, o EMT altera algumas delas além de medir alguns de seus traços.

Superveniência e Emergência

Alguns filósofos da mente, tais como Hilary Putnam e Saul Kripke, discutem o problema corpo-mente à luz de puras fantasias. Algumas das mais populares são aquelas do cérebro em uma tina, Terra Seca (*Dry Earth*), Zumbis, e o "*transporter*", no filme *Star Trek*. Lancemos um olhar sobre esse último, usado por Jaegwon Kim (2006, p. 8-9) para ilustrar o que ele chama de "superveniência do mental sobre o físico", bem como para fortalecer a versão fisicalista ou reducionista do materialismo.

O dito "transporter" é um dispositivo imaginário que desmantela instantaneamente uma pessoa, coleta todas as informações sobre seus componentes moleculares e suas posições relativas e transmite essa informação a outra locação, onde outro dispositivo usa essa informação para sintetizar uma cópia idêntica da pessoa original. Concedo que essa fantasia seja apenas isso, pois ela repousa sobre um conceito errôneo da matéria viva, um conceito segundo o qual tudo o que importa acerca de um sistema é composição e estrutura, independentemente do mecanismo e da interação com o ambiente.

Um modelo estrutura-composição de um organismo ou, na verdade, de qualquer sistema material, é deficiente porque é estático: ele passa por cima do fato de que, para ser viva, uma coisa deve sofrer miríades de reações químicas – algumas simultâneas e outras sequenciais – que são reguladas e cronometradas com perfeita precisão. Algumas reações não podem principiar até que outras tenham sido completadas, simplesmente porque elas "usam" produtos desta última. Ainda que seja somente por essa razão, a própria ideia de vida instantânea é ingênua, para colocá-la em termos brandos. Isso vale até para reatores químicos simples, usados na indústria química.

Consequentemente, juntar nas posições corretas todas as substâncias químicas que constituem uma coisa viva não "animará" o sistema, nem mesmo submetendo-o a descargas elétricas, do modo como Mary Shelley fantasiou quando imaginou Frankenstein. Produzir vida sintética exige mais do que isso. Felizmente, a hipótese da identidade psiconeural não permanece ou cai com as fantasias da ficção científica: ela repousa sobre, e por sua vez motiva, sólida pesquisa neurocognitiva – algo que filósofos da mente raramente consultam. (Por exemplo, as dez longas páginas da bibliografia do livro de Kim, de 2006, não listam um único artigo científico em neurociência cognitiva.)

Ainda estou para ver um cientista discutir seriamente impossíveis dispositivos da ficção científica para esse fim. Tenho que ver, ainda, a palavra *superveniência* em uma publicação científica sobre esse assunto. Os cientistas preferem o termo emergência quando tratam de novidade

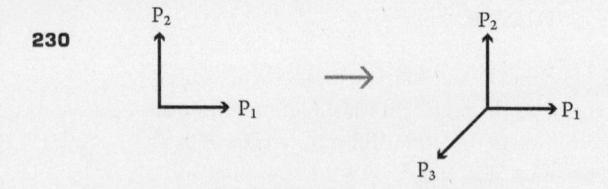

Fig. 9.1: Uma nova propriedade P_3 emerge em uma coisa com propriedades P_1 e P_2.

qualitativa. Como vimos na seção Emergência do capítulo 5, "emergência" tem dois sentidos mutuamente complementares: a. uma peculiaridade de um sistema que nenhum de seus constituintes possui, como a capacidade de tomar decisões, que apenas certos sistemas de multimilhões de neurônios no córtex pré-frontal têm; e b. uma propriedade radicalmente nova que surge no curso de um processo, tal como a capacidade de "ler" as mentes de outros indivíduos, uma novidade surgida tanto no processo de desenvolvimento, quanto no evolucionário. Ambos os conceitos, o estático e o dinâmico, podem ser representados fazendo-se brotar um novo eixo (ou coordenada) no espaço de estado para coisas de uma dada espécie (ver Bunge, 1977b e fig. 9.1).

Dizer que uma nova propriedade P_3 surge, ou que ela emerge de propriedades previamente ausentes de coisas de uma espécie K, é dizer abreviadamente "que no curso de sua história, coisas da espécie K adquirem a propriedade P_3". A razão é, por certo, que, como Aristóteles argumentou contra Platão, não há propriedade sem portadores: toda propriedade é a propriedade de uma coisa ou outra. (Mais no capítulo 14.) No caso das coisas viventes, a história em questão pode ser a história de vida (ou ontogênese) ou a história da espécie (ou filogênese). Assim, pode-se investigar em que idade e sob quais circunstâncias as crianças aprendem normalmente a pensar nos processos mentais de outras pessoas, ou qual de nossos remotos ancestrais adquiriu essa capacidade.

De qualquer modo, enquanto os conceitos de emergência são claros e em uso frequente nas ciências desde que George Lewes os introduziu em 1874, e em especial desde que Lloyd Morgan (1923) os popularizou na biologia e na psicologia, a noção de superveniência não é nem bem definida nem comum fora da filosofia contemporânea da mente.

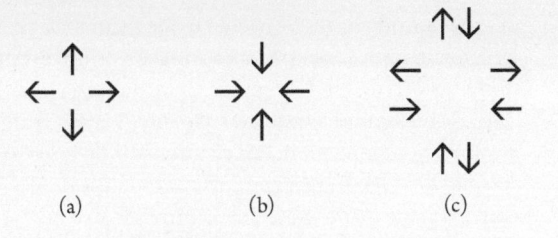

Fig. 9.2: Três concepções do cérebro: a. é rígido e autossuficiente (nativismo); b. tem plasticidade e é passivo (empirismo); c. tem plasticidade e é interativo (neurociência cognitiva).

A Plasticidade do Cérebro

As mais conhecidas hipóteses acerca da natureza do cérebro são que ele é basicamente determinado desde o nascimento, e que a experiência pode somente regulá-lo ou modulá-lo (nativismo); que ele é uma lousa em branco no nascimento e depois fica totalmente à mercê de seu ambiente (empirismo, behaviorismo e computacionalismo); ou então, que ele tem plasticidade: que ele muda à medida que aprende, esquece, inventa, planeja e decide, quer espontaneamente, quer sob estimulação externa.

A primeira hipótese vai bem com a concepção de Charles Sherrington, segundo a qual a principal função do sistema nervoso é a de coordenar as diferentes partes do organismo. Porque focalizou a função homeostática do cérebro, Sherrington (1964) omitiu suas funções mentais, e pendeu para o dualismo psiconeural. A segunda hipótese é consistente com o postulado de Ivan Pavlov, de que o cérebro é "o órgão das mais complicadas relações dos animais com o mundo externo". Não é de surpreender que ele sustentasse a hipótese da identidade psiconeural (Pavlov, 1955).

A terceira hipótese é a da neurociência cognitiva desde Hebb (1949). Como Pavlov, Hebb (1980) defende o monismo psiconeural; mas, ao contrário de Pavlov, ele tentou educar seus colegas psicólogos em vez de atacá-los (ver fig. 9.2).

A terceira hipótese incorpora as verdades parciais dos determinismos tanto genéticos quanto ambientais, em particular a hipótese de que o cérebro regula o meio interno e as interações do animal com seu ambiente. Entretanto, essa terceira concepção vai além de Sherrington e Pavlov, pois enfatiza a incessante atividade neuronal espontânea ou autogerada, até mesmo durante o sono.

Uma evidência decisiva para essa concepção é a natureza construtiva da memória episódica (Bartlett, 1932; Tulving, 2002). Isto é, quando recordamos episódios, amiúde combinamos diferentes lembranças, mais do que reproduzimos fielmente o que realmente aconteceu. Para formular isso em termos neurais, a recordação de um evento consiste, amiúde, na agregação de diferentes traços de memória. Daí por que os testemunhos de testemunhas oculares são inconfiáveis. Tal é também a razão de o modelo computacional da mente errar de longe o alvo.

Outra evidência que comprova a hipótese da atividade espontânea do cérebro é que de 60–80% da sua provisão de energia é gasta em comunicação interneural, ao passo que responder às exigências momentâneas do ambiente pode tomar tão pouco quanto 1% da provisão total de energia (Raichle, 2006).

Por certo, a taxa de dispêndio de energia depende da natureza da tarefa que é, provavelmente, a máxima durante os primeiros estágios do aprendizado, enquanto o animal "pega o jeito de algo". Por exemplo, o estudo neurobiológico do hipocampo de ratos entregues ao aprendizado de uma tarefa, e que depois relembram-na, levou György Buzsaki e seus colaboradores à seguinte conclusão: "Durante o aprendizado a ordem temporal dos eventos é instrumental para especificar e assegurar as representações neurais apropriadas, ao passo que durante a recordação, a imaginação, ou o planejamento da ação, a atividade sequencial [dos neurônios envolvidos] é determinada pela dinâmica intrínseca da rede" (Pastalkova et al., 2008).

"Uma propriedade fundamental do cérebro é a plasticidade, a capacidade de mudar em resposta à experiência e ao uso." (Feldman, 2009, p. 34) Tais mudanças são funcionais (fisiológicas) ou estruturais (anatômicas) e, enquanto algumas delas são causadas por estímulos externos, outras ocorrem espontaneamente. Aprender, esquecer, imaginar, inventar, tomar decisões, e as alterações que nossas memórias sofrem durante esse tempo que passa, constituem talvez a evidência que mais comprova a hipótese de que partes de nossos cérebros são *plásticas*, mais do que elásticas (sem deixar traços) ou rígidas – incapazes de ou aprender ou esquecer algo.

Ramón y Cajal intuiu e, meio século depois, Donald Hebb (1949) teorizou que o mecanismo básico do aprender e do esquecer é a plasticidade sináptica – mudanças na força das conexões interneurais. Em 1948, Jerzy Konorski confirmou a ocorrência de plasticidade e cunhou esse termo. E, em 1966, Terje Lømo confirmou experimentalmente a hipótese Cajal--Hebb. Sete anos mais tarde, ele e Timothy Bliss fortaleceram aquelas conexões por meio de irradiações com ondas eletromagnéticas de alta frequência. (O nome técnico dessa facilitação sináptica é LTP, abreviatura de long-term potentiation [potencialização a longo termo].) Mais tarde, Attila Losonczy adicionou uma mudança anatômica, ou seja, a alteração das espinhas dendríticas, como um mecanismo de plasticidade. (Ver Craver, 2009, para uma análise desse amplo projeto de pesquisa multidisciplinar e multinível.) Por volta do mesmo tempo, ondas em movimento ($v \approx 10$ cm.s⁻¹), um mecanismo de comunicação interneural mais rápido e de longo alcance, foram descobertas em várias regiões do cérebro.

A pesquisa da plasticidade neural, que abarcou um século inteiro, é uma clara ilustração tanto da natureza internacional, interdisciplinar e de longo termo da pesquisa básica das assim chamadas Grandes Questões, bem como do entrelaçamento da hipótese e do experimento. Ademais, a mesma pesquisa comprovou que aprender e esquecer envolve processos em diversos níveis, desde a liberação e recepção de moléculas de várias espécies – leves como o cálcio, pesadas como o glutamato – à síntese e à degradação de proteínas, mudanças morfológicas em espinhas dendríticas e assemblagem e desassemblagem de assembleias de células – como Hebb (1949) denominou o sistema composto de vários neurônios.

A concepção de plasticidade sináptica do cérebro refutou a nativista, em particular a concepção genética, como sendo estritamente determinada pela hereditariedade, e substituiu-a pela concepção *epigenética*. Esta última "postula que as conexões entre neurônios são estabelecidas com considerável margem de variabilidade, e estão sujeitas a um processo de seleção que atua por meio de tentativa e erro" (Changeux, 2004, p. 185). Em vista do amplo e crescente corpo de evidência dessa concepção dinâmica do órgão mental, a persistente popularidade de sua opositora nas variadas versões – determinismo genético de Dawkins, ideias inatas de Chomsky e computacionalismo – é intrigante.

As descobertas sobre a plasticidade sugerem a concepção que segue acerca do cérebro dos vertebrados superiores (mamíferos ou aves). Semelhante cérebro contém subsistemas de dois tipos: com conectividade constante e com conectividade variável – ou compromissados e descompromissados, respectivamente. Os primeiros têm a seu cargo funções de rotina, enquanto as outras são capazes de desencadear novas funções, isto é, de aprendizado. Toda função mental é função específica de um sistema neural que tem plasticidade, ou tinha antes de o animal aprender a tarefa em questão a ponto de ela se tornar rotina. A menor reunião de neurônios capaz de desempenhar uma função mental pode ser denominada *psicon*. Em resumo, todo processo mental é um processo em um *psicon* ou em um sistema de *psicons*. (Para mais detalhes, ver Bunge, 1980a; Bunge e Ardila, 1987.)

O precedente responde à questão do alvo e do escopo da psicologia, que foi objeto de nossa indagação no início do capítulo anterior. A psicologia é o estudo científico da mente, considerada como a coleção de processos, senão de todos os da "casa", tais como sínteses de proteínas e circulação de sangue que acontecem nos subsistemas com plasticidades dos cérebros dos vertebrados superiores (mamíferos e aves), bem como do comportamento controlado por tais subsistemas.

Localização-Cum-Coordenação

Uma controvérsia recorrente na neurociência é a que se dá entre localizacionistas e holistas. Os localizacionistas, como Galeno e Gall, têm a tendência a ser monistas materialistas, enquanto os holistas, como Jackson e Freud, tendem a ser dualistas. A razão para essa forte correlação deve ser óbvia: os fatos estão algures no espaço, ao passo que os objetos imateriais, como as almas e os números, estão ou em lugar nenhum, ou em todo lugar. Daí por que, em suas *Meditações* (1641), Descartes sustentou que a *res cogitans* estava fora do espaço – uma asserção que provocou a derrisão de Leibniz. Mas, no fim, sendo mais um cientista do que um teólogo, em *As Paixões da Alma* (1649), Descartes renegou o dualismo da substância e conjecturou que a glândula pineal era o "assento da alma".

Franz Josef Gall era um neuroanatomista que no fim do século XVIII pretendeu ser capaz de ler as faculdades mentais das pessoas, localizando inchaços no couro cabeludo: ele acreditava que cada galo indicava a presença de um "órgão mental", altamente desenvolvido. Essa doutrina, frenologia, combinava o monismo psiconeural de Hipócrates com a hipótese de Galeno, segundo a qual toda região do cérebro desempenha uma função mental particular. As ideias principais de Gall, de que processos mentais são processos cerebrais, e de que o cérebro é um sistema de subsistemas especializados, eram basicamente rumores; infelizmente sua metodologia era errônea, pois ele não se deu ao trabalho de checar suas ousadas conjecturas.

Dois séculos mais tarde, o filósofo Jerry Fodor (1983) reviveu a frenologia. De fato, ele postulou que a mente – não o cérebro, que pouco lhe interessava – é uma coleção de módulos mutuamente independentes, sendo cada um dos quais um "domínio especifico", i.e., executa uma tarefa específica por si mesmo. Essa hipótese, apelidada de *canivete suíço*, haveria de se tornar o suporte principal do nativismo *à la* Chomsky e Pinker, assim como da psicologia evolucionária pop.

Os módulos imaginários de Fodor não se desenvolveram, mas nasceram plenamente funcionais: um para a visão, outro para a gramática e assim por diante. Em suma, a teoria de Fodor, como a psicolinguística de Chomsky, está em desacordo com a mais importante descoberta da psicologia do desenvolvimento, segundo a qual *todo conhecimento é aprendido*. Ela também contradiz as conjecturas plausíveis de que a modularização (especialização) é um processo construtivo gradual, e que todo módulo está funcionalmente conectado com ao menos outro módulo. Em outras palavras, a especialização não é inata, porém emerge no curso do desenvolvimento individual (Elman et al., 1998). Por exemplo, nós nascemos com um sistema visual, mas temos de aprender a olhar se queremos ver pormenores microscópicos ou padrões gerais. Foi preciso o gênio de Cajal para perceber, pela primeira vez, redes neurais naquilo que outros viram bolhas homogêneas.

De qualquer modo, todos os casos conhecidos de módulos cognitivos de "domínio específico", e os correspondentes déficits, foram encontrados em cérebros adultos. O cérebro neonato é ignorante; e seus déficits, se é que há algum, são anatômicos ou arquiteturais, e não fisiológicos ou funcionais (Karmiloff-Smith, 2006). Concluindo, os módulos inatos, rígidos e mutuamente independentes, de Fodor, não brotaram da neurociência cognitiva, mas estavam na tradição da *Naturphilosophie* apriorística de Hegel e Schelling.

Muito do mesmo vale para o seu opositor polar, a extravagância holística de Bennett e Hacker (2003), segundo a qual a pessoa inteira, mais do que o cérebro, é a portadora de predicados mentais. (Se isso fosse verdade, os tetraplégicos seriam despidos de mente; a decapitação não seria um impedimento para pensar maior do que a amputação de um dedo; e os neurocirurgiões deveriam começar cortando os dedos do pé.)

Abordar uma doença a partir da concepção da pessoa "inteira", característica da "medicina holística", é uma pedra no caminho da pesquisa neurocientífica e da prática neurológica, como Norman Geschwind (1974) enfatizou em seu clássico artigo de 1965 sobre as síndromes desconexas. Esse artigo seminal referiu-se a seu próprio estudo, em conjunto com Edith Kaplan, sobre um paciente que fora submetido à secção de seu *corpus callosum* – a ponte entre hemisférios cerebrais. O paciente em questão "parece comportar-se como se houvesse dois semicérebros quase isolados, funcionando quase independentemente" (p. 23). Por exemplo, ele era incapaz de nomear um objeto, conhecido por ele de maneira não verbal, que estava segurando em sua mão direita. (Outros pacientes neurológicos exibiram o comportamento dual: eles não conseguem lidar com objetos que podem nomear.) De início, seu comportamento desconcertou os cientistas que cometeram o equívoco de não "encarar o paciente como 'algo' feito de partes conectadas mais do que um todo indissolúvel" (p. 224). As partes em questão eram o sistema visual e a área da linguagem. Assim, Geschwind rejeitou tanto o holismo quanto o atomismo, e considerou o animal "como uma união de totalidades frouxamente ligadas" (p. 225). Isto é, tacitamente ele adotou a abordagem sistêmica (ver fig. 9.3).

Se a extensão da mente à pessoa inteira for julgada por ser insuficiente, pondera a "mente estendida" de Andy Clark (2008), a qual inclui o papel, o lápis, o computador e a biblioteca do pensador. (Por que não

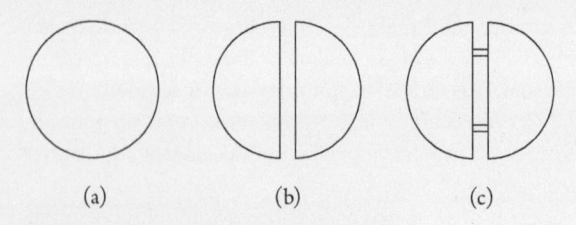

(a)   (b)   (c)

Fig. 9.3: a. Holismo: cada coisa é um todo sem sutura; b. Atomismo: todas as coisas complexas são coleções de indivíduos mutuamente independentes; c. Sistemismo: todas as coisas complexas são ou sistemas ou constituintes de sistemas interdependentes.

generalizar e considerar a cozinha como pertencente ao "intestino estendido"; o ginásio de esportes como uma extensão do sistema "esqueleto-músculo" estendido, e assim por diante?) Isso não vai funcionar, pois o cérebro não pode ser substituído, consertado ou posto de lado, como ferramenta. Um passo a mais na operação para estender a mente nos faz aterrissar no pampsiquismo. O que ilustra o princípio cínico, segundo o qual, dada uma extravagância arbitrária, há pelo menos um filósofo capaz de inventar outro ainda mais exorbitante.

Voltemos agora um século no tempo. Desde o seu começo, em meados do século XIX, a neurolinguística parecia confirmar o estrito localizacionismo materialista, isto é, a hipótese de uma área cerebral – uma função mental. No início do século XVIII descobriu-se que o dano a um lado do cérebro prejudicava o controle de movimentos do lado oposto ao corpo. No século seguinte, Pierre-Paul Broca descobriu que lesões no hemisfério esquerdo de pessoas destras enfraqueciam a produção da fala; e, uma geração mais tarde Carl Wernicke verificou que o dano a certa região, no mesmo hemisfério, prejudica a compreensão da fala. Mais tarde descobriu-se que certas lesões apagam preposições e outros artigos; que, enquanto algumas afasias são sintáticas, outras são semânticas, dependendo do lugar do acidente ou lesão; que, em bilíngues, lesões cerebrais em certos locais diminuem a performance em um local da linguagem, mas não em outro; que certas lesões causam a perda de palavras que nomeiam objetos inanimados, mas não organismos, ou vice-versa; que algumas doenças psicóticas ocorrem somente em uma das línguas de bilíngues, e assim por diante (Paradis, 2004). E verificou-se recentemente que regiões distintas do sistema visual reagem a estímulos vivos e não vivos, até em adultos cegos de nascença (Mahon et al., 2009). Mas, visto que tais reações são automáticas, elas não constituem conhecimento inato.

O estudo da percepção em pacientes neurológicos revelou que a visão também é um mosaico. Embora vejamos as coisas como entidades unitárias, com um número de propriedades fenomenais (secundárias), cada uma delas parece ser apreendida por um diferente sistema cerebral. Eis por que alguns pacientes não conseguem perceber formas, enquanto outros, cor, textura ou movimento, e outros, ainda, reconhecem o que veem, mas não sabem dizer onde estão, ou inversamente. Assim, ao contrário do que sustenta a escola da Gestalt, o cérebro é, em primeiro lugar, um analisador e, apenas em segunda fase, um sintetizador. Mas nós ainda não sabemos exatamente como a síntese das várias sensações é alcançada: este é o famoso problema de ligação (*binding problem*).

No começo do século xx, Korbinian Brodman, trabalhando com microscópios em cérebros de mortos, descobriu no córtex cerebral humano 52 áreas distintas compostas de células de diferentes tipos. Meio século mais tarde, Wilder Penfield e seus colaboradores verificaram que pacientes cujos córtices cerebrais foram submetidos a estímulo elétrico fraco relembravam, subitamente, episódios de há muito esquecidos, sentiam cheiros, trauteavam uma canção, ou alucinavam (Penfield e Rasmussen, 1968). Um de seus colaboradores, Brenda Milner, descobriu que lembranças são localizadas: lembranças visuais na região visual, lembranças verbais no lobo temporal esquerdo, lembranças motoras na região motora, e assim por diante. Destarte, o localizacionismo materialista parecia confirmado, quer anatômica, quer funcionalmente.

Numerosos estudos subsequentes de lesões levaram à generalização de que aprender algo pode ser uma função de um certo número de sistemas cerebrais, porém, na maioria dos casos há um neurocircuito (Thompson, 2005) essencial (necessário e suficiente). Assim, o conhecimento está razoavelmente bem localizado, o que constitui a razão pela qual ele é apagado quando seu lugar de assento é excisado. No entanto, nenhum dos muitos achados de localização debilitou a fé de Penfield no dualismo psiconeural – como se ciência e religião estivessem localizadas em diferentes regiões cerebrais.

Mais recentemente, trabalhos com técnicas de neuroimagens, em particular MRIf (imagem por ressonância magnética funcional), deram origem à neurociência cognitiva e pareceram confirmar o localizacionismo materialista. Por exemplo, medo é uma função de um circuito que inclui a amígdala, e a exclusão social ativa a ínsula juntamente com uma região do córtex cingulado. E a luz incidente sobre neurônios especiais nas larvas das drosófilas (mosca de fruta) pode ativar circuitos neurais que controlam comportamento inato como a resposta de escape.

Essa espécie de trabalho provocou comentários maliciosos de parte de alguns veteranos das técnicas bem mais antigas e sensacionalmente frutuosas, ou seja, os estudos de lesão e de gravações unitárias eletrofisiológicas: eles acusaram a grande quantidade de neuroimagens de perpetuar a frenologia. Essa impressão foi logo corrigida por uma pletora de descobertas efetuadas com o fMRI, um método que permite tirar imagens do cérebro inteiro de uma vez. Esse trabalho revelou que enxergamos principalmente com a área visual primária, ouvimos com a área auditiva, cheiramos com o bulbo olfativo, e avaliamos e tomamos decisões com os lobos frontais. Até um exame superficial do *Journal of Neural-Engineering* mostrará que o projeto de próteses neurais pressupõe a localização de funções mentais. Se o holismo fosse uma verdade, tais próteses não funcionariam, ou poderiam ser implantadas em qualquer lugar no cérebro, mais do que, de preferência, em sítios bem localizados.

Trabalhar com a mesma técnica confirmou a diferença entre inteligência fluida (ou capacidade de solucionar problemas) e inteligência cristalizada (habilidades e conhecimento), originalmente salientada por Cattell (1987). Verificou-se que a primeira está localizada no córtex pré-frontal, enquanto a outra é uma função das áreas posterior e parietal (Ferrer et al., 2009)

Sempre se soube que a nossa capacidade de raciocinar melhora com a idade (ou antes, com o estudo). Mas agora também sabemos que tal aperfeiçoamento resulta da maturação do córtex pré-frontal, em particular de sua região rostrolateral (Wright et al., 2008). À medida que nosso cérebro se desenvolve (ou decai), a nossa inteligência também se desenvolve (ou decai). Além disso, diferenças individuais na inteligência fluida correspondem a diferenças na estrutura cerebral (Gray e Thompson, 2004).

Entretanto, nada disso confirma a modularidade *à la* Gall ou *à la* Fodor, pois a pesquisa com a mesma ferramenta também revelou que uma e mesma área do cérebro pode ter diferentes funções, e pode participar em vários circuitos neurais distintos. Por exemplo, vemos com o sistema visual e, em particular, com o córtex visual primário. Mas quando olhamos atentamente algo, tanto a área parietal como a frontal também ficam envolvidas (Bressler et al., 2008). Do mesmo modo, fungar envolve o lóbulo temporal, além do bulbo olfatório (Sobel et al., 1998). Isso explica a diferença entre ver e olhar – e, de maneira similar, entre cheirar e fungar, bem como entre ouvir e escutar. Igualmente, quando se toma uma decisão ou se controla um comportamento, as áreas afetivas combinam com as cognitivas. E, embora a função específica do hipocampo seja lembrar lugares e guiar nossa navegação entre eles, ele também participa no ato de imaginar o futuro; isto é, o hipocampo é compartilhado pelo sistema (ou circuito) que imagina eventos futuros.

Em geral, como Dehaene e Naccache (2001, p. 13) escrevem, "ao lado dos processadores especializados, a arquitetura do cérebro humano também compreende um distribuído sistema neural ou 'espaço de trabalho' com conectividade de longa distância, que pode potencialmente interconectar múltiplas áreas especializadas do cérebro em uma coordenada, embora de maneira variável". Tais conexões de longa distância entre remotos subsistemas cerebrais tornam-se manifestas toda vez que uma TMS ("transcranial magnetic stimulation" [estimulação magnética transcranial]), em qualquer sítio, espalha-se para áreas distantes (Bestmann et al., 2004).

Isso é de se esperar se a gente olha para o cérebro como um sistema de subsistemas mais ou menos fortemente ligados, como consequência de que atingir qualquer um deles afeta também regiões distantes. Mas isso parece paradoxal (contraintuitivo) se a gente pressupõe que o cérebro foi inteligentemente projetado, do qual cada componente desempenha uma única função. Porém, não é isso: o cérebro é um produto massacrado em conjunto por um artífice oportunista, ou seja, a evolução. Essa é uma das muitas lições da biologia evolucionária: que a inteligência é um produto de um processo absolutamente não inteligente, que produz órgãos imperfeitos e deixa escombros atrás de si.

A coordenação dos vários subsistemas do cérebro é uma condição necessária para a ocorrência de estados de consciência (ver, e.g., Singer, 2009). Ela também é subjacente à conexão cognição-emoção. Isso explica, por exemplo, que a resposta de paciente com lesão cerebral frontal a estímulos emocionais é mais fraca do que a de sujeitos normais (Damasio, 1994). Em termos laicos, cognição e emoção, embora separados, estão conectados e modelados um pelo outro (Phelps, 2006).

O consenso emergente é que a integração da cognição e da emoção ocorre principalmente no córtex lateral pré-frontal, e que "a base neural da emoção e cognição deveria ser considerada como fortemente não modular" (Pessoa, 2008, p. 148). Uma consequência metodológica óbvia é que os nomes "psicologia cognitiva" e "neurociência afetiva" eram obsoletos já em seu nascimento; "neurociência cognitiva" devia ter sido usada desde o início. Ainda melhor, o nome original "psicologia fisiológica", cunhado por volta de 1880, deveria ter sido mantido. Seu sinônimo, *psicobiologia*, é até melhor por ser mais curto e ainda mais abrangente.

Em resumo, existe a localização funcional juntamente com a interação e, amiúde, com a coordenação igualmente. Essa hipótese pode ser denominada de *localizacionismo moderado*, e é um exemplo da ontologia sistêmica, segundo a qual toda coisa é um sistema ou parte de um sistema. (Recorde-se da seção Metafísica: Do Senso Comum, Especulativa e Científica do capítulo 1.) A contrapartida metodológica dessa ontologia é a estratégia de pesquisa sumariada no *slogan: Distinga, mas não destaque.* Por exemplo, procure os núcleos ou módulos cerebrais, mas não os isole do restante, pois, de fato, é provável que eles sejam anatomicamente ligados a outros módulos. Assim, a amígdala, famosa por ser o centro da ansiedade, está conectada à maior parte das áreas corticais. E o hipocampo, que antes se acreditava ser o órgão primário da codificação e recuperação da memória, sabe-se agora que compartilha essa tarefa com o córtex pré-frontal.

Em geral, no cérebro, a integração ou síntese funcional dá-se em conjunto com a segregação ou especialização anatômica. Por essa razão, a neuroimagem em ampla escala (que utiliza principalmente o fMRI) que, por si só, pode identificar o circuito neural inteiro em desempenho de um processo cognitivo, deve ser combinado com o registro elétrico de uma única célula – mais o estudo psicológico clássico de totalidades animais em seu contexto social para a boa mensuração (ver Bunge e Kahn, 2009; e Logothetis, 2008).

O localizacionismo moderado pode ser resumido como segue: todo sistema cerebral desempenha ao menos uma função específica – isto é, uma função que ele sozinho pode executar. Assim, somente o córtex visual pode ver, somente o hipotálamo pode regular o apetite, somente a ínsula pode sentir nojo, somente a amígdala pode sentir medo, somente o hipocampo pode "armazenar" lugares e rotas, e assim por diante. Mas cada um de tais órgãos especializados necessita de apoio de outras partes do corpo. Do mesmo modo, nós só podemos andar com nossas pernas se o coração, os pulmões, o cérebro e muitos outros órgãos cooperarem. No cérebro, como em qualquer outro sistema com componentes heterogêneos, a divisão de trabalho requer coordenação juntamente com especialização (ver fig. 9.4).

Para verificar se a "área" A de um cérebro desincumbe a tarefa ou a função F, a gente desativa temporalmente (e.g., resfriando-a abaixo de 20°C) ou para sempre (por ablação cirúrgica). Se A cessar de executar F, conclui-se que A é necessário para F. Mas pode-se obter o mesmo resultado desativando-se uma parte contra a corrente. Por exemplo, apenas costurando temporariamente a pálpebra esquerda de um gatinho, Hubel e Wiesel, em experiência famosa, desativaram a metade direita do seu córtex visual, e mostraram que o desenvolvimento normal dessa parte do seu cérebro fora detido de maneira irreversível: mesmo depois que os pontos sob as pálpebras foram removidos, o animal não recobrou a visão hipocular, porque metade de sua área visual foi degradada devido à falta de estimulação sensória.

Por volta da mesma época, Donald Hebb e seus alunos mostraram que a privação sensória diminui a capacidade de resolver problemas e causa alucinações. Severas restrições de movimento também, aumentando a percepção ilusória de padrões e a imaginação delusória, a tal

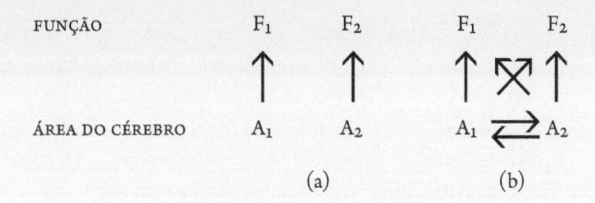

FIG. 9.4: Relações entre áreas cerebrais e suas funções.
a. Localizacionismo radical: mapeamento um para um;
b. Localizacionismo moderado: interações entre áreas, mais funções múltiplas.

ponto que o sujeito pode tornar-se hipersensitivo a procedimentos médicos dolorosos, imaginar conspirações e desenvolver superstições (Whitson e Galinsky, 2008). A lição disso para a manipulação política deve ser óbvia.

Em suma, o cérebro humano é o órgão da mente e é sempre extremamente ativo, mas não funciona normalmente quando isolado. Ele também está dividido em regiões com diferentes funções específicas; mas tais regiões, longe de serem módulos autocontidos e mutuamente independentes (ou "algoritmos darwinianos"), podem combinar-se a ponto de constituírem sistemas capazes de "inteligência generalizada". Retornaremos a esse assunto na seção Evolução: Biocultural do capítulo 10.

Vantagens do Monismo Psiconeural

Arrolemos agora algumas virtudes da concepção materialista da mente.

1. Não é nada menos que a hipótese que conduz a neurociência cognitiva, afetiva, comportamental e social, que está no gume da psicologia e psiquiatria contemporâneas.
2. Ela pode explicar, ao menos em princípio, todos os fenômenos mentais conhecidos pela psicologia clássica e ainda mais. Por exemplo, nós possuímos "neurônios-espelho" no córtex pré-motor que são estimulados pela percepção de certas ações de outras pessoas. Supostamente, eles nos permitem – bem como aos macacos – imitar sem esforço alguns movimentos especializados de outros (e.g., Rizzolatti e Craighero, 2004). Além disso, esses neurônios constituíram a "base neural" (mecanismo) do aprendizado por imitação (Prather et al., 2008). Especulou-se, também, que os neurônios-espelho estão

envolvidos na formação das "teorias da mente" (suposições acerca dos processos mentais dos outros) que inventamos para explicar o comportamento de outros. Entretanto, essa teoria motora do entendimento da ação – somente a mais recente desse tipo no espaço de dois séculos – tem sofrido severa crítica (e.g., Hickok, 2009). Assim sendo, o mínimo que pode ser dito a esse respeito é que isto é empiricamente testável, ao passo que o dualismo não é.

3. Ela armazenou um número assombroso de achados, tais como o fato de que o ânimo pode ser medicamente controlado regulando--se o nível de dopamina; de que o cérebro tem um sistema para ver o ambiente e outro para o controle visual do movimento; que um touro furioso em investida pode ser de repente detido no seu caminho por um pulso de rádio ativado por um eletrodo implantando no cérebro do animal; que um comportamento impulsivo pode ser evitado pelas mesmas pílulas que controlam os tremores do mal de Parkinson; e que o sentimento de confiança, tão básico a todos os laços humanos, pode ser intensificado por um *spray* que expele ocitocina, um hormônio aglutinante envolvido em sexo, trabalho, prestação de cuidados e lactação (Kosfeld et al., 2005).

4. Ela pode enfrentar problemas que não podiam sequer ser colocados na psicologia descerebrada, tais como os de localizar os engramas de palavras de certas categorias, e descobrir a ação de produtos químicos sobre o ânimo, a cognição e o comportamento social. Por exemplo, os neurolinguistas verificaram que lesões em regiões específicas do córtex cerebral causam a perda de certas funções da fala (ver, e.g., Paradis, 2004). E psicólogos constataram que a administração de certos hormônios ou neurotransmissores alteram comportamentos tão básicos como o cuidado maternal.

5. Ela significa pôr abaixo barreiras artificiais entre disciplinas psicológicas tradicionais, como cognição/emoção e individual/social.

6. Concebendo a respeito de doenças mentais com males do cérebro, o monismo materialista ajudou a substituir a ineficaz psiquiatria xamânica, em particular a psicanálise, pela crescentemente eficaz, embora ainda bastante primitiva, psiquiatria biológica (ver, eg., Shorter, 1997).

7. A hipótese da identidade psiconeural adequa-se à ontologia materialista (ou naturalista), inerente à ciência moderna quando não inclui espíritos desencarnados ou funções sem órgãos, ainda que admita, tacitamente, a imensa diversidade qualitativa do mundo, até a necessidade de distinguir muitos níveis de organização. Em particular, o monismo psiconeural solapa a fantasia idealista de que o mundo é mental pois, se fosse, cada cérebro humano incluiria o universal. (Incidentalmente, a fantasia de

que tudo está na mente foi mantida não só por Berkeley mas, também, por Kant, ainda que de maneira bem menos clara.)

Em suma, o monismo psiconeural não tem as máculas de seus competidores; ele é também consistente com a ontologia subjacente a tudo que é da ciência natural, e, o que é mais importante, ele é a hipótese que guia a neurociência cognitiva. Mesmo assim, alguns filósofos ainda pretendem que ele não pode dar conta dos *qualia*, da intencionalidade e da consciência. Vejamos.

A Objeção dos *Qualia* à Identidade Psiconeural

Qualia, ou sentimentos crus, são as sensações de cor, paladar, odor, tato e coisa similar. Sabemos que eles "residem exclusivamente no corpo senciente" (Galileu, 1953, p. 312). Os predicados correspondentes, tais como "é vermelho", são fenomenais e não físicos. Logo, o fisicalismo não pode dar conta deles. (Entretanto, lembre-se do capítulo 7, segundo o qual o fisicalismo é a versão mais primitiva do materialismo.) Será que isso desqualifica a tentativa de analisar os *qualia* em termos não fenomenais, como comprimento de onda e taxa de descarga neuronal? Vejamos.

Temos conhecimento dos *qualia* em primeira pessoa. Bertrand Russell diria que nós os conhecemos por familiaridade; e seu oponente, Henri Bergson, contava os *qualia* entre "os dados imediatos da consciência". O conjunto dos *qualia* em um dado momento é, amiúde, chamado "consciência fenomenal". Mas este é, obviamente, um termo errôneo, porque até um protozoário detecta estímulos de certo tipo; no entanto, nenhum cientista argumentaria que eles são conscientes. Por exemplo, o organismo unicelular *Euglena viridis* detecta luz, mas não sabe "o que ele vê". E algumas bactérias "sentem" o campo magnético terrestre graças a pequeníssimas porções de magnetita em seu corpo – algo que é mais do que o mais exaltado filósofo da mente pode fazer.

Uma das objeções mais comuns à hipótese de que os processos mentais são processos do cérebro é que, enquanto as coisas físicas podem detectar estímulos físicos e reagir a eles, elas não podem possivelmente experimentar *qualia* ou sentimentos brutos, como ver o vermelho ou uma pós-imagem, sentir prazer ou dor. Por exemplo, se puséssemos fogo neste livro, ele não sentiria dor. Nem lhe é dado partilhar do prazer que ele pode proporcionar a alguns de seus leitores.

Admite-se que os *qualia* são reações muito especiais a estímulos físicos, diferindo inteiramente das reações de coisas físicas. Por exemplo, a gente não recorda de um golpe da mesma maneira como uma ferradura retém a forma que o ferreiro lhe dá: há tantos tipos de memória quantas espécies de coisas com memórias – como físicos, etologistas e outros cientistas descobriram há muito tempo. Os neurocientistas cognitivos também sabem disso, razão pela qual estudam a memória animal e não a memória da ferrugem. A maioria dos filósofos da mente concede que a ciência explica a memória ou pode eventualmente explicá-la. Assim David Chalmers (1996) denomina isso de problema *fácil*. (Quanto às opiniões dissidentes, consulte qualquer especialista da memória, desde Bartlett [1932] até Schacter [2001] e Tulving [2002].)

Por contraste, o mesmo filósofo e muitos de seus seguidores acreditam que explicar a dor é um problema *difícil*, talvez intratável. Por quê? Jaegwon Kim (2006, p. 221) explica: "o que faz da dor dor é o fato de que ela é experimentada como dolorosa, isto é, ela machuca". Caso o leitor perceba um erro tipográfico eu o convido a olhar a página 15 do mesmo livro: o que distinguem as dores é que "elas machucam". Mas se a dor machuca, então presumivelmente a visão vê, a audição ouve, a memória lembra, o pensamento pensa, a fala fala, a tristeza entristece, a morte mata, o mundo "mundeia", o nada nadifica e assim por diante. Os existencialistas e outros semeadores do não senso aplaudem. O restante de nós geme.

Será que o "difícil" problema é solucinável? Certamente não, se colocado em termos crípticos. Kim (2006c, p. 223) e outros filósofos da mente não adotam esse modo de ver. Eles pretendem que uma coisa é certa: a ciência do cérebro não pode resolver esse problema. Isso porque o conceito de dor "nem sequer ocorre" na ciência do cérebro. Mas ele ocorre na neurociência cognitiva, na neurologia, na anestesiologia, na psiconeuroimunologia e na psiconeurofarmacologia. Para checar essa afirmação examine atentamente qualquer das revistas dedicadas a essas ciências.

Kim, porém, nem sequer menciona quaisquer estudos sobre a neurofisiologia da dor, em particular a enxaqueca, a dor crônica, a dor fantasma, a incapacidade de sentir dor ou a analgesia placebo. Nem menciona que, como meio século atrás, alguns pacientes com dor crônica sofreram cingolotomias (lesões em seus córtices cingulados), em consequência das quais seu sofrimento minorou, embora a intensidade da dor não tenha diminuído, porque é um processo em uma componente diferente da assim chamada "matriz da dor".

Outro ausente da explicação dada por Kim à dor é a descoberta clássica de Ronald Melzack, em 1957, de que cachorrinhos criados em isolamento "não ligam" para dor: embora sintam estímulos danosos, como as chamas, não têm medo delas e, consequentemente, não aprendem a evitá-las ou esperá-las. A investigação psicológica das dores sociais, como a humilhação e a inveja, tampouco ocorre na explicação de Kim, ainda que ela tenha sido um tópico quente durante alguns anos (e.g., Lieberman e Eisenberg, 2006). Por que se aborrecer com a ciência do cérebro se a gente sabe *a priori* que ela não pode possivelmente saber "o que vem a ser a experiência da dor"? Não pergunte o que essa locução significa, pois você mostrará ignorância da arte negra de metamorfosear confusão em mistério, e disparate em teoria.

Contudo, em 2006, quando o livro de Kim apareceu, a Década do Controle e da Pesquisa da Dor, proclamada pelo Congresso dos Estados Unidos, estava no seu sexto ano – embora com fundos federais em decrescimento. Ao mesmo tempo, centenas de centros com pesquisa de dor e clínicas estavam em funcionamento ao redor do mundo e numerosas revistas especializadas estavam sendo publicadas – entre elas *Anesthesiology, Cephalalgia, European Journal of Pain, Headache, Journal of Pain Research, Pain* e *Pain Research and Management.*

Isso não é para sugerir que uma plena compreensão da dor tenha sido conseguida. Mas sabe-se que dispomos de uma "matriz da dor" (sistema) completa, e que um de seus componentes, a ínsula anterior, é tanto mais ativa quanto mais longamente uma pessoa sofreu da dor. É bem conhecida, também, pelos neurocientistas, psicólogos e médicos que a dor é uma pesquisa tópica e um problema médico. Trata-se de um problema muito sério para ser deixado em mãos de filósofos que oscilam entre dois erros flagrantes: de que a dor reside na mente imaterial e que ela é idêntica à descarga das proverbiais c-fibras.

Os *qualia* constituem um estorvo para os psicanalistas e computacionalistas (ou funcionalistas), a menos que neguem a existência deles, como Dennett (1991) fez. Em contrapartida, os *qualia* não deveriam incomodar os materialistas, os quais sabem que a matéria viva tem propriedades particulares (emergentes) (ver, e.g., Bunge, 1980a, 2006a). Por exemplo, ciliados se afastam, a nado, dos ácidos, ao passo que moedas de cobre não o fazem; e as amebas engolem pedaços de comida, enquanto as samambaias não o fazem. Do mesmo modo, o tecido nervoso tende a circunscrever os estímulos (por meio de inibição lateral), ao passo que a mídia elástica os propaga. Um circuito elétrico transforma um estímulo eletromagnético numa resposta do mesmo tipo, enquanto um circuito neural responde de uma maneira qualitativamente diferente. Mas os fisicalistas (materialistas vulgares) não se preocupam com as funções específicas de sistemas nervosos, e os computacionalistas se preocupam mais com símbolos do que com coisas naturais. Assim, nenhum deles está interessado no estudo biológico dos *qualia*.

Isso se relaciona com a descoberta dos antigos atomistas, e, enfatizada por Galileu, Descartes e Locke, segundo a qual objetos físicos não possuem propriedades secundárias (ou fenomenais), ou *qualia*, tais como cor, cheiro, sonoridade e gosto. Eles têm somente propriedades primárias como composição e energia. Por outro lado, os *qualia*, ou sentimentos brutos, estão unicamente na mente: eles emergem no cérebro quando este percebe objetos externos e, ocasionalmente, também na ausência de estímulos externos.

De acordo com o monismo materialista e a neurociência cognitiva, os *qualia* são processos cerebrais. Entretanto, isso não implica em que eles sejam físicos. Tal como os fundadores da psicofísica descobriram em meados do século XIX, há uma diferença radical entre uma cor e a correspondente radiação eletromagnética, assim como entre uma sensação térmica e o calor ou entre a sonoridade e a amplitude da correspondente onda sonora. Agora sabemos que a diferença é que no primeiro caso há um cérebro e, talvez, até um registro em primeira pessoa; ambos, porém, poderão estar ausentes no segundo caso.

A distinção entre propriedades primárias (objetivas) e secundárias (subjetivas) coloca, igualmente, sérios problemas aos fenomenalistas e aos fisicalistas (materialistas vulgares). De fato, os primeiros não podem aceitar as propriedades primárias e os outros não podem explicar as propriedades secundárias. Consequentemente, os fenomenalistas são obrigados a ignorar ou distorcer todas as ciências, além da psicologia clássica (descerebrada), enquanto os fisicalistas são obrigados a admitir somente a física e a química e, assim, a negar a própria existência dos *qualia* (mais em Bunge, 2006a).

Os fisicalistas (ou naturalistas) negam os *qualia*, muito embora os experimentem toda vez que percebem algo. Materialistas não fisicalistas não têm medo dos *qualia*: assumem que estes ocorrem unicamente em cérebros, de modo que devem ser enfrentados por meio da neurociência cognitiva. Efetivamente, qualquer compêndio recente sobre neurociência contém capítulos dedicados à visão, à audição, ao olfato e ao paladar etc. Em outras palavras, os *qualia* estão sendo explicados, precisamente, na forma materialista que filósofos dogmáticos anticientíficos, como Husserl (1970, p. 134 s), condenaram a *priori*. Em outros termos, a subjetividade está sendo explanada em termos objetivos (mais em Bunge, 2006a). Em particular, a psicologia da percepção explica os fenômenos (aparências), uma tarefa que nenhum fenomenologista filosófico tentou.

O materialista que inclui os *qualia* em seu inventário do mundo é provavelmente um materialista emergentista. Isto é, ele enfatizará que os sistemas, como o cérebro, possuem propriedades que seus constituintes (e.g., neurônios e assembleias de neurônios, como as colunas corticais) carecem. Semelhantes propriedades globais são ditas ser emergentes porque surgem (ou então desaparecem) no curso de processos como os da auto-organização, morfogênese e dissolução, que são manifestos no desenvolvimento e na evolução – como vimos no capítulo 5.

Uma objeção relacionada à identidade psiconeural é que, na vida cotidiana, nós descrevemos processos mentais em termos não neurocientíficos. Por exemplo, a gente diz que fulano de tal ficou apaixonado mais do que se descreve em pormenor o complexíssimo processo cerebral pelo qual ele passou – um processo que, de qualquer modo, conhecemos apenas em linhas gerais. Mas isso é mais comum em ocorrências de todos os tipos do que uma peculiaridade do fenômeno mental. Assim, um motorista pode descrever o desarranjo de seu carro de um modo simplista, mas um mecânico o fará de modo mais complicado, e um engenheiro de automóveis de uma maneira ainda mais sofisticada. Do mesmo modo, a explanação de um acidente cardiovascular, tais como um enfarto, envolve itens, como depósitos de gordura nas artérias e beta bloqueadores que não ocorrem em sua descrição clínica. Filósofos da mente chamam a isso corretamente de contraste entre a psicologia popular e a científica.

Uma maneira similarmente mais técnica de formular a objeção em apreço é a seguinte: para que exista uma identidade entre fenômenos mentais e processos cerebrais, os primeiros devem compartilhar de todas as propriedades do segundo – mas eles não compartilham. Na verdade, os fenômenos mentais possuem propriedades secundárias, e os processos do cérebro dispõem somente de propriedades primárias: os primeiros são dependentes do sujeito (subjetivos), ao passo que os segundos são objetivos. Mas essa objeção não tem validade, pois ela poderia ser levantada contra as descrições científicas. Por exemplo, uma descarga elétrica fraca causa um choque que o paciente pode descrever como uma coceira dolorosa, ao passo que um biofísico a explicaria em termos da ação de uma corrente elétrica sobre tecido vivo.

Para escolher um exemplo mais simples, que tem fascinado os semanticistas desde Frege, por mais de um século: qual é a diferença entre a estrela da manhã e a Vésper? Elas *são* o mesmo planeta, ou seja, Vênus, mas *parecem* diferentes, porque ambas as atmosferas e o sujeito mudaram. De fato, ver Vênus pela manhã não é a mesma experiência que vê-la ao anoitecer, embora o objeto físico observado seja um e o mesmo. A maioria dos filósofos fica desconcertada com esse exemplo, porque acredita estar lidando com um único referente, ou seja, Vênus, quando efetivamente são três referentes: Vênus, sujeito e atmosfera. Vênus é o que eu denomino *referente central* das proposições "eu vi a estrela da manhã" e "eu vi a estrela Vésper". Tais proposições sumariam "eu vi Vênus pela manhã (ou através de uma fria e límpida atmosfera)" e "eu vi Vênus ao anoitecer (ou através de uma atmosfera um tanto mais quente e poluída)", respectivamente (Bunge, 1974a).

Este é apenas um exemplo do contraste entre a descrição científica de uma ocorrência independente do sujeito e a descrição de conhecimento comum de uma experiência humana. Em outras palavras, temos a ver com *duas descrições de dois fatos diferentes*, uma que envolve um sujeito cognoscente e outra que não envolve. Se o objeto em questão for um processo mental, temos os dois seguintes fatos diferentes: um processo cerebral visto de fora por cientista, e o mesmo processo enquanto experienciado e descrito pelo proprietário do cérebro em questão. Se acontecer que o cérebro seja o de um neurocientista cognitivo que observa a sua própria mente, ela provavelmente também dará duas descrições diferentes; uma em termos de propriedades primárias, tais como a taxa de consumo de glicose ou oxigênio, e a egocêntrica, em termos de sentimentos, imagens e similares.

Em resumo, há *qualia* e eles são exclusivos dos seres sencientes; mas eles não podem ser explicados em termos objetivos (independente do sujeito), ou seja, como características de processos do cérebro. Espera-se, em geral, que a ciência explique a subjetividade (ou a experiência) em termos objetivos (não experimentais) – é disso que trata a psicologia. Mas esse argumento não persuadirá o filósofo da linguagem comum que, como Stoljar (2006), acredita que a ciência, a física em particular, ignora "os físicos", daí por que seria quixotesco tentar reduzir o experiencial ao não experiencial. Seria descortês perturbar a soneca deles.

Redução e Fusão

A identidade factual postulada pela hipótese da identidade psiconeural é da mesma espécie que as identidades "Calor = movimento molecular ou atômico randômico", "Luz = radiação eletromagnética, cujo comprimento de onda está compreendido entre 390 nm e 740 nm", e "Ferrugem = combinação de um metal com oxigênio". Escritores de ficção e filósofos especulativos estão por certo livres para inventar mundos em que tais identidades factuais não valem, onde cada um consegue qualquer coisa de graça e onde a sociedade recompensa o contrassenso. Mas pessoas responsáveis não confundem possibilidade conceitual ou conceitualidade com possibilidade factual, ou legalidade; e elas não consideram a capacidade de inventar mundos fantasiosos como evidência para a real existência desses mundos.

Há uma enorme literatura filosófica sobre a redução, mas o assunto está longe de ter sido exaurido. Uma das razões é que raramente se deixa claro qual é o objeto da redução: coisa, propriedade ou construção? Por exemplo, afirma-se amiúde que Água = H_2O. Mas essa equação é falsa. A verdade é que um corpo aquoso, como uma gota de orvalho ou um lago, *compõe-se* de moléculas de H_2O; e a composição é apenas uma das características de um sistema. Um corpo aquoso possui, também, uma estrutura – essencialmente as ligações de hidrogênio apresentadas na fig. 5.5; além disso, um corpo aquoso tem mecanismos típicos, em particular movimentos moleculares aleatórios em um nível e fluem no seguinte.

Segundo exemplo: diz-se em geral que "temperatura = energia cinética". Mas esta equação se torna falsa ao se considerar qualquer corpo macrofísico, tal como uma colher. Seria mais certo dizer que "temperatura = energia cinética média de um sistema de átomos ou moléculas em movimento randômico". Notar-se-á que o primeiro exemplo concerne a uma coisa e o segundo a um constructo (uma função), que representa uma propriedade física. Na minha terminologia, o primeiro é um pseudoexemplo de redução ontológica, enquanto se alega, erroneamente, que o segundo é uma instância de redução epistemológica. Elucidemos esses dois termos técnicos. (Ver detalhes em Bunge, 1973, 1977c, 2003a; Bunge e Ardila, 1987.)

Sugiro que a redução pode ser tanto *ontológica*, como em "$M = N$", quanto epistemológica, como em "M-logia é dedutível de N-logia", ao passo que M e N denotam propriedades como "mental" e "neural", respectivamente. Afirmar que o mental é o mesmo que o neural é executar uma redução ontológica. E pretender que a psicologia tornou-se ou se tornará um capítulo da neurociência é exprimir a esperança de uma redução epistemológica. Incidentalmente, a redução do mental ao neural não importa em eliminar o primeiro, mas em explicá-lo. Por exemplo, neurocientistas cognitivos procuram explicar fenômenos subjetivos, como sentir raiva ou euforia, com termos objetivos da neurociência. Tal redução não elimina os conceitos fenomenais de raiva e euforia: o monismo psiconeural não é o mesmo que o materialismo eliminativo. Do mesmo modo, a explanação de um evento social em pequena escala, como explicar a formação ou dissolução de uma parceria, em termos da convergência ou divergência de interesses individuais, não elimina os conceitos de agregação e desagregação sociais.

Nenhuma das duas reduções, a ontológica ou a epistemológica, implica a outra. A tese ontológica da identidade do mental e do neural somente sugere o projeto de pesquisa de ou reduzir a psicologia à neurociência ou fundir as duas disciplinas. No primeiro caso, o que está sendo visado é a psicologia, enquanto no segundo, é a junção de ambas. Mas, visto que a vida mental de animais gregários é fortemente influenciada por sua vida social, uma boa porção de sociologia deve ser adicionada à neurociência cognitiva: o naturalismo não funciona em relação à mente de animais gregários altamente artificiais como nós somos (lembre-se do capítulo 6).

Quando trata de fenômenos mentais, o fisicalista adota uma forma extrema de reducionismo: ele pula a química e a biologia, iguala o "mental" ao "físico" e alimenta a esperança de que um dia a psicologia se tornará um ramo da física. Assim, o fisicalista achata o mundo ao rés-do-chão: ele ignora a existência de níveis ou organização suprafísicos, como os de natureza química, biótica ou social. O fisicalista simplifica em excesso e empobrece, quer a realidade, quer nosso conhecimento dela. Além do mais, ele confirma a intuição psiconeural do dualista de que é impossível para uma coisa *física* pensar, enquanto a questão correta é saber qual *outra* coisa, além do cérebro, que é uma coisa *biológica*, pode pensar.

Por contraste, o materialismo emergentista supera as limitações ontológicas e epistemológicas do fisicalismo: lembre-se do capítulo 5. Em particular, ele nega que os átomos sejam apenas agregados de partículas elementares, e as células apenas maços de moléculas; que "nós somos todos embriões" (como certos senadores norte-americanos têm sustentado) e que "você é seus neurônios", como tem sido afirmado. Por certo, a física é a ciência básica, mas ela não é onisciente, porque há níveis suprafísicos (no entanto, não há ainda níveis afísicos).

Isso sugere que há limites para a redução: que na maior parte dos casos a redução é moderada, mais do que radical. Por exemplo, não é verdade que o calor é o mesmo que movimento molecular, como pode ser visto pelo fato de que é possível preparar um feixe molecular de alta velocidade a uma temperatura próxima do zero absoluto. O que é verdade é que o calor é o mesmo que o movimento molecular randômico. Esse é um caso de estrita redução ontológica, juntamente com redução epistemológica parcial, porque envolve uma hipótese probabilística, além de uma hipótese mecânica.

A diferença lógica entre redução radical e moderada é a seguinte: pode se dizer que uma ideia (conceito, hipótese ou teoria) B foi radicalmente (ou fortemente) reduzida a uma ideia A se for provado que B é dedutível de A, sem problemas ulteriores. Exemplos: a estática e a cinemática foram plenamente reduzidas à dinâmica, e a óptica ao eletromagnetismo. Em contraposição, pode-se dizer que uma ideia B foi moderadamente (ou fracamente) reduzida a uma ideia A se houver uma terceira ideia C, tal que, conjugadas com a A acarreta B. Por exemplo, a mecânica estatística é dedutível da mecânica, juntamente com a hipótese subsidiária de Boltzmann, segundo a qual as posições e as velocidades iniciais dos átomos ou moléculas em questão são distribuídas aleatoriamente. E a química é redutível a partir da mecânica quântica somente quando unida à cinética química clássica mais certas hipóteses acerca das ligações químicas, tais como as covalentes (ou não iônicas), que consistem no compartilhamento de elétrons.

Em resumo:

> *Redução radical ou forte de B para A:* $A \vdash B$
> *Redução moderada ou fraca de B para A:* $A \ \& \ C \vdash B$

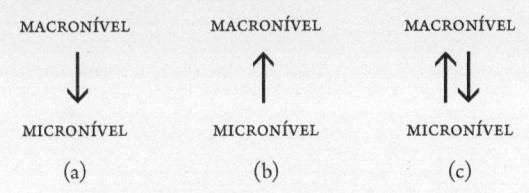

Fig. 9.5: Três tipos de redução: a. microrredução (e.g., sensação visual = atividade central visual); b marcorredução (e.g., o dogma da psiquiatria transcultural, segundo o qual a sociedade deve ser culpada pelas doenças mentais e não o cérebro); c. misto (e.g., sentimento inadequado = ser ao mesmo tempo pobremente habilitado e socialmente mal colocado).

Os fenômenos mentais são, por certo, bem mais complicados do que os processos físicos e químicos, porém, do ponto de vista lógico, não mais do que no caso da química. De fato, para explicar o mental necessitamos não só da neurociência, mas também de alguns conceitos sociológicos como "agressão" e "cooperação". Por exemplo, a depressão é explicada não unicamente em termos de predisposição genética e equilíbrio de serotonina, mas, também, por meio da ajuda de dados concernentes a problemas na vida social do paciente na família, no trabalho e na sociedade em geral.

Observe que, ao contrário da opinião popular, nem toda redução é para baixos níveis. A razão é que cada coisa, exceto no tocante ao universo como um todo, está engastada em algum sistema de nível superior. Por exemplo, o desempenho escolar de uma criança deve ser avaliado não só em termos neurocientíficos, mas também com referência ao lugar da criança na sua escola, família e vizinhança. Do mesmo modo, atividades microeconômicas não podem ser explicadas por abstração de circunstâncias macroeconômicas, demográficas e políticas. Logo, a neuroeconomia, a tentativa de explicar a atividade econômica exclusivamente em termos neurocientíficos, está equivocada.

Em suma, a redução pode ser uma dentre três tipos: micro, macro e mista (ver fig. 9.5).

Em resumo, o programa da neurociência cognitiva é o seguinte: os fenômenos mentais podem ser explicados, ao menos em princípio, por meio da redução ontológica (mental = neural) combinada com a fusão epistemológica ou convergência de vários ramos da neurociência, e esta última com a psicologia e a sociologia (Bunge, 2003a; Bunge e Ardila, 1987). A redução epistemológica (interteórica), por contraste, é rara não só em neurociência, mas também na física (Bunge, 1973a). Craver (2009) esposa essa tese, e chama de *mosaico* a unidade e o avanço da neurociência efetuado pela fusão de seus vários capítulos. (O mesmo autor também compartilha de minha tese, pela qual explicar algo é descrever o

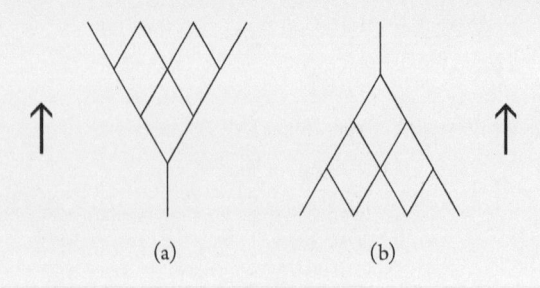

(a)   (b)

Fig 9.6: a. Análise, divergência ou especialização;
b. Síntese, convergência ou fusão (Bunge, 2003a).

mecanismo subjacente.) Entretanto, esse mosaico está a serviço de uma profunda redução ontológica: a do mental ao neural.

Em geral, o estudo de todas as coisas requer tanto análise quanto síntese. Daí por que o avanço da ciência moderna sempre consistir de dois movimentos paralelos: a ramificação, ou o espalhamento em especialidades, e a fusão, ou convergência de disciplinas inicialmente separadas (ver fig. 9.6).

Observações Conclusivas

Os pronunciamentos da maioria dos filósofos acerca da natureza da mente têm sido, com frequência, dogmáticos ou confusos. Por exemplo, Platão pensava que a alma é imaterial e guia o corpo. Husserl acreditava na mente imaterial; que o corpo nada mais é senão uma ferramenta da mente; e que a introspecção, juntamente com a pretensão de que o mundo externo não existe (redução fenomenológica), é o único meio de estudar a mente e mesmo o mundo. Wittgenstein (1967, p. 105) escreveu que "uma das ideias mais perigosas para um filósofo é, algo bastante esquisito, que nós pensamos com nossas cabeças ou em nossas cabeças". Ambos, o positivista Ayer e o racionalista Popper, adotaram o dualismo psiconeural como coisa natural, apenas porque ele é parte do conhecimento comum. Os filósofos linguísticos creem que a chave para a mente é a filosofia da linguagem – o que naturalmente pressupõe que animais não humanos são inteiramente despidos da mente. E os adoradores do computador, marcadamente Putnam, Fodor e Dennett, nos asseguram que a mente é um conjunto de programas de computadores que podem ser "concebidos", ou "incorporados", em modos alternativos.

Poucos filósofos da mente deram-se ao trabalho de estudar o que a neurociência cognitiva tem a dizer a respeito dos processos mentais.

A maior parte deles nem sequer aprendeu que o cérebro é um sistema biológico, não apenas um sistema físico e, por consequência, a ciência do cérebro não é um ramo da física. Eis por que continuamos a negar que uma coisa *física* pode ter experiências, sentimentos e pensamentos. Embora a maioria deles se considere pensadores críticos, e alguns deles materialistas de todas as espécies, de fato eles procedem de maneira apriorística, portanto dogmática, característica de filósofos idealistas. Por conseguinte, longe de levar adiante a ciência da mente, eles teriam atrapalhado seu avanço se os cientistas os tivessem lido.

É humilhante ler em Heródoto (Livro Dois, 2) que, por volta de 650 a.C., o faraó Psamético fez com que um bode mudo criasse duas crianças recém-nascidas em isolamento, a fim de verificar que língua elas falariam espontaneamente. Não importa o resultado: o que importa é que há mais de dois milênios e meio alguém sabia o que muitos filósofos modernos da mente não sabiam: que questões empíricas exigem pesquisas empíricas.

10.
MENTE E SOCIEDADE

mmanuel Kant e o barão Thiry D'Holbach nasceram na Alemanha, só um ano antes do início do Iluminismo. Se Kant vivesse na cintilante Paris em vez de Königsberg, e D'Holbach permanecesse na escura Edshein, sua cidade natal, eles poderiam ter filosofias trocadas; Kant poderia ter se tornado o grande filósofo materialista e realista do século e D'Holbach sua contraparte idealista. Naturalmente, a sentença anterior é um contrafatual e, como tal, intestável e, portanto, nem verdadeira nem falsa. Mas não se trata de uma burlesca fantasia, pois sabemos que educação e oportunidade são tão importantes quanto a natureza.

Enquanto na remota e sombria Königsberg Kant não tinha ninguém de quem aprender ou com quem discutir, o salão de D'Holbach era frequentado por alguns dos mais importantes, interessantes e avançados pensadores do Iluminismo: Beccaria, Condillac, Condorcet, D'Alembert, Diderot, Franklin, Helvétius, Hume, Rousseau, Turgot entre outros. Assim, enquanto a vida mental de Kant era basicamente um solilóquio, a de D'Holbach era um diálogo constantemente estimulante, espirituoso e sagaz, com seus mais brilhantes e audaciosos contemporâneos. Embora na melancólica Königsberg era possível, e em certa medida desejável, ignorar o melancólico e perigoso mundo externo, uma fuga similar da realidade era impossível no azafamado e barulhento sítio de construção das *Lumiéres*.

Sociedade correspondida: embora os livros incendiários de D'Holbach fossem populares, a despeito de terem sido banidos, as obras antes arcanas de Kant circulavam unicamente entre uns poucos homens cultos. O barão D'Holbach, como Voltaire e Hume, mas ao contrário de Kant, era o que chamamos hoje de intelectual público, alguém cujas concepções eram notadas porque importavam. Além disso, enquanto D'Holbach era científica e politicamente progressista, Kant era apenas tão conservador como Hume. No entanto, julgando a partir da complexidade dos problemas com que os dois filósofos lidaram, a inteligência natural e o saber de Kant eram superiores aos de D'Holbach.

O precedente, se verdadeiro, reforça a tese de que a natureza é de pouca ajuda sem a educação, assim como um cérebro severamente deficiente não pode aprender muito. Em outras palavras, tudo que é mental é ao mesmo tempo neural e social. Por exemplo, muito embora todos os seres humanos, em todas as culturas, tenham nascido com cérebros similares, um e mesmo estímulo pode causar prazer em uma cultura e desprazer em outras. A experiência grava traços locais em cérebros universais.

A lição metodológica é que a psicologia não pode desempenhar seu principal trabalho, que é o de descrever e explicar o mental, sem a assistência das ciências sociais. Note que essa tese é o dual da abordagem da escolha racional, de acordo com a qual somente o comportamento individual pode explicar o social. Ela está, também, em desacordo com a psicologia evolucionária popular, segundo a qual a biologia explica a ciência social.

Lancemos um olhar sobre três áreas da ativa pesquisa contemporânea: a neurociência cognitiva do desenvolvimento, a neurociência cognitiva social e a evolução.

Desenvolvimento

De acordo com o determinismo genético, o desenvolvimento individual é o desdobramento automático do "programa" inscrito no genoma. Em outros termos, o genoma seria o destino. Um corolário dessa tese é que gêmeos idênticos e clones têm sistemas nervosos idênticos e, portanto – via identidade psiconeural –, o mesmo comportamento e a mesma vida interior, se é que há alguma. Mas esse corolário foi refutado nos anos de 1970 por estudos sobre a pulga d'água *Daphnia magna*, sobre o peixe partenogenético *Poecilia formosa*, bem como sobre os seres humanos: em todos os três casos, os sistemas nervosos dos clones exibem significativas diferenças anatômicas (Changeux, 2004, p. 188). Por exemplo, gêmeos (idênticos) humanos possuem impressões digitais diferentes e podem ser um destro e outro canhoto. Como Peter Medawar (1957, p. 154-155) colocou, as diferenças inatas entre indivíduos são de natureza combinatória: "um indivíduo difere de todos os outros não porque detenha dotes únicos, mas porque ele tem uma *combinação* única de dotes".

Claramente, tais distinções emergem no curso do desenvolvimento, algumas por causa de diferentes estímulos externos enquanto outras podem ser consequência das vicissitudes da migração de neurônios e do crescimento de axônios e dendritos. Stephen J. Gould (2002) enfatizou corretamente a importância da "contingência" (acidente), tanto no desenvolvimento quanto na evolução. Sua mera ocorrência desaprova a extravagante opinião de que há algoritmos de desenvolvimento. Em suma, o genoma é oportunidade e não destino. Para mudar a metáfora: o DNA propõe, e o meio interno, juntamente com o ambiente, dispõem.

Além de ser algo errático, o desenvolvimento animal é notoriamente do tipo mosaico – como é a evolução. Isto é, as várias partes do organismo não amadurecem em igual proporção, porque seu desenvolvimento é controlado por diferentes genes. Por exemplo, o sistema reprodutivo amadurece bem mais depressa do que o sistema nervoso. Correspondentemente, o sistema de recompensa e reforço amadurece antes do sistema de controle, localizado em outra parte do cérebro. Essa má combinação gera notórios problemas sociais, como os da impulsividade, do egoísmo e da irresponsabilidade que caracterizam o comportamento do adolescente, por contraste ao comportamento adulto. De fato, o córtex pré-frontal do adolescente, um recém-chegado na evolução e centro de controle cognitivo, não está bem preparado para controlar as poderosas novas emoções que emergem à medida que o cérebro é subitamente inundado por hormônios sexuais. Daí a gravidez na adolescência que é, por sua vez, tratada diferentemente em variadas sociedades: de maneira permissiva em algumas e punitiva em outras.

Maternidade entre mulheres jovens era regra quando as pessoas envelheciam rapidamente e, em média, desfrutavam metade da atual expectativa de vida. Naqueles tempos o comportamento de risco, em busca de um instante de gratificação, amiúde favorecia o aprendizado e consequentemente a sobrevivência também. Por contraste, em nossa sociedade moderna, firmemente estruturada e controlada por pessoas mais maduras e, portanto, conservadoras, que procuram evitar riscos, a inovação é cuidadosamente controlada em escolas e locais de trabalho, e desencorajada quando há suspeita de ela ser socialmente disruptiva.

Os psicólogos desenvolvimentistas são obrigados a enfrentar, frequentemente, o antiquíssimo debate natureza/educação (criação): será essa capacidade ou comportamento inato ou aprendido, intuitivo ou racional, instintivo e universal, ou social e particular? Em especial, Chomsky e seus seguidores têm pretendido que a linguagem é o "espelho da mente" mais do que nosso principal instrumento de comunicação, que ela é instintiva, e até que nascemos conhecendo a gramática universal e muito mais. Os psicólogos desenvolvimentistas e cientistas sociais sempre deram a conhecer o contrário: seus estudos empíricos verificaram que a fala e a gesticulação são aprendidos e que a função primária delas é a comunicação (e.g., Dunbar, 2003; Tomasello, 2008).

A linguagem é uma ferramenta da inter-relação social, a tal ponto que é novamente reinventada cada vez em que estiver ausente. Por exemplo, observou-se que os dialetos criolos se desenvolvem a partir dos *pidgnis* (fala híbrida de mistura de línguas) no curso de uma única geração. E que crianças surdas em idade escolar, na Nicarágua, criaram sua própria linguagem de signos, sem qualquer treinamento, enquanto brincavam no pátio da escola. Por outro lado, crianças que permaneceram trancadas desde o nascimento, durante vários anos, nunca progrediam além de uma protolinguagem destituída de sintaxe. Nascemos, certamente, com a capacidade de aprender linguagens, assim como matemática e teologia, mas essa potencialidade é atualizada apenas em ambientes sociais adequados.

Em resumo, embora ninguém negue que todos os seres humanos normais nascem com *capacidade de aprender* quase tudo, desde habilidades manuais e línguas até ciência e filosofia, não há nenhuma evidência de qualquer natureza de que alguma coisa aprendível esteja codificada no genoma. A conexão genótipo-fenótipo é muito indireta, daí por que qualquer conversa sobre genética cognitiva é puramente promissória. Além do mais, esse projeto sofre seriamente do defeito de pular níveis cruciais: célula, *assemblage* de neurônios e circunvizinhanças. Alguns estudos sérios sobre a emergência e aperfeiçoamento de capacidades cognitivas foram empreendidos por psicólogos e antropólogos desenvolvimentistas. Por exemplo, só recentemente verificou-se que a capacidade de coletar detalhes e de suprimir (não "reprimir") lembranças indesejadas emergem na infância tardia.

Longe de pular dos genes para o comportamento, tais cientistas estudam o desenvolvimento gradual (ontogenia) de crianças em vários ambientes sociais (ver, e.g., Karmiloff-Smith, 2006). O que eles descobriram repetidas vezes é que, enquanto alguns ambientes podem atualizar certas predisposições (ativando o correspondente conjunto de genes), outros podem frustrá-los. Por exemplo, Wright et al. (2008) descobriram a seguinte cadeia causal: abandono durante a infância → desenvolvimento anormal do cérebro → déficits comportamentais → maior probabilidade de envolvimento no crime. Claro, o abandono na infância não é o único gatilho possível de comportamento antissocial: muitos diferentes pares de cérebro-sociedade podem produzir o mesmo *output*. Por exemplo, crescer em um ambiente pobre e violento pode predispor ao crime ainda mais fortemente do que o abandono na infância, se não por outro motivo, pelo menos porque tal ambiente não contribui à frequência regular na escola.

Outro exemplo é o seguinte: Dehaene e colaboradores (2008) perguntaram como crianças e membros de tribos amazônicas mapeiam números no espaço. Eles instruem as pessoas a colocar os números de 0 a 100 numa régua não graduada, da esquerda para a direita. Eles verificaram que indivíduos ingênuos mal usavam metade da metade esquerda da régua para colocar os inteiros menores, e amontoavam todos os números remanescentes na metade direita: eles adotavam as escalas logarítmicas

como qualquer indivíduo familiarizado com a lei psicofísica de Fech-
ner-Weber poderia esperar. Somente os sujeitos educados distribuíam
uniformemente, isto é, atribuíam o mesmo valor numérico a todos os
segmentos de igual comprimento. Os autores concluíram que, embora a
escala logarítmica seja inata e, portanto, universal, a escala linear é aprendida e, portanto, depende da cultura. E acrescentaram que essa solução do
problema devia conciliar as posições nativistas e ambientalistas. Talvez
eles sejam indevidamente otimistas, porque o debate natureza/educa-
ção possui uma grande componente político-ideológica. (Ao contrário
da opinião recebida, no entanto, essa componente é ambígua. De fato,
um nativista pode pretender que todos os seres humanos nascem iguais
ou que o *status* social é inato.)

Outro caso muito claro que exige atenção conjunta tanto à natureza
como à educação é o desenvolvimento moral. Em particular, a preferência pelo justo ou pela equidade, que está generalizada entre adultos
normais, não é inata. ("Normal" = nem psicopata, nem marcadamente
fundamentalista.) Presumivelmente, tal preferência desenvolve-se junto
à socialização (ou aculturação), uma vez que ela emerge somente por
volta da idade de sete ou oito anos; e mesmo então ela é paroquial, isto
é, limitada aos membros do grupo social (Fehr et al., 2008).

Além disso, nossas reações à injustiça dependem criticamente do nível
de serotonina, que pode ser alterado de maneira experimental: a intolerância à injustiça cresce com o esgotamento da serotonina (Crockett et
al., 2008). Cuidado: esse achado não prova que nosso senso de equidade,
ou qualquer outra emoção social, seja puramente matéria de química.
Trata-se apenas de provar que a moralidade é inerente à matéria pensante. É de se presumir que o senso do que é justo não se desenvolve
plenamente em uma sociedade de castas, em que cada qual "sabe o seu
lugar" desde o nascimento.

O que acontece com a equidade e o altruísmo acontece com a violência. É fato bem conhecido que a agressão física muda no curso da vida,
e nos norte-americanos do sexo masculino ela atinge o pico por volta
dos dezessete anos, quando o cérebro, ainda imaturo, está inundado de
hormônios e o adolescente desfruta de novas liberdades e oportunida-
des e faz novos amigos. Mas não sabemos, no entanto, as contribuições
relativas dos genes da maturação do cérebro e do ambiente social (ver,
e.g., Loeber e Pardini, 2008). Somente um ponto parece claro: o de que
o comportamento antissocial é excepcional, mesmo entre pessoas nascidas em sociedades violentas. O caso da Islândia é particularmente claro,
visto que os islandeses apresentam um genoma mais uniforme e constante devido à falta de imigração em tempos modernos. No entanto,
de acordo com suas sagas, os islandeses eram notavelmente assassinos

e traiçoeiros, há mil anos, ao passo que eles têm sido particularmente pacíficos e gentis durante os últimos séculos. Talvez isso se deva ao fato de que a severa deterioração do clima e o desflorestamento transformaram prados e florestas em geleiras, não deixando terra pela qual lutar, e forçando as pessoas a concentrar-se em aldeias e a cooperar em face de um ambiente cada vez mais áspero.

Note, incidentalmente, que há no mínimo dois diferentes conceitos de um traço inato, os de que ele ocorre desde a concepção ou desde o nascimento. E em cada um dos casos é preferível perguntar se uma propriedade em aglomerado, mais do que um traço único, é inata, porque acontece que as propriedades vêm em aglomerados, como será discutido no capítulo 14. (Ver Mameli, 2008, para ambos os problemas.)

Por fim, a psicologia desenvolvimentista está se movendo crescentemente para mais perto da psicologia comparativa e evolucionária. Isto é, os estudiosos do desenvolvimento da criança estão perguntando que outros animais possuem os mesmos traços, e em que estágio da evolução podem esses traços ter emergido. Um resultado dessa convergência de disciplinas, que teria deliciado Ernst Haeckel, é o princípio de que os traços cognitivos, que partilhamos com outros animais, tendem a emergir bem cedo no desenvolvimento humano (ver Platt e Spelke, 2009).

Eu e Nós

É difícil discordar que o cérebro não só controla o resto do corpo mas também modela seu ambiente e nos ajuda a adaptarmo-nos a ele bem como adaptá-lo a nós. Uma das provas mais simples e mais persuasivas de que o cérebro modela seu ambiente é a seguinte: quando um rato caminha ao redor de um circuito, os neurônios responsáveis pelo lugar em seu hipocampo disparam ao mesmo tempo. Quanto ao papel do sistema nervoso na adaptação e na construção de nicho – isto é, a alteração do ambiente em benefício do animal –, basta lembrar que até a humilde minhoca passa toneladas de terra através de seus intestinos no curso de sua existência, arejando, assim, inconscientemente, o solo e aumentando sua fertilidade.

Há mais ainda: o comportamento de um vertebrado superior gregário é ininteligível se o animal for retirado de seu ambiente social, porque muita coisa desse comportamento consiste em interagir com animais da mesma espécie. Se estiver em dúvida, lembre-se de quão severamente prejudicada é a vida mental da criança autista. No entanto, a maior parte da psicologia, mesmo hoje em dia, é associal: ela ignora o contexto social do indivíduo, o que é como estudar pulmões em um vácuo. A psicologia social corrigiu a cegueira social da psicologia clássica. Em particular, Lev Vygotsky (1978), Alexander Luria (1976), Nicholas Humphrey (1983) e Michael Cole (1996) investigaram a raiz social e a função social das funções mentais superiores e mostraram algumas das diferenças culturais no pensar. Em anos recentes, a neurociência social começou a revelar alguns dos mecanismos neurais do aspecto social da vida humana (e.g., Cacioppo et al., 2006).

Tome, por exemplo, a autoconsciência, que utilizamos não somente para controlar nosso próprio comportamento, mas também para entender o dos outros; e minha capacidade de dar-me bem com eles, ou de tentar modificar o comportamento deles deriva, em larga medida, de uma analogia comigo mesmo: eu modelo os outros conforme eu mesmo, e assim posso sentir empatia por eles e prever suas ações e não ações. Quando essa capacidade é severamente prejudicada, como no caso dos pacientes do mal de Asperger, os resultados são ajustamento ruim e infelicidade.

Por sua vez, a autoconsciência é, em certa medida, um produto da relação social: eu sou tanto mais autoconsciente quanto mais intensamente eu espero, ou receio, que meu comportamento seja observado e julgado por seres humanos como eu. Em casos patológicos, como o de Jean-Jacques Rousseau, a autoconsciência degenera em autocentridade e paranoia, uma combinação que resulta em uma oscilação entre busca de reconhecimento e fuga da sociedade. Assim, a consciência, particularmente a autoconsciência, é tanto efeito quanto causa de comportamento social (mais nas seções A Consciência: O Santo Graal e Tipos de Consciência do capítulo 11).

O que vale para a relação entre autoconsciência e vida social vale também para a linguagem. É provável que a autoconsciência e a linguagem sejam coevas e que tenham coevoluído ao lado da sociedade. Essa conjectura é sugerida em parte por nossa experiência diária com a fala silenciosa (interna). É provável que o primitivo sistema de comunicação animal, que finalmente evoluiu em linguagem articulada, tenha permitido que os hominídeos e os homens do paleolítico internalizassem certos aspectos de seu comportamento social. À medida que eles aperfeiçoavam seu sistema de comunicação, este se tornou mais do que um meio de relação social, ou seja, um instrumento de autoanálise e um portador de nacos pré-fabricados de pensamento, que podiam ser convocados e combinados quase à vontade. No devido tempo, nossos remotos antepassados tornaram-se capazes de falar para si próprios, isto é, de internalizar conversações, algumas das quais deviam ser referentes aos seus próprios processos mentais. Assim, o autoconhecimento e a linguagem podem ter sido resolvidos por meio de um mecanismo de alimentação precoce, e ambos coevolvidos com a cultura.

Note que essa hipótese está em desacordo tanto com as hipóteses de que a mente é um subproduto da fala (Luria e Vygotsky) quanto com as de que a linguagem é um subproduto da mente (Chomsky, Popper e Eccles). Observe, também, que tudo do precedente contradiz, quer o epifenomenalismo, quer a assim chamada teoria-espelho do conhecimento. A consciência será examinada com algum pormenor na seção A Hipótese de Hebb.

Em suma, os psicólogos sociais forneceram o contexto social da mente. Mas alguns deles eram tão radicais que apresentavam a pessoa como um amontoado passivo posto à mercê de seu ambiente. Isso poderia não ter acontecido se eles tivessem levado em conta que a vida mental é cérebro em atividade, e que o cérebro está constantemente ativo, mesmo quando em isolamento de estímulos sociais. Porém, a psicologia social clássica era descerebrada e, ocasionalmente, até hostil à biopsicologia. Em particular, os behavioristas pretendiam que processos mentais ou não existem ou eram apenas processos comportamentais altamente complexos. Esse modo de ver contradiz a definição comum de processo comportamental como algo evidente, portanto, como mudanças corporais diretamente observáveis. Ademais, a concepção em questão implica confundir fatos com suas condições ambientais. Assim, embora a respiração seja impossível em um vácuo, ela não é um processo atmosférico. Corrigindo um desequilíbrio, ou seja, o descuido de estímulos sociais, os behavioristas reforçaram outro – o descuido daquilo que controla o comportamento, ou seja, o cérebro. No entanto, todas as relações sociais são refratadas pelo cérebro, porque esse órgão controla o comportamento.

A conexão cérebro-sociedade é tão forte que ela pode conduzir ao controle do instinto. Por exemplo, o desejo sexual pode ser intensificado ou extinto pela relação social. A conjectura de Freud, segundo a qual o desejo incestuoso é inato, é baseada no assim chamado complexo de Édipo, mas nunca foi submetido a teste por qualquer psicanalista. Arthur P. Wolf (1995) testou essa conjuntura, investigando a história de 14.402 casais taiwaneses durante o período de 1905-1945. Ele verificou que nessa época havia dois tipos de casamentos: um "maior", em que a noiva era criada junto com seu futuro marido na casa deste; e o casamento "menor", em que o marido e a mulher se encontravam pela primeira vez no dia do enlace. No primeiro caso, os filhos cresciam como irmãos psicológicos e desenvolviam uma forte aversão à ideia de fazer sexo juntos, em consequência do que o casamento deles era amiúde desastroso. Em resumo, familiaridade alimenta horror ao incesto: o complexo de Édipo pertence à lata do lixo da psicologia pop.

Outro item encontrado na mesma lata é a noção de mente coletiva. Diz-se com frequência que organizações, como negócios, têm intenções ou propósitos. Tem havido também muita conversa sobre memórias coletivas e até sobre inconsciente coletivo, mas nenhuma pesquisa acerca de tais entidades. Falando em termos estritos, tudo isso é absurdo, uma vez que os estados mentais são estados do cérebro, e os cérebros residem em corpos individuais. O que é verdade é que os membros de qualquer organização compartilham de algumas crenças e metas, e que elas podem empenhar-se em ações coletivas, tais como participar da manufatura de um bem, de uma demonstração de rua, ou do culto de uma divindade. Em todos esses casos, *nós = cada um de nós*. Logo a psicologia de massa de Gustave Le Bon, segundo a qual a alma da massa é irracional, era não científica. Mas sua sucessora, a psicologia do comportamento individual em um grupo, seja amorfo como o de um estádio de futebol ou organizado como uma congregação religiosa, pode ser rigorosa.

De Hormônios Ligantes a Neurônios-Espelho e aos Costumes

Ironicamente, a neurociência proporcionou recentemente o argumento mais impositivo em favor da necessidade de integrar a psicologia individual à psicologia social. Trata-se da descoberta de neurônios-espelho, no início da década de 1990 (Rizzolatti e Craighero, 2004). Esses neurônios são ativados no cérebro de uma pessoa quando ela contempla o comportamento de outra pessoa. Posto em poucas palavras, neurônios similares (espelho) controlam comportamentos similares: eles são imitadores. Por exemplo, se uma pessoa (ou um macaco) vê outra pessoa apanhar uma coisa, os seus neurônios-espelho irão disparar no seu córtex motor, como se ela estivesse executando os mesmos movimentos.

O papel principal do sistema de neurônios-espelho humanos parece ser o de compreender o "significado" (meta) das ações de outrem (Rizzolatti e Sinigaglia, 2008, p. 124). Esse "entendimento" é intuitivo ou preconceitual, bem como pré-linguístico: é o *Verstehen* ou compreensão empática, exaltada por Wilhelm Dilthey e seus seguidores, como alternativa superior ao método científico. Mas, por certo, o papel de semelhante "entendimento" é o de facilitar o compartilhamento de experiências, aprendizado, e coexistência, e não o de substituir o estudo objetivo e analítico da vida social. A experiência é pessoal, mas espera-se que seu estudo seja impessoal ou, melhor, objetivo.

Tem-se conjecturado que os neurônios-espelho nos tornam cooperativos e altruístas desde o nascimento. Pretende-se que muita coisa do mesmo valeria para os assim chamados hormônios ligantes, oxitocina e prolactina, fundamentais ao sexo e aos cuidados de pai e mãe. No entanto, cerca de um terço de nós não é cooperativo. Isso sugere que os hormônios ligantes e os neurônios-espelho podem ser necessários para se entender os outros, porém não são suficientes para fazer sentir preocupação pelos outros. Essa última condição parece emergir unicamente por meio de experiências sociais positivas. (Experiências sociais negativas, como aquelas que são vividas por crianças criadas nos centros violentos das cidades grandes, tendem a alimentar o egoísmo, a mais fácil das estratégias de sobrevivência em curto prazo.)

A descoberta dos neurônios-espelho está destinada a ter um profundo efeito sobre os estudos da consciência, muito dos quais têm sido mais literários ("filosófico") do que científicos. De fato, como disse Rizzolatti, é difícil conceber um Eu sem um nós. Isso é particularmente verdade com respeito ao comportamento moral, isto é, o comportamento desencadeado por problemas morais, tais como se a gente deve ou não ajudar um estranho perturbado. Propõe-se certo número de concepções conflitantes para explicar o comportamento moral: que é instintivo ou aprendido, emocional ou calculado, constante ou situacional e assim por diante. Não é de surpreender que até muito recentemente apenas argumentos mais ou menos engenhosos foram propostos para apoiar essas várias hipóteses éticas, pois foi dado como certo que a filosofia, até mesmo a filosofia prática, não pode ser submetida a testes experimentais.

Como acontece com frequência em outros campos, a inovação técnica é, amiúde, devida a estranhos: as pessoas que, não estando acorrentadas à tradição, sentem-se livres para desafiá-las. De fato, em anos recentes, alguns psicólogos, neurocientistas e economistas têm projetado e executado experimentos sobre o comportamento moral, continuando, assim, a obra pioneira de Jean Piaget e seus pupilos. Esse trabalho atraiu até a atenção de um filósofo de Harvard (Appiah, 2008).

O recente estudo experimental sobre a honradez é um caso em questão. Toda pessoa normal, em toda sociedade, fica com frequência dividida entre autointeresse e preocupação com os outros: ela faz o melhor que pode para equilibrar essas duas conotações, antes naturais, de modo a ser justa dentro de certos limites. No entanto, a maior parte das filosofias religiosas e morais e teorias econômicas pretende que se deva ser tanto altruísta como egoísta. Em particular, a teoria econômica padrão assevera que pessoas espertas são egoístas: que a "racionalidade" econômica consiste na tentativa de maximizar as utilidades esperadas de cada um, independentemente dos interesses de outras pessoas. Mas esse dogma tem estado sujeito a severas críticas no decurso das últimas três décadas. Primeiro, por causa da imprecisão conceitual do conceito de utilidade esperada (e.g., Blatt, 1983; Bunge, 1996). Segundo, porque a assunção em apreço foi impugnada pelos assim chamados economistas behavioristas (e.g., Gintis et al., 2005; Henrich et al., 2004; Thaler, 1992).

Esses estudos mostraram que a vasta maioria das pessoas atua por reciprocidade: não apenas retribuir favores, porém, ocasionalmente, sair de seu caminho para auxiliar pessoas totalmente estranhas, e correr riscos para punir o comportamento egoísta. Obviamente, à medida que crescemos, internalizamos algumas das regras aprendidas de comportamento social a ponto de, em casos comuns, solucionarmos problemas de maneira automática.

À primeira vista, alguns tipos de comportamento parecem inexpugnáveis à explicação fisiológica. Por exemplo, embora o álcool seja uma droga depressiva, ela pode ser animadora quando consumida com moderação, em alegre companhia: os estímulos sociais pareceriam obliterar a resposta fisiológica. Mas a psicologia fisiológica pode explicar o efeito dos estímulos sociais e sua interferência com estímulos não sociais, ao passo que a psicologia social pode, quando muito, descrevê-los.

Na verdade, considere dois sistemas do cérebro, N e S, sensíveis aos estímulos naturais e sociais respectivamente, e ambos enervando um terceiro sistema cerebral C, no controle de estado de ânimo ou de comportamento aberto de alguma espécie. Mais ainda, assuma que a atividade desse terceiro sistema é amplamente determinado pelas atividades N e S, e denominemos f_N, f_S e f_C os vetores de estado dos respectivos sistemas neurais. Finalmente, suponha que o *input* f_N no sistema C é ponderado por um fator w_N, enquanto o *input* f_S no sistema C é ponderado por um número w_S. Isto é, assuma que $f_C = w_N f_N + w_S f_S$. Claramente, o resultado líquido f_C dependerá dos valores relativos dos *inputs*, bem como dos pesos correspondentes. Por exemplo, se $w_N = 0,5$ e $w_N = 0,2$, enquanto os estímulos $f_N = -10$ e $f_S = 20$, a resposta será $f_C = -1$ (inibição). Mas se f_S vai de 20 a 30, o resultado da ação conjunta dos estímulos naturais e sociais será $f_C = +1$, isto é, uma excitação. Admitidamente, o esboço precedente deve ser aprofundado, ou antes "encerebrado", mas ele soa como um projeto de pesquisa plausível em neurociência social.

Evolução: Preliminares

A alma imaterial não poderia, possivelmente, ter evoluído junto com o corpo: assim decretou, em 1996, o Papa João Paulo II, depois de haver admitido que nossos corpos resultaram de uma prolongada (embora não puramente natural) evolução. Se, por contraste, os processos mentais são processos cerebrais, então tanto o cérebro quanto suas funções, em particular as mentais, devem ter evoluído juntos. Assim era a hipótese de Darwin em *A Descendência do Homem* (1871).

A evolução da mentalidade é objeto de estudo de cinco promissoras disciplinas: psicologia comparativa, neurociência comparativa e evolucionária, psicologia evolucionária, arqueologia cognitiva e epistemologia evolucionária. Vamos nos concentrar nelas.

Os psicólogos comparativos tentam adivinhar em que estágio na evolução emergem as várias habilidades mentais, identificando-as nos gêneros animais contemporâneos. A subjacente hipótese condutora é que quaisquer traços que sejam encontrados em todas as espécies incluídas em um gene moderno têm a probabilidade de serem ancestrais. Dois exemplos devem bastar aqui: as origens do prazer e da linguagem. Michel Cabanac (1999) conjeturou que os répteis foram os primeiros animais a sentir prazer, porque lagartos, seus contemporâneos, ao contrário dos peixes e dos anfíbios, gostam der ser afagados. Logo, o prazer, provavelmente, emergiu com os répteis cerca de quatrocentos milhões de anos atrás.

Do mesmo modo, Andrew Bass e colegas (2008) conjecturaram que a linguagem evoluiu a partir dos chamados que alguns peixes têm usado por quatrocentos milhões de anos para atrair seus pares de acasalamentos e para defender território. A base dessa hipótese é a descoberta de um achado anatômico de que todos os vertebrados parecem compartilhar: um compartimento especial localizado na parte posterior do cérebro e na espinha dorsal, que "auxilia" a vocalização social (efeitos). Assim, contrariamente à intuição, sapos-boi, pássaros e Luciano Pavarotti compartilham de alguns importantes traços comportamentais, porque partilham do "plano corporal" vertebrado, que, por sua vez, está enraizado em um grupo de genes comuns.

A bem-dizer, as hipóteses acima são especulativas, mas, pelo menos, elas são filosoficamente sólidas, se não por outro motivo, no mínimo porque se harmonizam à biologia evolucionária, elas eliciam o experimento, não separam a função do órgão e não atribuem habilidades computacionais ao enumerado. De qualquer maneira, a biologia é necessária mas insuficiente para explicar a emergência da linguagem, porque esta é simbólica, e os símbolos, sendo convencionais, são tudo menos naturais: eles são construções sociais e, portanto, qualquer explicação plausível da emergência da linguagem há de envolver a arqueologia social, além da neurociência evolucionária (ver fig. 10.1).

Os neurocientistas evolucionários tentam adivinhar a evolução do cérebro do primata. Por exemplo, sua camada superior é denominada *neocórtex*, porque há boas razões para assumir que ela é a mais recente, de modo que desempenha as funções mais sofisticadas. Entretanto, a concepção popular de que o mais fundo é também o mais velho, não é

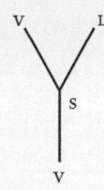

Fig. 10.1: A evolução v da vocalização dos vertebrados para a linguagem L. O s na bifurcação da árvore denota a emergência do simbolismo.

geralmente verdade. Por exemplo, possuímos dois sistemas visuais; o ventral e o dorsal, filogeneticamente mais novos, que executam tarefas algo diferentes (Goodale e Milner, 2005). Outro exemplo é o seguinte: embora as decisões morais sejam tomadas pelos lobos frontais, elas parecem ser motivadas por sistemas afetivos filogeneticamente mais velhos como é sugerido pela expressão social de aversão, que é a mesma do desagrado (Chapman et al., 2009).

Diferentemente dos estratos geológicos, os subsistemas cerebrais não se limitaram a empilhar-se no curso do tempo: é provável que cada novo órgão mental tenha sido acompanhado de uma reorganização do cérebro inteiro. Entretanto, é verdade que, no todo, ir para trás e para baixo no cérebro importa em retroceder no tempo evolucionário. Por exemplo, quanto mais abstrata e geral for uma ideia, tanto é mais provável que ela tenha ocorrido em um estrato cortical mais alto e, portanto, mais novo. O que nos leva à psicologia evolucionária.

A psicologia evolucionária ainda é embrionária em sua fase científica, e senil em sua fase especulativa, a popularizada por Jerome H. Barkow, Leda Cosmides e John Tooby (1992). Trataremos disso depois na seção Explorando o Inconsciente: Fato e Fantasia, Ciência e Negócio, do capítulo 13, como um caso de especulação selvagem e prematura. Quanto à psicologia evolucionária científica, recordaremos apenas que, recentemente, ela se fundiu com a psicologia desenvolvimentista (ver Bjorklund e Pellegrini, 2002). A razão dessa fusão é a mesma que a das emergências da *evo-dese* (evolucionismo e desenvolvimentismo, *evo-devo*, em inglês) em geral, ou seja, de que as novidades evolucionárias emergem no curso do desenvolvimento individual. Por exemplo: pode a embriologia responder questões evolucionárias, tais que: como foi que a tartaruga conseguiu sua carapaça?

Além disso, para generalizar alguma coisa que Endel Tulving (2002, p. 5) disse a respeito da memória episódica, pode-se conjecturar que, qualquer que seja o órgão cerebral ou a capacidade mental recentemente envolvida, é provável que venha a ser de desenvolvimento tardio e deterioração precoce. Exemplos: estimativas intuitivas do tempo, memória episódica (o que, onde, quando?) e a avaliação moral. Daí a necessidade de se olhar para a filogenia a partir de um ponto de vista ontogenético, e para a ontogenia de um ponto de vista filogenético.

De fato, ao contrário da velha concepção pré-formacionista, segundo a qual o desenvolvimento é rigidamente determinado pelo programa genético em um ambiente constante, sabe-se, desde os dias de Conrad Waddington e Jean Piaget, que o desenvolvimento é determinado tanto pelo genoma quanto pelo meio ambiente, portanto, trata-se de epigenética mais do que genética. Por exemplo, dois gêmeos "idênticos", isto é, indivíduos com o mesmo genoma, podem adotar estilos de vida algo diferente, como consequência do fato de que eles adquiriram epigenomas diferentes que eles podem transmitir aos seus rebentos. (A diferença é que alguns dos genes foram "silenciados" por terem sido revestidos por moléculas estranhas.) Por conseguinte, embora não possamos ser considerados responsáveis por nossos genomas, somos responsáveis por nossos epigenomas, bem como pelos dos nossos filhos.

Por exemplo, a infância abandonada e vítima de abusos alteram as respostas às situações de estresse e aumentam o risco de suicídio; o mecanismo molecular subjacente é o revestimento (portanto o desligar) de um gene envolvido em regulação gluco-corticoidal (McGowan et al., 2009). Mesmo a melhor dotação genética é importante em um ambiente social severamente carente e muito tenso, o que desacelera e distorce o desenvolvimento do córtex pré-frontal da criança, em uma extensão comparável a um insulto anatômico da mesma região cerebral. (Kishiyama et al., 2009)

Em suma, o desenvolvimento é hoje em dia considerado como *epigenético*, bem como *genético*: é um processo de múltiplos estratos e bidirecional, tanto de baixo para cima quanto de cima para baixo (ver fig. 10.2).

Daí por que, longe de focalizar o organismo individual a desenvolver-se sob a tirania de seu genoma, concebido como o movedor não movido, insensível ao ambiente, hoje em dia os psicólogos e neurocientistas desenvolvimentistas evolucionários estudam o sistema desenvolvimentista completo, do gene à célula a todo o organismo ao ambiente (Gottlieb, 1992; Lickleiter e Honeycutt, 2003).

Aceito que a psicologia evolucionária desenvolvimentista suplantou o projeto da epistemologia evolucionária esboçado, nos anos de 1970, pelo etologista Konrad Lorenz (1971), pelo psicólogo Donald Campbell (1974a) e pelos filósofos Karl Popper (1978) e Gerhard Vollmer (1986).

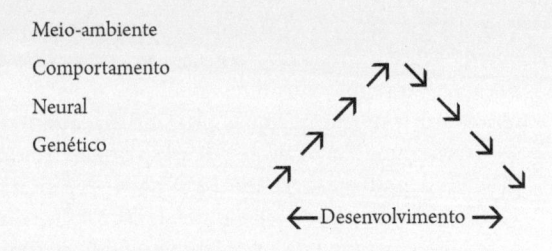

Fig. 10.2: O processo multi-nível de desenvolvimento, super-simplificado a partir de Gottlieb (1992, p. 186).

Sua correta ideia central era que a cognição é um mecanismo de adaptação sujeito à seleção natural. Afora essa existência de atributos comuns, os projetos dos pesquisadores em questão eram bem diferentes, como Vollmer (1987) enfatizou. Enquanto Popper e Campbell estavam interessados na evolução (ou antes, na história) do conhecimento, Lorenz e Vollmer atacavam o problema da evolução de nossas capacidades cognitivas. Em particular, tentaram explicar por que tantas falsas teorias, como a astronomia geocêntrica, se afiguravam atrativas no passado, ou seja, por que se ajustavam às aparências, ou como Vollmer colocou, elas eram inteiramente adequadas ao mesocosmo. Essa marca de epistemologia evolucionária sugeriu que as categorias e leis inatas do pensamento de Kant são, efetivamente, produtos da evolução. Mas a neurociência e a psicologia desenvolvimentista mostram que nascemos desprovidos de mente (Bunge, 1983a, p. 51-59).

Em minha opinião, o projeto da psicologia evolucionária não se concretizou pelas seguintes razões. Primeiro, conquanto invoque a neurociência não faz nenhum uso dela. Segundo, e como consequência, omite a emoção a despeito do intenso tráfico em mão dupla córtico-límbico, que explica não somente que podemos controlar a emoção, mas também que a investigação pode ser perseguida apaixonadamente. Terceiro, nos anos intervenientes aprendemos que a filogenia não pode ser bem entendida quando destacada da ontogenia e inversamente – daí a necessidade da psicologia desenvolvimentista evolucionária. Quarto, é provável que as habilidades cognitivas tenham coevoluído com as capacidades manuais, artísticas e sociais –, uma assunção que os arqueólgos cognitivos tomam como certo, e que priva a epistemologia evolucionária de sua independência. Quinto, o projeto da epistemologia evolucionária passa por cima do aspecto social (ou cultural) da evolução humana. Sexto, a epistemologia evolucionária ainda se encontra em seu estádio de projeto após mais de três décadas.

A epistemologia evolucionária não explicou, por exemplo, a súbita emergência da pintura das cavernas e sua falta de progresso subsequente; por que os antigos egípcios estavam bem mais preocupados com a vida após a morte do que qualquer outra civilização antiga; por que os chineses nunca adoraram quaisquer deuses, enquanto os indianos imaginaram dezenas de milhares; por que os antigos peruanos, que eram desenvolvidos em muitos campos, não possuíam escrita; ou por que os antigos gregos não tomaram de empréstimo o zero dos sumerianos.

Entretanto, a epistemologia evolucionária nos ensinou algumas poucas lições importantes. Uma delas é que a epistemologia clássica é deficiente por ignorar o sujeito cognoscente – como Popper (1972) exigiu – e consequentemente passa por cima do conhecimento no seu processo de desenvolvimento. Outra lição é que as novidades evolucionárias permitem aos nossos filhos desenvolverem seu aparato de aprendizagem de uma forma diferente da de nossos remotos antepassados. Se isso for verdade, ao contrário do que Kant pensava, os recém-nascidos são despidos de mente e têm de começar do zero – uma vez que todo conhecimento é aprendido, o nosso tem a vantagem de ser novos adventos evolucionários. Por exemplo, seus córtices pré-frontais possuem ao menos duas capacidades das quais nossos ancestrais hominídeos podem ter carecido. Uma é o de aprender a controlar impulsos emocionais. Outra é a de ser capaz de aprender como aprender. Mas tudo isso e muito mais ocorre em um ou outro contexto social. Uma criança criada em uma sociedade muito pobre, atrasada ou violenta, não terá necessariamente nenhuma vantagem sobre seus ancestrais hominídeos. Assim sendo, uma vez mais a abordagem naturalista deve ser complementada com alguma pesquisa social.

Em resumo, se a mente é concebida como um conjunto de funções cerebrais, então ela deveria ser vista em perspectiva evolucionária. Mas, visto que a mente humana se desenvolve em um meio social, a evolução humana é social bem como biológica. Esse é o tema da próxima seção.

Evolução: Biocultural

A razão para lidar ao mesmo tempo com a evolução biológica e cultural é, por certo, que o homem não é um animal como os outros, porém um animal que inventou a cultura no sentido antropológico da palavra, isto é, como sistema de atividades econômicas, políticas e simbólicas que vão além do forragear, acasalar-se, alimentar-se e lutar. Portanto, o gene e a cultura têm sido as duas faces da mesma moeda a partir do momento em que os humanos "modernos" emergiram na África, cerca de cem mil anos atrás (Smail, 2008).

Como Richerson e Boyd (2005, p. 194) o formularam, "genes, por si próprios, não podem se adaptar prontamente a ambientes rapidamente cambiantes. Variantes culturais, por si próprias, não podem fazer nada sem cérebros e corpos. Genes e cultura estão estreitamente acoplados, porém sujeitos a forças evolucionárias que arrastam o comportamento em diferentes direções". Daí por que a psicologia evolucionária em moda, que considera a cultura como inteiramente plasmada pelos genes, e os genes como impermeáveis à mudança ambiental, é errada, além de ser um exercício de imaginação descontrolada (ver seção Imaterialismo no Estudo da Matéria, do capítulo 13).

Alguns poucos exemplos mostraram a necessidade de fundir as perspectivas biológicas e culturais. 1. A revolução neolítica tornou possível a emergência de cidades e, com elas, o advento de novas normas sociais que, por sua vez, mudaram as regras da seleção sexual; por exemplo, a riqueza e o poder político conferiram maior adequação darwiniana do que força física e abundância. 2. As migrações em massa transportaram ideias e hábitos juntamente com genes (Cavalli-Sforza e Feldman, 1981). 3. A aglomeração de gente nas cidades facilitou a disseminação de doenças contagiosas, e causou mudanças herdáveis no sistema imunológico a ponto de que elas podem ser a origem das principais diferenças genéticas entre nós e nossos antepassados de dez milênios atrás (Keyfitz, 1984). 4. A solidariedade (*in-group*) [grupo distinto de pessoas com interesses comuns] favoreceu a sobrevivência de grupos étnicos e culturais, sujeitos à discriminação. 5. A indústria leiteira, nascida somente há cerca de cinco mil anos, não pode prosperar em lugares onde a maioria das pessoas carece do gene envolvido na síntese da lactase, a enzima que rompe a lactose, o açúcar do leite. E, onde quer que o leite seja bebido, um estilo de vida sadio é favorecido, o que, por seu turno, facilita a disseminação do gene da lactase relacionado. 6. A Revolução Industrial favoreceu o cérebro em relação ao músculo e deu, assim, ao fraco mais esperto melhor chance de disseminar seus genes. 7. As sociedades que encorajavam o estudo sustentam escolas e favorecem, assim, a disseminação dos (desconhecidos) genes que facilitam a aprendizagem. 8. A alfabetização causa mudanças anatômicas no cérebro: aumenta a matéria branca no corpo caloso e a matéria cinzenta no giro (Carreiras et al., 2009). 9. A crescente importância da inteligência no trabalho e na comunicação, junto com o progresso na informática e nas telecomunicações, levaram ao crescimento do sedentarismo e, assim, ao aumento da incidência de certo número de doenças que estão destinadas a distorcer gravemente a demografia e as diversidades humanas. 10. As atuais correntes migratórias são mais rápidas e intensas do que nunca e cobrem o planeta inteiro, favorecendo as miscigenações e duas atitudes políticas mutuamente complementares:

tolerância e intolerância para com o outro, que, por sua vez, influenciam as políticas migratórias. Tudo o que está aí em cima sugere que a evolução humana acelerou-se desde a invenção da agricultura há cerca de dez mil anos (Cochran e Harpending, 2009). Incidentalmente, essa concepção contradiz o dogma da psicologia evolucionária pop, segundo a qual a natureza humana permaneceu inalterada por cerca de cem milênios.

Vamos finalmente dar uma espiada em um campo totalmente diferente, porém complementar: a arqueologia cognitiva. Os que trabalham nessa disciplina enfrentam um tremendo problema inverso: o de "inferir" (adivinhar) as ideias que talvez tenham guiado a manufatura dos artefatos encontrados em sítios arqueológicos (ver Mithen, 1996; Renfrew e Zubrov, 1994; Trigger, 2003a). Em princípio, é possível testar a hipótese de que um dado artefato antigo foi usado para realizar certa função, e que sua manufatura deve ter envolvido determinadas peças de conhecimento. Isso é feito por replicação e uso do artefato em questão. A arqueologia experimental, que faz justamente isso, nasceu há mais de um século.

Entretanto, as "conclusões" (conjecturas) da pesquisa arqueológica são conjecturais porque muita coisa da evidência em seu favor é ambígua. Uma ferramenta de pedra pode ter sido utilizada tanto para matar como para escavar. Tal vaso, utilizado para beber ou para ofertar sacrifício; determinada construção, empregada ao culto ou à demonstração de poder. A mega fauna norte-americana foi extinta cerca de onze mil anos atrás, quando os primeiros humanos lá chegaram. Mas esse também foi o tempo em que a última Idade do Gelo findara. Assim sendo, os animais daquela época podem ter sido vítimas da mudança climática, em particular de gigantescas inundações mais do que de fracas pontas de flechas dos recém-chegados. Na Austrália também a mega fauna foi extinta na época da chegada das primeiras pessoas, cerca de 45 mil anos atrás. Contudo, não há evidência independente de que esses humanos eram caçadores de grandes animais. Antes, restos de vegetação carbonizada sugerem que os recém-chegados na Austrália puseram fogo nas pradarias, seja deliberadamente ou não, privando, assim, os animais de grande parte de sua alimentação. A bem-dizer, pesquisas ulteriores podem resolver tais ambiguidades. Mas o arqueólogo sabe que todas as reconstruções do passado são tentativas: elas não partilham da certeza absoluta dos psicólogos evolucionários.

O resultado é que conhecemos muito pouco acerca do passado remoto da mente, ou até mesmo de seu presente. E esse pouco nós o devemos aos neurocientistas, aos psicólogos experimentais, aos psicólogos comparativos e aos arqueólogos, e não aos psicólogos evolucionários. A tabela 10.1, sumaria e reúne o que aprendemos sobre o passado da cognição humana e da cultura

ESTÁGIO	ESPÉCIES/PERÍODO	FORMAS NOVAS	MUDANÇA MANIFESTA	GOVERNANÇA (SOBRE)
MIMÉTICO	Hominídeos primevos que chegaram a H. erectus 2 M-0,4 Mya	Ação metáfora	Habilidade, gesto, mímica e imitação	Estilos miméticos e arquétipos
MÍTICO	Humanos sapientes que chegaram a H. Sapiens-sapiens 0,5 Mya-presente	Linguagem, representação simbólica	Tradições orais, ritual mimético, pensamento |narrativo	Referencial mítico de governança
TEÓRICO	Cultura moderna	Universo externo simbólico	Formalismos, artefatos teóricos em larga escala, armazenamento externo massivo	Pensamento paradigmático institucionalizado e invenção

Tabela 10.1: Estágios na evolução da cognição e da cultura humanas (tabela abreviada a partir da Donald, 2001, p. 260)

O Que Nos Torna Humanos

As assim chamadas grandes religiões foram as primeiras ideologias totalitárias, uma vez que tinham o propósito de controlar todos os aspectos da vida humana. Todas elas erigiram uma muralha intransponível entre seres humanos e outros animais. Em contraposição, Aristóteles declarou que somos animais políticos – o que permitia às pessoas enfatizar seja a nossa animalidade seja a nossa natureza política. Dois milênios mais tarde, aproximadamente, Descartes deu um passo para trás quando sustentou que animais não humanos são autômatos: que somente os seres humanos têm alma. Na época de Darwin, o famoso filólogo Max Müller reforçou a muralha cartesiana: ele declarou que a linguagem é a prerrogativa dos humanos e negou que ela poderia ter evolvido a partir de uma protolinguagem.

Três gerações mais tarde, Noam Chomsky repetiu essa extraordinária posição e declarou que falar de evolução linguística é tão absurdo quanto falar de evolução molecular – o que aconteceu e é o assunto de uma revista especializada. E ele acrescentou que todos os seres humanos nascem com uma "gramática universal", uma espécie de molde para todas as linguagens particulares e que a "linguagem é o espelho da mente", mais do que o produto principal de uma evolução, que a tornou o mais sofisticado meio de comunicação.

Além de repudiar a biologia evolucionária e a sociolinguística e de passar por cima da psicologia desenvolvimentista, Chomsky e seus seguidores adotaram um dualismo psiconeural, e, por consequência, desprezaram a primatologia e a neurociência – que principiaram a louvá-las da boca para fora apenas em anos recentes. Os seguidores de Wittgenstein intervieram para concordar: Max Black, Stuart Hampshire e Normam Malcolm declararam que seria insensato atribuir a um animal quaisquer conceitos em geral. Eles sabiam disso porque haviam lido Descartes, Wittgenstein e Chomsky.

Por contraste, Darwin (1911) sugeriu, em uma famosa declaração, que a diferença humano/não humano é "uma diferença de grau e não de espécie", e deu origem à psicologia animal. Durante o século XX, primatologistas e neurocientistas continuaram investigando as similaridades bem como as diferenças entre os vários animais (ver, e.g., Preuss, 2007). Em particular, Frans De Waal (1998) corrigiu Aristóteles, quando verificou que os chimpanzés, nossos parentes próximos, são, para começar, animais políticos e maquiavélicos.

O maior choque para os linguistas antievolucionistas deveria vir quando alguns primatológos ensinaram alguns chimpanzés a usar signos de linguagem e símbolos gráficos para interagir e expressar. Assim, o chimpanzé Lana, utilizando um teclado, produziu certo número de sentenças como: "Por favor, máquina, faça a janela abrir", e "? Beverley mova-se para trás do quarto" (Rumbaugh e Gill, 1976). Qualquer pai de uma criança de dois anos de idade, e qualquer imigrante recente, sentir-se-ia orgulhoso de um feito similar. Mas não os antievolucionistas, os quais objetariam que isso não constitui evidência de linguagem. Eles pretenderiam que o típico de nossa linguagem é a recorrência, ou o engastamento de sentenças em outras sentenças como em "Dick knows that Dubya ignores what makes Condi tick*. Essa reação me lembra de uma observação do matemático Julio Rey-Pastor: "Se uma célula alguma vez fosse sintetizada em um laboratório, os vitalistas exclamariam: 'Sim, mas como fica uma girafa?'"

Em resumo, há três principais tradições concernentes ao problema em questão: espiritualismo, naturalismo e sociologismo. E parece que chegamos a um impasse no debate sobre essas e outras doutrinas (ver, e.g., Penn et al., 2008). Esse impasse tem duas fontes principais: uma é a rigidez ou dogmatismo de alguns dos paladinos dessas tradições que competem; a outra é que, na verdade, há continuidades bem como descontinuidades na evolução de qualquer filo. Por exemplo, muitos mamíferos e aves modelam seus meios ambientes, fazem hipóteses e as põem à prova,

* "Dick [Cheney] sabe que Dubya [W. Bush] ignora o que faz Condi [Condoleezza Rice] agir." (N. da T.)

comunicando-as entre eles. Mas só os seres humanos possuem as capacidades adicionais de refletir acerca de seus próprios processos mentais; de atribuir certos eventos a entidades inobserváveis inventadas; de transcender o aqui-agora; de adotar os pontos de vista de outras pessoas; de projetar planos de longo prazo e agir de acordo com eles; de ajudar os outros sem esperar retribuição; de conferir punição altruística; de compartilhar regularmente alimento; de organizar e reformar sistemas sociais; e de inventar, romper, revogar normas de comportamento social. (Ver adiante características da brecha entre os seres humanos e macacos, em Adolphs, 2009; Gazzaniga, 2008; Lorenz, 1971; Passingham, 2008.)

Além de discordar sobre o que nos torna únicos, os cientistas discordam sobre a fonte de nossas peculiaridades: será ela biológica, psicológica, ou social? Em outras palavras, será que um de nossos remotos antepassados tornou-se humano por causa de uma mutação, de uma emergência de uma capacidade mental, de uma mudança radical no *modus-vivendi* e na organização social que o atende, ou de tudo que a precede? É provável que, sendo a condição humana um feixe inteiro de características inter-relacionadas, sua origem será finalmente explicada pelos esforços concertados de estudiosos de muitas disciplinas desde a genética e da neurociência até a psicologia, a linguística, a antropologia, a arqueologia e a sociologia (Enfield e Levinson, 2006).

Em particular, quando se trata de explicar a emergência do *homo sapiens* não devemos omitir o trabalho, o fator que Engels (1962) salientou em seu ensaio de 1876 sobre "O Papel Desempenhado pelo Trabalho na Transição do Macaco para o Homem". Isso porque o trabalho, muito mais do que o mero forragear, requer planejamento, organização e instrução. (É verdade, aranhas, abelhas, castores e pica-paus fazem coisas, mas não em obediência a um plano ou a uma regra: seus produtos são mais genefatos do que artefatos.)

No entanto, a maior parte das especulações acerca da origem da linguagem e de outras peculiaridades humanas omite o labor, talvez porque tomam como certo que os hominídeos eram basicamente coletores fanáticos e caçadores, mais interessados em levar vantagem, trapacear, em prender o trapaceiro, do que em gozar a vida e cooperar para ver as coisas emergenciais realizadas. (A influência do individualismo ontológico e metodológico, inerente à teoria econômica padrão e ao "imperialismo econômico" gerado por ela, transparece na literatura da hominização.)

Todos os animais comem e fazem sexo. Muitas espécies são gregárias e formam alianças para a defesa ou a caça; várias partilham sua comida quando solicitadas, praticam altruísmo recíproco e comunicam-se por meio de chamados e sinais. Logo, a humanização não pode ter sido apenas uma questão de subsistência, coexistência, reprodução e comunicação.

Somente a deliberação, o trabalho e a concomitante organização social, tais como a cooperação e a divisão sexual do trabalho, a feitura de ferramentas, a comunicação através da linguagem (sintática) articulada e a tutelagem dos jovens, são exclusivamente humanos. Assim também são a memória episódica, o planejamento e a organização social deliberada. (Note o deslocamento a partir de uma peculiaridade singular tal como a feitura de ferramenta ou a linguagem para todo agregado ou sistema de habilidades interatuantes.)

Entretanto, tudo isso demanda, e por sua vez favorece, um grande aumento na massa cerebral, particularmente dos lóbulos frontais, bem como conexões aperfeiçoadas entre suas partes, como suas regiões pré-frontal e temporal (Calvin e Bickerton, 2000; Passingham, 2008, Preuss, 2007). E, por certo, cérebros melhores tornaram possível enfrentar problemas mais difíceis, pensar com mais profundidade, elaborar melhores ferramentas e organizar sistemas sociais mais complexos. A melhoria nas operações mentais, juntamente com a evolução, é algo fortemente sugerido pela neurociência comparativa, a qual verificou que, à medida que cresce o tamanho do cérebro, a quantidade de fibras de matéria branca – que interconectam diferentes zonas corticais – aumenta muito mais depressa do que de matéria cinzenta (Allman, 1999). Isto é, o processo de humanização não foi apenas o de uma adaptação aperfeiçoadora e de um enriquecimento da sociedade, mas também, talvez principalmente, o do enriquecimento do *self*. Note, incidentalmente, que nosso materialismo inclusivo compartilha da concepção idealista da máxima importância da mente.

Last, but not least, o cérebro, aperfeiçoado, facilita a cooperação e o concomitante igualitarismo – uma característica moral das comunidades de caçadores-coletores. Mithen (1999) especula que cérebros melhores facilitaram a cooperação, em particular a coordenação, bem como o compartilhamento de informação e uma "leitura mental" mais efetiva, que expõe as mentes ao escrutínio público e, assim, desencorajam propensão para trapacear e intrigar (ver tabela 10.2).

Cuidado: a inclusão de alguns itens na lista abaixo é comumente objeto de animada controvérsia, tanto dentro quanto fora da comunidade científica. Por exemplo, a memória episódica foi considerada caracteristicamente humana até que surgiu a demonstração de que uma espécie de gaio é capaz de planejar o seu futuro; aranhas saltadoras podem planejar um ataque à presa tocaiada; as baleias também possuem neurônios especulares; os chimpanzés são tão adeptos da politicagem como os professores universitários; e a habilidade de retardar uma gratificação de há muito deixou de ser a prerrogativa de negociantes calvinistas.

Foi notado que a áspera competição para obter acesso a recursos favorece a impulsividade, enquanto somente o forragear proporciona o lazer

BIOLÓGICAS	PSICOLÓGICAS	SOCIAIS
Imaturidade ao nascimento	Forte laço mãe-filho	Privilégio dos filhos
Ínsula grande	Aversão	Continência
Córtex pré-frontal grande	Autocontrole e planejamento	Ação guiada por regras
Desenvolvimento ao longo da vida	Aprendizado ao longo da vida	Ensino
Tempo de vida	Previsão	Grandes grupos sociais
Adaptabilidade máxima	Enciclopedismo	Versatilidade
Dieta nutricional densa	Esforço físico sustentado	Trabalho
Fraqueza física	Imaginação técnica	Confiança em artefatos
Maturação lenta	Insegurança no primeiro ano de vida	Dependência
Espontaneidade	Fantasia	Plasticidade social

Tabela 10.2: Algumas peculiaridades humanas obtidas no momento até chegarem novas informações

da gratificação retardada – e um *status* subordinado em uma rígida hierarquia social impõe autocontrole (e.g., Genty e Roeder, 2006). Comportamento de ambos os tipos foi observado em várias espécies. Por exemplo, somente os seres humanos apontam, um gesto que parece indicar intenções e atenção compartilhadas (Tomasello, 2006).

Ao enfrentar o problema à mão devemos levar em conta o viés do especialista. Assim, os primatologistas tendem a enfatizar os aspectos comuns de humanos e de outros primatas, que os amantes de cães tendem a estender a seus cachorrinhos; por contraste, os linguistas, os filósofos dualistas da mente e os teólogos enfatizam diferenças. Os biólogos evolucionários são os melhores peritos na matéria, no entanto é improvável que eles pretendam que seus achados e conjecturas sejam finais.

Em todos os casos, o tipo de evolução que nos trouxe ao presente estágio foi biopsicossocial mais do que puramente biológico, psicológico ou social. Além disso, o aspecto mental da evolução, em detrimento dos aspectos emocionais e sociais é arbitrário. O entendimento de nossas origens demanda a convergência ou a mescla de todas as ciências que estudam os seres humanos.

Observações Finais

A moderna concepção da mente difere em muitos aspectos do conceito tradicional da alma. Primeiro, as mentes são materiais, no mesmo sentido derivado que os movimentos, as reações químicas e inovações sociais são materiais; ou seja, porque são mudanças em coisas concretas.

Segundo, longe de serem constantes, as mentes são variáveis, quer onto-genética, quer filogeneticamente. Terceiro, as mentes se desenvolvem diferentemente em vários contextos sociais, e constituem meios para a coexistência social. Todas as três características sugerem que a psicologia tradicional, que ignorava tanto as sociedades como os cérebros, apresentava graves falhas. Nós necessitamos das psicologias neurocientíficas, desenvolvimentistas, sociais e evolucionárias. Mas necessitamos que sejam científicas, mais do que especulativas, e inter-relacionadas, mais do que isoladas uma da outra (ver, e.g., Cacioppo et al., 2006; Corballis e Lea, 1999).

Por exemplo, quando estudamos o desenvolvimento da moralidade em crianças, devemos lembrar que o órgão de controle, o córtex pré-frontal, sendo a parte mais recente do cérebro, é também a última a atingir plena maturidade; e necessitamos também saber que os comportamentos dependem da cultura e, como tal, sujeitos à mudança histórica, enquanto as normas morais são ensinadas e cumpridas de modo diferenciado em distintos grupos sociais e em vários períodos históricos. Assim, quando admiramos a bravura e a lealdade do samurai, devemos lembrar que esse matador mercenário vende aquelas virtudes a um senhor feudal, bárbaro e cruel. E quando nos perguntamos como lidar com um jovem transgressor, em vez de ficarmos satisfeitos com o veredicto de que ele é simplesmente um rapaz de má conduta, devemos levar em conta tudo que se segue, ou seja: seu cérebro pode ser anormalmente imaturo; sua família pode ser desagregada ou não existente; sua escola pode ser a costumeira escola autoritária e enfadonha; e sua vizinhança pode estar infestada de traficantes de drogas, bem como ser carente de quadras esportivas e centros culturais.

Finalmente, note que o problema – eu-tu-isto – evoca o trilema individualismo-holismo-sistemismo (Bunge, 1996, 1998, 2003a). Todas as três perspectivas encontram-se em evidência em todo ramo da filosofia, embora, como de costume, a ontologia se encontra na raiz. O individualismo ontológico sustenta que a realidade é uma coleção de indivíduos; o holismo, que ela é um todo indivisível, ou que o todo é ontológica e epistemologicamente anterior às suas partes; o sistemismo, que a realidade é um sistema analisável em composição, ambiente, estrutura e mecanismo.

A psicologia partilha do trilema individualismo-holismo-sistemismo: a escola da Gestalt era holística, enquanto o behaviorismo e seu herdeiro, o computacionarismo, é individualista. A seleção prévia sugere que o sistemismo oferece uma estrutura mais adequada para o estudo científico da mente, visto que ele leva a focalizar o indivíduo-em-seu-ambiente mais do que o indivíduo isolado ou a sociedade como um todo. Assim, o sistemismo dá lugar para a psicologia social bem como para a neurociência cognitiva, afetiva e social, juntamente com a psicologia tanto desenvolvimentista quanto evolucionária. Essa estratégia tem importantes subprodutos práticos, principalmente no projeto de políticas para o controle da criminalidade, do alcoolismo, da gravidez precoce e da dependência da previdência social. De fato, todos esses casos exigem o enfoque no indivíduo-em-seu-ambiente mais do que no indivíduo isolado (a abordagem legal e médica tradicional) ou na sociedade como um todo (as abordagens revolucionárias e antipsiquiatria).

Deixemos agora a sociedade por um momento e concentremo-nos nas questões mais convencionais na filosofia da mente, tais como a consciência, o livre-arbítrio e o *self*.

11.
COGNIÇÃO, CONSCIÊNCIA E LIVRE-ARBÍTRIO

A cognição é a aquisição do conhecimento ou o conhecimento em fazimento. Isso soa óbvio enquanto não perguntamos o que a cognição e o conhecimento são, pois devemos admitir que pouco sabemos a respeito de ambos. Mas estamos chegando a conhecer algo acerca dos dois, particularmente desde a recente reorientação das disciplinas com eles relacionadas. Na verdade, os neurocientistas e os psicólogos aprenderam que o estudo da cognição é o de certos processos cerebrais em um contexto social; eles também sabem que cognição e emoção, embora distinguíveis, não são separáveis. Além disso, ao contrário da epistemologia clássica, que focalizava o sujeito cognoscente adulto contemporâneo, o estudo da cognição, na atualidade, inclui tanto sua ontogenia quanto sua filogenia. Assim, o que costumavam ser disciplinas separadas têm convergido uma para a outra.

Ao contrário dos materialistas vulgares – sejam eles behavioristas, materialistas eliminativistas ou computacionalistas –, nós tomamos como certo a consciência e o livre-arbítrio, embora, sem dúvida, ainda não plenamente entendidos. Teria sido bem mais fácil declará-los inexistentes, ou pretender que fossem totalmente desconhecidos ou profetizar que eles nunca serão entendidos. Porém, a primeira estratégia é escapista, a última é derrotista e ambas estão patentemente erradas. De fato, qualquer pessoa que negue a consciência não pode ter sentido a sua perda quando pega no sono ou quando é submetida à anestesia, jamais sentiu dor ou arrependimento, e nunca questinou seus motivos para fazer algo. E quem quer que negue o livre-arbítrio jamais tomou a iniciativa ou violou ordens. Ambas as denegações são um caso de obstinada agnosia resultante de uma cosmovisão obsoleta e paralisante.

Cognição e Conhecimento

Todo conhecimento é conhecimento de algo: não há conhecimento em si próprio. É possível conhecer fatos e proposições. Por conseguinte, a ontologia deve preceder a epistemologia. No entanto, a moderna filosofia começou rejeitando a metafísica. Ela assim procedeu apenas porque a metafísica dominante, por volta de 1600, era obsoleta. O preço pago por esse giro antimetafísico foi o subjetivismo declarado, como no caso de Berkeley, ou envergonhado, como no de Kant. Felizmente, os cientistas não prestaram nenhuma atenção a isso até a emergência da mecânica quântica (lembre-se do capítulo 3).

Nós consideramos o conhecimento de algo como sendo um estado mental e, além do mais, um estado mental irredutível à crença. Isso porque, para crer ou descrer em x, temos que conhecer x, para começar. Ademais, todo mundo conhece muitas coisas nas quais não crê; e os místicos acreditam em muitas coisas que, segundo pretendem, sentem intuitivamente, mas não conhecem. Portanto, rejeitamos a definição popular de conhecimento como crença justificada. E tampouco a verdade é um ingrediente do conhecimento, pois qualquer pessoa conhece certo número de falsidades e meias-verdades.

Finalmente, também distinguimos conhecimento de informação, como questões, ordens e absurdos não constituem conhecimento. E também porque os computadores processam informações, porém, como não dispõem de mentes, não se pode dizer que conheçam algo.

A neurociência cognitiva e a associada filosofia da mente encaram a cognição, ou a aquisição de conhecimento, como um processo cerebral. De fato, só o cérebro pode perceber, conceber, planejar, avaliar e conhecer a si próprio – essas são as principais espécies de cognição. A sentença precedente não constitui mera e incerta conjectura: é um resultado robusto de neurociência cognitiva, bem como das incontáveis experiências e experimentos em campos tão diversos como os da neurociência cognitiva, da neurocirurgia, da psicofarmacologia, do comércio de narcóticos e da política. Assim, ao manufaturar drogas cognitivo-estimulantes, tais como as anfetaminas, a indústria farmacêutica endossa, tacitamente, o princípio segundo o qual a cognição é uma função cerebral. Do mesmo modo, Mussolini, quando ordenou o encarceramento de Antonio Gramsci, teria dito, conforme se relatou: "Temos de impedir que seu cérebro funcione por vinte anos."

Para colocar tudo isso em termos negativos: não há conhecimento sem sujeito cognoscente, seja à la Platão, Hegel, Bolzano ou Popper. Mas, por certo, pode-se pretender que exista tal coisa quando se está interessado em tópicos impessoais como relevância, referência, sentido e verdade. Por exemplo, pode-se fazer matemática sem preocupar-se com quem inventou, descobriu ou usou os teoremas que se está estudando ou utilizando. É somente quando alguém está conferindo o valor de verdade de uma nova proposição, destinada a descrever ou a explicar um fato, que é dado perguntar legitimamente como ela foi descoberta ou aferida. Por exemplo, uma companhia de medicamentos pode investir milhões de dólares para verificar se uma nova molécula tem ou não os efeitos psicotrópicos que seus projetistas conjecturam. Por contraste, ninguém dispenderá um centavo com a finalidade de checar a extravagante tese kantiana de que espaço e tempo são subjetivos, pois o próprio planejamento ou mesmo a mais humilde exploração do mundo real pressupõe a realidade de ambos e a de suas características espaço-temporais.

Muita coisa do mesmo tipo vale para as ferramentas de estudo, desde a humilde lente de aumento até o mais potente telescópio, e do lápis até a unidade central de processamento de um computador: eles não gozam de nenhuma autonomia, porém trabalham como adjuntos ao cérebro de alguém. Apenas cérebros vivos podem começar por si mesmos a fazer perguntas, formular projetos de pesquisa, encetar experimentos ou cálculos automatizados e avaliar resultados. Se todos os sujeitos cognoscentes fossem removidos dos laboratórios, observatórios, bibliotecas e redes digitais de ensino, remanesceriam apenas indivíduos isolados com o armazenamento cognitivo em rápido declínio. E nem isso sequer restaria se a espécie humana fosse aniquilada, porque as ferramentas desusadas são como fósseis. Assim, o famoso experimento de Popper (1967) no qual o conhecimento permaneceria enterrado em livros, até mesmo após um holocausto nuclear universal, é insensato: livros ilegíveis não são mais livros, assim como os restos de fósseis de dinossauros não são mais dinossauros. Contudo, deixemos o conhecimento e voltemos à cognição.

Cabe lembrar o que se disse na seção Superveniência e Emergência do capítulo 9, de que o cérebro tem plasticidade, isto é, algumas das ligações entre os neurônios do cérebro mudam no curso do tempo. Agora postulamos que a cognição é uma atividade de sistemas neurais plásticos (ou modificáveis, descomprometidos, ou que se auto-organizam)– ou de *psicons*, como podemos chamá-los. Nossa segunda assunção é que alguns animais possuem *psicons*. (Efetivamente, como Eric Kandel mostrou, até animais primitivos como lesmas do mar possuem neurônios plásticos, mas eles são despidos de mente, pois só conseguem aprender tarefas motoras muito primitivas.) Nosso terceiro postulado é que todos os *psicons* de um animal estão pareados um com o outro, formando supersistemas, como a amígdala, as colunas e as minicolunas no córtex cerebral.

Nosso quarto postulado é que todo animal dotado de *psicons* é capaz de adquirir novas funções – isto é, aprender – no curso de sua vida. (Nos humanos, os processos de crescimento dendrítico e a formação de nova conexão sináptica param somente no início da senilidade. Assim, excetuando a senilidade, podemos continuar aprendendo novas tarefas durante a vida; e é bem conhecido o fato de que aprender é autorreforçador). Finalmente, uma convenção: nós denominamos *aprendido*, como o oposto a instintivo ou inato, qualquer função neural a envolver um *psicon* que adquiriu uma conectividade regular, isto é, que é ou constante ou que varia regularmente mais do que de maneira aleatória. Uma nova conectividade pode ser formada por chance pela primeira vez – por exemplo, pelo disparo conjunto de dois neurônios de início independentes, como Hebb conjecturou. Se uma conexão se consolida, isto é, se houve recorrência ou recordação, quer espontaneamente ou em resposta a uma demanda ambiental, podemos considerá-la como estabelecida ou aprendida.

A Hipótese de Hebb

Donald Hebb (1949) revolucionou a psicologia cognitiva quando conjecturou que aprender um item consiste na formação de uma nova "assembleia celular" ou sistema neuronal. Obviamente, para isso acontecer as células em questão devem estar descomprometidas para começar o processo; ou seja, elas não devem pertencer a um circuito rigidamente conectado ou a uma rede. Em outros termos, suas interconexões têm de ser plásticas: seus pesos sinápticos devem ser capazes de variar no curso do tempo ou de forma espontânea ou sob estímulo. Esta é a assim chamada hipótese do *uso-desuso*, proposta primeiro por Tanzi, abraçada por Cajal, e refinada e explorada por Hebb (Cooper, 2005) (ver fig. 11.1).

A explicação neurocientífica para o aprender é *grosso-modo* a seguinte: a aptidão para aprender é igual a plasticidade e o aprender é igual a emergência de novas assembleias de neurônios. Uma vez que aprender é um sistema neuronal, uma reformulação mais acurada dessa hipótese seria: o aprender de um sistema neuronal é proporcional à sua plasticidade. Supondo que as duas variáveis foram adequadamente quantificadas, podemos abreviar aquela hipótese como $L = kP$, o que pode ser grafado como uma linha reta no espaço de estados (L,P) do sistema em questão (ver fig. 11.2). Mas, como no aprender a taxa de aprendizagem é tão importante quanto o conhecimento total adquirido, podemos considerar a conjectura abaixo mais sofisticada: aprendizagem vezes a taxa de aprendizagem de mudança é proporcional à plasticidade vezes a taxa de plasticidade de mudança, isto é: $L.dL/dt = a \, P.dP/dt$, o que acarreta $L^2 = aP^2 + b$. O gráfico dessa função no espaço de estados (L,P) é uma hipérbole.

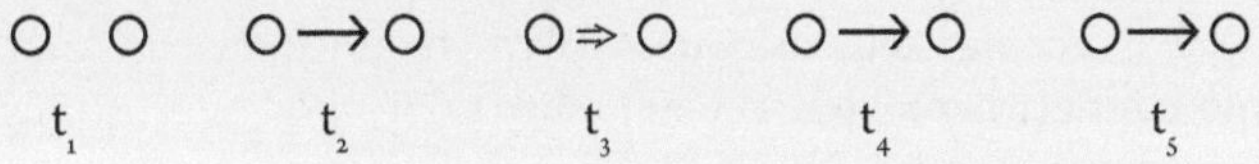

$$O \quad O \qquad O \rightarrow O \qquad O \Rightarrow O \qquad O \rightarrow O \qquad O \rightarrow O$$

$$t_1 \qquad\qquad t_2 \qquad\qquad t_3 \qquad\qquad t_4 \qquad\qquad t_5$$

Fig. 11.1: Formação e desmantelamento de assembleias neuronais. Em um tempo t_1 dois neurônios são desligados um do outro. Em um tempo t_2 um deles faz sinapse com outro: um sistema emergiu, que pode "fazer coisas" (sofrer processos) que nenhum dos neurônios separados pode fazer. No tempo t_3, a conexão foi fortalecida pelo uso. E no tempo t_4 o pareamento foi debilitado pelo desuso prolongado ou por degeneração, tal como uma excessiva expurgação de dendritos (a partir de Bunge, 1985, p. 25).

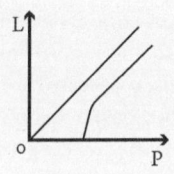

Fig. 11.2: A relação aprendizagem-plasticidade. Aparece aí só o primeiro quadrante, pois os outros são psicologicamente sem sentido; nem a plasticidade nem a aprendizagem podem ser negativas. Na ciência, a matemática é serviçal, e não senhora.

Assim, o primeiro gráfico (função linear) pode ser considerado como a assíntota do segundo. Advertência: o precedente é apenas um exercício de neurociência cognitiva especulativa com o propósito de sugerir como quantificar a fusão de duas disciplinas fundadoras e como construir espaços de estado. Nenhuma das duas hipóteses foi até agora submetida a teste experimental.

Até aqui consideremos apenas a excitação. O número de possibilidades aumenta dramaticamente se adicionarmos a inibição, que como Pavlov e Georgy von Békésy descobriram é tão básica e difundida como a excitação (Békésy, 1967). Os behavioristas não tomaram conhecimento dessa descoberta: eles se apegaram teimosamente ao seu modelo estímulo-resposta. E os entusiastas de imagens do cérebro às vezes esquecem que o aumento de atividade elétrica ou metabólica de uma região é um indicador ambíguo: ele pode indicar tanto um processo mental como a inibição de outra "área" do cérebro.

Finalmente, algumas poucas palavras sobre o dual ou complemento do conhecimento, isto é, a ignorância. Nós podemos distinguir duas espécies dela: a involuntária e a deliberada. Rotineiramente descartamos problemas e resultados que não provocam nossa curiosidade. Em outras ocasiões descartamos ou postergamos relutantemente certos problemas interessantes por falta de tempo ou de meios, mas alimentamos a esperança de enfrentá-los em alguma outra oportunidade, ou os deixamos às futuras gerações de investigadores. Estes são casos da *docta ignorantia* que Nicolau de Cusa discutiu na Renascença. Por fim há o que se pode chamar de *docta stultitia*, a pretensão dogmática de que certos problemas nunca serão resolvidos. (Esse caso deve ser distinguido dos problemas insolúveis da matemática: pode-se provar que esses não têm solução.)

Há muitos casos famosos e influentes de ignorância deliberada. Basta lembrar a pretensão de Kant de que os *noumena* (coisas em si próprias) são incognoscíveis; o decreto de Comte de que as entranhas das estrelas nunca serão conhecidas; o dogma de Emile Dubois-Reymond, segundo o qual o problema mente/corpo é insolúvel; a tese de Noam Chomsky de que a origem e evolução da linguagem estão fora do alcance da ciência exatamente porque provavelmente a linguagem não pode ter evoluído; e a pretensão de vários filósofos contemporâneos de que a consciência permanecerá para sempre misteriosa.

Nós sabemos o que aconteceu a essas profecias pessimistas. A física, a química e a biologia só estudam coisas em si próprias; somente a psicologia estuda coisas para nós ou fenômenos, tais como ver vermelho ou sentir amizade. Os astrofísicos têm investigado com sucesso o interior das estrelas por aproximadamente um século. A neurolinguística, a primatologia, a antropologia e a arqueologia estão nos dias de hoje investigando a origem e a evolução da linguagem. E a neurociência cognitiva tem investigado o problema mente/corpo durante as últimas seis décadas. Em suma, as famosas profecias de Kant, Comte, Du Bois-Reymond, Chomsky e de outros oficiantes de mistério foram desmentidas.

Pensamento, Proposição, Sentença

Que isto é um livro é um fato. Esse fato, o ato de você vê-lo e de saber algo acerca de livros – dois fatos ulteriores –, te levou a pensar que isto é um livro. Esse pensamento é um processo cerebral. Porém, nada te impede de despi-lo de sua substância neural, e pretender que o dado pensamento possa existir em e por si próprio: essa pretensão denomina-se uma proposição. Finalmente, essa proposição pode ser formulada como uma sentença em milhares de línguas. Note que um fato singular pode ser representado por muitos pensamentos diferentes (em diferentes cérebros, sob circunstâncias distintas); ou que esses vários pensamentos são pensamentos encaixados, por assim dizer, sob uma e mesma proposição, ou pensamento despersonalizado. Mais ainda, essa proposição singular pode ser expressa diferentemente em diversas linguagens. O diagrama abaixo exibe as quatro importantes categorias ontológicas envolvidas no texto anterior: fato, pensamento, proposição, sentença.

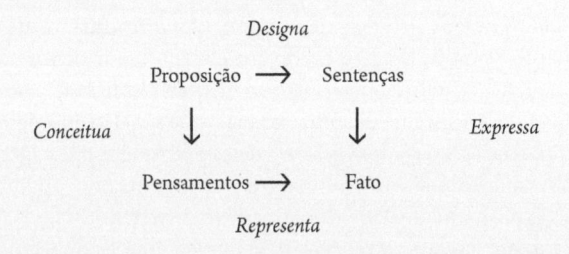

Os nominalistas, sendo materialistas vulgares (fisicalistas), pretendem evitar toda conversa sobre conceitos e proposições. Os poucos que são consistentes entre eles identificam constructos (conceitos e proposições) com seus símbolos; portanto eles dirão, por exemplo, que o numeral 7 é (idêntico a) um número primo, em vez de dizer que o numeral 7 (um objeto físico) designa ou simboliza o sucessor do número 6. Mas, como o idealista Gottlob Frege notou com razão há muito, os numerais e outras marcas têm propriedades físicas e químicas, enquanto os números possuem unicamente propriedades conceituais.

Os nominalistas também identificarão o significado com referência ou denotação, ao passo que os não nominalistas incluirão sentido (ou conotação junto) com referência. Assim, embora os linguistas possam admitir que o *flatus vocis* de Heidegger "Sein is ES selbst" (ser é o próprio ISSO) é uma sentença alemã admissível, nenhuma pessoa sã pretenderá que ela faz sentido – a menos que aconteça de essa pessoa ganhar a vida ensinando tal absurdo. Toda proposição pode ser dita como uma sentença, mas o inverso é falso.

Nós podemos chegar a conhecer razoavelmente constructos bem definidos, mas não todos eles. Na verdade, ninguém jamais conhecerá todo membro singular de um conjunto infinito: isso levaria a ter de contá-los para sempre. Como isso é uma tarefa impossível, o que os matemáticos fazem é adotar uma abordagem sistêmica: eles estabelecem as condições essenciais que a dada infinidade deve satisfazer. Por exemplo, os números naturais não são definidos um a um, mas todos ao mesmo tempo por meio dos cinco postulados de Peano. Somente um deles caracteriza um indivíduo, ou seja, o primeiro postulado: "Zero é um número". (Mas o predicado "é um número" é definido implicitamente por meio do sistema postulado.) O segundo postulado de Peano relaciona um número arbitrário ao seu sucessor. E o quinto postulado, o princípio da indução, envolve o sistema inteiro dos números naturais. Assim, os indivíduos em questão, os inteiros, são definidos de uma maneira que vem de cima para baixo, violando a prescrição de baixo para cima do individualismo metodológico.

Todos os outros sistemas de números são introduzidos de maneira semelhante: como sistemas mais do que elemento por elemento (individualismo) ou como totalidades não analisáveis (holismo). Isso vale, em particular, para o sistema de números reais que são não enumeráveis; em consequência, a esmagadora maioria deles permanece não especificada e não nomeada. Somente um punhado de números transcendentais como π e e são explicitamente definidos (por meio de séries ou de produtos infinitos) e, assim, pode-se dizer que são completamente conhecidos. Dessa maneira, temos a situação paradoxal de que conhecemos em esboço uma totalidade, mas em pormenor apenas uma pequena minoria dos membros dessa totalidade. (Análogo político: podemos conhecer um partido de massa se conhecermos apenas alguns de seus princípios e ações, mesmo que conheçamos somente uns poucos membros.) No entanto, o enorme edifício da análise matemática foi erigido com base nisso, mais do que sob uma escassa base – com a lógica subjacente, uma espécie de ferramenta para extrair qualquer consequência válida daquelas poucas assunções. Deixemos que o individualista metodológico que se recusa a encarar sistemas se desespere com esse paradoxo.

O que fazer com os 100^{100} e seus correlatos como as enésimas potências de 100? Poucos negam que tais numerais simbolizam números, porém ninguém pretende que eles sejam pensáveis. O mesmo vale para as potências de alef-zero, a numerosidade do conjunto de números naturais, e os outros números transfinitos. Estes não são objetos nem materiais nem mentais. O que são, então? Aceito que devemos distinguir duas questões: a ontológica e a psicológica. Do ponto de vista ontológico, aqueles "monstros" pertencem à mesma categoria que os dígitos familiares: eles são objetos conceituais ou constructos. E é só em termos psicológicos que 100^{100} está num time diferente do que o número 10.

Em resumo, adicionamos o nível dos constructos aos estratos físicos e mentais, e dividimos a categoria dos constructos em inteligíveis e ininteligíveis. Mas acrescentemos as seguintes prescrições. Em primeiro lugar, objetos mentais são estados ou eventos do cérebro; em segundo, Georg Cantor pode ter entendido o que nós, mortais comuns, julgamos ininteligíveis. Em terceiro lugar, constructos não gozam de autonomia: eles são criações humanas e, além disso, ao contrário de construções e artefatos, não deixarão ruínas atrás de si quando o último dos seres humanos morrer.

Vamos, em seguida, dar uma olhada no que, em geral, é considerado como o ápice do problema mente/corpo.

A Consciência: O Santo Graal

A consciência pode ser vista como um caso especial de cognição, isto é, a autocognição, estar cônscio de si. Ela é algo chamado, às vezes, de "metacognição", mas isso não constitui realmente um sinônimo, pois podemos ter consciência de nossos próprios movimentos, sensações, sentimentos e emoções, além de cognições. Ademais, em geral, conseguimos ligar e desligar nossa consciência. Nós o fazemos toda vez que caímos no sono, bem como toda vez que executamos uma tarefa de rotina, isto é, uma tarefa que não requer constante supervisão consciente. Neste último caso, pode-se dizer que estamos concentrados em cognição tácita ou *know--how*. Assim, a consciência acarreta cognição, mas não inversamente: nós, amiúde, conhecemos de maneira inconsciente, como Hume, von Hartmann, Tolstói, Pavlov, Freud e inúmeros outros notaram.

O cérebro está apto a flutuar mais ou menos espontaneamente entre níveis cônscios e incônscios. Por exemplo, quando tentamos recuperar um item esquecido, experimentamos primeiro conscientemente vários procedimentos heurísticos, tais como a busca de correlatos semânticos do dito item, ou tentar recordar as circunstâncias em que originalmente soubemos dele. Mas essa busca pode fechar a pista da memória (ou melhor: o labirinto) com itens irrelevantes. Assim, depois de repetir sem êxito as tentativas, desistimos da busca no momento, esperando razoavelmente que o item procurado reemergirá, de repente, de modo espontâneo, vindo "de lugar nenhum" – presumivelmente, de outra região do neocórtex. Em suma, a consciência é muito valiosa, mas não deve ser superestimada; e um entendimento satisfatório dela é ainda elusivo, mas pelo menos temos um domínio funcional e parcial dela.

A consciência costuma ser a salvaguarda de escritores e filósofos como santo Agostinho, Jean-Jacques Rousseau, Marcel Proust, James Joyce, Italo Svevo, Robert Musil, Henri Bergson e Edmund Husserl. Este último, em particular, concebia sua própria filosofia, ou seja, a fenomenologia, como "egologia" – estudo em primeira pessoa do *self*. Mas, sem dúvida, semelhante estudo não é científico, se não por outro motivo, pelo menos porque começa e termina com relatos triviais em primeira pessoa, tais como "esse dente dói". Um dentista examinará certamente o dente indicado pelo paciente, mas não o tratará sem maior delonga porque sabe que a fonte da dor pode estar em outra parte. E ninguém toma ao pé da letra qualquer declaração da forma "sinto muito por isso", porque todos nós estamos familiarizados com a hipocrisia. Em resumo, os relatos em primeira pessoa são falíveis, e não há ciência a ser feita em primeira pessoa (autobiográfica).

Toda pesquisa científica busca o que Russell chamou de conhecimento por descrição, em contraste com conhecimento por familiaridade. O primeiro pode ser caracterizado como conhecimento do tipo terceira pessoa – como o relato de um anestesista sobre o desvanecimento de consciência de um paciente. Em outras palavras, a ciência é objetiva. Isso vale, em particular, para a ciência da consciência – para a qual os fenomenólogos, de Husserl a Sartre, só contribuíram com sentenças herméticas e do tipo "I owe you" (IOU) (aviso de débito), tais como a asserção de Husserl, segundo a qual a "consciência é [um] Sendo absoluto". Os fenomenólogos e existencialistas não ficarão incomodados com a acusação de que eles não ajudaram a explicar a consciência, pois sua meta confessa é "entender" (*Verstehen*) a mente de um modo intuitivo e não explicá-la cientificamente.

A ciência e a filosofia da consciência explodiram em recentes anos (ver, e.g., Blok et al., 1997; Hobson, 1999; Laureys e Tononi, 2009; Shear, 1995; Smith e Jokic, 2003). Lamentavelmente, ainda não há consenso sobre o que a consciência é. Pior ainda, alguns estudiosos, a começar pelo grande William James, negaram sua existência. Outros, como McGinn (2004), admitem a ocorrência de estados cônscios, mas negam que algum dia eles sejam compreendidos, devido à nossa limitada "arquitetura epistêmica". Como é que ele sabe disso? E esta é uma peça de consciência ou de conhecimento tácito – ou antes, de ignorância deliberada?

Os neurocientistas cognitivos tenderam a adotar um conceito de consciência excessivamente permissivo. Por exemplo, Damasio e Meyer (2009, p. 6) propõem a seguinte definição operativa: "uma criação momentânea de padrões neurais que descrevem [mapeiam? representam? modelam?] uma relação entre o organismo de um lado e um objeto ou evento de outro". Mas presumivelmente a humilde aplísia (molusco) ou lesma do mar adequa-se a essa definição, visto que ela pode varrer e devorar todas as algas grudadas num pedaço irregular de rocha. Como os primeiros ecologistas, a exemplo de Von Uexküll (1921), enfatizaram há quase um século, todos os animais mapeiam seus ambientes. A consciência humana é seguramente mais do que isso: ela é a aptidão de aprender novos itens acerca do mundo e de si próprio.

Os filósofos não se saíram melhor. Alguns deles descreveram a consciência em termos crípticos como Thomas Nagel (1974, p. 435) ao escrever suas famosas palavras: "fundamentalmente um organismo tem estados de consciência se e somente se houver algo possível de *ser* esse organismo – algo possível *em lugar do* organismo" (Para uma atualização, ver Baynes, 2008.) É de se perguntar como o predicado "is like to be" (possível de ser como) poderia ser formalizado no cálculo de predicados, e como poderia ser traduzido em outras línguas. Concedo que a expressão bizantina "there is something it is like to be" (algo possível de ser como) é, na melhor das hipóteses, equivocada, e, na pior, sem sentido, e de qualquer modo irrelevante para o problema da consciência. (Para um *post-mortem* dessa frase críptica, ver Lormand, 2004.) Em particular, ela não sugere critérios que possam auxiliar anestesistas e cirurgiões a avaliar graus de inconsciência de pacientes em cirurgia.

Vamos adiante deixando para trás o jogo de palavras a exibir-se como profundidade filosófica e consideremos uma situação familiar. A garotinha chutou seu cão e retornou à sua cadeira. O cachorro ganiu e foi para um canto, onde se deitou. Após um breve instante, a menina enrubesceu, derramou algumas lágrimas, ajoelhou-se diante do cão e o acariciou. O cachorro levantou-se e lambeu a mão da menina. Até esse ponto, demos apenas uma crua e seca descrição de duas peças familiares de comportamento aberto. Essa história pode satisfazer o behaviorista não curioso, mas apenas aguçará o apetite do cientista curioso. O que causou o comportamento da menina e do cão? Podemos apenas conjecturar, como no caso de qualquer problema inverso do tipo *"output→input"*. Entretanto, podemos apenas efetuar algumas conjecturas educadas porque estamos familiarizados com episódios similares e porque psicólogos deram a largada no estudo da emoção e da conscientização de episódios da emoção, do sentimento e da cognição do *self* – isto é, da autoconsciência.

Podemos supor que, por alguma razão, a criança estava, a princípio, zangada com o cão; em termos neurofisiológicos, a atividade de seu córtex órbito-frontal e de seu córtex cingulado anterior foi acentuada. Logo depois, uma região no seu córtex pré-frontal foi ativada, e enviou um sinal a algum centro subcortical. Imediatamente depois, este centro mandou um sinal para o circuito motor do cérebro da menina que, por sua vez, abriu suas comportas e dilatou as capilaridades da face dela – razão pela qual enrubesceu. Tudo isso aconteceu quando a menina "escrutinou sua alma" e arrependeu-se. Ela então resolveu penitenciar-se: seu córtex pré-frontal ativou sua faixa motora que, por seu turno, a levou a erguer-se, caminhar até o cão e pedir-lhe perdão.

O que aconteceu dentro da caixa craniana do cão? Mais uma vez, só podemos conjecturar. Charles Darwin, que foi pioneiro no estudo das emoções dos seres humanos e de outros animais, poderia ter suposto que o cachorro ficou a princípio amedrontado, talvez zangado e, finalmente, agradecido à sua jovem dona quando ela o acariciou. Será este um caso de antropomorfismo? Talvez, mas isso não constitui grande pecado quando se lida com criaturas próximas, particularmente com criaturas próximas que foram em grande parte moldadas pelos seres humanos por um período de cerca de quinze mil anos (ver Daston e Mitman, 2005).

Na história acima encontramos muitos velhos conhecidos: comportamento, emoção e razão, juntamente com behaviorismo, psicologia popular e neurociência cognitiva. No transcurso do caminho, o velho problema da natureza e até da existência de consciência ergueu a sua cabeça. É verdade, os behavioristas, de John B. Watson a B.F. Skinner, bem como os filósofos que os seguiram, de Gilbert Ryle a Daniel Dennett, pretenderam que a crença na existência da consciência é ilusória. Pode-se rebater afirmando que essa gente foi enganada por sua própria filosofia positivista segundo a qual há somente fenômenos, isto é, aparências – nesse caso, comportamentos manifestos. (Para uma crítica dos negadores ver Donald, 2001; Gazzaniga, 2008; Searle, 1997.)

Dado que a literatura sobre a consciência, embora volumosa, seja inteiramente inconclusiva, é de se suspeitar que as ideias sobre o tema sejam confusas. Pode ser que o problema da consciência seja como o Santo Graal: por não haver consenso sobre o que ele é, alguns cavaleiros duvidam de sua existência, enquanto outros erram de um lado para outro. Se esse diagnóstico for correto, então uma análise como a que segue abaixo é indicada.

Tipos de Consciência

O objetivo dessa seção é o propósito modesto de salientar que a palavra "consciência" denota uma larga variedade de processos mentais, em particular os seguintes (Bunge e Ardila, 1987, p. 234-235).

1. *Reatividade ou sensibilidade.* Quando leigos querem ter certeza de que uma pessoa não se acha em estado de coma, eles a picam com alfinete. Mas, por certo, todas as coisas são sensíveis a alguns agentes físicos ou químicos, de modo que este é efetivamente um teste de materialidade. Para sermos mais precisos, sugerimos:

   Definição 1. Que b denote uma coisa (viva ou não viva), e A uma ação sobre b ou sobre parte de b, e que se origine fora de b, ou em uma parte de b. Então b é A-sensitivo (ou A-responsivo) se b reagir a A (isto é, se A causa ou desencadeia uma mudança no estado de b) sempre ou com certa frequência.

2. *Estar cônscio* (ou *consciência fenomenal*). Pode-se dizer que qualquer animal capaz de identificar ou discriminar certos estímulos (internos

ou externos), ou algumas de suas próprias ações, está cônscio de tais estímulos ou ações, contanto que possa fazer algo para controlar quer as fontes de estímulo ou sua própria reação a elas – se ele não puder exercer esse controle no exato momento de identificar e responder aos estímulos, não apresentará consciência alguma. Por exemplo, à gazela que se aproxima de uma aguada à vista de um grupo leões, e ao rato que aceita um choque elétrico em troca da chance de comer algo ou explorar um novo ambiente, pode ser imputada consciência. Consequentemente, um teste ou um indicador de estar cônscio será a aptidão para aprender novos padrões de comportamento com os herdados ou previamente aprendidos.

O estar cônscio requer nem mais nem menos do que neurossensores de alguma espécie. Portanto, organismos inteiramente carentes de neurossensores não podem ser cônscios de nada. Nem mesmo um ouriço-do-mar pode ter consciência de algo, pois carece de órgãos dos sentidos. Ele é apenas reativo ou sensitivo. Na realidade todos os animais têm essa capacidade – daí por que é difícil entender o por quê de os filósofos, desde Locke, fazerem tanto barulho acerca dos *qualia* ou das propriedades fenomenais.

Em suma, propomos:

Definição 2. Um animal b é cônscio da (ou percebe a) mudança x (interna ou externa a b) se b sente (capta pelos sentidos) x.

3. *Estar cônscio de si.* Um animal pode ter consciência de seu ambiente, mas não sempre do que está sentindo, percebendo, pensando ou fazendo. Pode-se dizer que um animal cônscio de seus próprios sentimentos ou ações é cônscio de si. Quando se encontra em um estado assim, ele não apenas se movimenta ou sente fome, mas também percebe que está se movimentando ou sentindo fome – como é sugerido pelo modo como ele trata de resolver os problemas que encontra ao longo do caminho. De outro lado, certos pacientes neurológicos sentem-se confusos em relação às origens de algum de seus sentimentos e ações: eles não são plenamente cônscios de si. (Exemplo: *hemineglect* [heminegligência], ou a incapacidade de uma pessoa reconhecer a metade do seu próprio corpo devido a um derrame ou anestesia.) Nem mesmo adultos normais são cônscios de si o tempo todo: com frequência conseguimos esquecer temporariamente fome ou dor, e executamos muitas ações automaticamente (de maneira inconsciente). Tornar-se cônscio de si requer despertar a consciência do outro e prestar atenção principalmente em si próprio, isto é, tornar-se autocentrado ou praticar introspecção – ou "exame de consciência",

quando confrontado com problemas morais. (A palavra "introspecção" perdeu muito de sua atração quando se notou que, falando em termos estritos, não observamos nossos próprios processos mentais da mesma maneira como observamos uma corrente de água. Isso ainda é útil.)

Ser cônscio de si é estar cônscio de si próprio como algo diferente de tudo o mais: isso equivale a escavar seu próprio nicho no universo. Um animal cônscio de si percebe, por mais sutilmente que seja, que ele é o sujeito de seus próprios sentimentos e ações. Comumente o estar cônscio de si é a tal ponto tomado como certo que tendemos a esquecer que, quando distraídos, não estamos cônscios de nós próprios e que isso pode constituir um sério impedimento quando realizamos uma tarefa não rotineira. Condensamos o que está acima na seguinte convenção:

Definição 3. Um animal b é *cônscio de si* (ou está cônscio de si) se b é cônscio de algumas de suas mudanças interiores e de algumas de suas próprias ações.

Note que o estar cônscio de si não nos obriga a *pensarmos* sobre os nossos próprios processos mentais. A satisfação dessa adição condicional nos leva ao próximo nível.

4. *Consciência.* Pode-se dizer que um animal consciente do que está percebendo, sentindo ou pensando está *consciente*, mesmo se momentaneamente estiver absorto de alguns de seus próprios sentimentos e atos, ou não responder manifestamente a certos estímulos externos que normalmente induzem a sua reação.

O ganso que rola um ovo imaginário com o seu bico não é consciente. Os antigos etologistas conjecturavam que os movimentos de um pássaro eram regulados por uma espécie de *"motor tape"* (correia de motor) em seu sistema nervoso: o animal não pode se impedir de se mover desse modo. Por outro lado, o pombo que olha atentamente para uma figura em rotação para verificar se ela é a mesma que o original, na expectativa de uma recompensa, está consciente: o animal está monitorando e "manipulando" alguns de seus próprios movimentos e estados mentais.

Em suma, determinamos:

Definição 4. Um animal b é *consciente* do processo mental M se b pensa a respeito de M que ocorre em b.

De acordo com essa convenção, um animal só pode ser consciente de alguns de seus próprios processos mentais superiores. Não apenas sentindo, detectando e fazendo, mas também pensando o que ele percebe ou pensa. (Naturalmente, o pensamento não precisa ser abstrato ou mesmo verbalizável; ele pode ser em imagens, como quando efetuamos um cálculo matemático imaginando que estamos escrevendo em um quadro negro.) Um animal consciente do processo mental M em si mesmo experimenta (seja em paralelo, seja em rápida sucessão) *dois* diferentes processos mentais: M (o objeto do processo mental ou o conteúdo de sua consciência), e pensar acerca de M (i.e., sendo consciente de M). O objeto de M pode ser uma percepção (de, e.g., uma panqueca quente), uma lembrança (de, e.g., um pedacinho saboroso), uma fórmula matemática ou o que você tiver.

Note a diferença entre consciência e cônscio [qualidade ou estado de estar consciente]. Animais de certas espécies podem vir a estar conscientes de certos estímulos, e muitos são capazes de prestar atenção, mas eles terão consciência de nada a não ser que possam pensar. Inversamente, uma pessoa perdida em devaneio ou em profundo e produtivo pensar pode não estar cônscia de seu ambiente. Consequentemente, os conceitos de consciência e de estar cônscio são mutuamente independentes. Sendo assim, eles não devem ser confundidos. E o híbrido "consciente de estar cônscio" deve ser evitado. Note também que não podemos estar conscientes dos processos mentais de outras pessoas porque não compartilhamos de seus cérebros. Mas por certo podemos chegar a conhecer alguns deles indiretamente, por meio de indicadores como os movimentos corporais e palavras. Finalmente, note que a definição acima refuta a pretensão de que o reconhecimento em um espelho é um teste de consciência: ele apenas testa o autorreconhecimento.

Chegamos agora ao degrau mais alto nas aptidões cognitivas:

5. *Autoconsciência.* Um animal que é ocasionalmente consciente, que às vezes reflete sobre suas próprias percepções, sentimentos ou pensamentos (de agora ou passadas), e não as atribui a algo ou a outrem, é *autoconsciente.* Em contrapartida, um animal que atribui a objetos externos as suas próprias percepções, sentimentos ou pensamentos deixa de ser autoconsciente; assim também acontece com alguém que "escuta vozes", imputa seus sonhos a espíritos, ou pretende que se comunica com os mortos ou com Deus. Do mesmo modo, uma pessoa imersa em uma tarefa motora ou intelectual, que não faz pausa para refletir sobre o que está fazendo ou pensando, que se esquece de si própria, não é autoconsciente. Ela está, ela própria, não consciente de seu *self.* Quem quer que esteja constantemente autoconsciente nunca fará coisa alguma.

Assim como a condição de estar cônscio de si mesmo é um degrau mais alto do que estar consciente, do mesmo modo a autoconsciência está um passo acima da consciência. Um sujeito é autoconsciente se ele tem consciência de suas próprias percepções e pensamentos como algo que ocorre nele mesmo. Para colocar isso em termos epistemológicos, um animal é autoconsciente se ele conhece quem e o que ele próprio é – i.e., se ele tem autoconhecimento. Daí a advertência do oráculo de Delfos, *conhece-te a ti próprio!*, que equivale a: *Seja autoconsciente!* Isso por certo é mais fácil dizer do que fazer, como se evidencia pela ocorrência da autodecepção.

Ora, a fim de que alguém conheça quem e o que ela é, a pessoa precisa ter alguma recordação de seu passado: somos o que nos tornamos, e conhecemos o que aprendemos. Logo, dificilmente pode-se dizer que o amnésico total tem um *self*. Por outro lado, ele não necessita ser capaz de extrapolar sua própria vida para o futuro: ele pode não ser capaz de imaginar ou planejar seu próximo movimento, exceto por um curtíssimo intervalo de tempo, como o tempo necessário para caminhar até o próximo aposento. Assim, o primata com uma lobotomia frontal parece ser autoconsciente de momento para momento. Como um eminente neuropsicólogo colocou a questão, em semelhante animal "a corrente de acontecimentos não é segmentada e eles correm assim juntos em um presente que é para sempre, sem passado ou futuro. O organismo torna-se completamente um monitor à mercê de seus estados momentâneos, em vez de um ator que atua sobre eles" (Pribram, 1971, p. 348). O mesmo é provável que ocorra a animais com um córtex pré-frontal muito pequeno, como o dos gatos – ou sem nenhum, como o das aves. Isso demanda as seguintes distinções adicionais:

Definição 5. Um indivíduo é:

a. *antero-autoconsciente* se ele recordar corretamente algo de seu passado recente;

b. *pró-autoconsciente* se puder imaginar (mesmo erradamente) algo de seu próprio futuro; e

c. *plenamente autoconsciente* se for tanto antero- quanto pró-consciente.

Presumivelmente, a plena autoconsciência é uma prerrogativa humana. Como Richard Passingham (2008, p. 30) escreveu: "Nós parafraseamos o *Cogito* de Descartes. Estou consciente do meu próprio pensamento e, portanto, sou humano".

Qualquer pessoa deixa de ser plenamente consciente depois de sofrer uma severa concussão. As vítimas da bárbara operação de lobotomia perdem sua pró-autoconsciência: elas não podem sequer planejar uma simples refeição. H.M., o famoso paciente neurológico estudado por Scoville e Brenda Milner, que perdeu sua antero-autoconsciência após a operação, não mais se lembrou mesmo de ter visto os médicos que o examinaram no dia anterior. O caso de K.C., o paciente estudado por Endel Tulving, é inclusive mais trágico, porque ele não consegue lembrar-se de nada com respeito a sua própria vida, exceto as experiências que teve no último minuto ou dois, e não tem qualquer ideia do que acontecerá no seguinte. Seu *self* ou vida interior está praticamente restrito ao presente. Mas, pelo menos, sua memória semântica (de "o quês") está aproximadamente intacta, o que sugere que memórias semânticas ou episódicas possuem locações diferentes no cérebro.

Se os dualistas psiconeurais podem explicar tais déficits em termos puramente psicológicos, eles não publicaram seus achados. Em contraposição, a abordagem biológica, tanto dos processos conscientes quanto dos não conscientes, tem vindicado a hipótese materialista de que a consciência é um processo cerebral (Place, 1956). E essa hipótese não é apenas filosoficamente significativa: ela também subjaz à busca de indicadores cerebrais (ou medidas) da consciência em autorrelatos e indicadores comportamentais dos estados cônscios (ver Seth et al., 2008).

A Abordagem Neurocientífica

Ser consciente de um processo mental em si próprio é estar em certo estado mental. Ora, de acordo com a neurociência cognitiva, estar em um estado mental é o mesmo que um cérebro estar em certo estado (ou antes, submetido a processos de certa espécie).

Portanto, a consciência, que na psicologia clássica (descerebrada) é concebida como uma entidade, é melhor considerada quando vista como uma coleção de estados cerebrais. Por essa razão, estipulamos:

Definição 6. A *consciência* do animal *b* é o conjunto de todos os estados do cérebro de *b* em que *b* é cônscio de algum sentimento, percepção, ou pensamento em *b* ele mesmo.

A maior parte dos neurocientistas cognitivos assume que qualquer processo mental, tal como o reconhecimento de uma face, a identificação de um som, a lembrança de um episódio e o completar de uma figura, mobiliza um grande número de neurônios agrupados em assembleias ou módulos especializados. Estudos de imagem mostraram repetidamente que esse número cresce com a complexidade da tarefa e o nível de consciência da operação.

Entretanto, é também fato bem conhecido que a prática reduz o nível requerido de consciência: pense na direção quase automática de um carro em uma autoestrada, que executa cálculos de rotina ou corrige provas de impressão gráfica. Um cientista da computação poderia dizer que, com a prática, o *software* gradualmente se forja em *hardware*. (Creditou-se ao grande polimata Euler o dito: "Meu lápis sabe mais do que eu.") O nível de consciência eleva-se somente em face de uma dificuldade: do contrário agimos automaticamente, ou quase, como ao lermos um texto emocionalmente neutro sobre um tema familiar.

Um nível de consciência mais alto é exigido apenas por novidades inesperadas e pelo esforço deliberado de formular as novas estratégias demandadas por problemas não rotineiros, como a busca de novas fontes de informação, de novos problemas, de novas conjecturas ou novos métodos. Todas as tarefas dessa natureza exigem atenção agudamente focalizada e forte motivação além da cooperação de certo número de módulos corticais, como o córtex cingulado anterior. (Incidentalmente, esse parece ser o órgão da resolução-conflito cognitiva, como quando uma pessoa é solicitada a ler a palavra vermelho apresentada em verde: ver Botvinick et al., 1999).

Stanislas Dehaene e Lionel Naccache (2001, p. 14), seguindo a sugestão de Dehaene, Michael Kerszberg e Jean-Pierre Changeux (1998), propõem que a consciência emerge em função da atenção: "amplificação da atenção de cima para baixo é o mecanismo pelo qual processos modulares podem ser temporariamente mobilizados e postos à disposição do espaço de trabalho global [o sítio da memória operante] e, portanto, a consciência". Entretanto, sujeitos humanos podem efetuar certas discriminações, tais como dizer quais são rostos masculinos e quais são femininos, sem prestar atenção (ver Tononi e Koch, 2008).

Giulio Tononi e colaboradores, em contrapartida, lançaram a hipótese de que a consciência é ou uma integração cortical ou a capacidade de informação cortical, particularmente na área parietal posterior (Alkire et al., 2008). Mas integração demanda sincronização neuronal, como Charles Sherrington havia sugerido, e Wolf Singer (2009) e outros confirmaram em anos recentes. Essa é uma condição óbvia para qualquer coisa complexa: a sincronização é necessária para a integração que, por seu turno, é necessária para um sistema atuar como uma unidade em algum aspecto. Assim a unidade da mente, a "binding" (ligação) dos processos que ocorrem simultaneamente em diferentes subsistemas do cérebro, é apenas a contrapartida funcional da unidade do cérebro. Ele e Marcus Raichle (2009) conjecturam que o lento potencial cortical (de frequências entre 1 e 4 Hz) é o mensageiro que comunica regiões distantes do neocórtex.

Sob uma das duas hipóteses (atenção ou integração), o obscurecimento e a perda temporária final da consciência causada pelo álcool, por pílulas de soníferos e anestesia são idênticas ao enfraquecimento mais ou menos pronunciado da coesão ou do caráter sistêmico do córtex cerebral. Assim, o trabalho do anestesista é o de afrouxar e monitorar tal integração – e assegurar que essa integração seja finalmente restaurada.

A unidade subjetiva (fenomenológica) da consciência pode ser assim (experimentalmente) explicada em termos de interconexão de certo número de módulos (ou circuitos) neuronais especializados no espaço de trabalho global. Os módulos nesse supersistema não são necessariamente fixados e adjacentes. Eles são plásticos e podem ser itinerantes, como já foi sugerido antes. Consequentemente, "os contornos do espaço de trabalho flutuam à medida que os diferentes circuitos do cérebro são temporariamente mobilizados e depois desmobilizados" (Dehaene e Naccache, loc. cit.).

Essa hipótese explica não somente a consciência mas também os processos inconscientes: eles ocorrem em assembleias de neurônios e permanecem isolados do "espaço de trabalho global" como é o caso da percepção subliminal (em particular, *blindsight* [visão cega]) e da detecção automática de erros tipográficos, e de imperfeições sintáticas. Mais sobre isso logo em seguida.

O Papel Dual da Consciência

Exceto por alguns filósofos, tais como Dennett (1991) e McGinn (2004), quase todos admitem que a consciência possui dois papéis: o monitoramento de processos mentais e o controle de atividades motoras e mentais. A neurociência cognitiva consegue modelar rudemente esse papel dual da consciência como colocamos a seguir (Bunge, 1980a, p. 176-178; Bunge e Ardila, 1987, p. 145).

Considere um sistema neural composto de dois subsistemas, N e sua consciência C. Suponha, além disso, que essas duas unidades estão ligadas por liames de duas espécies: N estimula ou inibe C, que, por seu turno, ativa ou inibe N (ver fig. 11.3).

O sujeito está cônscio da atividade em N, ou em um músculo enervado por N, no caso em que N estimula C, ou C atua sobre N, quer estimulando ou inibindo N. No primeiro caso, C monitora passivamente N: a metáfora do painel do carro. No segundo caso, C exerce uma ação causal sobre N: a metáfora do volante. Normalmente, somos cônscios de vários eventos ao mesmo tempo, como no caso do computador que executa muitas tarefas ao mesmo tempo. Portanto, assumimos que a consciência de um animal durante um

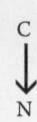

Fig. 11.3: O papel dual da consciência: o painel ($N{\to}C$)
e o volante ($C{\to}N$).

dado período é a atividade de um sistema de certo número de tais unidades
em C enquanto estão conectados a um segundo sistema neural N.

Cabe admitir que o esquema acima há, com certeza, de fazer erguer as
sobrancelhas de muitos neurocientistas. Por exemplo, o estudo do comportamento motor involuntário (inconsciente) mostrou que se o sujeito
se torna consciente disso, o fato acontece apenas depois que ele executou
o movimento – um fato que confirmaria a hipótese de Lange-James. Mas
isso não justifica a conclusão de que "as experiências conscientes são consequências da atividade do cérebro mais do que causas" (Haggard, 2005).

Essa interpretação dualista é tanto mais esquisita por provir de um
antidualista confesso. O que, senão a uma atividade do cérebro, pode com
consciência estar de acordo com monismo? Ademais, achados experimentais sobre o comportamento motor involuntário não se transferem
necessariamente ao comportamento voluntário, que é amiúde consciente,
embora não obrigatoriamente autoconsciente. Por exemplo, depois de eu
haver decidido conscientemente voltar para casa dirigindo meu carro, por
minha vontade, eu vou para a garagem, dou partida no motor e conduzo
o carro para a rua; porém, tão logo me junto ao fluxo do tráfego, deixo de
prestar atenção à condução do carro e retomo o meu pensamento acerca
de algum problema conceitual.

Poderia uma máquina ser consciente? Sim, até certo ponto. Na verdade, existem muitas máquinas equipadas tanto com dispositivos de
medição quanto de controle, que podem ser encarados como análogos
da autocognição e ação, respectivamente. Mas as máquinas carecem da
espontaneidade e da liberdade que caracterizam a consciência humana:
elas operam de acordo com o programa especificado por seus inventores e controles humanos, sem o entendimento do que está se passando,
e sem a possibilidade de alterar deliberadamente o programa. Por exemplo, aeronaves não tripuladas "sentem" seu estado momentâneo, buscam
e destroem alvos, e podem até adaptar suas trajetórias a obstáculos não

previstos. Mas não têm escolha de missão: podem somente fazer aquilo para o que foram projetadas. Em resumo, é possível construir máquinas autoconscientes, mas não plenamente cônscias.

A força da conexão c-n possivelmente há de variar no curso do tempo, seja de maneira espontânea ou como resultado da interação com outras partes do sistema nervoso. Isso explica o fato de, como William James salientou, a consciência chegar gradualmente – algo que experimentamos todos os dias quando pegamos lentamente no sono e ao despertarmos. Se os dois sistemas vierem a ficar totalmente desligados, a correspondente experiência de consciência é interrompida. Isso explica a perda momentânea de consciência no sono profundo ou como produto de uma concussão. A hipótese ajuda também a explicar o caso da visão cega (*blindsight*), do aprendizado inconsciente, da memória tácita, da perda de memória episódica e casos similares. Todos esses casos seriam síndromes de desconexão, portanto, basicamente similares a afasias, agnosias e apraxias, bem como certas amnésias classicamente descritas por Norman Geschwind nos anos de 1960. Mas a desconexão também ocorre quando comportamentos aprendidos, conscientes de início, tornam-se inconscientes com a prática.

O modelo acima está em desacordo com a concepção segundo a qual a consciência é a atividade de um único supervisor ou "executivo central". Esse modo de ver é inconsistente com um extenso corpo de dados neurológicos sobre pacientes que apresentam lesões crônicas em qualquer dos centros cerebrais, tendo, no entanto, conservado a capacidade de executar operações mentais que requeiram não somente certo número de "faculdades", mas também esforço e concentração mental, i.e., consciência. Todavia, há pouca dúvida de que a autoconsciência está localizada no córtex pré-frontal – o qual, nos seres humanos, ocupa não menos do que 29% do néo-córtex total. É também fora de dúvida que o nosso modelo é apenas grosseiro. Mas é um modelo que pode ser aperfeiçoado à medida que se aprender mais a respeito do córtex pré-frontal.

Nesse estágio inicial da investigação científica da consciência, não temos necessidade de nos comprometer com qualquer das hipóteses que acabamos de discutir. Há várias conjecturas alternativas. Entretanto, para ser qualificada como científica, qualquer hipótese acerca dos estados de consciência tem de construí-los como estados de certos sistemas neuronais: não há mais mentes descerebradas do que sorrisos sem rosto. Além disso, uma teoria científica é muito mais precisa do que qualquer dos modelos existentes, que são falácias*.

Poderia a teoria quântica ajudar a armar uma teoria plenamente madura da consciência, como Roger Penrose e outros pretenderam? A

---

* No original, *handwaving kind*, termo depreciativo usado em argumentações. (N. da T.)

interpretação ortodoxa ou de Copenhague dessa teoria sugere uma íntima conexão quântico-consciente, pois ela afirma que a consciência causa o colapso ou a projeção da função de estado. Mas isso é apenas um *obiter dictum* – algo dispensável – uma vez que a teoria quântica não contém quaisquer variáveis que denotem propriedades mentais. Como vimos no capítulo 3, o dito colapso é hoje em dia concebido como a decorrência resultante da interação entre um *quantão* e seu ambiente macrofísico, que não precisa ser manejado por um experimentalista: o colapso da função de estado é puramente processo físico.

Assim como a física quântica não contém variáveis psicológicas, do mesmo modo a neurociência cognitiva não tem nenhuma necessidade da mecânica quântica, porque suas unidades anatômicas, neurônios, acham-se fortemente enredadas com seu ambiente. Logo, mesmo se uma delas estivesse numa superposição coerente de estados em um dado instante, ela seria prontamente desconectada ("colapso") devido às fortes interações com o tecido circundante; consequentemente, todas as suas propriedades se tornariam aguçadas e, em particular, livres da "incerteza" ou do embotamento peculiar aos *quantões* (reveja a seção Perda de Individualidade do capítulo 3).

O mesmo vale, *a fortiori*, para quaisquer dos sistemas multineuronais capazes de experienciar processos mentais. Portanto o projeto de construir uma "ciência cognitiva quântica" como proposta por Quentin Smith (2003) é, na melhor das hipóteses, música futura, e na pior, fantasia desatinada e, por conseguinte, uma perda de tempo. De qualquer maneira, qualquer pessoa seriamente interessada em fundir ciência cognitiva com mecânica quântica deveria parar de escrever símbolos que se pareçam com funções de estado (ou ondas) pois elas não são tal coisa, porque não estão matematicamente bem definidas. De fato, elas não são soluções das equações de Schrödinger para nódulos neurais capazes de desempenhar funções mentais, mas apenas rabiscos. Até onde sei, ninguém fez isso em relação ao neurônio, ou até em relação a uma gota d'água. No entanto, até Stephen Hawking permitiu-se afirmar que certa letra representa a função de estado de universo. Como dizem os alemães, o papel é tolerante.

A biopsicologia não consiste apenas em descobrir mais e mais coisas sobre a consciência: ela pode também dissipar mitos dualistas, tais como os zumbis. Chama-se zumbi uma personagem do folclore haitiano e da filosofia contemporânea de mente, literalmente um morto-vivo: alguém que é exatamente como uma pessoa viva com um cérebro normal, mas se comporta como um autômato ou um Golem, i.e., não tem consciência. Saul Kripke e outros filósofos sustentaram que apenas imaginar a existência de zumbis refuta o monismo psiconeural. Essa louca fantasia estimulou uma pequena indústria acadêmica: muitos artigos, vários sites devotados aos zumbis (ver, e.g., Chalmers, 1996). Vejamos, agora, como um neurocientista cognitivo poderia reagir. Se os zumbis possuíssem cérebros normais, eles teriam de possuir também propriedades mentais normais, porque ninguém pode ter as mesmas propriedades básicas sem as mesmas propriedades emergentes. E se, ao contrário, os zumbis tivessem cérebros anormais, então eles se comportariam de um modo tão extraordinário que seriam prontamente detectados e desqualificados como seres humanos. De fato, eles não responderiam a perguntas ou ordens; eles seriam incapazes de resolver problemas que requeressem imaginação; seriam incapazes de tomar iniciativa e fazer planos; eles cometeriam numerosas ações antissociais sem nenhum remorso; não sentiriam dor e não sofreriam doenças mentais; e nem sequer sonhariam ou teriam alucinações de que são zumbis. Em resumo, seres humanos sem consciência não se comportariam como seres humanos. Assim, longe de adulterar o monismo psiconeural, a fantasia do zumbi o ilustra.

Por fim, escrevamos algumas poucas palavras acerca dos processos inconscientes. Quase toda psicologia clássica tratou dos processos conscientes. Pavlov conquistou o prêmio Nobel por inaugurar o estudo experimental de comportamento automático, quer inconsciente, quer aprendido. Freud, seu contemporâneo próximo, recebeu o prêmio Goethe por esboçar divertidas, porém abusivas, histórias sobre "o" inconsciente – a reificação de estados conscientes. Enquanto Freud enxergava metas ocultas até em fatos emocionais como o vínculo pai e filho, os neurocientistas cognitivos atuais estão descobrindo os mecanismos neurais do inconsciente, assim como dos comportamentos deliberados. Eles estudam até a regulação automática do comportamento da emoção como quando uma pessoa continua andando em direção a um objetivo ou se abstêm de gritar furiosamente em público, sem deliberação.

A obra de Pavlov é relevante para um complicado problema neurológico: o de apurar se a vítima de um acidente cerebral, que ficou inconsciente com uma pancada, encontra-se em irreversível estado vegetativo, e, assim sendo, não é digna de ser mantida viva por um sistema de aparelhos. O teste mais plausível é o do assim chamado condicionamento do traço do piscar de olhos como resposta, que consiste em aprender a associar um tom com um sopro de ar no olho. A habilidade de aprender esse simples truque é considerada evidência de um estado minimamente consciente e, portanto, um indicador confiável de recuperação (Bekinschtein et al., 2009).

O *Self*

O *Selfhood* (o em si mesmo) é, em geral, identificado com a consciência. Isto é, uma pessoa é definida como sendo capaz de estar em estados de consciência. Concedo que essa definição é, de longe, muito restritiva, pois priva bebês, indivíduos senis e, *a fortiori*, animais não humanos, de pessoalidade. Semelhante exclusão não concorda com a prática comum de atribuir diferentes traços de personalidade a bebês e a indivíduos senis, assim como a macacos, cães, gatos e outros animais.

Qualquer um que já tenha lidado com animais sabe que alguns membros de determinada espécie de vertebrados superiores são mais curiosos, espertos, dóceis, gregários, brincalhões, afeiçoados ou glutões do que outros: eles possuem diferentes personalidades, portanto, para começar, são pessoas, embora, é claro, não necessariamente pessoas humanas. Eu sugiro, dessa forma, a seguinte definição alternativa: uma pessoa é um animal dotado de mente, i.e., capaz de apresentar processos mentais. Não o tempo todo, sem dúvida: não renunciamos aos nossos eus (*selves*) e nem cessamos de ser pessoas quando estamos bêbados, em sono profundo, ou sob anestesia geral. A bem dizer, as pessoas, assim como todas as outras coisas concretas, estão sempre em estado de fluxo, mas elas perdem seus eus (*selves*) unicamente quando em morte cerebral: quando não estão mais aptas a ter vida mental.

É melhor deixar o problema ulterior de identificar as espécies animais com capacidade mentais a etologistas e psicólogos de animais. Não há consenso nessa matéria, em parte porque a visão religiosa e idealista subestima animais não humanos, e, em parte, por causa da dificuldade de atribuir mentalidade por força de indicadores puramente comportamentais. Entretanto, existe uma tendência a se atribuir mentes a todos os vertebrados superiores, isto é, mamíferos e aves.

A maioria dos filósofos da mente provavelmente considera tudo do que foi dito acima errôneo ou irrelevante para o problema filosófico da pessoalidade, que eles estimam ser muito difícil ou até insolúvel. Mas esse problema é trivial para um monista psiconeural, pois ele toma a pessoa inteira, o corpo e suas funções, como um todo, e assim não deseja saber ou perguntar a si próprio sobre o que possa ser o "liame" entre a mente e um corpo, não mais do que um cardiologista se pergunta sobre o "liame" entre um coração e suas contrações.

Há, porém, uma exceção notável: o neurocientista Rodolfo Llinás (2001, p. 128) acredita que o *self* é irreal: que "é um constructo muito importante e útil, um complicado autovetor. Ele existe somente como uma entidade calculada". Essa extravagante afirmação não faz sentido, pois não há autovetores em si próprios: todo autovetor está ligado a um ou outro operador – e nenhum desses objetos matemáticos é sequer mencionado no texto. Além disso, a tese de que os *eus* são abstratos se evapora tão logo nos movamos do modo da primeira pessoa para o da terceira pessoa. Por exemplo, se Rodolfo me diz "eu vou agora inserir um microeletrodo nesse neurônio", posso traduzir essa sentença como: "Rodolfo está a ponto de inserir um microeletrodo naquele neurônio." Estarei falando sobre Rodolfo, ele próprio (*himself*) fazendo algo por si próprio (*himself*), e não sobre suas mãos sozinhas, nem apenas sobre seu cérebro e muito menos sobre alguma outra pessoa.

O materialista tampouco se tortura para saber se se trata de um corpo, de uma mente, ou de um composto corpo-mente. Ele sabe que se trata de um animal dotado de um cérebro capaz de experienciar eventos mentais. Ele também sabe que este perderá seu *self* quando seu cérebro se for. Daí por que sabe que perderá o seu próprio funeral. Pelo menos uma vez, a expressão "restos mortais", empregada em obituários religiosos para denotar cadáveres, está correta. Mas as religiões estão erradas ao superestimar a morte natural, uma vez que ela é apenas o término da vida. Todavia, voltemo-nos para um tema mais alegre e menos trivial.

O que não é trivial, mas objeto da pesquisa empírica em andamento, é o problema de descobrir os estágios do desenvolvimento da personalidade e, em particular, em que idade a criança se torna autoconsciente e começa a atribuir mentes a outros seres. (Resultado preliminar: com cerca de cinco anos.) Dada a limitada capacidade linguística de crianças muito novas, essa investigação requer uma criatividade inusitada no projeto experimental. (Ao contrário do método científico, que é universal, as técnicas científicas são tópico-específicas. Uma vez mais a ontologia precede a epistemologia: recorde a seção Epistemologia: Ceticismo, Subjetivismo, Realismo do capítulo 1.)

À medida que crescemos, adquirimos o conhecimento de nós próprios e dos outros, e essas duas peças de conhecimento estão envolvidas na maneira como lidamos com os outros. E, a não ser que exerçamos algum autocontrole, estamos condenados a ter problemas. O autocontrole é normalmente aprendido por meio da experiência e da autorreflexão: mas ele não o será se o órgão da regulamentação social, ou seja, o córtex órbito-frontal, estiver gravemente danificado (e.g., Beer, 2006). Esse fato já era conhecido há mais de um século, quando o caso de Phineas Gage recebeu considerável publicidade: ele sofreu uma deterioração radical no comportamento social depois que um pedaço de ferro feriu precisamente aquela parte de seu cérebro. Esse episódio poderia ter dado nascimento à neurociência cognitiva social não fosse pela preconcepção filosófica predominante na época, segundo a qual a ciência natural está separada da social por um abismo intransponível.

Entretanto, impulsos e autocontrole não são os únicos determinantes do comportamento social: laços sociais são igualmente tão importantes, e ocasionalmente sobrepujam o autocontrole, como no caso do comportamento de membros de grupos estreitamente entrelaçados como bandos de criminosos. De fato, os dados (e.g., Wright et al., 1999) parecem sustentar a hipótese sistêmica de que o comportamento criminoso resulta de uma combinação de baixo autocontrole ou moralidade (individualismo) com laços sociais e circunstâncias (holismo). O seguinte diagrama projeta nossa concepção sistêmica do comportamento social humano.

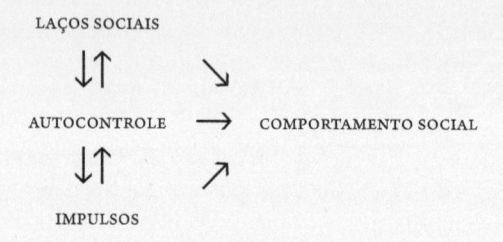

Para concluir esta seção, a abordagem biossocial da mente sugere que o problema filosófico do *self* foi artificialmente inflado pela separação da mente tanto de seu cérebro quanto do seu ulterior ambiente social. A ciência não estuda "o *self* e seu cérebro", como o livro popular de Popper e Eccles (1977) pretende. Antes explora "o cérebro socialmente engastado e seu *self*". Uma razão para essa inversão é que os eventos mentais são eventos cerebrais, assim como a digestão é um processo que acontece nos intestinos, e o andar é a função específica das pernas. Outra razão é que cérebros despidos de mente precedem cérebros pensantes (com mentes exercendo sua função), quer no desenvolvimento, quer na evolução: nascemos com cérebros não educados que, em ambientes adequados, efetivam ou adquirem faculdades mentais que diferem de uma espécie animal para outra. Esse processo de construção da mente recebe o nome de "aprendizado" e se desenvolve sob duplo controle: o controle de si próprio e do ambiente social imediato.

Livre-Arbítrio

Eu faço algo por minha livre vontade se puder escolher fazê-lo ou não fazê-lo, e se essa decisão não me é imposta por circunstâncias. Por exemplo, eu escrevo essa sentença porque quero escrevê-la e não porque alguém me ordenou fazê-lo. O mesmo vale para muitas outras ações e não ações no curso do dia. Eu experimento livre-arbítrio toda vez que me é dado escolher entre alternativas, e *a fortiori* quando invento uma nova opção. Ademais, pressuponho que o mesmo vale para todos os seres humanos adultos, mesmo para aqueles sob coerção, pois estes podem fazer corpo mole, trapacear ou rebelar-se – embora com risco. É bem conhecido o fato de que todos os códigos de comportamento pressupõem a livre vontade, o livre-arbítrio. Por exemplo, costumeiramente soldados são perdoados por cometer crimes de guerra se eles agem sob ordens estritas.

Além disso, atrevo-me a sugerir que outros vertebrados superiores também gozam em certa medida de livre-arbítrio, como quando animais selvagens enfrentam novos problemas de novas maneiras ou quando animais domésticos evitam ou desobedecem a um comando. De qualquer modo, como Nicholas Rescher (2009, p. xii) formulou, "a emergência do livre-arbítrio é uma das glórias que coroam a evolução". Sim, a evolução tem sido em parte um processo de libertação: um processo de dependência decrescente do ambiente (graças às melhorias na homeostase) e do incremento de habilitação (da capacidade para fazer) graças aos aperfeiçoamentos do cérebro e de seus usos sociais.

E, no entanto, o livre-arbítrio tem sido, em geral, visto como ilusório, não apenas por naturalistas filosóficos como Spinoza e D'Holbach, mas também por cientistas como Laplace e Skinner. O argumento mais popular contra o livre-arbítrio é o do determinismo clássico ou laplaciano: o estado de uma pessoa em qualquer tempo é um efeito de todas as causas na pessoa e no seu ambiente, na verdade, do universo inteiro de tempos anteriores. Consequentemente, uma pessoa careceria de iniciativa, de modo que ela nunca poderia estar no controle de si própria; razão pela qual ela não pode ser tida como responsável por suas próprias ações. Logo, benfeitores e criminosos seriam equivalentes, porque ambos seriam produtos de seus ambientes. Por conseguinte, não deveríamos nem recompensar as boas ações nem punir as más.

Em outras palavras, o naturalista que nega o livre-arbítrio provavelmente argumentará, em veia behaviorista, que o cérebro é escravo de seu ambiente, de modo que não pode ajudar a tomar as decisões que ele toma: tudo isso seria determinado pelo estímulo. É isso que a neurociência clássica e a psicologia behaviorista (ou estímulo-resposta) costumavam ensinar. Mas soubemos há pouco que essa concepção é errônea: que o cérebro é ativo o tempo todo, mesmo durante o sono, e que a maior parte de suas atividades são espontâneas ou autogeradas mais do que respostas a estímulos externos. Nós conjecturamos isso porque o cérebro aplica somente uma ínfima percentagem de sua provisão energética em suas transações com o mundo externo (relembremos a seção Superveniência e Emergência do capítulo 9).

Nós também sabemos que o autocontrole, que é uma condição necessária para o livre-arbítrio, é uma função que pode ser aprendida do córtex pré-frontal, filogeneticamente a mais nova área do cérebro. Tanto é assim que pessoas com sério dano nessa região cerebral carecem de livre-arbítrio: elas são dominadas pelos estímulos que lhes são impingidos. Assim, a remoção, ou o desligamento, de porções significativas do tecido nervoso no córtex pré-frontal causa a "síndrome de dependência ambiental" – uma doença irreversível. Todavia, a autodeterminação não é prerrogativa do córtex pré-frontal: ela é uma propriedade da matéria em todos os níveis. Basta lembrar os casos de inércia, da auto-organização, da emissão espontânea de luz e da radioatividade (capítulos 2 e 3).

Em conclusão, a liberdade negativa (ou liberdade *de* todas as coerções) nunca pode ser total, porque somos constantemente bombardeados por nosso ambiente natural e social. Mas a liberdade positiva, ou liberdade *para* (*potestas agendi*), é possível e é compatível com o determinismo. A razão é que para exercê-la utilizamos nossas áreas da volição (nos lóbulos frontais e no córtex parietal). Por exemplo, o prisioneiro político a quem é dada a opção de revelar o nome de seus camaradas ou ser fuzilado está sendo, por certo, privado de liberdade negativa. Mas ele exerce seu livre-arbítrio para pôr em execução sua liberdade positiva: é melhor estar morto do que trair a causa. Os pacientes de lobotomia não podem desfrutar de semelhante liberdade porque seu principal centro de volição foi cirurgicamente removido do resto do cérebro. Em conclusão, há liberdade *para* porque a causação é para o real: não haveria liberdade positiva em um mundo governado pela *chance* (Bunge, 1959a). Essa concepção é denominada compatibilismo.

Por contraste, de acordo com o idealismo, a alma é imaterial e, portanto, está fora de todas as correntes causais, de modo que ela pode começar por si própria e até guiar o corpo. O materialismo emergente concorre com ela, exceto no fato de ele substituir "alma" por "cérebro". Sob essa versão de materialismo, a pessoa retém a iniciativa e a responsabilidade moral que o idealismo tradicional atribuía à alma. Além disso, a tese do livre-arbítrio deixa de ser um dogma para tornar-se uma hipótese empiricamente testável. De fato, as decisões de um sujeito podem ser alteradas por mexer com o seu cérebro de várias maneiras, tais como sujeitá-lo a situações tensionais ou estimulando eletricamente seus lóbulos frontais ou o córtex parietal (e.g., Desmurget et al., 2009). E essa suposição tem a vantagem adicional de que não envolve telecinesia, ou o poder mental, para mover matéria sem gasto de energia.

Donald Hebb (1980) foi um dos raros psicólogos experimentais que pensou que o problema do livre-arbítrio podia ser atacado cientificamente, porque a ação livre origina-se em atividade cerebral espontânea (e não dependente de estímulo). Seus próprios experimentos sobre a privação sensória mostrou que, ao contrário do dogma estímulo-resposta, o cérebro vivo é constantemente ativo. Mas, por certo, a liberdade nunca é completa, porque existem constrangimentos morais autoimpostos, e todos nós estamos sujeitos a coerções e pressões sociais e naturais. Em meio a estas últimas, há limitações às quais consentimos livremente, em troca do direito de participar em redes sociais que protegem nossos interesses. Ademais, a liberdade positiva levará à ação ineficiente ou até danosa, a não ser que seja acompanhada pelo conhecimento e a consciência moral requerida para o desejo de fazer a coisa certa.

Desde a época de Hebb, a livre escolha foi estudada no laboratório, não somente em seres humanos como também em macacos. Por exemplo, Bijan Pesaran e seus colaboradores (2008) estudaram a atividade do cérebro de macacos efetuando livres escolhas bem como escolhas instruídas. Eles treinaram macacos para alcançar alvos visuais por meio de recompensas de suco em dois modos diferentes. Em uma das tarefas, os animais eram instruídos a procurar em uma sequência fixa; em outra, eles tinham de escolher a sequência. Descargas neuronais em duas áreas cerebrais foram registradas: o córtex pré-frontal e o córtex parietal. Verificou-se que ambas as áreas eram ativas nas duas tarefas, mas a coerência entre elas era, de longe, bem mais forte durante a busca livre. Assim sendo, essa diferença em intensidade pode ser vista como um indicador fisiológico do grau de livre-arbítrio.

Lancemos agora um olhar sobre a ética do livre-arbítrio. O problema central nesse campo é o da responsabilidade e da culpa correspondente. Pode-se dizer que uma pessoa é primordialmente *responsável* por x somente se ela desfruta de livre-arbítrio, sabe como tratar com x e é responsável por x. Se qualquer dessas três condições estiver faltando, então a pessoa em questão não pode ser acusada quando algo vai mal com x durante seu tempo de guarda. Daí por que é tolice confiar graves responsabilidades a crianças de pouca idade, bem como a indivíduos mentalmente deficientes e inabilitados. O fato de que todo mundo sabe disso constitui evidência para a conjectura de que o livre-arbítrio é costumeiramente dado como certo na vida real – até por psicólogos e filósofos que a negam no papel.

Será o livre-arbítrio limitado a seres humanos? Dois famosos matemáticos publicaram recentemente o que eles chamam de "o teorema do livre-arbítrio forte". Esse teorema "assegura, *grosso modo*, que, de fato, nós seres humanos temos livre-arbítrio, então partículas elementares já têm seu próprio pequeno quinhão desse valioso bem" (Conway e Kochen, 2009).

O leitor poderia pensar que os referidos matemáticos encontraram uma ponte entre a ciência do presumido assento do livre-arbítrio, ou seja, nosso córtex pré-frontal, de um lado, e a teoria quântica do outro. Nada desse naipe: Conway e Kochen focalizam uma bem conhecida característica da matéria quântica: a de que algumas de suas propriedades não são plenamente determinadas por seu passado imediato e por suas circunvizinhanças. Isso já é conhecido há cerca de um século. Basta lembrar a radioatividade, a medida do *spin* e os incontáveis experimentos de espalhamento, em que partículas incidentes, dirigidas a um alvo na mesma direção e com a mesma velocidade terminarão em lugares diferentes. (Neste último caso, os físicos calculam a probabilidade de as partículas incidentes defletirem em um dado ângulo sólido.)

Um exemplo popular é o de um elétron movendo-se em um campo magnético, e que pode acabar tendo seus *spins*, paralelo ou antiparalelo ao campo externo, com iguais probabilidades. Os autores pretendem que isso constitui evidência de que a partícula é *livre para escolher* qualquer das duas direções. (Na realidade, eles analisam uma medida mais complexa sobre uma partícula de *spin* 1 [um]). A vasta maioria dos físicos escreve tais resultados em termos estritamente físicos; e estudantes poderiam ser reprovados caso se permitissem cair no antropomorfismo e pretender, como Conway e Kochen o fazem, que "o universo tomou por definição uma decisão livre". De fato, *por definição* o livre-arbítrio é "a capacidade de atuar por sua própria decisão" – e somente pessoas em estado consciente têm essa capacidade. Além disso, a vontade livre não vem livre, porém envolve dispêndio de energia. Logo, se Conway e Kochen tomassem seriamente o livre-arbítrio de partículas, eles nos diriam que parte do hamiltoniano (operador de energia) de sua partícula corresponde ao seu livre-arbítrio.

Quais poderiam ser as fontes da extravagante pretensão de Conway e Kochen? Eu imagino que ela possui duas fontes: linguagem rasteira e a interpretação de Copenhague da teoria quântica. O primeiro réu fez sua aparência quando os autores atribuíram uma indeterminância quântica ao livre-arbítrio de partículas fundamentais. Isso ocorre também na advertência feita por eles (Conway e Kochen, 2009, p. 228) de que irão utilizar as palavras "propriedade", "evento" e "informação" de maneira quase intercambiável, embora elas designem categorias ontológicas radicalmente diferentes. Na realidade, até o título do artigo deles "The Strong Free Will Theorem" (O Teorema do Livre-Arbítrio Forte) é negligente. O que a palavra "strong" (forte) qualifica, o livre-arbítrio ou o teorema?

É óbvio, também, que Conway e Kochen adotaram acriticamente a interpretação de Copenhague. Na verdade, eles enfocam exclusivamente situações experimentais, como se a teoria quântica valesse apenas no laboratório, enquanto, na realidade, ela é usada para explicar processos empiricamente tão inacessíveis como reações nucleares que ocorrem nas estrelas. Os defensores da interpretação de Copenhague omitem esse fato e, seguindo a linha de Berkeley-Hume-Kant-Mach-Círculo de Viena, pretendem que, como certa vez afirmou Leo Rosenfeld: "O experimentador conjura o fenômeno quântico". Embora o experimentador seja efetivamente livre para tentar medir o que ele deseja (ou o que a sua verba de pesquisa pode permitir), para ser bem-sucedido ele tem de curvar-se às leis da natureza. (Assim, Spinoza estava certo neste caso muito particular: a liberdade do experimentador consiste no seu conhecimento das relevantes leis da natureza. Se ele não as conhece, o melhor que pode fazer é jogar o jogo da tentativa e erro.)

Para aferir seriamente a pretensão de que o livre-arbítrio do experimentador implica o do *quantão*, seriam necessários dois itens ausentes do artigo em questão: a. uma teoria do livre-arbítrio e uma fórmula ponte entre esta e a teoria quântica; e b. a disposição dos experimentadores para serem trancados dentro de um aparelho de imagem por ressonância magnética, com o cérebro deles ligado a um dispositivo de mensuração. Lamentavelmente, nossos autores não oferecem nenhuma sugestão acerca de cada um dos itens. Nem dizem como os *quantões* procedem na ausência de experimentadores, particularmente antes da emergência dos seres humanos.

Entretanto, há uma refutação mais simples e mais barata do teorema de Conway-Kochen, precisamente esta: o livre-arbítrio é a capacidade de se fazer o que se quer, e tanto a volição quanto a decisão são funções do córtex pré-frontal humano (ou de vertebrados superiores). Como tais, essas funções estão além da possibilidade de coisas descerebradas, quais sejam as partículas elementares, os átomos ou mesmo neurônios individuais.

Por que reagir de maneira tão veemente à extravagância de dois matemáticos? Não é tanto para proteger a física do esoterismo como para argumentar em favor da realidade do livre-arbítrio humano. Na verdade, o "teorema" Conway-Kochen é um condicional da forma "se *H*, então *P*". Pois bem, uma vez que *P* é obviamente falso, então *H* também é falso. Isto é, se admitirmos o dito "teorema" deveremos concluir que carecemos de livre-arbítrio. E eu, em primeiro lugar, não estou preparado para entregar essa prerrogativa humana. Seis décadas atrás, quando pedi ao chefe da polícia política da Argentina documentos de identidade ele me disse que eu os obteria se assinasse uma autorização para uma busca em minha casa. Quando me recusei a fazer isso, ele me perguntou por quê? E eu respondi: "Porque quero manter meu livre-arbítrio". Que o leitor imagine a sequência.

Em conclusão, um ponto político óbvio: o livre-arbítrio é necessário, mas não suficiente para desfrutar de liberdades cíveis. Estas podem ser exercidas sob uma ordem social liberal, em que o termo "liberal" é entendido no mais amplo sentido e não no estrito sentido econômico, pretendido pelos neoliberais, que estão unicamente interessados na livre-empresa. Uma ordem social justa tornará possível para aproxima-damente todo mundo desfrutar do seu livre-arbítrio, com a condição de Mill, segundo a qual ele não irá restringir a liberdade de outra pessoa. Mas essa dotação de poder quase universal é inatingível em uma socie-dade extremamente dividida, em que o poder – seja econômico, político ou cultural – é monopolizado por uma minoria (Bunge, 2009). Assim, o problema do livre-arbítrio é tão importante na política quanto o é na ética e na teologia.

Explanação Por Meio de Causas e Por Meio de Razões

O princípio favorito da filosofia neokantiana com respeito ao social é que, enquanto as ciências naturais explicam fatos em termos de cau-sas, os fatos sociais só podem ser explicados por razões. A razão dessa divergência seria que, ao contrário dos fatos naturais, os sociais seriam eminentemente culturais, morais ou espirituais – daí os qualificativos "cultural", "moral" e "espiritual" para os estudos sociais (ver, e.g., Dilthey, 1959; Putnam, 1978).

Há pelo menos dois problemas com essa tese. O primeiro é que ela omite os sentimentos e as emoções, como quando se diz que as ações de uma companhia caem porque os investidores temem que a companhia seja vítima de uma encampação hostil, ou porque ouviram um rumor alarmante que resultou ser falso. Uma segunda objeção à tese em apreço é que ela focaliza ações sociais resultantes de decisões deliberadas e, por consequência, omite o fato de que muitos eventos macrossociais são o resultado de eventos que estão fora de nosso controle, tais como desas-tres naturais e pragas. Exemplos notáveis são a erupção vulcânica que destruiu Pompeia, a Peste Negra, a tempestade que afundou a Armada Espanhola – e assim poupou a Inglaterra elisabetana – e as tempestades de areia que presentemente ameaçam Pequim.

Os desastres naturais tampouco são as únicas causas socialmente efetivas sem concomitantes razões. A maioria das falhas de nossas sociedades indus-triais não foi produzida pela vontade de ninguém. Por exemplo, ninguém quer que aconteçam inflação, desemprego ou ciclos de negócios: eles são inerentes ao capitalismo e só podem ser mitigados por estritas regulamen-tações e fortes programas sociais como aqueles instituídos pelo New Deal.

Uma terceira objeção à dicotomia causa/razão é que, de um ponto de vista neurocientífico, propor uma razão importa em desfechar um processo causal no córtex pré-frontal. Considere a seguinte situação familiar. Um homem é apanhado roubando. Solicitado a explicar sua ação, o ladrão responde: perdi meu emprego por causa da atual recessão e, uma vez que tenho o dever de alimentar minha família, sou forçado a roubar. A cadeia de razões pode, por sua vez, ser traduzida na seguinte cadeia causal: Evento ambiental → Processos de deliberação e decisão no córtex pré-frontal → Córtex motor → Ato de roubar.

Assim, do ponto de vista da neurociência cognitiva, razões para atuar são causas eficientes. Portanto, a dicotomia causa/razão resulta do dualismo psiconeural, que é ontologicamente raso. Por certo, para propósitos analíticos, e particularmente para avaliar os méritos e deméritos de razões alternativas para entrar em ação, pode-se distinguir razões de causas. Mas a distinção precisa implicar uma separação, pela simples razão de que não há nem razões desincorporadas nem ações isentas de ator. Devemos apenas pretender que elas existem.

A consideração precedente deveria causar impacto à teoria da ação, um ramo da filosofia prática que remanesceu em um estágio antes primitivo porque foi abordado a partir de um ângulo linguístico, enquanto o necessário nessa disciplina é *res non verba* (feitos e não palavras).

Observações Concludentes

A epistemologia tem sido tradicionalmente definida como o estudo filosófico do conhecimento. Em troca, o conhecimento é, em geral, entendido como o produto ou o estado final da cognição, ou o conhecimento em formação. Os estudos pioneiros de Jean Piaget sobre o modo como crianças pequenas adquirem certos conceitos-chave situam-se na melhor tradição clássica, aquela que negligencia o cérebro.

A abordagem neurocientífica da cognição deveria atrair aqueles que, como Quine, têm exigido naturalização da epistemologia. Mas, sem dúvida, é mais fácil e, portanto, mais popular, exigir a naturalização da epistemologia do que trabalhar nesse projeto e investigar a cognição como um processo em um cérebro imerso num ambiente social.

Esse gosto por notas promissórias, junto com a persistência do dualismo psiconeural, ajuda a explicar o retardamento da neurociência cognitiva sobre o desenvolvimento da criança. Mas essa mesma imperfeição é um poderoso estímulo para a pesquisa – como Rita Levi-Montalcini escreveu em sua autobiografia científica *Em Louvor à Imperfeição*. Uma das maravilhas da pesquisa científica é que ela pode transmutar a escassez em abundância.

12.
CÉREBRO E COMPUTADOR: O DUALISMO "HARDWARE/SOFTWARE"

Os primeiros filósofos modernos, particularmente Descartes, consideravam a mente como uma máquina de raciocínio: eles não levavam em conta motivação e emoção. A versão contemporânea dessa concepção ultrarracionalista é o computacionalismo, a tese de que todos os processos mentais são computações.

Do ponto de vista filosófico o computacionalismo se apresenta em duas variedades: materialista e idealista. A primeira afirma que *cérebros* são computadores (e.g., Churchland e Sejnowski, 1993; McCulloch, 1965). Por outro lado, o computacionalismo idealista sustenta que a *mente* é ou um computador ou uma coleção de programas de computador e, em cada caso, destacável do *hardware* anatômico (Putnam, 1960; Pylyshyn, 1984). Essa é, em geral, chamada de tese de "realizabilidade múltipla".

Em ambas as versões, o computacionalismo é a mais nova fase da psicologia do processamento da informação que deslocou o behaviorismo nos anos de 1960, e que caracteriza a ciência cognitiva descerebrada, que é ainda a escola dominante em psicologia. Assim, o "computaronês" é apenas um dialeto do "informacionês".

De um ponto de vista histórico, o computacionalismo é a versão sofisticada do behaviorismo, pois ele somente interpola o programa de computador entre estímulo e resposta, e não considera novos programas como criações do cérebro (ver fig. 12.1).

A raiz do computacionalismo é, por certo, a similaridade efetiva entre cérebros e computadores, e correspondentemente entre inteligência natural e artificial. Os dois são, de fato, similares porque os artefatos em questão foram *projetados* para executar análogos de certas funções cerebrais. E o programa computacionalista é um exemplo da estratégia de tratar similares como idênticos. A história da ciência e da tecnologia mostra que essa estratégia falha tanto quanto é bem-sucedida. A mesma história também evidencia que o sucesso, amiúde, encobre o fracasso. Lancemos um olhar sobre a analogia computador-cérebro, e sob um ponto de vista filosófico.

ESTÍMULO → CAIXA PRETA → RESPOSTA   ESTÍMULO → PROGRAMA → ETAPA DE LEITURA

(a) Behaviorismo Clássico   (b) Computacionalismo

Fig. 12.1: a. Behaviorismo Clássico; e b. Behaviorismo
Contemporâneo.

O computacionalismo suscita, pelo menos, três problemas de interesse
para os filósofos: as capacidades e limitações dos computadores; as circunstâncias em que os computadores mimetizam com sucesso os cérebros;
e o grau em que a ciência teórica computacional pode fazer o papel de
dublê da psicologia teórica. Vamos atacar esses três problemas.

Computadores Raciocinam?

Todo mundo admite que, enquanto as pessoas podem sentir e raciocinar,
os computadores nada podem sentir. Mas a maioria das pessoas acredita
que os computadores, ou, antes, os programas de computadores, são os
maiores pensadores sempre: os mais exatos, os mais rápidos e os únicos
raciocinadores infalíveis. Há alguma verdade nisso, embora não muita.
Primeiro de tudo, os processos mentais na maior parte não são computações: eles são desejos, esperanças, temores e imagens, e outros itens
não proposicionais (Mellor, 1991). Segundo, os computadores são severamente limitados até no reino proposicional. Por exemplo, são incapazes
de detectar problemas ou inventar quaisquer programas ou, *a fortiori*, as
ideias neles envolvidas (Bunge, 1956a). Quando não há algoritmo, não
há computação.

O engenhoso e bem conhecido argumento do Quarto Chinês, de
John Searle (1980), deveria persuadir todo mundo de que os computadores são puramente máquinas sintáticas: o significado (referência com
sentido) escapa-lhes por projeto. Gregory Chaitin (2006, p. 7), o bem
conhecido cientista computacional da IBM, põe a questão do seguinte
modo: as linguagens programadoras de computador "são formalismos
para computar e calcular, não para raciocinar, não para provar teoremas
e, mais enfaticamente, não para inventar novos conceitos matemáticos
nem para efetuar novas descobertas matemáticas".

Entretanto, um entusiasta do computador poderia levantar a seguinte objeção, como Hilary Putnam fez certa vez em um encontro: embora os computadores dos dias de hoje sejam, de fato, limitados, nada garante que essa limitação não será superada no futuro, porque a mente nada é senão um conjunto de programas de computadores. Vejamos. Uma invenção original é um processo em duas fases: projeto e realização. O projeto é uma representação ou descrição do artefato desejado, e a realização é a construção ulterior deste. No caso de um artefato conceitual, como uma teoria ou um programa de computador, as duas fases coincidem: o artefato emerge como está sendo descrito. E, sem dúvida, pela definição de "original" um projeto original é um que nunca foi descrito antes – isto é, um projeto que é, até agora, desconhecido. Assim, a tarefa de inventar uma ideia radicalmente nova, como o novo programa de computador, é tão difícil como a tarefa de tentar encontrar o Santo Graal: tudo o que se conhece é o uso ou a função que isso exerceria se estivesse disponível.

Mais precisamente, o inventor defronta-se com um difícil problema inverso: dado o *output* desejado, projete um artefato capaz de produzi-lo. E isso é, por certo, um problema indeterminado e, portanto, mal formulado, um problema que requer uma criatividade muito além do alcance de qualquer coisa que esteja trabalhando para exercer controle, tal como se supõe que as máquinas conhecidas trabalham. Com efeito, os algoritmos podem lidar somente com problemas diretos, tais como calcular o próximo estado de uma máquina de Turing dada a sua função do estado seguinte, seu estado atual e o *input*. Um problema direto bem formulado, caso seja solúvel, tem uma única solução. Em contrapartida, um problema inverso é um problema aberto: ele possui múltiplas soluções ou nenhuma, e, se solúvel, em geral ele exige truques *ad hoc*, tais como assunções adicionais especiais (ver Bunge, 2006).

Exemplos familiares de problemas inversos: encontre o epicentro de um terremoto, o centro de dispersão de uma bioespécie e a fonte de uma epidemia; localize o lugar a partir do qual uma dada coisa pode tornar-se visível; identifique a(s) causa(s) de uma síndrome médica; e adivinhe as intenções por trás de uma amostra de comportamento humano. O mais famoso exemplo histórico de um problema direto é: dado um sistema mecânico e sua(s) equação(ões) de movimento, compute sua(s) órbita(s). O correspondente problema inverso é o de Newton: dada(s) a(s) órbita(s) de um sistema mecânico, encontre sua(s) equação(ões) de movimento. Enquanto o problema direto pode requerer algum talento, resolver sua contraparte inversa demandou Newton (ver fig. 12.2).

É um artigo de fé científica e tecnológica que, em princípio, todos os problemas diretos bem formulados, por mais difíceis que sejam, são solúveis. Nenhuma fé assim é possível com respeito aos problemas inversos,

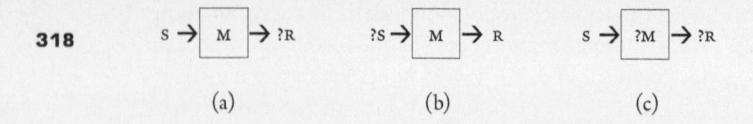

(a)   (b)   (c)

Fig. 12.2: a. Problema direto: dado o mecanismo M e o(s)
input(s) S encontre o(s) *output(s)* R. b. Problema inverso:
dado o mecanismo e o(s) *output(s)* encontre o(s) *input(s)*.
c. Problema inverso difícil (identificação): dado o(s)
input(s) e o(s) *output*(s) determine um mecanismo.

porque eles são primariamente mal formulados: seu enunciado é incompleto, e, por consequência, eles exigem suposições extras. E pelo fato de suposições não poderem ser programadas, os problemas inversos acham-se além do horizonte dos programas de computação. Ora, os mais interessantes e instigantes problemas na ciência, na engenharia, na tecnologia social, nas humanidades e na vida comum são do tipo inverso.

Pense apenas no problema de inventar uma teoria para explicar uma massa de dados empíricos; de projetar um artefato para levar a cabo uma nova tarefa; de projetar um programa de governo com o objetivo de solucionar um feixe de problemas sociais; ou de identificar o autor de um texto não assinado (ou pintura, ou arranjo musical, ou artigo científico, ou projeto tecnológico, ou artefato). Em outras palavras, os mais intrigantes e difíceis problemas em todos os campos são inversos e, portanto, fora do alcance da tecnologia do computador. Para ser breve: as tarefas mais importantes não são programáveis. Ora, para dizê-lo cinicamente: tudo que é programável é trivial, mesmo se laborioso.

Evidentemente, uma vez que uma tarefa foi programada ela pode requerer expertise, mas não capacidade de raciocinar original. Por exemplo, há um algoritmo para descobrir regularidades de sistemas mecânicos particulares a partir de dados sobre seus movimentos (Schmidt e Lipson, 2009). Mas as equações resultantes não envolvem quaisquer variáveis de alto nível, tais como massa, momento e energia; e elas não cobrem todos os sistemas mecânicos possíveis do modo como a mecânica teórica faz, de maneira que elas são inúteis para enfrentar novos problemas. A ciência não pode ser automatizada, porém muitos procedimentos científicos que consomem tempo, como sequenciar genomas e detectar novas partículas em um colisor, podem ser automatizados, uma vez que os algoritmos correspondentes tenham sido inventados.

Ainda assim pretende-se, com frequência, que todas as limitações dos computadores atuais poderiam ser superadas no futuro. Por certo, a prudência aconselha nunca dizer que algo não pode ser feito. Mas o problema em mãos é lógico e não empírico. De fato, as expressões "espontaneidade programada", "criatividade programada" e "programação automatizada" são oximoros, pois, em princípio, é impossível programar uma tarefa cabalmente desconhecida, ou inventar uma ideia de cuja chave não se dispõe.

Para usar a bem conhecida distinção de Raymond B. Cattell (1987), pode-se admitir que os computadores sejam capazes de "raciocínio cristalizado", embora negando que eles possam empenhar-se em "raciocínio fluido", que é a capacidade de enfrentar novos problemas. Na verdade, nenhum computador pode ser autoativado: ele pode somente ser ativado por um programa computacional, e todo programa de tal natureza é uma prescrição detalhada e precisa para alcançar uma meta de uma espécie conhecida mediante um tipo conhecido. Poder-se-ia igualmente mandar um macaco projetar uma peça de *software*.

Para incorrer em um jargão técnico, uma computação é o que uma máquina de Turing faz. E isso significa para a máquina passar por uma sequência finita de configurações que seguem uma a outra de acordo com regras precisas. E uma dessas regras estipula que um computador permanecerá no mesmo estado a não ser que admita um estímulo. Em outras palavras, os computadores carecem de espontaneidade ou de livre-arbítrio: eles estão à mercê de seus usuários. Em particular, carecem de plasticidade, da liberdade e de poder de vontade requeridos para decidir-se a aprender novos itens por meio da sujeição voluntária a um aprendizado exigente.

Assim, ao contrário de um computador que tenha sido gravemente avariado, o cérebro de uma pessoa que sofreu um grave insulto, como um derrame, um ferimento de bala, ou uma remoção cirúrgica de uma parte substancial, pode recuperar a função perdida em certa medida: ele pode aprender a caminhar sobre pernas protéticas, pode reaprender a falar e calcular, e assim por diante. Tal capacidade de autorreparação está além de qualquer máquina.

Sem dúvida, é possível imaginar cirurgiões, enfermeiras e professores robôs capazes de diagnosticar e consertar máquinas avariadas. Mas eles não seriam artefatos autorreparadores, e seriam programados por outros além que um robô autoprogramado. É aqui onde a distinção de Kant entre o agente autônomo e o agente heterônomo entra.

O enorme poder dos computadores digitais reforçou o materialismo mecanicista, ao passo que suas limitações encorajaram os idealistas. Em matemática, esse conflito traduz-se como o debate entre os que acreditam que a totalidade da matemática pode ser captada por sistemas formais e aqueles que enfatizam o aspecto criativo e, portanto, imprevisível do trabalho na matemática. Efetivamente, não há necessidade de tomar partido nessa questão porque cada um dos contendores está parcialmente correto: na matemática há invenção bem como descoberta (ou postulação e prova) e, por conseguinte, a atitude certa "está montada sobre o ponto de vista mecanicista e antimecanicista" (Feferman, 2009). E semelhante compromisso não envolve restringir o materialismo: ele apenas implica a admissão de que a máquina de Turing não é um verdadeiro modelo do cérebro humano, se não por outro motivo, pelo menos porque, ao contrário da máquina, o cérebro é, na sua atividade, espontâneo e criativo.

A Metáfora do Computador

Lê-se amiúde na literatura psicológica que os animais "computam" cada bit de experiência, não importando se estiverem olhando ou suando, pulando ou sentindo sede, escolhendo ou decidindo, descobrindo ou inventando e assim por diante. Mas, seguramente, isso é apenas uma metáfora, uma vez que computações propriamente ditas são operações sobre símbolos, enquanto as operações mentais são processos em sistemas neurais, que são constituídos de células vivas que se comunicam através de sinais físicos ou químicos, e não símbolos. Tais coisas são artefatos e, ademais, os mais antigos símbolos foram inventados não mais do que há cerca de trinta mil anos, ao passo que a existência de nossa espécie já conta cerca de cem mil anos. É, portanto, chocante ler que "deve haver um mecanismo endereçável de leitura/escritura em cérebros que codificam informação recebida em símbolos" (Gallistel e King, 2009). Somente o Espírito Santo poderia competir com o mistério do milagre dos símbolos engastados em cérebros antes de terem sido inventados.

A pretensão ulterior de que a neurociência tenta "descobrir os algoritmos utilizados no cérebro" (Sejnowski et al., 1988, p. 1300) não é menos intrigante, visto que um algoritmo é, por definição, uma regra para calcular algo como o algoritmo de um número, enquanto o cérebro "usa" leis biológicas. De igual modo, planetas não computam suas próprias órbitas, mas "usam" (ou "vêm com") as leis de Kepler, que são regularidades naturais e não regras para processar informação. Consequentemente, a busca de algoritmos no cérebro não instruído é semelhante à busca de madeira em uma célula por força da doutrina tradicional chinesa dos cinco elementos, sendo que um dos quais seria a madeira. Dado o fato de serem artefatos, os algoritmos não podem ser descobertos: eles têm de ser inventados. E uma invenção é tudo menos uma atividade dirigida por regra: é uma arte. Em particular, não pode haver nenhum algoritmo para projetar algoritmos, assim como não pode haver regras para criar obras de arte originais. A razão é óbvia: por definição, qualquer tarefa dirigida por regra é antes rotina mais do que original.

Compare a neurociência computacional com a física ou química computacionais. Um físico ou químico computacional projeta e utiliza programas de computador para funções de computação ou para resolver equações conhecidas ou esperadas para representar traços físicos tais como níveis de energia atômicos ou moleculares. Ele é um físico ou químico teórico (ou antes, matemático) que utiliza ferramentas mais avançadas do que papel e lápis. Por contraste, um neurocientista computacional modela "estruturas" do cérebro (órgãos, regiões) como computadores. Portanto, ele procura algoritmos incorporados em redes neurais: ele partilha a crença pitagórica de que o mundo, ou ao menos o cérebro, é composto de objetos matemáticos. Por exemplo, ele pode pretender que um cérebro não instruído execute inferências bayesianas: que ele atribua arbitrariamente valores iniciais de probabilidades ("antecedentes") e compute probabilidades posteriores empregando o teorema de Bayes – em que a "probabilidade" é equacionada com um grau de crença. Para mim, isso soa como sustentar que os planetas computam a probabilidade antecedente subjetiva de um impacto de meteorito, e regulam sua velocidade angular de modo a evitar a catástrofe. Sugiro, ao invés, que o cérebro computa unicamente quando ele o faz.

Mais precisamente, aceito que uma ciência-x Computacional possa pesquisar entre um ou dois projetos possíveis:

A. projetar programas de computador e simulações para solucionar problemas matemáticos surgidos na ciência-x Teórica (ou Matemática), que, por seu turno, tenta modelar x-fatos; e
B. para descobrir os algoritmos que espreitam em x-fatos.

Eu aceito também que ao mesmo tempo que o projeto A está sendo executado com sucesso, na física e na química, o projeto B é altamente problemático, para não dizer desatinado.

Além disso, a metáfora computacional é incompleta, uma vez que raramente somos informados como tais "computações" são levadas a cabo – por exemplo, quais são os algoritmos para sentir surpresa ou medo, para cair de paixão ou das escadas, para propor perguntas ou criticar respostas. Tal imprecisão é característica de uma ciência imatura. Ela é semelhante para o biólogo molecular que nos assegura que as moléculas de DNA "especificam" proteínas (ou "instruem" acerca de suas sínteses), em vez de mostrar as correspondentes reações químicas.

O computacionalismo é popular não apenas entre os fãs do computador, mas também entre os psicólogos cognitivos e os filósofos da mente que relutam em aprender algo da neurociência. Em contraposição, projetistas de computador e engenheiros de robótica aprenderam há muito tempo que para projetar melhores máquinas IA eles têm de aprender mais sobre a inteligência natural. Afinal de contas, não se pode imitar x, a não ser que se saiba algo sobre x. E uma das coisas que conhecemos a respeito da inteligência natural é que ela envolve a memória; e que a memória humana, ao contrário da do computador, é reconstrutiva – empobrecendo-se ou enriquecendo-se, sempre distorcendo, mais do que replicando.

Os filósofos parecem amar a metáfora do computador por duas razões. Primeiro, porque ela parece uma simples, racional e moderna solução para o velho problema mente/corpo. Segundo, porque o computacionalismo é ontologicamente ambíguo: ele atrai o idealista (superficial) porque lhe assegura que a matéria é desimportante; e ele também satisfaz o materialista porque lhe reassegura que os processos mentais são matéria. (De fato, o computacionalismo é hilomorfista, razão pela qual poderia satisfazer o aristotélico não cristão.)

Mas, por certo, o idealista consistente não quer ser ludibriado, se não por outro motivo, pelo menos porque essa concepção neomecanicista da mente não dá lugar para a espontaneidade, o livre-arbítrio ou as livres criações – como Einstein caracterizou as concepções teóricas. O materialista emergentista tampouco será enganado pelo computacionalismo, porque cérebros vivos podem inventar qualitativamente novos truques, enquanto a meta de um processo programado é fixada de antemão pelo usuário. Não pode haver coisas tais como espontaneidade e criatividade regrada pela simples razão de que essas expressões são autocontraditórias.

Sem dúvida, computadores são similares a cérebros humanos em algum aspecto, mas são dissimilares na maioria deles. A mais óbvia diferença entre eles é que cérebros, ao contrário de computadores e máquinas em geral, carecem de iniciativa, enquanto cérebros são constantemente ativos mesmo na ausência de estimulação externa (recorde a seção A Plasticidade do Cérebro do capítulo 9). Esse ponto é mais bem apreciado lembrando-se que a máquina de Turing, que é uma impressora heliográfica básica para o computador digital, não produz *outputs* a não ser que receba alguns *inputs*. Na verdade, um dos postulados da teoria dos estados das máquinas de Turing é que, se uma máquina de Turing em um dado estado não recebe nenhum *input*, ela permanece nesse estado. Em símbolos óbvios: para cada s no alfabeto do *input*, $M(s,0) = s$, em que M é a transição ou a função do estado subsequente, e zero designa o *input* nulo. Por outro lado, a função de transição para um cérebro vivo ficaria satisfeita com algo como isto: para cada estado s há outro estado t, tal que $t \neq s$, e $M(s,0) = t$.

Crítica

O computacionalismo, a concepção de que os processos mentais são operações sobre símbolos executados pelo cérebro de acordo com regras precisas (algoritmo), está exposto às seguintes objeções:

1. A vasta maioria das "computações" em apreço são apenas glorificados acenos, uma vez que raramente são especificadas. Logo, afirmar que um pássaro, ou uma acrobata, "computou" certo movimento corporal não é mais informativo do que dizer que aquele ou ela o executou.

2. Ao contrário dos computadores, pessoas e outros animais não são projetados: são produtos da evolução ou da experiência. A distinção *software-hardware* não se aplica a pessoas, porque os processos mentais não podem ser destacados do cérebro em que acontecem, exceto por abstração. O *software* humano cresce com o aprendizado: ele está sujeito tanto ao desenvolvimento, quanto à evolução. E as mentes não evoluem por si próprias: somente cérebros pensantes evoluem. Portanto, o computacionalismo implica, erroneamente, na irrelevância quer da biologia desenvolvimentista, quer da evolucionária para a psicologia.

3. Programas de computador ou algoritmos não são coisas vivas ou processo, mas artefatos. Como as máquinas, eles são projetados e reparados, encomendados e vendidos, perdidos e roubados. Logo, os algoritmos satisfazem não somente a certas leis como também a certas normas (ou convenções) técnicas, algumas das quais são inteligentes, outras, porém, menos – daí por que elas estão sendo continuamente atualizadas (*upgraded*).

4. Só rotinas de computação propriamente ditas são algorítmicas. Todos os outros processos mentais, desde o sentimento de amor, medo ou ódio até o de supor, inventar e criticar, são não algorítmicos. Em particular, não há quaisquer regras conhecidas para alcançar boas ideias. E tampouco conhecemos as "computações neuronais" que, alegadamente, guiam computações propriamente ditas.

5. Os psicólogos do processamento da informação empregam livremente as palavras "informação" e "computação", mas não fazem uso dos conceitos técnicos correspondentes que são elucidados na teoria da comunicação de Shannon e na matemática, respectivamente. Portanto, seu discurso permanece em nível intuitivo e metafórico. Na realidade, a psicologia do processamento da informação é apenas a psicologia clássica reescrita em "informacionês".

6. Por estar o computacionalismo interessado exclusivamente em processos racionais (e, particularmente, algorítmico), ele corta os fortes laços entre cognição de um lado, e motivação, emoção e sociabilidade, de outro. Portanto, ele não pode explicar nem a curiosidade, nem o aprendizado, nem o fato de que as circunstâncias sociais ora estimulam ora inibem o aprendizado. Por outro lado, a abordagem biológica da cognição exibe suas fortes interações com a emoção e o contexto social (e.g., Phelps, 2006).

7. Ao contrário dos computadores, que são conservadores naturais projetados para obedecer, os seres humanos têm a capacidade de inovar, desobedecer e ludibriar. Em particular, eles podem elaborar, discutir, criticar e pôr em prática regras de conduta, algumas das quais são princípios morais e outras, normas técnicas ou legais. E, conquanto quaisquer regras visíveis suportáveis de conduta são informadas pelo conhecimento, elas não são itens epistêmicos. Além disso, tais normas são motivadas e sancionadas por emoções sociais, tais como empatia, simpatia, piedade, vergonha, orgulho, confiança e desconfiança que estão além daquilo que as máquinas podem conhecer. Em suma, ao contrário das pessoas, os computadores não possuem senso moral. Outras capacidades além do alcance de quaisquer máquinas concebíveis, por não serem programáveis, são a capacidade de ser autoconsciente e de ter autocrítica; de distinguir o essencial do secundário; de utilizar pistas, tomar atalhos, sugerir alternativas e entender metáforas; de iniciativa (ou espontaneidade), criatividade, senso comum, curiosidade, intuição e pensar sistêmico (enquanto oposto ao analítico ou setorial); e de lidar com a continuidade, e a infinidade real (exceto como símbolos).

8. O computacionalismo ignora o fato de que, diferentemente dos computadores, os cérebros são sociais e aprendem por meio da interação, adaptação, cooperação e conflito.

9. Por serem sociais, os cérebros humanos são "intensionais" de enésima ordem: eles podem conseguir saber que alguma outra pessoa sabe que alguma outra pessoa sabe algo e assim por diante. (A "intensionalidade" de primeira ordem é exemplificada pela autoconsciência; e sendo apta a formar uma "teoria da mente", isto é, imaginar o que outras pessoas estão pensando, conta como "intensionalidade" de segunda ordem. Note a diferença entre intensão e intenção: a primeira está relacionada ao significado, enquanto intenção se relaciona à meta.)

10. O computacionalismo viola o próprio primeiro princípio da filosofia da tecnologia. Esta é a tese de que fazer coisas, ao contrário de encontrar coisas, "incorpora" ideias, razão pela qual constituem um

nível ontológico delas próprias: que é o de coisas feitas mais do que encontradas. (Ver outras limitações dos computadores em Bunge, 1956a, 1985.)

Em suma, o computacionalismo não se sai melhor que o dualismo cartesiano. A razão é que ele também recusa-se a levar o cérebro a sério. Ambos são funcionalistas: eles adotam a dicotomia função/substância. Portanto, nenhum deles pode explicar qualquer coisa, uma vez que a explanação consiste na exibição de mecanismo. Basicamente, a psicologia descerebrada não é melhor do que a cardiologia sem coração. (Mais sobre os modos e limitações do funcionalismo em Mahner e Bunge, 2001.)

O "Software" é Antes "Hard"

Um computador nada fará a não ser que o usuário o alimente com um programa. Ou seja, uma unidade de processamento de informação artificial é um sistema com três componentes: a. um usuário com um cérebro treinado para operar computadores, em particular para codificar e decodificar mensagens – isto é, parear símbolos a significados; b. um computador junto com sua fonte de energia; e c. um programa de computador. Em resumo, $IPU = U + H + P$. A remoção de qualquer desses três componentes incapacita o sistema de processamento de informação (information-processing system – IPU).

Um programa de computador especifica uma sequência de estados de máquina. Diz-se que é uma peça de *software* porque pode ser substituído por outro programa e inserido na mesma peça de *hardware* para produzir uma unidade diferente de processamento de informação. Ainda assim, a nomenclatura *hardware/software* é enganosa, porque *software* é tão "hard" (dura) ou material como *hardware*. É verdade que, ao contrário de um pedaço de matéria comum, uma peça de *software* tem um conteúdo semântico – ou antes, ela elicia um. Mais precisamente, uma peça de *software*, quando inserida em um computador, evoca significados no cérebro do usuário. Portanto, o "conteúdo" de uma peça de *software* é muito diferente do conteúdo de uma garrafa: ela só pode ser vertida em um cérebro treinado – e só metaforicamente. Isto é, o *software* pertence ao nível semiótico da realidade juntamente com cédulas de dinheiro, sentenças e diagramas, nenhum dos quais preenche a sua função sem um cérebro capaz de entender seu significado. (Recorde a seção Energia do capítulo 4.)

A distinção *hardware/software* feita em tecnologia de computador é útil, porém superficial. É útil porque podemos usar diferentes peças de *software* para ativar a mesma máquina. E também porque o projeto do *software* é conceitual e socialmente diferente do projeto de arquitetura da máquina a tal ponto que a maior parte dos construtores de *software*, ao contrário de suas contrapartidas em *hardware*, não é formada em engenharia. Mas a distinção é rasa do ponto de vista ontológico, pois cada peça de *software* é materializada em um disco: a distinção em apreço não envolve uma separação.

A distinção hard/soft é ainda menos justificável no caso de animais, em particular humanos. Isto porque o *software* humano, a mente, é apenas uma coleção de funções cerebrais, e estas, ao contrário das peças de *software* de computador, são inseparáveis do *hardware* ou cérebro. Além do mais, enquanto o *software* do cérebro cresce e decai com a experiência e a reflexão, uma peça de *software* de computador emerge plenamente desenvolvida e permanece inalterada em um disco. De fato, é coisa sabida, desde o trabalho de Sir Frederic Bartlett em 1932, que a memória humana é construtiva assim como destrutiva, a tal ponto que a gente pode "recordar" eventos que nunca aconteceram (ver Schacter, 2001; Tulving, 2002). Computadores podem falhar, mas podem ser consertados, ao passo que os cérebros podem ficar enriquecidos até certo ponto, depois do qual decaem sem conserto possível.

Máquina vs. Homem?

É crença amplamente difundida que computadores podem substituir jogadores de xadrez e até matemáticos. Diz-se que o Deep Blue, a famosa máquina da IBM, derrotou o campeão mundial de xadrez Gary Kasparov. Mas é um engano, porque a máquina foi programada pelo doutor Feng-siung Hsu, conhecido com CrazyBird (Pássaro Louco). Ademais, o programa era aperfeiçoado após cada lance. O que efetivamente derrotou Kasparov não foi a máquina, mas o sistema composto pela máquina e pelo doutor Hsu.

A pretensão de que os computadores podem fazer matemática é igualmente enganosa: eles somente processam correlatos físicos (eletromagnéticos) de conceitos matemáticos (Bunge, 1956a). Além disso, tais correlações são convencionais. Em particular, as máquinas processam numerais e não os números que esses designam. (Ao contrário dos números que têm propriedades conceituais, os numerais têm tão somente propriedades físicas e químicas.) Por eles lidarem com nomes e não conceitos poder-se-ia dizer que os computadores são máquinas nominalistas.

É verdade, alguns programas de computador provam teoremas a partir de axiomas e definições dadas. Mas essas premissas tiveram que ser primeiro inventadas por matemáticos viventes. Também é verdade que tais máquinas são capazes de escolher entre estratégias alternativas – mas alguém teve de inventar tais estratégias, e, igualmente, programadores viventes tiveram de alimentar essas máquinas. Em geral, uma coisa é seguir um programa e outra, escrever cabalmente um novo programa. De novo, uma coisa é selecionar os meios mais adequados para atingir uma dada meta e, inteiramente outra, é conceber a partir de uma meta e de toda uma família de significados os meios para atingi-la.

Ademais, e isso é essencial, tudo o que um programa de computador pode fazer é ajudar a resolver um problema: máquinas não podem descobrir novos problemas porque não há algoritmos para inventá-los ou descobri-los. E tais problemas, para serem enfrentados com o auxílio de um computador, têm que ser computacionáveis (programáveis). Mas a larga maioria dos problemas matemáticos interessantes não é dessa espécie. De fato, considere a pequena amostra a seguir:

- Formalize uma hipótese ou teoria enunciada em linguagem comum.
- Dados os primeiros poucos termos de uma série infinita, adivinhe qual o termo geral.
- Invente métodos para somar séries infinitas ou produtos, ou para computar integrais.
- Dada uma função contínua, encontre a(s) equação(ções) diferencial(ciais) que a satisfaça(m).
  Encontre as premissas (axiomas, definições e lemas) que acarretam uma dada proposição (isto é, dado B encontre um A tal que $A \vdash B$.)
- Descubra a teoria abstrata subjacente a duas teorias diferentes.
- Invente novos algoritmos.
- Dado um conjunto de dados empíricos, invente uma teoria (outra que não seja uma generalização indutiva) que os explique.

Em suma, máquinas não podem substituir cérebros: no máximo, elas podem nos auxiliar na realização de algumas tarefas de rotina. Em particular, a pesquisa científica não está sendo plenamente automatizada, visto que somente operações de rotina são dirigidas por regras: encontrar problemas, inventar ideias e avaliar não podem ser programados.

Mas não há dúvida de que a difusão da informação e da tecnologia computacional alterou a maneira como vivemos, pensamos, trabalhamos e interagimos. Basta você olhar ao seu redor e verá uma porção de gente falando ao telefone celular ou digitando textos – por demais ocupados em falar consigo próprios, examinar suas próprias vidas e planejar. Contudo, isso acontece, mormente, nos espaços públicos de cidades do mundo industrializado: não é típico do Terceiro Mundo, onde vive a vasta maioria do

328

povo*. A comunicação sempre foi coextensiva com a humanidade, uma vez que os seres humanos são essencialmente sociáveis. Mas não cultivamos, comemos ou usamos e agredimos *bits*. Assim sendo, não é verdade que a nossa sociedade é a sociedade da informação.

Sem dúvida, a vida tornar-se-ia extraordinariamente difícil nas nações industrializadas se os canais de comunicação fossem, de repente, fechados. Porém, ela não haveria de parar: continuaríamos a amamentar bebês, utilizar fontes de energia, cultivar vegetais, ordenhar vacas, transportar bens, mover-nos de um lado para o outro, estudar, jogar e assim por diante. E, como compensação pelas boas coisas que os canais de informação proporcionam, seríamos poupados de todo lixo cultural e veneno político que eles espalham. Em resumo, a sociedade contemporânea difere, unicamente em grau, de sua ancestral de meio século atrás. E as diferenças em interação social têm duas faces: os laços fracos (com estranhos) tornaram-se mais fortes enquanto os laços mais fortes (com parentes e amigos) foram enfraquecidos, porque as calorosas interações face a face estão sendo substituídas por suas interações tela a tela.

Observações Conclusivas

Os idólatras do computador acreditam que o futuro da psicologia pertença à inteligência artificial. Isto é como dizer que o futuro da anatomia humana e da fisiologia pertencem à robótica. Uma vez que o objetivo da IA e da robótica é nos imitar em alguns aspectos, elas podem avançar somente na medida em que aprendem sobre os seres humanos nas ciências do homem. Em geral, imitar qualquer coisa principia em aprender acerca do genuíno artigo.

Muito do mesmo vale para a corrente em voga da receita "its de bits", na física popular: é errôneo tentar reduzir o natural ao artificial, e, em particular, procurar basear a física em engenharia, em vez do contrário, e isso por duas razões. Primeiro porque máquinas e engenharia são itens artificiais construídos por cérebros, que pertencem tanto à natureza quanto à cultura. Segundo porque os conjuntos básicos da ciência digital do computador são enumeráveis, enquanto a realidade é contínua na maioria dos aspectos, razão pela qual as funções contínuas e as equações diferenciais têm sido tão bem-sucedidas na física e na engenharia.

Em suma, os computadores são úteis enquanto são vistos como auxiliares e não como substitutos do cérebro.

---

* Evidentemente, o leitor deve considerar que a situação se alterou profundamente, mesmo nos países periféricos, desde a escritura deste texto em 2009. (N. da T.)

13.
CONHECIMENTO: GENUÍNO E FALSO

izem que os seres humanos podem falsificar qualquer coisa, até mesmo o altruísmo e o amor, bem como a ciência e a filosofia. Algumas teorias e práticas podem ser reconhecidas à primeira vista como sendo falsas e não recicláveis. É o caso da quiromancia, homeopatia e da "ciência" da criação. Outros exigem que se lavre textos esotéricos. É o caso da fenomenologia, cujo fundador, Edmund Husserl (1960), lançou-a como uma "ciência rigorosa", e, no entanto, ao mesmo tempo como "o oposto polar" da ciência propriamente. Os fenomenólogos pretendem ser capazes de reconhecer qualquer coisa de modo instantâneo, apodítico e exclusivo por meio da introspecção – ao pretender que o mundo exterior não existe, em vez de assumi-lo e explorá-lo. E uma vez que rejeitam o método científico, não se sentem obrigados a oferecer qualquer evidência de suas pretensões. Mas, como os fenomenólogos nunca produziram nenhuma outra coisa senão a própria fenomenologia, por que deveriam sentir-se compelidos a crer na pretensão de que a ciência deles é rigorosa?

Avaliar outras teorias e práticas é difícil porque contêm fragmentos de matemática, ou de ciência. Por exemplo, a alquimia tem sido a pseudociência paradigmática desde o tempo de Robert Boyle. Mas, para o seu crédito, na sua insana busca de ouro barato a partir de metais "base" (que facilmente oxidam ou sofrem corrosão), os alquimistas projetaram muitos aparatos e procedimentos que mais tarde se mostraram indispensáveis à pesquisa química. A astrologia foi uma errônea teoria da personalidade, mas a arte de elencar horóscopos requeria conhecimento astronômico preciso – e alimentou certo número de cientistas. A irmandade pitagórica produziu uma mistura de ciência e pseudociência: ela criou ao mesmo tempo a matemática, a física teórica e o contrassenso místico. Aristóteles foi o lógico máximo da Antiguidade e o mais antigo biólogo marinho, mas sua física e astronomia estavam completamente equivocadas.

Kant efetuou importantes contribuições à ética, mas inventou uma física subjetivista e uma psicologia apriorística, que pode ter pavimentado o caminho para a absurda *Naturphilosophie* de Hegel e Schelling, bem como para os estudos sociais "interpretativos" (*verstehende*). Marx mesclou corretas concepções econômicas, *insights* históricos e vigorosa crítica social com contrassensos hegelianos e profetismo apocalíptico. Os economistas neoclássicos desbravaram o uso da matemática na ciência social, porém nunca se deram ao trabalho de pôr à prova as suas hipóteses. Freud especulou acerca das emoções, da sexualidade e dos processos inconscientes – todos eles negligenciados pela psicologia científica de seu tempo – sem preocupar-se com sua validação empírica. (Até o dia de hoje, não há laboratórios psicanalíticos.) E os fundadores da teoria quântica interpretaram-na equivocadamente à luz do subjetivismo de Berkeley, passando por cima do fato de que os físicos são adventícios muito tardios no universo.

Em resumo, às vezes o ouro intelectual vem misturado com a ganga – donde a necessidade de projetar e utilizar um dispositivo para peneirar. Tal é a nossa tarefa no presente capítulo: construir uma espécie de teste de tornassol para ideias e procedimentos anunciados como científicos. Semelhante teste deve ajudar não só a nos proteger do embuste intelectual, mas também a avaliar projetos de pesquisa.

Ciência e Pseudociência

Nós nos preocuparemos somente com as ciências e pseudociências que pretendem lidar com fatos, sejam eles naturais ou sociais. Portanto, não trataremos da matemática, exceto de modo tangencial e apenas como ferramenta para exploração do mundo real. Obviamente, esse mundo pode ser explorado de maneira científica ou não científica. Em ambos os casos, tal exploração, como qualquer outra atividade deliberada, envolve certa abordagem. Esta última pode ser construída como um conjunto de assunções gerais, junto com certo conhecimento antecedente dos itens a serem explorados, um alvo e um meio. Assim, se aquilo que deve ser explorado é a mente, se esta é concebida como uma entidade imaterial, e se a meta é entender processos mentais em qualquer antiga via, então os meios mais baratos são empenhar-se em livre especulação. Dada uma suposição idealista acerca da natureza da mente, será ilógico tentar captá-la explorando o cérebro. Se, de outro lado, supõem-se que os processos mentais são processos cerebrais, e o objetivo é entender os mecanismos subjacentes aos fenômenos mentais, então o método científico, particularmente em sua versão experimental, é obrigatório. (Esta é a base filosófica racional da neurociência cognitiva, afetiva e social.) Isto é, se alguém estuda ou não o cérebro com o fito de entender a mente, depende criticamente de sua mais ou menos tácita filosofia da mente.

Em geral, incita-se a pesquisa selecionando um domínio D de fatos, depois se efetuam (ou se tomam como certas) algumas assunções gerais (G) a respeito deles, coleta-se um corpo B de conhecimento de base acerca dos $D's$, escolhe-se um alvo (A) conceitual ou prático e, à luz do precedente, determina-se o método (M) próprio para estudar os $D's$. Logo, um *projeto de pesquisa* arbitrário pode ser esboçado como a quíntupla ordenada = $<D, G, B, A, M>$. A única função dessa lista é manter-se na pista dos elementos essenciais no enquadramento das seguintes definições.

Uma investigação *científica* de um domínio D de fatos assume que estes sejam materiais, sujeitos a leis e abertos ao escrutínio, em oposição ao imaterial (em particular, ao sobrenatural), não sujeito a leis, ou inescrutável; e a investigação é construída em um corpo B de prévios achados científicos e é feita com os objetivos principais (A) de descrever e explicar os fatos em questão com a ajuda do método científico (M). Por sua vez, este último pode ser sumariamente descrito como a sequência:

Escolha do conhecimento de base – formulação de problema(s) – solução provisória (e.g., hipótese ou técnica experimental) – fluxo de testes empíricos (observações, mensurações ou experimentos) – avaliação dos resultados do teste – eventual correção de qualquer dos passos anteriores e novos problemas colocados pelo que se achou.

Ao contrário da crença largamente difundida, o método científico não exclui a especulação: ele apenas disciplina a imaginação. Por exemplo, não é suficiente produzir um engenhoso modelo matemático de algum domínio de fatos do modo como os economistas matemáticos procedem. Consistência, sofisticação e beleza formal nunca bastam na pesquisa científica, cujo produto final, espera-se, deve equiparar-se à realidade – isto é, ser verdadeiro em certo grau. Pseudocientistas não são acusados por exercerem sua imaginação, mas por deixá-la à solta. O lugar da especulação desenfreada é a arte e não a ciência.

O método científico pressupõe que tudo pode, em princípio, ser debatido e que cada debate científico deve ser logicamente válido (mesmo se nenhum princípio lógico ou regra for explicitamente invocado). Esse método também envolve duas ideias semânticas-chave: as de significado e verdade. O contrassenso não pode ser investigado e, portanto, não pode ser declarado falso. (Pense em calcular ou medir tempos de voo usando as definições heideggerianas de tempo como "a maturação da temporalidade".) Mais ainda, o método científico não pode ser praticado consistentemente em um vácuo moral. De fato, ele implica o etos da ciência básica, que Robert K. Merton (1973) caracterizou como sendo o universalismo, a feição desinteressada, o ceticismo organizado e o comunismo epistêmico – o compartilhamento de métodos e achados com a comunidade científica.

Finalmente, há outras quatro características distintivas de qualquer ciência autêntica: mutabilidade; compatibilidade com o grosso do conhecimento antecedente; sobreposição parcial, no mínimo com outra ciência; e controle pela comunidade científica. A primeira condição decorre do fato de que não há ciência "viva" sem pesquisa, e essa pesquisa tem a probabilidade de enriquecer ou corrigir o fundo de conhecimento. Em suma, a ciência é eminentemente mutável. Por outro lado, as pseudociências e ideologias são ou estagnantes, como a parapsicologia, ou mudam sob pressão de grupos de poder ou como resultado de disputas entre facções (como foi o caso da teologia, do marxismo e da psicanálise).

A segunda condição, parcial intersecção com a tradição, pode ser reapresentada do seguinte modo. Para ser digna das atenções de uma comunidade científica, uma ideia não deve ser nem óbvia nem tão estranha a ponto de chocar-se com o grosso (embora não a totalidade) do conhecimento antecedente. Compatibilidade com este último é necessária para eliminar a especulação sem base, mas também para entender a nova ideia, bem como checá-la. Na verdade, o valor de uma nova hipótese ou de um projeto experimental proposto é aferido parcialmente pelo grau de sua adequação razoável às porções de conhecimento bem formadas. (Por exemplo, a telecinesia está fora da questão, se não por outro motivo, ao menos porque ela viola o princípio da conservação de energia.) Tipicamente, os princípios de uma pseudociência podem ser aprendidos em poucos dias, enquanto os de uma ciência genuína podem ocupar toda uma vida, se não por outro motivo, pelo menos devido à solidez do corpo de conhecimento de base em que ela está baseada.

A terceira condição, a de usar ou alimentar outros campos de pesquisa, segue-se do fato de que a classificação das ciências fatuais é algo artificial. Por exemplo, onde entra o estudo da memória: na psicologia, na neurociência, ou em ambas? E que disciplina investiga a distribuição da riqueza: a sociologia, a economia ou ambas? Por causa de tais sobreposições e interações, o conjunto de todas as ciências constitui um sistema. Em contrapartida, as pseudociências são tipicamente solitárias.

A quarta condição resumida como controle pela comunidade científica pode ser enunciada como segue. Investigadores não trabalham em um vácuo social, mas experimentam os estímulos e inibições dos que trabalham com eles (na maior parte, pessoalmente desconhecidos deles). Eles emprestam problemas e achados, e pedem avaliações críticas; e, se tem algo interessante para dizer, recebem conselhos tanto solicitados como não solicitados. Semelhante interação da cooperação com competição é um mecanismo para a geração de problemas e para o controle e difusão de resultados: isso torna a pesquisa científica um empreendimento auto-duvidoso, autocorretivo e autoperpetuador. Assim, a obtenção real da verdade se faz menos peculiar à ciência do que a capacidade e a determinação de detectar o erro e corrigi-lo. (Afinal de contas, o conhecimento cotidiano está cheio de trivialidades bem atestadas que não resultaram de pesquisa científica.)

Até aqui examinamos as feições distintivas da genuína ciência factual seja ela natural, social ou biossocial. Vamos dar agora um rápido olhar na espécie de filosofia que favorece o avanço da ciência.

A Matriz Filosófica de Progresso Científico

Aceito que o progresso da ciência depende de condições de três tipos: psicológica, tal como a curiosidade; social, como a liberdade de pesquisa e o apoio social; e filosófica, como o realismo. As duas primeiras condições foram analisadas por vários estudiosos, particularmente por Merton (1973). Por outro lado, as condições filosóficas mal foram estudadas em razão do dogma, comum tanto ao idealismo quanto ao positivismo, de que a ciência e a filosofia são mutuamente disjuntas; e, no entanto, elas não são menos importantes. Apresento-as sumariadas na fig. 13.1.

Talvez "humanismo" e "cientificismo" sejam as únicas palavras no diagrama da fig. 13.1 que necessitem de esclarecimento. Humanismo é

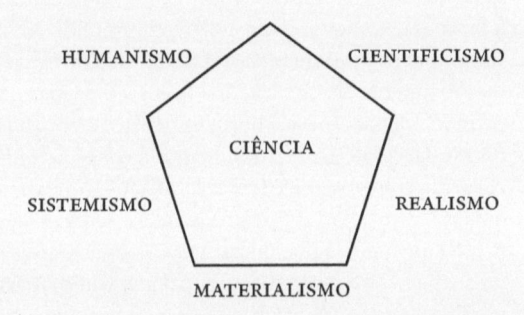

Fig. 13.1: A matriz de progresso científico. Imagine as perspectivas do progresso científico se o cientificismo fosse substituído pelo irracionalismo, o realismo pelo subjetivismo, o materialismo pelo idealismo, o sistemismo pelo holismo ou pelo individualismo, o humanismo pelo mercenarismo, e o centro pela superstição.

entendido aqui como uma cosmovisão secular, juntamente com uma filosofia moral a enfatizar os direitos e deveres humanos básicos, bem como o desejo de solver questões sociais de modo pacífico e racional. Assim, um cientista humanista se absterá de utilizar suas aptidões para prejudicar um inocente e colocará a espécie humana ante o Rei e a Pátria: ele tomará antes o partido do professor Einstein do que o do doutor Strangelove. Em contraposição, um cientista não humanista pode se empenhar em buscas mercenárias, e assim acabar fazendo pseudociência. Claros exemplos são os antropólogos que tentam justificar os preconceitos raciais dos colonialistas e nazistas e os economistas que não poderiam relaxar sobre a injustiça social e a destrutividade ambiental, inerentes ao capitalismo selvagem.

A palavra "cientificismo" também demanda elucidação porque é, às vezes, empregada em um sentido derrogatório e outras vezes confundida com o positivismo ou com o naturalismo. Tal como compreendido na presente obra, o cientificismo é a estratégia de pesquisa que pode estar compreendida entre os seguintes argumentos:

> Tudo o que é cognoscível é mais bem estudado cientificamente.
> A mente, a sociedade e as morais são cognoscíveis.
>
> Logo, mente, sociedade e morais são mais bem estudadas cientificamente.

Essa conclusão coincide com a definição de "cientificismo" no clássico *Vocabulário* de Lalande (1938, II, p. 740): "a ideia de que o espírito e os métodos da ciência deveriam ser estendidos a todos os caminhos da vida intelectual e moral, sem exceção". Condorcet (1782) foi o primeiro a formular explicitamente o cientificismo. Positivistas e marxistas aderiam a ele mesmo quando deixavam de concordar com ele. A unidade do movimento da ciência, que floresceu da década de 1930 até cerca da de 1960, foi uma mescla de cientificismo e positivismo. Ironicamente, o último fascículo da *International Encyclopedia of Unified Science* (Enciclopédia Universal de Ciência Unificada), que começou a ser publicada em 1938, continha a *Estrutura das Revoluções Científicas*, de Thomas Kuhn (1962), primeira salva de palmas relativista-construtivista nas guerras da ciência contemporânea. É verdade, Kuhn, mais tarde, distanciou-se um tanto dos construtivistas sociais, e lamentou ter escrito suas "purple passages" (rubras passagens). Mas, em 1979, ele escreveu um prefácio impenitente à tradução inglesa da obra de Ludwik Fleck, *Genesis and Development of a Scientific Fact* (Gênese e Desenvolvimento de um Fato Científico), de 1935. E quando indagado pelo repórter da *Scientific American* se o universo muda toda vez que ocorre uma revolução científica, Kuhn respondeu enfaticamente: "Com certeza!"

O cientificismo se opõe ao dogma reacionário anunciado primeiro por Kant e adotado pela assim chamada abordagem interpretativa (ou *verstehend*) para o estudo da mente e da sociedade, que se encontra além do alcance da ciência, de modo que deveria permanecer propriedade do antiempírico e do não numerável. Em particular, a psicologia filosófica (ou "humanista") e a antropologia são as contrapartidas pré-científicas das correspondentes ciências: elas pertencem à mesma liga da *Naturphilosophie* de Hegel e Schelling.

Alfred Schütz, proeminente membro da escola do *Verstehen* e sociólogo fenomenológico, não realizou nenhuma pesquisa empírica. Pior ainda, ele desencorajou os cientistas do enfrentamento com grandes problemas sociais, como o desemprego, o nacionalismo e a guerra. Por contraste, Claude Lévi-Strauss efetuou trabalho de campo sobre os índios amazônicos, e Clifford Geertz estudou a vida aldeã em Bali. Mas porque ambos enfocaram os aspectos simbólicos e lúdicos das sociedades, embora desdenhando sua assim chamada base material, foram incapazes de explicar como esses povos enfrentaram as crises de escassez, os desastres naturais, os proprietários de terra e os governos centrais. Daí por que os escritos de Lévi-Strauss e Geertz estão mais próximos da literatura do que da ciência – uma avaliação com a qual eles poderiam concordar, visto que não eram amigos do cientificismo.

Advertência: como qualquer outra coisa, o cientificismo pode ser falsificado. Os positivistas inconscientemente falsificaram o cientificismo por dois séculos. De fato, proclamavam seu amor pela ciência enquanto tentavam metê-la na camisa de força fenomenalista, o que impede conjecturar imperceptíveis entidades e propriedades, como átomos, genes, mentes e forças sociais. A confusão de positivismo com cientificismo era tão comum na segunda metade do século XIX que ela respingou sobre a política. De fato, o positivismo tinha tanto prestígio que, entre cerca de 1870 e 1920, os progressistas argentinos juravam por Comte e Spencer. Estes eram exatamente os mesmos heróis do autointitulado partido científico encabeçado pelo ditador Porfirio Díaz, que congelou a sociedade mexicana de 1876 a 1910.

Previsivelmente, após esse período, os conservadores argentinos, bem como os progressistas mexicanos, substituíram o positivismo pelo idealismo. Tais mudanças no clima filosófico afetaram os estudos sociais e as políticas da ciência e da educação, e, dessa forma, o treinamento e o recrutamento de cientistas. Mas não afetaram o conteúdo da pesquisa na ciência natural: eu só posso ver a mim mesmo através de um microscópio ou de um telescópio idealista. Contudo, retornemos ao nosso pentágono filosófico.

O dito pentágono é regular unicamente em casos excepcionais, como os de Galileu, Newton, Euler, Berzelius, Ampère, Marx, Darwin, Bernard,

Boltzmann, Ramón y Cajal, Einstein e Keynes. (Na realidade, Newton e Marx são casos de linha fronteiriça. Newton porque esperava que a deidade, de vez em quando, repusesse o *momentum* dissipado na fricção; e Marx porque nem sempre distinguia entre ciência social e ideologia política.) Devemos acrescentar ao enumerado acima a vasta maioria dos químicos modernos. A maior parte deles tem sido materialista e realista, em parte porque os químicos sentem-se mais atraídos pelo trabalho de laboratório do que pela especulação teórica; e em parte porque, desde o tempo de Dalton (1808), os químicos têm cultivado o atomismo – o fruto mais tangível do antigo materialismo.

Na maioria dos casos, os lados do pentágono filosófico são desiguais. Às vezes ele é mais curto no materialismo, outras vezes mais curto no realismo e, em outros ainda, mais curto no humanismo – como nos casos dos grandes cientistas que vendem tudo aos poderes existentes. Por exemplo, até um século atrás havia biólogos vitalistas; ainda hoje alguns estudiosos da sociedade pretendem professar o subjetivismo neo-kantiano (a escola do *Verstehen*); a maioria dos economistas adora a teoria econômica padrão ou, ao menos, a apoia, mesmo após o repetido malogro desta teoria; e a maioria dos físicos do século XIX se opunha às teorias atômicas porque compartilhava do viés positivista que coloca entidades inobserváveis.

Paradoxalmente, a maior parte dos fundadores da moderna teoria atômica (quântica), particularmente Heisenberg, Born e Pauli, seguiu a mesma linha positivista. De fato, negavam a existência autônoma (objetiva) das próprias entidades por eles descritas com sucesso. (Lembre-se do capítulo 3.) Mas, por certo, não praticavam o subjetivismo que pregavam. Na verdade, suas equações não continham quaisquer variáveis psicológicas. Daí por que o verniz positivista pôde ser raspado da mecânica quântica, deixando aparecer o formalismo matemático neutro, que pode então ser reinterpretado de maneira estritamente objetivista (Bunge, 1967b).

(Por exemplo, de acordo com a escola de Copenhague, os autovalores de um operador que representa uma variável dinâmica, tal como o momento angular, são valores que um *observador encontrará* quando *medir* a dita propriedade. Mas isso é falso, pois o que se lê em uma régua são valores de um indicador funcionalmente relacionado a uma propriedade, como no caso do ângulo de um manômetro [ver, e.g., Bunge, 2006a]. Daí a reinterpretação realista do dito postulado: os autovalores de um operador que representa uma propriedade dinâmica são os valores que essa propriedade pode assumir. Outro exemplo famoso é o seguinte: segundo a interpretação ortodoxa de Born, $|\Psi|^2 \Delta v$ é a probabilidade de *encontrar* a partícula em questão dentro do volume Δv. Em contraposição, na interpretação realista de De Broglie, a mesma quantidade é a probabilidade de que a coisa em questão esteja *presente* em Δv. O realista prefere a segunda interpretação por duas razões: porque Ψ não envolve quaisquer variáveis que representem ações humanas, e porque as duas probabilidades, a de presença e a de encontrar, com certeza são diferentes, visto que encontrar um *quantão* depende do método de busca, bem como do estado do *quantão*.)

No caso da física quântica, uma má filosofia não conseguiu frustrar o programa atomístico de explicar o visível por meio do invisível. Também Newton sofreu inconscientemente de uma inconsistência paralela: embora seus *Principia* contenham o mais antigo sistema hipotético-dedutivo na ciência factual, na mesma obra Newton incluiu uma defesa filosófica do indutivismo. O grande investigador não sucumbe a uma má filosofia; mas esta última, na qual ele pode incorrer em seus escritos populares, pode desencaminhar filósofos e frustrar jovens vocações.

Entretanto, boa filosofia não garante boa ciência. Por exemplo, a hipótese da identidade psiconeural, adotada pela psicologia médica desde os tempos de Hipócrates e Galeno, não ajudou os médicos a efetuar experimentos ou modelos de funções cerebrais, porque os médicos, com algumas exceções, têm sido investigadores empíricos mais do que científicos.

Eventos similares aconteceram na ciência social. Por exemplo, Marx foi um cientista social importante e original a despeito de alegar usar o "método" dialético (ontologia) que aprendeu com Hegel, um dos mais confusos e detestáveis filósofos na história. E poucos marxistas fizeram contribuições originais à antropologia, arqueologia e historiografia graças a sua abordagem materialista, sistêmica e científica (ver, e.g., Barraclough, 1979; Trigger, 2006).

Em contrapartida, nenhum filósofo marxista fez algo mais do que bordar a insensata ontologia dialética de Marx, porque a tarefa deles era a de catequizar e não a de investigar. Eles continuaram a praticar a escolástica marxista até depois da queda abrupta do comunismo soviético (ver, e.g., Panasiuk e Nowak, 1998). Da mesma forma, embora a obra inicial de Max Weber fosse desfigurada pela variante neokantiana do subjetivismo, sua obra madura estava livre disso, apesar de aceitar, sem discussão, essa filosofia anticientífica (Bunge, 2007a).

Em suma, uma filosofia pode ser caracterizada como *progressiva* se ela promove o avanço do conhecimento, e *regressiva* se ela o bloqueia.

Pseudociência

Até aqui apresentamos as características que distinguem a genuína ciência factual, seja ela natural, social ou biossocial. Arrolemos agora os traços distintivos da pseudociência. (Mais em Bunge, 1998; Frazier, 2009; Gardner, 1983; Kurtz, 2001; Mahner, 2007c; Park, 2008; Wolpert, 1992.) Um tratamento *pseudocientífico* de um domínio de fatos viola alguma das condições listadas na seção Ciência e Pseudociência deste capítulo, embora, ao mesmo tempo se denomine de científica. Ela pode ser inconsistente ou envolver ideias obscuras. Ou pode pressupor a realidade de itens cabalmente improváveis, como abdução alheia, ou telecinesia, genes egoístas, ideias inatas, mentes independentes-de-cérebros, *memes* [unidade mínima, o análogo do gene para a memória] ou mercados autorreguladores. O dito tratamento pode postular que os fatos em questão são imateriais, inescrutáveis ou ambos. Ele deixa de construir sobre prévios achados científicos. Ele pode executar operações empíricas profundamente defeituosas como teste de borrões, ou pode deixar de incluir grupos de controle. Ele pode falsificar resultados de testes ou dispensar inteiramente testes empíricos.

Ademais, as pseudociências não evoluem ou, se o fazem, suas mudanças não resultam da pesquisa. Assim, Ernest Jones (1961, p. 235) nos informa que a obra fundante de Freud sobre a interpretação dos sonhos, publicada pela primeira vez em 1900, foi reeditada oito vezes durante a vida de Freud: "nenhuma mudança fundamental jamais foi feita nem foi necessária". Muito do mesmo pode ser dito da microeconomia neoclássica, que permaneceu estagnada desde o seu nascimento, nos anos de 1870, exceto no tocante a embelezamentos matemáticos, como Milton Friedman (1991) declarou triunfalmente.

As pseudociências estão caracteristicamente isoladas de outras disciplinas, embora ocasionalmente se cruzem com falsas ciências irmãs, como são testemunhadas pela astrologia psicanalítica. E, longe de dar boas-vindas à crítica, elas tentam fixar a crença. Sua meta não é buscar a verdade, porém persuadir: elas fixam chegadas sem partidas e sem viagem. Enquanto a ciência está cheia de problemas, e cada uma de suas importantes descobertas colocam problemas ulteriores, os pseudocientistas caracterizam-se pela certeza. Em outros termos, enquanto a ciência procria mais ciência, a pseudociência é estéril, porque não gera novos problemas. Em suma, a principal dificuldade com a pseudociência é que sua busca é ou profundamente defeituosa ou inexistente. Eis por que, ao contrário da pesquisa científica, a especulação pseudocientífica não nos deu uma única lei da natureza ou da sociedade.

Entretanto, algumas disciplinas e práticas são difíceis de diagnosticar, porque fazem uso intensivo de sadia matemática. A estatística bayesiana e a lógica indutiva são casos em apreço, pois envolvem a teoria padrão da probabilidade, mas consignam probabilidades a proposições e não a fatos (estados de casos e eventos), e o fazem assim arbitrariamente, mais do que com regras impessoais e explícitas. Além disso, elas não nos relatam sequer o que significa dizer que uma conjectura científica é provável mais que verdadeira à luz de certos dados, ou plausível à luz do conhecimento antecedente. Os estatísticos bayesianos nos dizem somente que "a probabilidade mede a confiança que um determinado indivíduo tem, na verdade, em uma proposição particular, por exemplo, a proposição segundo a qual amanhã choverá" (Savage, 1954, p. 3). Mas, uma vez que a mera opinião não se qualifica como ciência, o bayesiano é pseudocientífico (Bunge, 2008b). Pela mesma razão, a lógica indutiva é uma peça de filosofia pseudoexata. Ironicamente, Popper também consignou probabilidades a proporções, ao mesmo tempo que atacava corretamente a lógica indutiva.

Imaterialismo no Estudo da Matéria

Berkeley (1710) encetou o moderno movimento anticiência ao rejeitar a própria noção de matéria. Sendo um empirista radical, ele raciocinava que o conhecimento principia com a sensação, e que qualquer coisa além da sensação é especulação injustificada. Esse ponto de vista implicava assumir que algumas sensações são causadas por objetos externos, bem como atribuir-lhes propriedades primárias (ou independentes do sujeito), tais como as de satisfazer as leis newtonianas do movimento. Em resumo, Berkeley subordinava a metafísica a uma epistemologia empirista radical: o antirrealismo acarretava o imaterialismo.

Hume, Kant, Comte, Mach e os positivistas lógicos seguiram o exemplo: eles também adotaram o fenomenalismo e rejeitaram o conceito de matéria. Mas somente Mach (1942), um eminente físico experimental e psicólogo, tentou *provar* que não existe uma coisa como a matéria, e, portanto, o materialismo é falso. Ele procedia como segue. Mach pôs o foco na mecânica newtoniana, em particular na segunda lei do movimento, ou seja: Força = Massa x Aceleração. Além disso, definiu o "material" com "tendo massa". (Ele nem sequer reconheceu a existência da eletrodinâmica.) E ele, Mach, empenhou-se em provar que o conceito de massa é redundante.

Para alcançar esse objetivo, Mach analisou o caso muito especial de dois corpos ligados por uma mola. Nesse caso, a segunda lei de Newton reza: $F_1 = m_1 a_1$, $F_2 = m_2 a_2$, e $F_1 = -F_2$. Essas equações acarretam $m_1/m_2 = -a_2/a_1$. Essa fórmula diz que a razão entre as massas é igual a menos o recíproco da razão entre as acelerações. Até aqui, tudo bem. Mas agora Mach dá um mergulho: ele coloca que a dada consequência da lei de Newton *define* o conceito de massa relativa: ele mistura lei e convenção. E visto que uma definição explícita da forma "*Definiendum = Definiens*" torna o *definiendum* redundante, Mach conclui que o conceito de matéria é desnecessário, donde o materialismo é falso.

Esse não foi o único *faux pas* lógico de Mach: ele também declarou que a fórmula "$F = m.a$" define "força". E, como acreditava que o lado direito dessa fórmula é um produto de acelerações, declarou que o conceito de força é tão redundante quanto o de massa. Assim, Mach cantou de galo que havia matado o dragão "substância e força" do materialismo mecanicista de Büchner, Vogt e Moleschott. Em suma, Mach confundiu leis com definições e inverteu a relação lógica correta "a dinâmica acarreta a cinemática". Assim, sacrificou a mecânica newtoniana no altar idealista. (Mais em Bunge, 1966.) Lamentavelmente, muitos compêndios de física adotaram a versão defeituosa de Mach da mecânica clássica. Seus autores não compreenderam que, na mecânica newtoniana, os conceitos de aceleração, massa e força são primitivos (indefiníveis), e mutuamente independentes, como foi mostrado pelos lógicos (ver Suppes, 1957).

Outra tentativa de desmaterializar a física foi empreendida quando Einstein apresentou sua teoria da gravitação: pretendeu-se que esta efetivava a geometrização da física. Tal pretensão é falsa: o que a teoria faz é representar o campo gravitacional por meio de uma variedade descrita pelo assim chamado tensor geométrico G. Mas este último é, por sua vez, determinado pelo tensor energia-tensão T, que descreve a distribuição de partículas e campos no espaço-tempo, de acordo com a fórmula "$G = kT$". Como essa fórmula pode ser lida em cada uma das direções, devemos concluir que matéria e espaço dão forma um para o outro. Portanto, ao contrário do que Charles W. Misner, Kip S. Thorne e John Archibald Wheeler (1973) pretenderam certa vez, a teoria einsteiniana da gravitação não realiza o sonho de William Clifford em 1870, de uma teoria do espaço-tempo da matéria.

Wheeler, um colaborador de Niels Bohr bem como supervisor de tese de Richard Feynman, foi o mais imaginativo e persistente de todos os mais notáveis físicos que tentaram matar o dragão materialista. Em 1960, ele acreditava que o material de construção do mundo físico é o vazio espaço-tempo curvo; em particular, desejava "erigir a massa a partir da pura geometria". Mas sua teoria geometrodinâmica não funcionou, pois não deu espaço para partículas de *spin* ½, tais como elétrons, prótons, nêutrons e neutrinos. Então, em 1970, Wheeler anunciou que as proposições são os tijolos do universo, de modo que a física é uma "manifestação da lógica". Isso tampouco funcionou. Então, em 1990, Wheeler declarou que o bit, ou a unidade de informação, é o componente básico ou elementar (ver Barrow et al., 2004). Em todos os três casos, entidades físicas, possuidoras de energia, seriam compostas por unidades não físicas, violando, assim, o princípio de conservação de energia. Pior ainda, nenhuma das três quixotescas tentativas acima mencionadas solucionaria qualquer problema físico, e nem mesmo conseguiria machucar o tal dragão.

Em resumo, a física permanece a ciência básica da matéria e a pretensão de que a matemática pode secretar a física é uma fantasia pitagórica, e uma fantasia que viola a dicotomia leibniziana entre verdades da razão e verdades de fato.

Explorando o Inconsciente: Fato e Fantasia, Ciência e Negócios

Embora seja creditada, usualmente, a descoberta do inconsciente a Sigmund Freud, a verdade é que as pessoas têm falado, desde tempos imemoriais, acerca da realização de certas operações mentais "sem pensar". Em meados do período iluminista, Leonhard Euler disse: "Meu lápis sabe mais do que eu." Um século mais tarde, Hermann von Helmholtz, outro grande polímata, escreveu sobre inferências inconscientes. O filósofo autodidata Edward von Hartmann publicou seu monumental *best-seller Das Umbewusste* (O Inconsciente) quando Freud tinha treze anos de idade. Em seu clássico *Principles of Psycology* (1890), William James escreveu a respeito "do afortunado lapso de consciência" que nos permite sair de uma cama quente para ir trabalhar. E, por certo, Pavlov conquistou o Prêmio Nobel em 1904 por haver mostrado experimentalmente (não apenas pretendido) que animais podem aprender a realizar certas ações de uma maneira automática (inconsciente). O que Freud fez foi alegar que a maior parte de nossa vida mental é inconsciente, que o "inconsciente nunca mente", e que os sonhos revelam nossos desejos subconscientes – contanto que, por certo, sejam adequadamente "interpretados" pelo analista. Ele não propôs regras de interpretação: omitiu o fato de que muitos sonhos são irrealistas ou até irracionais; e ele nunca submeteu suas conjecturas ao teste experimental: ele confiou na credulidade de seus leitores.

Embora ninguém conteste as teses pavlovianas ("freudianas") de que muitas, talvez a maioria, de nossas ações são inconscientes, nenhum cientista sério respeita profundamente os sonhos, ainda que alguns estudem no laboratório o fato de se sonhar, e a maior parte das fantasias de Freud, em particular o Édipo, tem sido desacreditada. Eric Kandel (2006, p. 363) é provavelmente o único cientista eminente a ter sustentado que o surgimento da psicanálise foi uma revolução. Os historiadores sérios da psiquiatria, como Edward Shorter (1997), sabem que ela foi uma *contra*revolução, pois substituiu a psicologia experimental, que nascera oficialmente em 1879, pela especulação selvagem (e amiúde tola).

De fato, conquanto tenha havido milhares de lucrativos consultórios psicanalíticos por todo o mundo, nenhum laboratório psicanalítico jamais foi montado desde que Freud encetou a sua escola em 1900. Nesse aspecto, a psicanálise é mesmo menos científica do que a parapsicologia.

O estudo científico dos processos mentais inconscientes começou somente em meados do século XIX, com observações sobre pacientes com os dois hemisférios cerebrais não conectados pelo corpo caloso (split brain) e com visão cega (blindsight), isto é, o indivíduo diz que nada vê, porém é capaz de ajustar os seus movimentos ao objeto. Desde então as várias técnicas de fazer imagens de cérebros, tais como scanning PET (pósitrons) e o funcional IRM (imagem por ressonância magnética) tornaram possível verificar se uma pessoa sente ou conhece algo mesmo se ele ou ela não tenha consciência de que sinta ou conheça essa coisa. Além disso, essas técnicas tornaram possível localizar tais processos mentais de uma maneira não invasiva. Um exemplo é o artigo de Morris, Öhman e Dolan (1998) que, sem causar surpresa, não cita nenhum estudo psicanalítico. Vamos dar uma espiada nisso.

A amígdala é um minúsculo órgão do cérebro que sente emoções tão básicas, fortes e antigas como o medo e a ira. Quando esse sistema fica danificado, a vida social e emocional de uma pessoa é severamente atrofiada. A atividade da amígdala pode ser monitorada por um scanner PET: esse dispositivo permite ao experimentador detectar as emoções de um sujeito e até localizá-las em um dos dois lados da amígdala. Entretanto, semelhante atividade neural pode não alcançar o nível consciente. Nesse caso, só um scanner do cérebro pode ajudar.

Por exemplo, se um sujeito humano normal é apresentado brevemente a uma face irada como um estímulo visado, e imediatamente depois mostram a ele uma máscara sem expressão, ele relatará que vê esta última, mas não a primeira. No entanto, o scanner conta uma história diferente. Ele nos fala que se a face raivosa foi associada a um estímulo aversivo, como a erupção de um ruído branco de alta intensidade, a amígdala é ativada pelo alvo, ainda que o sujeito não se lembre de tê-lo visto. Em resumo, a amígdala "sabe" de algo que o órgão da consciência (qualquer que seja e onde quer que esteja) não sabe. Os psicanalistas poderiam utilizar esse método até mesmo para medir a intensidade do ódio de um indivíduo do sexo masculino por seu pai. Mas eles não o fazem porque não acreditam no cérebro: sua psicologia é idealista e, portanto, descerebrada.

O número de exemplos de pseudociência pode ser multiplicado à vontade. Astrologia, alquimia, parapsicologia, caracterologia, "ciência" da criação, "projeto inteligente", "ciência" cristã, busca com varinha rabdomântica, homeopatia e memética são geralmente consideradas pseudocientíficas. (Ver, e.g., Kurtz, 1985; Randi, 1982; e *The Skeptical*

Inquirer [O Investigador Cético]). Por outro lado, todas elas são menos aceitas que a psicanálise – amplamente vista como a ciência do inconsciente –, embora esta seja também uma ciência falsa. Verifiquemos, então, se ela atende às condições que, de acordo com a seção A Matriz Filosófica de Progresso Científico deste capítulo, caracterizam a ciência madura.

Para começar, a psicanálise viola a ontologia e a metodologia de toda ciência genuína. De fato, ela sustenta que a alma ("mente", na tradução inglesa padrão das obras de Freud) é imaterial, ainda que possa atuar sobre o corpo, como mostram os efeitos psicossomáticos. Entretanto, a psicanálise não apresenta quaisquer mecanismos pelos quais uma entidade imaterial pode alterar o estado de uma entidade material: apenas estabelece que esse é o caso. Ademais, essa proposição é dogmática, uma vez que o psicanalista, diferentemente do psicólogo, não realiza qualquer teste empírico. O próprio Freud dissociou enfaticamente a psicanálise tanto da psicologia experimental como da neurociência. Tanto assim que o programa de estudos da Faculdade de Psicologia que ele delineou não incluía quaisquer cursos em uma ou outra dessas disciplinas.

Para marcar o primeiro centenário da publicação de *A Interpretação dos Sonhos*, de Freud, o *International Journal of Psychoanalysis* editou um artigo escrito por seis analistas novaiorquinos (Vaughan et al., 2000) que se propunham a informar sobre o primeiro teste experimental da psicanálise jamais feito no decurso de um século. Na realidade, esse não era um experimento completo, visto que não envolvia nenhum grupo de controle. Portanto, aqueles autores não tinham o direito de concluir que as melhorias observadas eram devidas ao tratamento: elas poderiam ter sido igualmente apenas espontâneas. Assim, os psicanalistas não fazem nenhum uso do método científico porque não sabem o que ele é. Afinal de contas, eles não foram treinados como cientistas, porém somente, na melhor das hipóteses, como médicos praticantes.

O psicanalista francês Jacques Lacan – uma culta figura "pós-moderna" – admitiu isso e sustentou que a psicanálise, longe de ser uma ciência, é puramente uma prática retórica: "l'art du bavardage" (a arte da tagarelice). Finalmente, uma vez que os psicanalistas pretendem que suas concepções são tanto verdadeiras quanto efetivas sem tê-las submetido seja a testes experimentais seja a provas clínicas rigorosas, dificilmente pode-se dizer que procedam com a honestidade intelectual que, espera-se, os cientistas devam acatar (mesmo se, ocasionalmente, falharem). Em suma, a psicanálise não se qualifica como ciência. Ao contrário da crença largamente difundida, a psicanálise não é sequer uma ciência falha; se não por outro motivo, pelo menos porque não utiliza o método científico e ignora contraexemplos. Ela é apenas uma psicologia clínica charlatã.

Psicologia Evolucionária
Especulativa

No momento em que a teoria darwiniana da evolução emergiu, tornou-se claro que, como Theodosius Dobzhansky formulou, de modo notório: "Nada faz sentido na biologia, exceto à luz da evolução." Lamentavelmente, nem sempre foi claro o que a própria evolução é. Na verdade, a teoria de Darwin foi distorcida desde o início. Ela foi distorcida por Herbert Spencer, o qual pensou que a evolução consiste na sobrevivência do mais apto, e ilustrava a progressão universal do simples para o mais complexo; pelos darwinistas sociais, que alegavam que ela confirmava o antigo mito segundo o qual a posição social está no sangue; por Richard Dawkins, que defendeu que a evolução é, em essência, uma sequência de genes autorreplicadores e servem a si mesmos, de modo que a própria existência é paradoxal – uma ideia que torna a biologia redundante; e por Daniel Dennett, que defende que a evolução é guiada por algoritmos, isto é, por regras de computação, infelizmente, inespecíficas. O mais recente bastardo da biologia evolucionária é a Biologia Evolucionária em moda (ver Barkow et al., 1992; Buss, 2004; Pinker, 2003).

O objetivo meritório dessa disciplina é traçar a origem e a evolução de capacidades mentais tais como a fala e o juízo moral, bem como atitudes sociais como ciúme, altruísmo, dominância, ação de evitar incesto e violência. E a tocha utilizada nessa exploração é a hipótese de que a mente e o comportamento são regrados por genes, os quais, por seu turno, são insensíveis a mudanças nos níveis organísmicos e sociais. Isto é, não haveria intermediários entre molécula e mente.

Poder-se-ia objetar que, como o homem primitivo não está mais por aqui e como nem cérebros, nem as ideias deixam fósseis, a psicologia evolucionária é intestável e, portanto, confinada a forjar histórias divertidas. Mas os psicólogos evolucionários têm uma resposta engenhosa: nós ainda somos primitivos, nossas mentes foram formadas durante o "Pleistoceno", e os seres humanos pararam de evolver há muito tempo. Na realidade, eles nos dizem que somos essencialmente fósseis vivos. Tudo o que temos a fazer para explicar os presentes traços mentais e comportamentais é imaginar os problemas que nossos remotos ancestrais, os fabulares colhedores-caçadores, poderiam ter enfrentado.

Todo mundo assume que as circunstâncias em que nossos remotos ancestrais viveram eram absolutamente diferentes das nossas. Mas os psicólogos evolucionários nos asseguram que a natureza humana, que é definida por um conjunto de algoritmos de "domínio específico" (com propósito especial) "projetados" para lidar com os problemas enfrentados por nossos remotos antepassados, não se modificou significativamente no decorrer de cerca de cem mil anos. Basta imaginar como sentiríamos, pensaríamos e atuaríamos se vivêssemos no "Pleistoceno". Eis como os psicólogos evolucionários fabricaram dúzias de fascinantes histórias – na maior parte sobre sexo e dominância – que pretendem explicar quase todo traço mental e social. Eles também pretendem explicar nossas falhas. Por exemplo, temos dificuldade de imaginar minúsculas partículas invisíveis que se movem em altíssimas velocidades porque nossas mentes foram projetadas para lidar com coisas que se movem lentamente. É óbvio que essa conjectura falha ao explicar por que os modernos físicos, químicos e biólogos são muito mais proficientes no trato com entidades microfísicas do que no arremesso de dardos, ou na modelagem de machados de pedra.

Lancemos em relance um olhar sobre apenas cinco assunções básicas da psicologia evolucionária. A primeira é uma emprestada da genética pop, da etologia pop, da antropologia pop e da psicologia pop, em particular da psicanálise. Esta é a tripla hipótese de que: a. o sexo é o primeiro motor de todo comportamento animal; b. todos os machos desejam espalhar seus sêmens (ou seus genes) tão amplamente quanto possível, ao passo que c. todas as fêmeas preferem os parceiros mais fortes (ou ricos) porque desejam produzir os melhores rebentos. Tais assunções pressupõem, por seu turno que: a. todos os impulsos estão, em última análise, enraizados no sexo; b. todos os animais buscam o sexo *conscientemente*, mais do que instintivamente; e c. assim procedem porque *sabem* que a copulação conduz consequentemente à gravidez. Mas é bem conhecido o fato de que: a. o medo, a fome e a sede superam o sexo; b. a maior parte do comportamento animal é instintiva; e c. a conexão coito-gravidez, embora presumivelmente suspeitada pelas pessoas há muito tempo, foi confirmada experimentalmente apenas no século XVIII por Lazzaro Spallanzani, trabalhando com rãs. Em suma, somente Freud e o Papa partilham da obsessão com o sexo que caracteriza os psicólogos evolucionários.

Outra assunção básica da psicologia evolucionária é que a mente é um computador que opera algoritmos inatos. Nós rejeitamos essa concepção não biológica da mente no capítulo 12, pois ela desconsidera: a. as imensas diferenças entre artefatos, como computadores e algoritmos, e itens naturais, como cérebros e as leis da natureza a eles inerentes; b. a espontaneidade, a iniciativa e a criatividade – a capacidade de inventar ideias e ações originais que não respondem a estímulos ambientais; e c. a sociabilidade. Ademais, a tese do conhecimento inato é inconsistente com a neurociência e a psicologia desenvolvimentista, tanto quanto com a experiência de pais e professores: nascemos ignorantes de quase tudo, embora, por certo, dotados de órgão do aprendizado de qualquer coisa.

Uma terceira suposição básica da psicologia evolucionária é que a mente é composta de centenas ou de milhares de módulos mutuamente independentes, ou microcomputadores, cada um dos quais desempenha uma dada tarefa, tais como detectar trapaceiros ou identificar parceiros potenciais. Sabemos, a partir da neurociência cognitiva, afetiva e social, que o cérebro é, de fato, composto de subsistemas especiais, tais como os destinados a perceber faces ou sons. Mas sabemos também que esses módulos não são mutuamente independentes. Por exemplo, a percepção depende não só da corrente de estímulos, mas também da memória e da expectativa. Assim, se tivermos esperando por alguém na esquina de uma rua, é provável que identifiquemos erroneamente muitos passantes como sendo o indivíduo aguardado.

Uma quarta hipótese básica da psicologia evolucionária, e que melhor a distingue, é que nossas mentes foram "projetadas" pela seleção natural para enfrentar o "ambiente do Pleistoceno", que principiou cerca de dois milhões de anos atrás e terminou por volta de cinquenta mil anos passados. Há vários problemas com essa pretensão. Um deles é que ela nega a existência da mente moderna, caracterizada pela racionalidade e pela abstração. Outro problema é que ela não explica o fato de a maioria de nós sair-se bem melhor no jângal urbano do que na selva. Um terceiro problema é que, em princípio, é impossível conhecer os problemas precisos de sobrevivência que nossos remotos ancestrais enfrentavam e, portanto, as capacidades mentais (ou módulos) que foram selecionadas. Nós somos aprendizes natos, não professores; adaptáveis, não adaptados, e muito menos a qualquer dos ambientes pleistocênicos que se foram há muito e são em grande parte desconhecidos – os quais, diga-se de passagem, provavelmente passaram por enormes mudanças a cada conjunto de alguns milhares de anos. *Last, but not least*, não é verdade que nosso genoma permaneceu imutável no decurso dos cinquenta milênios passados. Por exemplo, a capacidade de digerir leite após a infância surgiu em alguns povos somente há cerca de cinco milênios com a domesticação de cabras e vacas. (Mais sobre as mudanças genéticas produzidas pela invenção da agricultura há cerca de dez mil anos, em Cochran e Harpending, 2009.)

Por fim, outro postulado da psicologia evolucionária (bem como da teoria econômica padrão) é que nós somos todos basicamente interesseiros: esse altruísmo não é nada senão um egoísmo esperto. Em outras palavras, pressupõem-se que somos fracos mais do que fortes retribuidores: que fazemos algo pelos outros apenas porque esperamos que eles finalmente paguem-nos de volta. Essa hipótese omite o relacionamento e as emoções sociais, particularmente a empatia. Os etólogos sempre souberam que os animais gregários "investem" na cooperação que leva a laços de longo prazo, sem os quais não haveria sociedades animais. E a observação e o experimento mais recentes também mostraram que os seres humanos e outros vertebrados empenham-se em ações genuinamente altruístas (e.g., Gintis et al., 2005); e que assim procedem não apenas depois de cuidadosa deliberação, porém amiúde de maneira instintiva e por empatia (e.g., Preston e De Waal, 2002). Como De Waal (2008, p. 292) o formulou, a beleza da conexão altruísmo/empatia é que "o mecanismo funciona tão bem porque dá aos indivíduos um prêmio emocional no bem-estar dos outros".

Acerca de quais achados se gabam os psicólogos evolucionários? Eis um exemplo de favoritos (Buss, 2004). 1. Tipicamente, os homens investem menos que as mulheres no cuidado parental porque eles não têm certeza quanto à paternidade – não porque dispendem mais tempo trabalhando longe de casa. 2. As mulheres preferem homens fortes ou ricos, indivíduos aptos a sustentar elas e seus rebentos, como é provado pelo fato de que, em bares para solteiros, as mulheres tendem a assediar homens de próspera aparência – não porque aquelas que procuram esses homens frequentem tais bares. 3. A depressão não foi eliminada pela seleção natural porque é boa para você: ela o induz a baixar seu padrão a uma altura mais realista. 4. A dominância social nada tem a ver com o poder econômico e político: ela tem raízes puramente biológicas e uma motivação exclusivamente sexual. 5. Todas as feições sociais estão codificadas no genoma humano, razão pela qual as revoluções sociais têm, na melhor das hipóteses, resultados efêmeros (Barkow, 2006). 6. As atividades culturais são apenas "estratégias de pareamento". Assim, Platão, Tomás de Aquino, Leonardo, Michelangelo, Descartes, Spinoza, Newton e outros solteiros famosos trabalhavam, presumivelmente, apenas para seduzir mulheres. Do mesmo modo, os inventores da escrita, da computação, do fazer crônicas, do filosofar e similares, devem ter sido tão doidos por sexo como macacos e símios.

Em suma, as principais hipóteses da psicologia evolucionária são ou intestáveis ou testáveis, mas implausíveis e, portanto, não científicas em qualquer um dos dois casos. (Ver críticas ulteriores em Buller, 2005; Cochran e Harpending, 2009; Gould, 1997a; Lickleiter e Honeycutt, 2003; Lloyd, 1999; Smail, 2008.) Ainda assim, o projeto de construir uma psicologia evolucionária científica é interessante. Se é viável, ainda é preciso ver.

Basta de pseudociência. O assunto de sua filosofia subjacente é intrigante e vasto, e, no entanto, em grande parte inexplorado. (Ver, entretanto, Bunge, 2006c; Flew, 1987.) Apenas pense nos muitos livros de bolso de pseudociência ocultos nas "hard" ciências, tal como o princípio antrópico na cosmologia; o mito do "its de bits" e a tentativa de esboçar uma teoria de tudo; a fala informativa na bioquímica; ou o dogma na biologia, segundo o qual "tudo está no genes"; a sociobiologia humana; a economia do equilíbrio; e os modelos de teoria dos jogos na economia e na ciência política. Analise um egrégio erro na ciência e você provavelmente encontrará um *bug* (vírus) filosófico.

Linha Fronteiriça de Campos Minados: Proto e Semi

Toda tentativa de classificar qualquer coleção de itens fora da matemática encontrará provavelmente casos de fronteira. As principais razões para tais incertezas são ou que os próprios critérios de classificação são imprecisos ou que o item em questão possui somente algumas das feições necessárias para colocá-lo na caixa em questão. Por exemplo, nós ainda não sabemos como podemos distinguir, com segurança, certos hominídeos de humanos.

Não importa a razão, no caso da ciência encontramos um bocado de disciplinas, teorias ou procedimentos que, longe de cair claramente na ciência ou fora dela, podem ser caracterizados como protocientífico, semicientífico ou ciência frustrada. Vamos dar uma olhada nesses casos.

Uma protociência, ou ciência emergente, é obviamente uma ciência *in statu nascendi*. Se ela sobrevive, em geral, semelhante campo pode finalmente desenvolver-se ou em uma ciência madura ou em uma semiciência ou em uma pseudociência. Em outros termos, no momento em que se diz que uma disciplina é uma protociência, é cedo demais para declará-la científica ou não científica. Exemplos: a física, antes de Galileu e Huygens; a química, antes de Lavoisier; e a medicina, antes de Virchov e Bernard. Todas essas disciplinas, finalmente, amadureceram para se tornarem plenamente científicas. (A medicina e a engenharia podem ser científicas, ainda que sejam tecnologias mais do que ciências.)

Uma *semiciência* é uma disciplina que se põe em marcha como uma ciência, e é costumeiramente chamada de ciência, e, no entanto, não se qualifica totalmente como tal. Concedo que a cosmologia, a psicologia, a economia e a politicologia ainda são semiciências, a despeito de suas idades avançadas. De fato, a cosmologia está cheia de especulações que contradizem sólidos princípios da física. Existem ainda psicólogos que negam que a mente é aquilo que o cérebro faz, ou que escrevem acerca de sistemas neurais a "servir" ou "mediar" funções mentais. E, por certo, muitos dos assim chamados prêmios Nobel em economia são, amiúde, concedidos a inventores de modelos matemáticos que não têm nenhuma semelhança com a realidade econômica – se não por outro motivo, pelo menos porque ignoram a produção e a política – ou com projetistas de políticas econômicas que prejudicam o pobre.

Basta de casos patentes de pseudociência. Em alguns casos, é difícil saber se algo é científico, semicientífico ou pseudocientífico. Por exemplo, a vasta maioria dos físicos do século XIX considerava a atomística uma pseudociência, porque ela produzia apenas evidência indireta para a hipótese atômica. Pior ainda, uma vez que não havia teoria detalhada dos átomos individuais, a atomística era apenas fracamente testável, ou seja, através das previsões da mecânica estatística e da química. Mas a teoria tornou-se cientificamente respeitável, quase da noite para o dia, em consequência da teoria de Einstein sobre o movimento browniano e a sua confirmação experimental feita por Perrin. Só os positivistas obstinados, como Ernst Mach e Pierre Duhem, opuseram-se ao atomismo até o fim.

Outro caso de interesse filosófico é a teoria das cordas. Ela parece científica em razão de seu impressionante aparato matemático e porque enfrenta um problema aberto, que é tão importante quanto difícil: o de construir uma teoria quântica da gravitação. Por isso e por ter gerado grandes matemáticos, ela continua ainda a atrair alguns dos mais brilhantes cérebros jovens. Mas a teoria postula que o espaço físico possui dez dimensões em vez de três, apenas para assegurar a consistência matemática da teoria. Lisa Randall, uma proeminente teórica da teoria das cordas, especulou que o espaço físico tinha, inicialmente, todas as dimensões extras, porém ele as perdeu com a idade. Essa manobra certamente salva a teoria da refutação, mas soa como uma desculpa, particularmente porque nenhum mecanismo de envelhecimento foi apresentado. Como as dimensões extras são inobserváveis, e como a teoria resistiu à confirmação experimental desde o seu começo em 1968, ela parece ficção científica ou, pelo menos, ciência frustrada, como um de seus entusiastas de primeira hora admitiu (Smolin, 2006).

O caso da frenologia, "a ciência dos crânios", é instrutivo. Ela reviveu a hipótese materialista testável de Galeno, segundo a qual todas as funções mentais são processos mentais precisamente localizáveis. Mas, em vez de submeter essa excitante hipótese à prova experimental, os frenologistas venderam-na com êxito em feiras e em outros locais de entretenimento: puseram-se a rodar por aí, palpando os crânios das pessoas, e pretendendo localizar nestes os centros da imaginação, do altruísmo, da filoprogenitividade, e assim por diante. A emergência da moderna neurociência nas mãos de Ramón y Cajal acabou com a frenologia. O que está surgindo, agora, é uma simbiose de localização com coordenação, como vimos na seção A Plasticidade do Cérebro no capítulo 9.

O descrédito da frenologia lança dúvida não apenas sobre o localizacionismo radical, mas também sobre as tentativas científicas de mapear a mente no cérebro. Em particular, os dispositivos de imagem do cérebro inventados no curso das três décadas passadas, foram, a princípio, saudados com ceticismo porque a própria tentativa de localizar processos mentais soava como frenologia. Mas essas novas ferramentas mostraram-se extremamente fecundas e, longe de confirmar as hipóteses frenológicas (um módulo por função), elas deram origem a muitas novas introvisões, entre as quais a concepção de que todos os subsistemas do cérebro estão interconectados, e que tais conexões são tanto mais fortes quanto mais difícil a sua tarefa. Se uma ferramenta ou uma teoria conduzem a importantes achados, elas não podem ser pseudocientíficas, porque uma das marcas da pseudociência é que ela é edificada em torno de alguma velha superstição.

Um procedimento útil para avaliar o caráter científico de qualquer abordagem nova é determinar, separadamente, seu corpo H de hipóteses substantivas e seu método M. Desse modo obtemos uma matriz 2×2.

$$HM \qquad H\bar{M}$$
$$\bar{H}M \qquad \bar{H}\bar{M}$$

Concordo que, no presente momento, a neurociência cognitiva está no canto NO [noroeste] (corretos H e M), enquanto há dois séculos a frenologia estava no canto NE [nordeste] (correto H e errado M). Correntemente a escola da Gestalt, o behaviorismo e a psicologia cognitiva (em especial o computacionalismo) encontram-se no canto SO [sudoeste] (errado H, correto M), enquanto a psicanálise, a parapsicologia e a psicologia evolucionária contemporânea residem no SE [sudeste] (errados H e M). Este é o canto pseudocientífico. Os itens não diagonais devem ser considerados como semiciências: eles podem eventualmente desenvolver-se tanto em ciências plenamente amadurecidas quanto em pseudociência, ou podem silenciosamente desaparecer por falta de novos achados.

Uma palavra final de precaução. A maioria de nós suspeita de teorias ou de instrumentos radicalmente novos, e isso por uma de duas razões: por causa da inércia intelectual ou porque é necessário inquirir todo recém-chegado para se ter certeza de que ele não é um impostor. Mas é preciso não confundir as duas razões. Rigorosos tipos inquisidores gostam de novidade, mas apenas na medida em que ela não ameace desacreditar ou desmantelar o sistema inteiro de conhecimento.

A Conexão Pseudociência-Política

A pseudociência é sempre perigosa porque polui a cultura e, quando ela concerne à saúde, à economia ou à política, a falsa ciência põe em risco a vida, a liberdade e a paz. Mas, por certo, a pseudociência é supremamente perigosa quando desfruta do apoio de governos, de organizações religiosas ou de grandes corporações. Um punhado de exemplos deve bastar para o nosso intento.

Do Iluminismo em diante, a maioria dos progressistas tem sustentado que o genoma não é destino: que nós podemos aprender não só a pensar, mas também a sentir e atuar quer diretamente por meio da imitação e do aprendizado, quer indiretamente por meio da reforma social. Por outro lado, conservadores e reacionários de todas as faixas têm adotado o nativismo, a concepção de que nascemos com todos os traços que emergem no curso da vida. Assim, as sagradas escrituras hindus consagravam o sistema de castas; a *Bíblia* sustentava que os judeus foram escolhidos por Yahveh; Aristóteles, que os "bárbaros" são inferiores aos helenos; os colonizadores europeus, que os povos conquistados eram selvagens, que serviam apenas para serem escravizados ou exterminados – e assim por diante. A conexão conservadorismo-nativismo foi consideravelmente enfraquecida pelo Iluminismo e pela subsequente difusão de ideologias esquerdistas, mas ela reemerge de vez em quando, com particular virulência no darwinismo social e, mais recentemente, sob a asa da psicologia evolucionária. Recordemo-nos do mais recente renascimento do nativismo "científico".

Steven Pinker (2003), um professor de Harvard e o mais popular psicólogo dos dias atuais, dedica um capítulo inteiro de um de seus influentes livros às questões políticas que cercam o dilema nativismo/ambientalismo. Ele declara que "as novas ciências da natureza humana", da genética à psicologia evolucionária, vindicam o que ele chama de Visão Trágica. Isso não é outra coisa senão o individualismo e pessimismo da economia ortodoxa e da filosofia política conservadora, de Hobbes a Burke, a Schopenhauer, a Nietzsche, a Hayek, a Thatcher e a Reagan.

Pinker cita (op. cit., p. 294), em particular, as seguintes "descobertas" dessas "novas ciências": "a primazia dos laços de família" – a despeito do fato de que na maior parte dos casos os membros das firmas de negócios, as cliques políticas, os laboratórios, os regimentos e os times de esportes não estão geneticamente relacionados; "o escopo limitado do comportamento comunal nos grupos humanos", embora todas as sociedades primitivas e muitas empresas modernas sejam cooperativas; "a universalidade da dominância e violência através das sociedades humanas" – ainda que a taxa de homicídios viesse declinando em todas as sociedades civilizadas no decurso do século passado, e nem sequer as sociedades mais divididas sejam basicamente tirânicas e violentas; e "a universalidade do etnocentrismo e outras formas de hostilidade de grupos-contra-grupos através das sociedades" – como se tais inegáveis contendas não fossem equilibradas pela cooperação, pela obediência à lei e pelos interesses materiais.

Mas isso não é tudo: para nos persuadir de que basicamente somos todos torpes, brutos e egoístas, Pinker (loc. cit.) completa a lista anterior com o seguinte: "a hereditariedade parcial da inteligência, da consciência e das tendências antissociais" – muito embora todas essas capacidades possam ser intensificadas ou reprimidas pela educação e pelo controle social informal; "a prevalência de mecanismos de defesa, de vieses autos-servidores e de redução cognitiva de dissonância" – os quais, conquanto reais, são seguramente menos severos em sociedades de bem-estar social do que nas "liberais"; "os vieses do senso moral humano", incluindo o nepotismo e a conformidade – é bem verdade, mas não omitamos os fatos de que o altruísmo e a inconformidade ocorrem junto com o egoísmo, e que o progresso político amiúde envolve progresso moral. O precedente é um claro exemplo de uma falha do reducionismo radical, neste caso, da ciência social até a genética e a psicologia. Ademais, o rol de Pinker de realizações da "nova ciência da natureza humana" soa como o preâmbulo a um Manifesto de um Novo Direito mais do que um sumário de achados científicos. O engajamento em uma ideologia política regressiva é um indicador confiável da natureza pseudocientífica de uma disciplina.

Muita coisa do mesmo vale para os autointitulados psicólogos evolucionários, a quem Pinker admira: eles também asseveram confiantemente que a desigualdade social está em nosso gene e, em consequência, as revoluções sociais estão destinadas a gorar. Assim, Barkow (2006, p. 37), um dos fundadores, diz: "a estratificação social é um reflexo do fato evolucionário de que as pessoas desejam mais para os seus filhos do que para os filhos dos outros". Mas, certamente, as barreiras de classe, por definição, desaceleram a mobilidade social ou até a evitam inteiramente. Logo, somente uma sociedade sem classes, ou ao menos com barreiras sociais porosas, permite o avanço pessoal. Note que este é um argumento puramente lógico. O que necessita evidência empírica é a assunção de que a ambição que cada um teria em favor de seu próprio rebento é inata e, portanto, universal. Contudo, a genética humana não proporcionou prova para essa peça da genética pop.

Longe de ter raízes biológicas, a estratificação social exerce um forte impacto sobre a qualidade e a duração da vida: as pessoas do topo social vivem melhor e mais longamente do que seus subordinados. O mecanismo psico-neuro-endócrino-imunológico é, grosseiramente, o seguinte: Subordinação → Estresse → Liberação de cortisol → Elevação da pressão sanguínea e dos níveis sanguíneos de açúcar → Morbidade mais elevada. Daí por que a vida é melhor e mais longa no Japão e nos países nórdicos do que nos países menos igualitários, como os Estados Unidos e o Reino Unido (ver, e.g., Wilkinson e Pickett, 2009).

Além disso, os arqueólogos sociais verificaram que a estratificação social surgiu apenas há cerca de cinco milênios, juntamente com a civilização. Como Trigger (2003b, p. 44) nos informa em seu monumental tratado, "os antropólogos aplicam o termo 'civilização primitiva' à forma mais antiga e simples de sociedades em que os princípios básicos a governar relações sociais não eram a do parentesco, porém de uma hierarquia de divisões sociais que cortavam horizontalmente as sociedades e eram desiguais em poder, riqueza e prestígio social". Entretanto, movamo-nos rumo a outros espécimes da pseudociência.

A eugenia, promovida em outros tempos por muitos cientistas de boa-fé e intelectuais progressistas independentes, era invocada por legisladores norte-americanos para introduzir e votar leis que restringiam a imigração de pessoas de "raças inferiores" que levaram à institucionalização de milhares de crianças consideradas como mentalmente débeis. As políticas raciais das potências coloniais e dos nazistas eram justificadas pela mesma "ciência" e levavam à escravização ou ao assassinato de milhões de ameríndios, indianos, negros, eslavos, judeus e ciganos.

A crise econômica mundial que começou em 2008 é mais um exemplo tópico das desastrosas consequências sociais resultantes de políticas sociais inspiradas por filosofias econômicas e políticas equivocadas. De fato há consenso de que a culpa dessa crise deve ser atribuída às políticas *laissez-faire* promovidas pelos governos norte-americano e britânico desde os dias de Ronald Reagan e Margareth Thatcher. Ora, *laissez-faire* não é um desgarrado *slogan* ideológico: é a consequência lógica de dois dogmas que foram apresentados acriticamente, apesar de suas mudanças na realidade econômica, desde Adam Smith (1776) em sua grande obra. Estes são os princípios: a. que a única meta da atividade econômica é a busca do lucro privado; e b. que o livre (não regulamentado) mercado é autorregulador – que ele está sempre em equilíbrio ou próximo dele, donde qualquer intervenção está destinada a feri-lo.

Por sua vez, as hipóteses acima repousam sobre três doutrinas filosóficas não examinadas: uma ontológica individualista; uma epistemológica não científica e uma ética individualista. O individualismo é a tese de que há somente indivíduos: que entidades coletivas, como companheiros de negócios e nações, são elucubrações da imaginação. Essa tese é errônea: fictício é o indivíduo isolado. Como argumentamos em outro lugar (e.g., Bunge, 2003a), tudo no mundo real é um sistema ou um componente de um sistema. Em especial, as ações de um indivíduo só podem ser entendidas em seu contexto social. É possível encetar a análise tanto no nível micro quanto no macro, mas nenhuma análise será satisfatória se ela omitir um ou outro nível. A lição metodológica é que qualquer explanação satisfatória de um fato social há de envolver o que denominei diagramas de Boudon-Coleman (Bunge, 1998). Eis um exemplo recente:

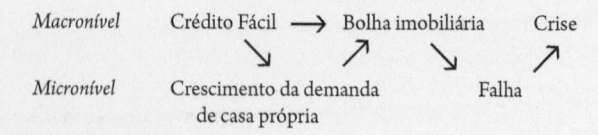

Os diagramas de Boudon-Coleman vão contra a natureza do individualismo metodológico radical, que gosta de permanecer sempre no micronível. Esse ponto de vista metodológico não pode manter-se neutro na controvérsia epistemológica entre realismo (ou objetivismo) e subjetivismo: se consistente, ele parte da experiência cognitiva individual mais do que do conhecimento, que é aprendido em sociedade e aferido pelas comunidades científicas (ou "ceticismo organizado, de Merton"). Portanto, o individualista metodológico deveria ser ou um subjetivista radical (como Berkeley, Kant, Fichte ou Husserl) ou um empirista radical (como Hume, Comte, Mill ou Carnap). A combinação feita por Popper de um individualismo metodológico radical com um realismo epistemológico não funciona.

Assim como o holismo vem com uma ética do dever, do mesmo modo o individualismo de Confúcio e Kant está casado com o *slogan* egoísta "cada um por si mesmo": o sistemismo sugere, por contraste, uma ética humanista, em que direitos e deveres estão no mesmo nível. Em semelhante filosofia moral, todo direito implica um dever e inversamente. Por exemplo, meu direito de ganhar a vida implica meu dever de ajudar os outros a sobreviverem; e meu dever de pagar tributos implica meu direito de opinar sobre o modo como eles são gastos. Admito que pessoas comuns acatem semelhante filosofia moral, enquanto economistas ortodoxos e políticos conservadores pregam deontologia às massas ao mesmo tempo que aconselham egoísmo a seus clientes.

Tudo nas economias avançadas é governado por políticas econômicas de algum tipo. Por sua vez, tais políticas são projetadas com base na força de teorias econômicas e princípios morais, e elas são impelidas ou executadas por partidos políticos ou governos:

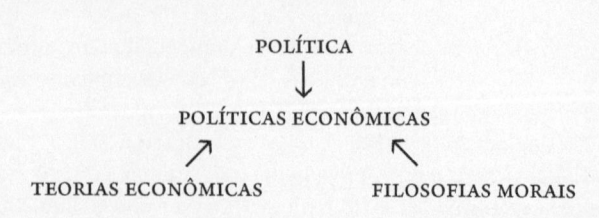

O economista ortodoxo objetará a inclusão de políticas e morais entre as determinantes de políticas econômicas. Ele pretenderá que estas são regras puramente técnicas pertencentes ao manual de operações da maquinaria macroeconômica. Mas, por certo, na melhor das hipóteses, essa pretensão é equivocada e, na pior, insinceras, pois toda economia política está destinada a promover algum interesse, ao mesmo tempo que prejudica outros. Por exemplo, o livre comércio favorece o forte e, ao mesmo tempo, detém o desenvolvimento do fraco; e o estado de bem--estar social melhora a sorte do pobre por meio da taxação do rico. Em resumo, toda política pública está moralmente comprometida. Como o grande socioeconomista Gunnar Myrdal prescreveu há muito: "Declare seus valores!" Não proceder assim pode ajudar a perdoar ou a pseudo-ciência ou a ciência mercenária – faça-o imediatamente.

Ciência Mercenária

O fato de um grande número de cientistas ter assinado pactos fáusticos com o demônio da guerra do transcurso do século XX deu à ciência má fama, e desencorajou muitos jovens capazes de seguir uma carreira científica. Iremos, por isso, lançar agora um olhar sobre a ciência mercenária – um tipo de ciência que apaga o lado humano do pentágono filosófico na fig. 13.1 da seção A Matriz Filosófica de Progresso Científico deste capítulo.

Enquanto a ciência básica é desinteressada, o objetivo dos projetos de ciência aplicada é obter resultados de possível interesse prático; e, por certo, os tecnólogos projetam, reparam ou mantêm artefatos de toda espécie, desde máquinas até organizações sociais. Por exemplo, a química e a biologia básicas proporcionam o conhecimento de base para a farmacologia; esta última analisa ou sintetiza compostos com possíveis empregos terapêuticos; e a farmacologia industrial, juntamente com a medicina, projeta e testa drogas e terapias. O fluxo usual de conhecimento entre os três domínios é este:

Ciência Básica → *Ciência Aplicada* → *Tecnologia*

Além disso, há a ciência mercenária, ou a ciência de aluguel, independentemente das consciências morais, ou até conhecendo que seus resultados serão utilizados para maus propósitos. A ciência mercenária é invulgar porque a vasta maioria dos cientistas não está interessada em aplicações práticas; ademais, são incompetentes para o trabalho de "traduzir" a ciência em tecnologia. Ainda assim, em certo número de casos de patriotismo, de fervor ideológico, de ganância ou de desejo de ser ou de se tornar íntimo de pessoas poderosas (o assim chamado complexo Kissinger) prevaleceu, e alguns grandes cientistas reinventaram-se como ocasionais tecnologistas mefistofélicos: lembre-se do fosgênio, do gás asfixiante, da bomba de hidrogênio, do napalm, do agente laranja, das bombas antipessoais e de fragmentação, e do gene exterminador (ver Cornwell, 2003; Schwartz et al., 1972).

Alguns dos cientistas que se engajaram na ciência mercenária não eram empregados anônimos de companhias ou governos, porém físicos ou químicos eminentes, alguns deles até laureados pelo Nobel. De outro lado, os *scholars* que trabalharam para a CIA ou para a KGB enquanto fingiam devoção à liberdade e à paz, ou aconselhavam o Pentágono sobre a melhor maneira de matar camponeses vietnamitas, dificilmente são considerados cientistas mercenários porque praticam a pseudociência (ver, e.g., Lang, 1981; Stonor Saunders, 2000). O mesmo vale para os prêmios Nobel em economia que, para a delícia da indústria do petróleo, negavam a realidade do aquecimento global ou mesmo a finitude das reservas de petróleo.

Politólogos mercenários são os mais sinistros, mas não os únicos violadores do código da ciência. Os cientistas dos alimentos que procuram a melhor combinação de gordura, açúcar e sal para nos incitar a nos empanturrarmos com biscoitos ou com comida de bebês, fazendo-nos viciar nelas, não ficam muito atrás. Eles estão em companhia dos químicos empregados pela grande indústria do tabaco, que manipulavam nicotina para tornar o ato de fumar cigarro mais compulsivo. Acrescente os psicólogos que ajudam no projeto de anúncios enganosos, e você terá um quadro do enorme contingente de cientistas da natureza, sociais e biossociais pagos para usar a ciência contra o povo. A única defesa eficiente diante desse exército mercenário é mais e melhor educação científica.

Filosofia: Genuína e Falsa, Pró-Ciência e Anticiência

A pseudofilosofia é o contrassenso exibindo-se como filosofia profunda. Ela pode ter existido desde Lao Tzu, mas não foi tomada a sério até cerca de 1800, quando os românticos desafiaram o Iluminismo. Renunciando à racionalidade, geraram um bocado de pseudofilosofia: lembre-se dos lunáticos pronunciamentos de Hegel, Fichte, Schelling e de seus seguidores britânicos (ver, e.g., Stove, 1991). É verdade, Hegel enfrentou certo número de problemas, de modo que sua obra não pode ser facilmente descartada. Entretanto, sua obra, quando compreensível de alguma forma, mostra-se em geral errônea à luz da ciência mais avançada de seu tempo. Pior ainda, ela consagrou o equívoco de que o profundo deve ser obscuro.

Nossa caracterização de pesquisa científica no capítulo anterior envolvia ideias filosóficas de cinco espécies: lógica, semântica, ontológica, epistemológica (em particular, metodológica) e ética. Em especial, envolvia as noções de consequência lógica e consistência lógica; as noções semânticas de significado e verdade; os conceitos ontológicos de fato real e lei (padrão objetivo); os conceitos epistemológicos de conhecimento e teste; e os princípios morais de honestidade intelectual e serviço público. Por que tais compromissos filosóficos da ciência? Vejamos.

A pesquisa científica tem escoras filosóficas porque ela é, no seu cerne, a busca *honesta* do *verdadeiro conhecimento* a respeito do *mundo real*, particularmente de suas *leis*, com auxílio de meios tanto *teóricos* quanto *empíricos* – sobretudo, do *método científico* – e porque se espera que todo corpo de *conhecimento científico* seja *logicamente consistente*, bem como um objeto de *discussão racional* no seio de uma comunidade de investigadores. Todas as expressões em itálico ocorrem em discursos (metacientíficos) acerca de qualquer ciência factual (empírica). E a disciplina encarregada de elucidar e sistematizar os correspondentes conceitos é a filosofia. Na verdade, a filosofia é o estudo da maioria dos conceitos e princípios fundamentais e interdisciplinares. Logo, espera-se que os filósofos sejam generalistas mais do que especialistas. E alguns de nós assumem, com frequência, a ingrata tarefa de passar julgamento sobre as credenciais de algumas das crenças pseudocientíficas ou ideológicas.

Ora, diferentes escolas filosóficas tratam das componentes filosóficas acima de maneira diferente ou de maneira nenhuma. Lembremos resumidamente apenas de quatro influentes exemplos contemporâneos: marxismo, existencialismo, positivismo lógico e popperismo.

O marxismo introduziu algumas ideias revolucionárias na ciência social, particularmente a concepção materialista da história e a centralidade do conflito social. Entretanto, o materialismo marxista é limitadamente economista: ele subestima os papéis da política e da cultura (em especial, da ideologia). Além disso, seguindo Hegel, o marxismo confunde lógica com ontologia, e, portanto, desconfia da lógica formal; sua ontologia materialista é estragada pelas obscuridades românticas da dialética, como o princípio da unidade dos opostos: sua epistemologia é um realismo ingênuo (a "teoria reflexiva do conhecimento"), que não dá lugar para a natureza simbólica da pura matemática e da física teórica; das exaltadas totalidades sociais à custa dos indivíduos e de suas legítimas aspirações; ela exagera o impacto da sociedade sobre a cognição; e ela adota a ética utilitária que não tem emprego para a investigação desinteressada, para não mencionar o altruísmo.

Não é de admirar que, enquanto se encontravam no poder, os filósofos materialistas dialéticos opuseram-se a alguns dos mais revolucionários desenvolvimentos científicos de seu tempo: a lógica matemática, a teoria da relatividade, a mecânica quântica, a química quântica, a genética, a teoria sintética da evolução e a neuropsicologia pós-pavloviana (ver, e.g., Graham, 1981). Mas o pior pecado do materialismo dialético é que, por superestimar o conflito, ele subestima a cooperação, e é, na realidade, uma filosofia de guerra, muito embora seus seguidores proclamem seu amor à paz.

No entanto, os sérios defeitos do marxismo são manchas de beleza em comparação com os absurdos do existencialismo. Essa doutrina hermética rejeita a lógica e a racionalidade; e ela está centrada numa ontologia extremamente incompleta, quase ininteligível e até ridícula. Basta lembrar a caracterização feita por Heidegger do ser e o tempo, o tema central do livro que o tornou famoso da noite para o dia: "O ser é ELE ele próprio", ("Being is IT itself") e "tempo é a maturação da temporalidade". Outros dois célebres aforismas do mesmo autor são: "O mundo munda" e, "a palavra é a morada do ser (sendo)". Tudo isso é simplesmente contrassenso e, portanto, nem sequer falso. Mas pode soar como profundo para o ingênuo; e atrai o preguiçoso, pois desencoraja a discussão racional.

Mais ainda, o existencialismo não tem uso para a semântica, para a epistemologia ou para a ética. Não é de se admirar que não tenha tido qualquer impacto sobre as ciências, exceto indireta e negativamente através de seu aviltamento da razão e apoio ao nazismo. Não é de admirar, também, que não haja produzido uma inteligível filosofia da ciência, tampouco uma estimulante. Na realidade, o existencialismo é um exemplo de primeira ordem de uma pseudofilosofia.

Em contraposição, o positivismo lógico utiliza a lógica moderna, defende o cientificismo e critica o obscurantismo. Mas não possui nenhuma semântica defensável além da tese operacionista de que significado é igual a ser testável – um erro de categoria. Ele não tem nenhuma ontologia afora a do fenomenalismo ("há somente aparências"). Sua epistemologia superestima a indução e entende equivocadamente ou subestima a teoria científica, a qual encara como um mero compêndio de dados. E não tem nenhuma ética além do emotivismo de Hume. Não é de surpreender, pois, que os positivistas lógicos tenham interpretado mal a física relativista e quântica em termos de operações laboratoriais, em vez de representarem entidades físicas objetivamente existentes, que existem na ausência de observadores (ver, e.g., Bunge, 1973a). Ainda assim, o positivismo lógico é científico e, portanto, de longe superior à postura anticiência do pós-modernismo. Mas, para o melhor ou para o pior, o positivismo lógico está morto exceto em alguns compêndios de ciência.

Karl Popper colaborou para a morte do positivismo lógico. Ele louvou a racionalidade e a busca de conhecimento. Mas rejeitava toda tentativa de elucidar os conceitos de significado e interpretação, sem os quais é impossível utilizar a matemática na ciência. Ele não tinha nenhuma ontologia além do individualismo (ou atomismo ou nominalismo), o que torna impossível a engenharia social – a despeito disso ele a aprovava. Popper valorizava a teoria a ponto de considerar a observação, a mensuração e o experimento como os únicos meios de testar hipóteses. Ele superestimou o criticismo e subestimava a descoberta e a indução. Não tinha emprego para a evidência positiva e não tinha nenhuma ética, além da prescrição de Buda, Epicuro e Hipócrates de não fazer o mal. Por causa do abuso da palavra "não", a filosofia de Popper pode ser denominada de negativismo lógico (Bunge, 1999). No entanto, Popper possui o mérito de ter defendido a racionalidade e uma interpretação realista das teorias físicas e de haver esvaziado o indutivismo e mostrado a impossibilidade da lógica indutiva.

Mas Popper primeiro subestimou, e mais tarde admitiu, porém interpretou erroneamente a biologia evolucionária declarando que ela consistia exclusivamente da remoção de desajustes; ele se opunha ao monismo psiconeural inerente à psicologia biológica; rejeitava a concepção materialista da história adotada pela mais avançada escola histórica – a dos Annales; e defendia a microeconomia neoclássica, que – como será argumentado abaixo – é pseudocientífica por ser conceitualmente vaga, e imune à falsificação empírica.

Em resumo, nenhuma das quatro escolas acima mencionadas casa-se com a filosofia inerente à ciência. Aceito que qualquer filosofia capaz de entendimento, usar e promover a pesquisa científica tem as seguintes características:

1. *Lógica*. Consistência interna e obediência às regras da inferência dedutiva: aceitação da analogia e da indução como meios heurísticos, mas nenhuma afirmação, *a priori*, de argumentos analógicos ou indutivos.

2. *Semântica*. Uma teoria realista do significado como referência intencionada (denotação) – e na medida em que seja diferente da extensão ou do verdadeiro domínio – junto com o sentido ou a conotação. E uma concepção realista da verdade factual como a conjugação de uma proposição com os fatos a que ela se refere.

3. *Materialismo Ontológico*. Todas as coisas reais são materiais (possuem energia) e se adéquam a algumas leis (causais, probabilísticas ou mistas). Os processos mentais são processos do cérebro, e ideias em si próprias, não obstante verdadeiras ou úteis, são ficções. Dinamicismo:

todas as coisas materiais estão em fluxo. Sistemismo: toda coisa é ou um sistema ou um componente (potencial ou real) de um sistema. Emergentismo: todo sistema tem propriedades (sistêmicas ou emergentes) que os seus componentes carecem.

4. *Realismo* Científico *Epistemológico*. É possível se conhecer a realidade, pelo menos parcial e gradualmente; e espera-se que as teorias científicas representem – por imperfeitas que sejam – partes ou feições do mundo real. *Ceticismo* moderado: o conhecimento científico é perfectível, bem como falível. Entretanto, alguns achados – e.g., de que há átomos e campos, de que não existem ideias descorporificadas, e que a ciência compensa – são firmes aquisições. *Empirismo* moderado: todas as hipóteses factuais devem ser empiricamente testáveis, por mais indiretamente que o sejam. E tanto a evidência positiva quanto a negativa são evidências valiosas do valor-verdade. *Racionalismo* moderado: o conhecimento avança por meio da conjetura educada e do raciocínio combinados com a experiência. *Cientificismo*: o que quer que seja cognoscível e digno de ser conhecido é mais bem conhecido cientificamente.

O humanismo Secular Ético: a norma moral suprema é "busque o bem-estar (biológico, mental e social) do *self* e dos outros". Essa máxima prescreve que a pesquisa científica deve satisfazer ou a curiosidade ou a necessidade, e abster-se de infligir dano injustificável. Socialismo epistêmico: a obra científica, por artesanal que seja, é social, na medida em que é ora estimulada, ora inibida por colegas de trabalho e pela ordem social vigente; e em que o árbitro (provisório) não é alguma autoridade institucional, mas sim a comunidade de especialistas. Toda comunidade desse tipo prospera com as realizações de seus membros, e ela facilita a detecção e a correção do erro. (Advertência: isso é muito diferente da pretensão marxista de que as ideias são manifestadas e mortas pela sociedade; isso também está em desacordo com a concepção construtivista-relativista de que os "fatos científicos" são construções sociais locais, ou seja, meras convenções de natureza comunitária ou tribal.)

Admito que os princípios filosóficos acima expostos são tacitamente satisfeitos pelas ciências maduras ou "duras" (física, química, biologia e história); que as ciências imaturas ou "moles" (psicologia e ciências sociais não históricas) satisfazem somente alguns deles; e que as pseudociências violam a maioria deles. Em resumo, repito que a grande ciência é nutrida por sadia filosofia, como é sugerido na fig. 13.1. Por outro lado, a pseudociência cresce em um ninho construído por maus elementos, alguns dos quais característicos da pseudofilosofia pós-moderna (ver fig. 13.2).

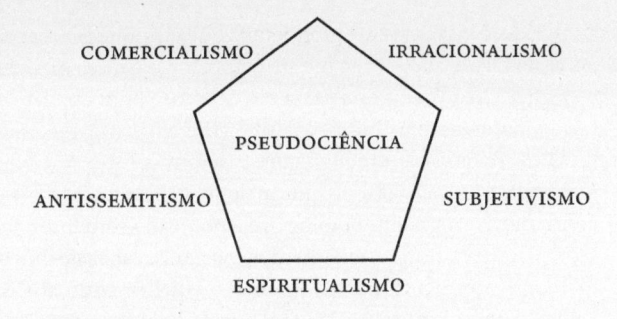

Fig. 13.2: A matriz ideológica da pseudociência.

Além disso, as pseudociências são similares à religião, a ponto de algumas servirem de substitutos desta. A razão é que elas compartilham de idealismo filosófico e de uma ética não humanista. De fato, tanto a pseudociência quanto a religião postulam entidades imateriais, aptidões cognitivas paranormais e uma ética heterônima. Expliquemos isso em pormenor.

Toda religião tem um cerne filosófico, e as filosofias inerentes às várias religiões compartilham dos seguintes princípios idealistas. *Ontologia idealista*: há entidades espirituais autônomas, tais como almas e deidades, e elas satisfazem leis não científicas. *Epistemologia idealista*: algumas pessoas possuem aptidões cognitivas que extrapolam a jurisdição da psicologia experimental; inspiração divina, introvisão inata (*insight*) ou a capacidade de sentir seres espirituais ou profetizar eventos sem ajuda da ciência. *Ética heterônima*: todas as pessoas estão sujeitas a inescrutáveis e onipresentes poderes sobre-humanos; e ninguém é obrigado a justificar sua crença por meio de argumento racional ou experimento científico.

Todos os três componentes comuns, quer à religião, quer à pseudociência, estão em desacordo com a filosofia inerente à ciência. Portanto, as teses de que a ciência é uma ideologia a mais, e que a ciência não pode conflitar com a religião, porque elas tentam resolver problemas diferentes em modos diferentes, porém mutuamente compatíveis, são falsas. (Mais sobre religião e ciência em Bunge, 2009; Mahner e Bunge, 1996.)

Observações Concludentes

A serpente foi acusada de ensinar a Eva que o conhecimento é um mal. As sociedades tornaram-se secularizadas, nós aprendemos que o conhecimento é intrinsecamente um bem, embora nem sempre digno de ser adquirido. Nós também aprendemos que ele pode ser mal empregado e pode ser falsificado – exatamente como quase tudo o mais. Uma vez que o conhecimento científico está em domínio público, dar-lhe mau uso, vendê-lo por lucro privado ou falsificá-lo é o mesmo que roubar do povo.

O charlatanismo médico é um caso em apreço. Aí é bem mais fácil identificar e ridicularizar do que qualquer conhecimento falso, porque ele contradiz abertamente a biologia, e é praticado somente com base na fé, sem qualquer laboratório de evidência clínica capaz de mostrar que atua melhor do que placebos. No entanto, medicinas alternativas continuam a florescer sob a proteção da ideologia do livre mercado. Algumas delas, como a medicina fenomenológica, a medicina narrativa, a psiquiatria existencialista e a psiquiatria transcultural são até ensinadas em prestigiosas escolas médicas, juntamente com a medicina científica. Se essa tendência fosse prevalecer, as pessoas enfermas teriam que recorrer a clínicas veterinárias.

Pode-se apostar, com segurança, que as medicinas alternativas continuarão a prosperar onde quer que a prática da medicina seja considerada um negócio mais do que um serviço social, e onde quer que a pseudofilosofia seja respeitada apenas por causa da tendência de confundir hermetismo com profundeza. Assim sendo, compete às autoridades sanitárias, às associações médicas, aos acadêmicos sérios e aos jornalistas alertar o público e ensinar que a única alternativa para a perigosa charlatanice médica é uma medicina melhor.

Na academia, muito conhecimento espúrio é tolerado em nome da liberdade acadêmica – o que é como permitir a venda de alimentos contaminados em nome da livre-iniciativa. Admito que tal tolerância é suicida: que os estudiosos sérios devem ser protegidos contra a turba do "qualquer coisa vale". As filosofias da matéria e da mente deveriam prover tal proteção; para proporcioná-las, eles deveriam ser "sanduichados" entre a lógica de um lado, e a ciência atualizada de outro. É perda de tempo, bem como enganoso, defender ou atacar o materialismo sem saber o que é matéria; do mesmo modo, não é produtivo defender ou atacar o monismo psiconeural sem conhecer algo sobre a psicologia biológica.

Em suma, não basta produzir conhecimento genuíno: devemos, também, examinar e denunciar o conhecimento espúrio, porque ele desvia e engana. Entretanto, nunca devemos amaldiçoar novas ideias como pseudocientíficas apenas porque elas são estranhas ao ninho. Lembre-se de que no transcurso do século XIX quase todos os físicos e filósofos condenavam a atomística como pseudocientífica. Não sejamos tacanhos de espírito, nem absolutamente carentes de filtros filosóficos.

parte iii
APÊNDICES

14.
APÊNDICE A: OBJETOS

Na linguagem comum, a palavra "objeto" denota uma coisa material que pode ser vista e tocada. Por outro lado, na filosofia moderna "objeto" (*objectum, Gegenstand*) está no lugar de qualquer coisa em que se pode pensar: aplica-se a coisas concretas e abstratas, a conjuntos arbitrários e totalidades estruturadas, a elétrons e nações, a pedras e fantasmas, a indivíduos e conjuntos, a propriedades e eventos, a fatos e ficções, e assim por diante.

O conceito de um objeto é, dessa maneira, o mais geral de todos os conceitos filosóficos. De fato, esse conceito é tão geral que é usado em todos os ramos da filosofia e em todas as linguagens – embora nem sempre de modo consistente. Por exemplo, alguém pode dizer que os temas deste capítulo são objetos, embora seu objeto ou alvo é elucidar "objeto".

Contudo, até onde vai meu conhecimento, a teoria do objeto não é geralmente aceita. Na verdade, esperava-se que a mereologia, ou o cálculo dos individuais, preenchesse essa lacuna. Infelizmente, essa teoria é demasiado complicada e se utiliza de uma notação desajeitada, além de não conseguir muita coisa e, por seguir o programa nominalista, abstém-se das propriedades. Quanto às teorias dos objetos propostas por Meinong e Routley, elas são apenas moderadamente bem conhecidas, possivelmente por incluir objetos impossíveis ao lado de outros possíveis. O tema deste capítulo é o de formular uma teoria geral de objetos livres dessas máculas. Entretanto, o leitor que não aprecia simbolismos está convidado a pular este apêndice.

Indivíduos e Propriedades

Vamos propor agora uma teoria axiomática de indivíduos de qualquer tipo. A primeira seção pressupõe apenas o cálculo clássico de predicados com identidade, um bit da notação da teoria dos conjuntos, e outro tanto da teoria dos semigrupos; para o equilíbrio do capítulo se usará o conceito de função matemática. Os conceitos específicos primitivos (não definidos) são os de indivíduo e propriedade. Como todos os primitivos, esses conceitos serão elucidados pelos postulados onde eles ocorrerem.

O conjunto de todos os indivíduos será denominado $\mathbb{X}$, e o de todas as propriedades (para qualquer n-dade) $\mathbb{P}$. Como é usual, a fórmula "Px", em que P está em $\mathbb{P}$ e x está em $\mathbb{X}$, será lida "x é um P", ou o "indivíduo x tem a propriedade P". Similarmente, a fórmula "Rxy", em que x e y estão em $\mathbb{X}$, e R está em $\mathbb{P}$, deve ser lida "x é R-relacionado a y" ou "R relaciona indivíduos x e y".

Definição 1. Todo objeto é ou um indivíduo ou uma propriedade:

$$\Omega = \mathbb{X} \cup \mathbb{P}$$

Logo, os nossos axiomas para objetos referir-se-ão a indivíduos, propriedades ou a ambos. Começaremos com:

Axioma 1. Nenhum objeto é ao mesmo tempo um indivíduo e uma propriedade:

$$\mathbb{X} \cap \mathbb{P} = \varnothing$$

Axioma 2. Todos os indivíduos possuem ao menos uma propriedade:

$$\forall x \exists P (x \in \mathbb{X})(P \in \mathbb{P}) Px$$

O dual desse postulado afirma que não há propriedades em si próprias:

Axioma 3. Toda propriedade é possuída por ao menos um indivíduo:

$$\forall P \exists x (P \in \mathbb{P} \,\&\, x \in \mathbb{X}) Px$$

Esse postulado, sugerido primeiro por Aristóteles ao criticar a teoria das formas de Platão, é adotado tacitamente por todas as ciências. Porém, é negado pela filosofia funcionalista da mente, a qual postula funções mentais que não são funções cerebrais.

Axioma 4. Todo indivíduo está relacionado no mínimo a um outro indivíduo:

$$\forall x \exists y (x,y \in \mathbb{X})(R \in \mathbb{P}x)[\neg(x = y) \& Rxy]$$

Axioma 5. Toda propriedade de um indivíduo está relacionada no mínimo a uma propriedade do mesmo.

$$\forall x \forall P (x \in \mathbb{X})(P,Q \in \mathbb{P})\{Px \Leftrightarrow \exists Q[\neg(Q = P) \& Qx]\}$$

Em outros termos, as propriedades aparecem em aglomerados mais do que independentemente umas das outras. A razão disso é que propriedades satisfazem leis, a grande maioria das quais relacionam duas ou mais propriedades.

Finalmente, vamos introduzir o seguinte predicado de existência-relativa.

Definição 1. Seja C um subconjunto não vazio de algum conjunto X, e χ_C a função característica de C, isto é, a função $\chi_C : X \to \{0,1\}$, tal que $\chi_C(x) = 1$ se, e somente se, x estiver em C, e $\chi_C(x) = 0$, do contrário. O predicado de existência relativa (ou contextual) é uma função de proposição valorada

$$E_C : C \to \text{O conjunto de proposições contendo } E_C$$

tal que "$E_C(x)$" é verdadeira se e somente se $\chi_C(x) = 1$.

A fórmula "$E_C(x)$" é interpretada como "x existe em C", e é equivalente a $\chi_C(x) = 1$.

Observe que o predicado de existência acima não está relacionado ao quantificador "existencial", que prefiro denominar de "particularizador". Aceito que "$\exists x P x$" diz apenas que *alguns* indivíduos possuem a propriedade P. Sua existência deve ser assumida ou negada separadamente. Por exemplo, "algumas entidades postuladas existem no mundo real" e podem ser simbolizadas como "$\exists x E_W P x$", em que W representa a coleção de coisas reais.

Qualquer pessoa que assuma um compromisso ontológico utiliza tacitamente E, e não $\exists$. Sem dúvida, cabe objetar que isso está longe de ser mais simples de estabelecer do que x está em C ou $x \in C$. Mas tal objeção omite o ponto necessário que é o de introduzir um *predicado* E_C de existência, e demarcá-lo a partir do particularizador $\exists$. Apenas um imperialista lógico poderia falhar em desenhar tal distinção, a qual, embora desnecessária em matérias formais, é essencial nas factuais, em que nenhuma sanção pode garantir a existência.

Até agora, não distinguimos entre objetos concretos, como os numerais, e objetos ideais, como números. Vamos continuar para introduzir essa distinção.

Objetos Materiais

Considere o sistema algébrico

$$S = \langle \mathbb{M}, \oplus, 0, 1 \rangle,$$

em que $\mathbb{M}$ é um subconjunto do conjunto $\mathbb{X}$ de todos os indivíduos, ao passo que o e 1 são elementos distintos de $\mathbb{M}$. Assumimos que quaisquer membros x e y de $\mathbb{M}$ conjugam (ou concatenam) para formar um terceiro membro $x \oplus y$ de $\mathbb{M}$ chamado de soma física (ou mereológica) de x e y.

Um concatenado não necessita ser um sistema; isto é, ligações não precisam estar envolvidas: uma assembleia arbitrária de coisas vale como um objeto. Nesse aspecto, esse conceito técnico de um objeto violenta o senso comum (Koslicki, 2008). Mas temos outra palavra para designar objetos complexos dotados de uma estrutura que lhes dá unidade e coesão: *sistema*.

Em todo caso, necessitamos do conceito mais geral de um objeto porque há os simples, isto é, objetos desprovidos de estrutura. E também porque alguns objetos, como as propriedades, eventos e constructos, não são coisas. Entretanto, voltemos aos nossos concatenados ou somas mereológicas.

Vamos formalizar a intuitiva noção de concatenação acima colocada ao introduzir:

Axioma 6. s é um monoide, isto é, $\oplus$ é uma operação em $\mathbb{M}$ binária, comunicativa e associativa: Para qualquer x, y e z em $\mathbb{M}$.

$$x \oplus y = y \oplus x, (x \oplus y) \oplus z = x \oplus (y \oplus z)$$

Essa assunção nos permite introduzir a relação parte-todo, $\angle$ por meio da:

Definição 2. Para quaisquer x e y em $\mathbb{M}$, x é uma *parte* de y se existir um terceiro indivíduo z tal que, se justaposto a x, resulta no todo y:

$$x \angle y = \exists z\, E_{\mathbb{M}}z[z \in S \& (x \oplus z = y)]$$

No caso mais simples, parte e todo coincidem: tal é o caso dos constituintes básicos ou elementares do universo, como elétrons e fótons. Em geral, x é *elementarmente* = x não possui partes. Essa definição é preferível para a identificação da elementaridade com simplicidade porque, segundo a teoria quântica, elétrons e fótons são, de longe, mais complexos do que partículas pontuais (pontos matérias) da mecânica clássica.

Vamos definir agora os dois elementos distintos de s: o indivíduo nulo e o universo. O primeiro é aquele indivíduo que não faz diferença a qualquer indivíduo:

Definição 3. O indivíduo nulo o é o indivíduo que é uma parte de todo indivíduo: Para todo x em $\mathbb{M}$,

$$o \oplus x = x$$

Dessa definição e da anterior segue-se que uma coisa é parte de si mesma. Em outras palavras, a relação parte-todo $\angle$ é reflexiva.

No outro extremo, o universo é o indivíduo maximal:

Definição 4. O universo é o indivíduo tal que cada indivíduo é uma parte dele:

$$1 = (\iota x)\forall y(y \in \mathbb{M} \& y \angle x),$$

onde ι designa o descritor definido.

Admito que o nosso conceito de soma física (ou mereológica) $\oplus$ é tacitamente usado em todas as ciências factuais. Por exemplo, a lei física de que a carga elétrica de uma coisa compósita é igual à soma das cargas de seus componentes pode ser simbolizada por $Q(p_1 \oplus p_2 \ldots \oplus p_n) = Q(p_1) + Q(p_2) + \ldots Q(p_n)$. Essa lei é completamente geral: ela não coloca nenhuma restrição no tipo de coisa. O mesmo vale para exemplos mais familiares de concatenação, como combinações de países ou letras.

Emergência e Níveis

Agora abordemos o conceito em moda de emergência, ainda que não muito claro e sendo até mesmo controverso. Na realidade, introduziremos dois conceitos diferentes de emergência: o de uma propriedade massiva ou sistêmica, e o de um traço ou característica radicalmente novos surgidos no curso de um processo, tal como as morfogêneses, a bioevolução ou a história. O primeiro é o seguinte: uma propriedade emergente de um indivíduo é aquela que parte nenhuma dele a possui. De modo mais preciso, colocamos:

Definição 5. Para qualquer indivíduo x em $\mathbb{M}$, P_B é uma propriedade massiva de x se nenhuma parte y de x possuir P_B:

$$\forall x [P_B x =_{df} Px \& \neg \exists y (y \angle x \& P_B y)].$$

Para definir o segundo ou o conceito diacrônico de emergência necessitamos do conceito de descendência (ou o de precursor, que é o dual, ou o inverso do primeiro). Aqui não podemos nos beneficiar do conceito de tempo, pois não o definimos. Uma possível definição axiomática da relação atemporal D de descendência é esta: para quaisquer membros x, y e z de $\mathbb{M}$,

D1 Irreflexividade: $\neg Dxx$.
D2 Assimetria: $Dxy \Rightarrow \neg Dyx$
D3 Transitividade: $Dxy \ \& \ Dyz \Rightarrow Dxz$.

Esse conceito nos permite introduzir:

Definição 6. Para qualquer indivíduo x em $\mathbb{M}$, P_N é radicalmente uma nova propriedade de x se x descende de um precursor y ao qual falta P_N:

$$P_N x = \exists\, y(Dxy \,\&\, \neg\, P_N y).$$

Os dois conceitos de emergência que acabamos de elucidar são parentes distantes do conceito de superveniência, e eles ocorrem com frequência crescente na literatura tecnológica e científica. Assim acontece se alguém diz que a vida é uma propriedade emergente de células porque estas são vivas, embora seus componentes não sejam. E, sem dúvida, os químicos assumem que todas as moléculas possuem precursores atômicos, e os biólogos evolucionários conjeturaram que as células emergiram de coisas pré-bióticas.

Finalmente, vamos introduzir o conceito de um nível de ser. Assim, pode-se afirmar que um conjunto de objetos constitui um nível de realidade se todos eles possuem propriedades massivas que faltam às suas partes. Por exemplo, os elementos do nível social são sistemas compostos de organismos gregários. Alguém pode metaforicamente dizer que o nível social emerge do nível de vida, ou que o último procede do anterior, ou $B < S$. Assim, a relação parte-todo, $\angle$ e, em particular, o sistema-componente, induz a relação de níveis $<$.

(Como a relação $\angle$ que acabamos de definir é uma ordenação parcial estrita, a relação definida $<$ deve ser do mesmo tipo). Colocando isso formalmente:

Definição 7. Todo objeto em um dado nível é composto de objetos do nível imediatamente mais baixo:

$$L_n < L_{n+1} =_{df} \forall\, x\, \exists\, y[x \in L_{n+1} \,\&\, y \in L_n \Rightarrow y \angle x]$$

Usamos essa definição para colocar:

Axioma 7. A ordem de níveis $<$ é uma ordenação estritamente parcial do conjunto L de todos os níveis do ser.

Estado e Processo

Vamos introduzir agora o conceito de um espaço de estados, que ocorre em todas as ciências factuais (ou empíricas) e na engenharia. Isso obrigará o uso de algumas fontes formais, que sobrepujaram o cálculo de predicados – o que sugere ser a lógica insuficiente para fazer metafísica.

Por razão de simplicidade definiremos espaços de estados para coisas que estão adequadamente descritas por teorias não quânticas. O mais

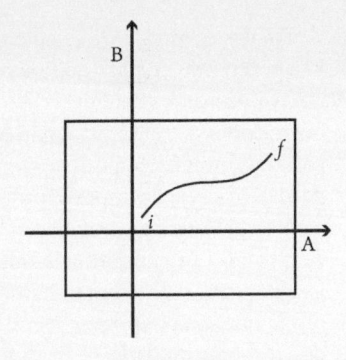

Fig. 14.1: Espaço de estado para uma coisa com duas variáveis salientes, A e B . A curva representa um processo sofrido pela coisa, e cada ponto na curva representa o *estado* dela; em particular, os pontos *i* e *f* representam os estados inicial e final, respectivamente. A caixa que contém todos os possíveis estados da coisa, i.e., os permitidos pelas leis que envolvem ao mesmo tempo A e B.

simples de tal espaço de estado é aquele com apenas dois elementos, como os estados "liga" e "desliga" de um interruptor. O espaço de estado para um sistema composto de n interruptores independentes terá 2^n elementos. Se um neurônio pudesse estar em um desses estados, como assumiram McCulloch e Pitts nos mais antigos modelos matemáticos do cérebro humano, seu espaço de estados consistiria de 2^{10} elevado a 11ª potência – o que é muito, embora nada se comparado à infinidade não enumerável do espaço de estados de um sistema mecânico simples, como o de um oscilador linear caracterizado apenas por duas variáveis dinâmicas (ver fig. 14.1).

Em seguida, vamos descrever o espaço de estado para uma coisa clássica com n propriedades importantes.

Chamaremos $P_1, P_2, \ldots, P_n$ as propriedades de interesse dos membros de um subconjunto K de $\mathbb{M}$ e F_i a função ou o operador que representa P_i com $1 \leq i \leq n$. Concordemos com a:

Definição 8

i. A função $\mathbb{F} = \langle F_1, F_2, \ldots, F_n \rangle$ de $\mathbb{M}$ no conjunto dos números complexos deve ser denominada função de estado para os indivíduos em K.
ii. O espaço S_K abarcado por $\mathbb{F}$ é o espaço de estados dos Ks.
iii. O valor particular de $\mathbb{F}$ para um indivíduo x em $\mathbb{M}$ é denominado estado de x.
iv. K é o tipo ou a espécie caracterizada por $\mathbb{F}$.

Qualquer espaço de estado s_K é um espaço abstrato n-dimensional. Um ponto nesse espaço pode ser considerado como a ponta da flecha $\mathbb{F}$. E um par de pontos em um espaço de estado representa um ponto evento, ou mudança no estado de um indivíduo da espécie em questão. Em outras palavras, um evento pode ser representado como um elemento do produto cartesiano de s_K por si próprio.

Note que, de acordo com o que precede, não há estados em si mesmos: cada estado é um estado em que um indivíduo pode estar dentro dele. Logo, o conceito de um indivíduo precede logicamente o de estado, de modo que uma ontologia segundo a qual os tijolos do mundo são estados, ou então mudanças de estado (eventos), é inconsistente com o acima exposto bem como com o modo como estados e eventos são tratados na ciência. (Por exemplo, não pode haver ações químicas sem reagentes, nem tampouco pode haver sorrisos sem faces – exceto no caso do gato de Cheshire de Lewis Carroll).

A crítica anterior aplica-se ao processo metafísico de Whitehead – que Russell compartilhou durante certo tempo – bem como à reivindicação de David Mermin (2009) de que estados são irreais porque só eventos seriam observáveis. Como, por definição, eventos são mudanças de estado, estes devem ser reais, pois suas mudanças também são reais. A doutrina oponente de David Armstrong (1997), segundo a qual os ingredientes básicos do mundo são estados de afazeres, é equivocada por uma razão diferente: pois cada estado é um estado em que uma coisa pode estar dentro. A sequência lógica correta é: Coisa-Propriedade-Estado-Processo.

Finalmente podemos definir o conceito de um objeto material:

Definição 9. Um indivíduo é um objeto material se possuir um espaço de estado não vazio.

Para todo x em $\mathbb{M}$: (x é o material = x que pertence a um K tal que $s_K \neq \emptyset$.

Afirmar que um indivíduo é mutável equivale a afirmar que ele pode, no mínimo, estar em dois estados, o estado inicial e o final. Se a materialidade for coextensiva com a mutabilidade, pode-se dizer que ser material é possuir um espaço de estado com dois elementos no mínimo:

$$|s_K| > 2.$$

Observe que ao caracterizar objetos materiais não empregamos quaisquer conceitos de espaço ou tempo. Em particular, não afirmamos que coisas estão localizadas no espaço, ou que mudam no curso do tempo. Isso torna possível construir teorias do espaço, do tempo e do espaço-tempo relacionais ou adjetivas (em oposição a absolutas ou substantivas) – isto é, teorias que definem espaço e tempo em termos do conceito de uma coisa que muda (isto é, material).

Finalmente, uma advertência em relação ao uso cuidadoso dos conceitos de estado e processo na filosofia da mente. Em um compêndio (Kim, 2006, p. 220) lemos que, conforme o monismo psiconeural, a dor "surge" de um *estado* neural N, "emerge" de N, ou "sobrevém" a N. Isso é incorreto, pois ocorrências mentais são (idênticas aos) *processos* neurais, não são *estados*. Por exemplo, alguém pode melhorar o humor e incrementar a sociabilidade inalando oxitocina; inversamente, fechamos nossos olhos quando queremos inativar nossa córtex visual.

Processos cognitivos e emocionais são *idênticos* a certos *processos* cerebrais em vez de "surgir" deles ou "emergir" deles. Do mesmo modo, ferver e congelar são idênticos a certos processos nos líquidos, ou seja, movimentos moleculares com energia cinética média acima ou abaixo de certos valores críticos, em vez de "surgir de", "emergir de" ou "superveniente em" certos estados térmicos do líquido. Isso é um ponto ontológico crucial, não uma trivial minúcia verbal. Substituir processos por estados é o mesmo que substituir a cosmovisão estática de Zenão pela visão dinâmica de Heráclito.

Objetos Ideais

Segundo a neurociência cognitiva, a ideação é um processo cerebral. Mas ideias consideradas em si próprias, desconsiderando os que as pensam e suas circunstâncias, são imutáveis. Por exemplo, não tem sentido dizer de um objeto que por construção ele é imutável, tal como um sistema de números, uma álgebra de Boole, ou uma variedade, que está em dado estado, e muito menos afirmar que pode mudar de um estado para outro. Essas considerações motivam a seguinte:

Definição 10. Um objeto é um objeto ideal se estiver em nenhum estado.

Equivalentemente, objetos ideais constituem a espécie I de indivíduos para os quais o espaço de estado é vazio:

$$S_I = \varnothing$$

Na linguagem comum: enquanto ser material é vir a ser, ser ideal é ser imutável. Presumivelmente, Platão teria concordado.

Finalmente, postulamos que nenhum objeto é ao mesmo tempo material e ideal:

Axioma 8. $\mathbb{M} \cap \mathbb{I} = \varnothing$

Aristóteles e seus seguidores discordariam, pois eles eram hilomorfistas. Mas nem a ciência nem a tecnologia conhecem quaisquer híbridos de matéria e "forma" (ideia) – exceto, sem dúvida, no sentido metafórico em que artefatos incorporam ou materializam ideias.

Observações Conclusivas

Atentemos a dois pontos. Em primeiro lugar, os nominalistas estritos não fazem uso de nada do que foi dito acima, uma vez que eles negam a existência de propriedades, ou então asseveram que elas podem ser definidas como conjuntos de indivíduos. Mas todo conhecimento consiste em atribuir propriedades ou mudanças disto a indivíduos. Em particular, proposições de leis relacionam propriedades. E identificar propriedades com conjuntos de indivíduos é o mesmo que confundir predicados com suas extensões.

Em segundo lugar, nossos postulados segundo os quais objetos ideais são imateriais, e inversamente, obstam toda conversa sobre a ontologia da matemática. Alguém poderia, em vez de classe(s) de referência, falar de predicados e estruturas matemáticas. Por exemplo, o domínio D de uma função f de uma única variável é a classe de referência de f, não sua ontologia. A razão é que ontologias são teorias acerca do mundo, e não conjuntos. Portanto, não temos nenhum compromisso ontológico quando colocamos que um certo domínio é não vazio. A ontologia começa quando especificamos a natureza dos membros do domínio em questão, e.g., material, espiritual ou híbrido.

15.
APÊNDICE B: VERDADES

Há, no mínimo, dois conceitos completamente diferentes de verdade: o formal e o factual. Leibniz os chamava de *vérités de raison* e *vérités de fait*, respectivamente. Enquanto as verdades formais são as da lógica e da matemática, as verdades factuais são características do conhecimento comum, da ciência e da tecnologia. Por exemplo, a proposição "há infinitos números primos" é uma verdade formal. "Há cerca de seis bilhões de pessoas, atualmente" é uma verdade factual. A confusão entre as duas espécies de verdade é ainda pior do que a confusão entre valor e preço.

Concorda-se, em geral, que o conceito de verdade formal é elucidado pela teoria do modelo no caso de teorias abstratas (não interpretáveis), como a teoria dos conjuntos e a teoria dos grupos; e que isso coincide com a da teoremicidade, no caso de teorias interpretáveis, tal como as do cálculo – módulo fórmulas indecidíveis.

Consenso não comparável existe com respeito a verdades factuais. De fato, embora todos os pensadores lúcidos valorizem a verdade objetiva (factual), nenhum deles parece ter se colocado defronte de uma verdadeira teoria (sistema hipotético-dedutivo) da verdade. Assim, depois de dois milênios e meio, a teoria da correspondência é ainda um projeto de pesquisa.

Ainda mais, a ideia intuitiva é clara se for vaga: uma proposição é factualmente verdadeira se ela se ajusta a (se pareia com, se corresponde a ou se adéqua a) fatos a que se refere. Mas o que significam os termos metafóricos "ajustam a" ou "pareiam com" ou "correspondem a"? Eis a questão importante.

O grande matemático Alfred Tarski, no seu famoso artigo de 1944, pensou que tinha uma única fórmula para ambos os tipos de verdade: "A sentença '*s*' é verdadeira se e somente se *s*". Mas isso não funcionou, por três razões. Primeiro, porque funde as duas espécies de verdade. Segundo, porque confunde fatos com sentenças – algo que apenas glossocentristas como Heidegger e o segundo Wittgenstein aceitariam. Terceiro, porque não contrasta a linguagem, ou antes, seu designato epistêmico, com a realidade extralinguística – que é o que se supõe que a "correspondência" signifique. Na verdade, a fórmula de Tarski apenas estende uma ponte entre um bit de linguagem (a sentença s) e um bit de metalinguagem, o nome "s" de s (ver Bunge, 1974b). Ela esquece a essência da verdade factual, ou seja, aquilo que é uma peça do conhecimento humano do mundo externo – algo que os próprios subjetivistas e fenomenalistas negam.

Esforços alternativos para elucidar a noção de verdade factual não tiveram melhor sorte. Em particular, as tentativas de Reichenbach, Popper, e seus seguidores, para reduzir a verdade em probabilidade (ou, então, em improbabilidade), são equivocadas por no mínimo três razões. Primeiro, a verdade precede logicamente a probabilidade, uma vez que devemos estar aptos a calcular o valor-verdade das fórmulas de probabilidade entre outras. Segundo, não há justificação, logo, não há nenhum critério objetivo para atribuir probabilidades a proposições, tanto quanto atribuir a elas áreas, temperaturas ou cores. E, em terceiro lugar, enquanto o valor--verdade da disjunção de duas proposições mutuamente independentes é igual ao maior de seus valores-verdade, a probabilidade de que ocorra em um dos dois eventos mutuamente independentes é igual à soma de suas probabilidades separadas.

Não se poderá tomar com plausibilidade ou verossimilhança a verdade factual, em particular a verdade parcial (ou aproximada). A verdade factual é uma feição da relação conhecimento-realidade, enquanto a plausibilidade é relativa a algum corpo de conhecimento. E, enquanto as verdades factuais são verificadas após o fato, julgamentos de plausibilidade podem ser feitos *a priori*. Por exemplo, somente a observação pode checar se o proverbial gato está sobre o capacho. Em contrapartida, a hipótese psicocinésica é implausível porque contradiz a conservação da energia.

É constrangedor notar que as tentativas acima mencionadas para elucidar o conceito de correspondência de verdade derivaram da confusão. Além disso, duas delas podem ter se originado do uso cotidiano de "provável" ("probable", em inglês, e "Wahrscheinlich", em alemão), significando provável e plausível, bem como algo do "tipo chance".

Essas falhas são indicadores infelizes do estado da filosofia contemporânea (Bunge, 2001). Pela mesma fala, eles sugerem a necessidade de se realizar um novo começo. Neste capítulo tentaremos exatamente isso. Examinaremos também a ontologia, a semântica e a metodologia do conceito de verdade parcial (ou aproximada) do fato. Partes do que vamos apresentar foram levantadas de uma publicação anterior (Bunge, 2003a).

Conceito Ontológico de Verdade Factual

A noção intuitiva de verdade factual como o ajustamento (ou a adequação ou o pareamento) da ideia ao fato é falha se ideias são concebidas em abstrato, e.g., como proposições. Em tal caso isso se deve ao fato de que o ajuste, a adequação ou a equiparação em questão é apenas metafórico. De fato, ideias abstratas podem ser contrastadas umas com as outras, do mesmo modo quando se comparam dois números; igualmente, itens factuais podem ser contrastados uns com os outros, como quando se comparam dois dedos. Mas parece impossível comparar ou confrontar uma ideia abstrata com o fato a que ela se refere. Em particular, não há mais similaridade entre a fórmula da óptica e a onda luminosa do que há na analogia entre a escrita e a fala. Entretanto, não é esse o caso com a ideação concreta, como um processo de pensamento, ante seu referente no mundo externo – ou, no jargão do dia, o fazedor da verdade do portador da verdade em questão. Vamos dar então uma examinada nessa alternativa.

Consideramos sumariamente o modo como as ideias ocorrem na neurociência cognitiva, isto é, como processos mentais. Nesse caso, podemos tentar ver a verdade como uma propriedade de um processo cerebral do tipo mental. Assim, nesse caso, podemos comparar ideias com seus referentes externos se houver algum (Bunge, 1980a, 1983a).

Por exemplo, podemos dizer que um sujeito tem uma percepção verdadeira de uma figura circular se, de fato, ele percebe um círculo quando se lhe apresenta uma tal figura. Ademais, alguns experimentos sensacionais com primatas demonstraram que tais imagens mentais consistem em configurações similares de neurônios ativados na córtex visual (Tootell et al., 1982, 1998).

A percepção de uma pessoa será falsa se ela percebe um círculo como uma figura diferente ou se não percebe figura alguma. Obviamente, neste caso simples, há uma única percepção verdadeira e um número incontável de percepções falsas. Além disso, observando a atividade (taxa de disparos) de certos neurônios, o neurocientista cognitivo pode predizer com muita segurança o que o sujeito estava vendo (Kreiman et al., 2000).

Essa abordagem será julgada absurda por qualquer crente no dualismo psiconeural. O dualismo, porém, há muito vem sendo superado pela neurociência cognitiva, segundo a qual os "eventos mentais são uma feição de sistemas neurofisiológicos com certas propriedades" (Zeki, 1993, p. 345). Por exemplo, uma imagem visual no cérebro resulta da atividade simultânea de vias e de muitas áreas visuais. Outro exemplo: lesão nas regiões intermediárias e inferior do córtex pré-frontal resulta em grave prejuízo emocional: o paciente deixa de ser movido por eventos que extraem fortes sentimentos em sujeitos normais (Damasio, 1994).

Dito isso, eu me precipito em admitir que a concepção realista e materialista da verdade factual esboçada acima é apenas um projeto de pesquisa para o qual muito poucos estudiosos parecem dedicar um trabalho em tempo integral.

Agora voltemos da ideação concreta, como um processo cerebral, e vamos às próprias ideias, isto é, consideradas em abstração a partir dos processos de pensar, o modo como matemáticos e filósofos idealistas procedem.

As Funções Correspondência

Seja $\mathbb{F}$ um conjunto de fatos possivelmente reais e $\otimes$ sua conjunção binária (ou concatenação, ou simplesmente conjunção), como em: "Ela está comendo enquanto escuta." Os elementos de $\mathbb{F}$ podem ser eventos quer no cérebro daquele que sabe, quer no mundo externo dela. Assumimos que a concatenação $f \otimes g$ de dois fatos quaisquer f e g em $\mathbb{F}$ é um terceiro fato, mais do que, digamos, uma ficção. Admitimos também que a concatenação de fatos é associativa: $f \otimes (g \otimes h) = (f \otimes g) \otimes h$, para quaisquer f, g e h em $\mathbb{F}$. E definimos o fato nulo o como aquele que, quando concatenado com um fato arbitrário f, o deixa inalterado: $o \otimes f = f \otimes o = f$. Isto é, o desempenha o papel de elemento unidade. Claramente, $<\mathbb{F}, \otimes, o>$ é um monoide (ou semigrupo com identidade).

Observe que não assumimos que fatos possam disjuntar: coisas reais e mudanças que nelas ocorrem (eventos ou processos) conjuntam, mas não disjuntam. A realidade não pratica sequer a negação: a negação, como a disjunção, é um processo puramente conceitual. Em outras palavras, o operador ¬ se aplica a proposições e predicados, não a fatos (ver Bunge, 1977a).

A seguir, seja $\mathbb{P}$ a representação do conjunto de todas as proposições, e ∧, ∨, ¬ simbolizam os conectivos proposicionais padrões. Como é bem conhecido, $< \mathbb{P}, \wedge, \vee, \neg >$ é uma estrutura complementada. Vamos também admitir que essa estrutura é distributiva. (O boato de que a mecânica quântica destruiu a distributividade provém da confusão de proposições com operadores).

Basta de definições. Vamos pô-las para trabalhar. Estipulamos que um mapeamento de $<\mathbb{F}, \otimes, o>$ em $< \mathbb{P}, \wedge, \vee, \neg >$ formaliza o conceito de representação de fatos por proposições. Por outro lado, um mapeamento parcial de $< \mathbb{P}, \neg, \wedge >$ no intervalo unitário $[0,1]$ da reta real é uma função v de avaliação de verdade. Esse segundo mapeamento é parcial porque não foi atribuído um valor-verdade a toda proposição em $\mathbb{P}$. Pense nas proposições indecidíveis. Além disso, assumimos que o intervalo entre o e 1 é o intervalo de variação dos valores-verdade, porque admitimos verdades e falsidades aproximadas (parciais), como a seguinte: "Há agora seis bilhões de pessoas."

Os dois mapeamentos se compõem como segue:

$$Representação\ \mathcal{R}^{-1} \qquad Avaliação\ da\ verdade\ \mathcal{V}$$

$$< \mathbb{E}, \otimes, O> \ \longrightarrow \ <\mathbb{P}, \wedge, \vee, \neg> \ \longrightarrow \ [0,1]$$

A teoria especificaria os mapeamentos R^{-1} e V de tal modo que todas as proposições que representam o fato nulo O são falsas:

(1) Se $R^{-1}(p) = O$ então $V(p) = O$ para todo p em $\mathbb{P}$;
(2) para todo $f \in \mathbb{E}$, $R^{-1}(f) = p \in \mathbb{P}$; e, para alguns p, $V(p) = u \in [0,1]$;
(3) para todo $f, g \in \mathbb{E}$, $R^{-1}(f \otimes g) = p \wedge q \in \mathbb{P}$; e, para alguns $p \wedge q$, $V(p \wedge q) \in [0,1]$.

Observe a ocorrência do termo "alguns" em vez de "para todo". Isso se deve à existência de fatos completamente desconhecidos. De outra parte, não precisamos assumir lacunas em $\mathbb{P}$, uma vez que uma proposição factual pode ser objetivamente verdadeira ou falsa mesmo que ainda não tenha sido submetida a testes. Por exemplo, a predição de Le Verrier da existência de Netuno era verdadeira ainda antes de o astrônomo alemão Johann Gottfried Galle tê-lo visto pelo telescópio.

O mapeamento R^{-1} é o inverso da função de referência definida algures (Bunge, 1974a). Ele pode ser analisado como a composição de dois mapeamentos: o mapeamento fatos-pensamentos e o mapeamento pensamentos-proposições. (Um pensamento particular é aqui construído como um determinado processo cerebral, enquanto uma proposição é concebida como uma classe de equivalência de pensamentos: ver Bunge, 1980a, 1983a. Dois pensamentos não são estritamente idênticos, mesmo se consistem no pensamento da mesma proposição).

A análise em questão se refere à composição de dois mapeamentos: o de imagem, ou *Im*, a partir de fatos $\mathbb{E}$ em pensamentos Θ e conceitualização, ou *Con*, a partir de pensamentos até proposições $\mathbb{P}$:

$$\begin{array}{c} \overset{Con}{\Theta \nearrow}{}^{\mathbb{P}} \ \uparrow \mathcal{R}^{-1} = Con \cdot I_m \\ Im \underset{\nwarrow}{\big|} \\ \mathbb{E} \end{array}$$

em que $R\text{-}1$ é o inverso do mapeamento de referência. Entretanto, na medida em que o mapeamento de representação R^{-1} permanece indefinido, não temos o direito de falar acerca de uma *teoria* de correspondência da verdade. Podemos apenas falar acerca do *projeto* de elaborar uma tal teoria.

Na seção Verdade Parcial deste capítulo teremos algo a dizer sobre v. Devemos ainda, antes de tudo, recordar o dual de verdade, ou seja, o erro, porque ele é uma marca do conhecimento factual.

Conceito Metodológico de Verdade

Os cientistas distinguem entre proposições teóricas e empíricas. Por exemplo, eles comparam a órbita calculada e a observada de um planeta. E, na prática, é usado o seguinte critério de verdade com respeito a uma propriedade quantitativa (magnitude) M, como a massa, a probabilidade de transição, a taxa metabólica, o PIB (produto interno bruto) ou o que se tenha. *Critério* 1. O verdadeiro valor empírico (medido) de M mensurado com técnica t é

$$\mu_t M = e \pm \varepsilon$$

em que e é a média de uma grande sequência de resultados mensurados de alta precisão, e ε é o erro experimental (desvio padrão da média) da sequência.
Critério 2. O valor teórico (calculado) Θ de M é verdadeiro desde que o valor absoluto da discrepância entre os dois seja menor do que o erro experimental.

$$|\Theta - e| < \varepsilon$$

O Critério 1 nos diz que as verdades quantitativas fundamentais resultam de mensurações, em particular da leitura de ponteiros. Mais precisamente, nos diz que, para extrair o valor verdadeiro de uma massa de tais leituras, devemos tomar sua média aritmética. Elas começam então com um conjunto de números e terminam em um único número. (A assunção subjacente é que os erros experimentais possuem uma distribuição em forma de sino). E o Critério 2 compara dois números, a dita média e o número calculado.

Enfatizamos que o acima exposto não são definições, porém critérios de veracidade. (Essa observação se faz necessária pela confusão positivista do conceito de verdade com o critério de verdade empírico, uma mescla paralela à de referência com evidência). Os critérios de verdade sugerem como encontrar valores-verdade, mas não nos dizem o que é um valor-verdade. (Em paralelo: uma receita de culinária nos indica como fazer um bolo de um tipo particular, mas não nos define o conceito geral de bolo). Entretanto, os critérios acima sugerem que nenhuma teoria de verdade parcial pode ser satisfatória se ignorar o conceito de erro. Continuemos a fim de esboçar uma teoria dessa espécie.

Verdade Parcial

Perguntar quão exata é uma proposição pressupõe que haja outros valores-verdade além do 0 e do 1. Trata-se de uma assunção padrão na matemática aplicada, na ciência factual e na tecnologia. De fato, em todos esses campos é tomado como certo que o melhor que comumente aparece é uma boa aproximação da verdade – uma que ainda no fim pode ser aperfeiçoada.

Isso é o que a teoria da aproximação (cujo pioneiro foi Arquimedes) e do cálculo de erros (cujo pai foi Gauss) aborda. Uma consequência metodológica da tese de que a verdade é graduada, do mesmo modo que o é a falsificação (ou a refutação). Por exemplo, a opinião popular de que a mecânica clássica foi falsificada é inteiramente falsa. De fato, aquela teoria é uma excelente aproximação para corpos de porte médio em movimentação lenta. Daí por que físicos, astrônomos e engenheiros mecânicos continuam a usar essa teoria quando apropriada. É por isso que a opinião de Thomas Kuhn, pela qual todas as crenças passadas sobre a natureza acabaram ficando falsas, é em si completamente equivocada. Além disso, trata-se de uma opinião que desencoraja todas as tentativas para incrementar a precisão, a extensão e a profundidade do conhecimento.

Em outros termos, se assume, em geral tacitamente, que há uma função de avaliação de verdade v pertencente a algum conjunto $\mathbb{P}$ de proposições definidas em um intervalo numérico que pode ser tomado como intervalo real unitário $[0,1]$. Isto é, podemos colocar $v\colon \mathbb{P} \to [0,1]$. O nosso problema é como chegar a um sistema plausível de condições (postulados) que defina v.

Queremos postulados tais que deem espaço para aquelas meias-verdades como: "Aristóteles era um filósofo espartano." Infelizmente, a função de avaliação padrão definida por

$$v(p \wedge q) = \min\{v(p), v(q)\},$$
$$v(p \vee q) = \max\{v(p), v(q)\}$$

tem a consequência contraintuitiva de que a sentença acima sobre Aristóteles é totalmente falsa em vez de ser uma meia-verdade. Logo, a função de avaliação padrão não pode ser vista como aquela que exatifica a noção intuitiva de verdade parcial. Entretanto, essa crítica afeta apenas a conjunção.

O que segue é algo mais plausível, ainda que provisório, um conjunto de desideratos para v.

D1. Se p for uma proposição quantitativa que se considerou verdadeira dentro do erro relativo ε, então $v(p) = 1 - \varepsilon$.

Exemplo. p = "Há nove pessoas nesta sala", enquanto a contagem real aponta dez pessoas. Erro relativo = $\varepsilon = 1/10$. $v(p) = 1\text{-}1/10 = 9/10$, uma aproximação bastante boa.

D2. Se p não for a negação de outra proposição, então

$$v(\neg p) = \begin{cases} 0 \text{ see } v(p) = 1 \\ 1 \text{ see } v(p) < 1 \end{cases}$$

(see = se e somente se)

De outra maneira, isto é, se q é a negativa de uma proposição p, que por sua vez não é a negativa de outra proposição, então

$$v(\neg p) = v(p).$$

Exemplo. Se p é exemplo de D1 acima, então $v(\neg p) = 1$. Isto é, a sentença de que não há nove pessoas na sala é completamente verdadeira embora seja uma verdade barata.

A segunda parte do axioma anterior afirma que a negação de uma verdade parcial não é outra verdade parcial, mas uma completa falsidade. Esse resultado contradiz a opinião do grande físico Niels Bohr, segundo a qual enquanto o oposto de uma verdade comum é uma falsidade, o oposto de uma verdade profunda é outra verdade profunda. Obviamente, qualquer pessoa que queira formalizar essa espirituosa, embora obscura, opinião deverá construir uma teoria da verdade completamente diferente. Todavia, caminhemos adiante.

D3. Para quaisquer duas proposições p e q:

se $p \Leftrightarrow q$, então $v(p) = v(q)$.

Isso não é dado como um *insight* profundo, mas como um óbvio controle.

D4. Se p não for a negativa de q, então,

$$v(p \wedge q) = 2^{-1}[v(p) + v(q)].$$

De outro modo, $v(p \wedge \neg p) = 0$.

Exemplo. p = "Aristóteles era um filósofo espartano." Trata-se da conjunção de duas proposições, uma verdadeira e outra falsa. Logo, $v(p) = 1/2$.

D5. Para quaisquer duas proposições p e q: $v(p \vee q) = \max\{v(p), v(q)\}$.

Exemplo. $p \vee q$ = "Heidegger era um filósofo ou um garatujador." $v(p \vee q) = 1$.

Um corolário de D5 é que

$$V(p \Rightarrow q) = \max\{v(\neg p), v(q)\}.$$

Em particular,

se $v(p) = 1$, então $v(\neg p) = 0$, e $v(p \Rightarrow q) = v(q)$; e
se $v(p) < 1$, então $v(\neg p) = 1$, e $v(p \Rightarrow q) = 1$.

Nesse sistema, a negação, como a morte, não vem em degraus; é abrupta, equalizadora e barata. Daí por que os críticos estão amiúde mais certos do que seus alvos. Ainda, contradições, embora falsas, não são totalmente sem valor, pois podem atuar como campainhas de alarme. Sem elas não poderíamos usar o princípio da redução ao absurdo. Elas possuem ainda algum valor heurístico, pois uma de duas opções mutuamente exclusivas pode ser verdadeira.

A despeito dessas resgatadoras qualidades, a contradição é, sem dúvida, uma ruína, pois comumente ela detém o raciocínio nos seus trilhos e paralisa a ação. Ainda assim ela não é tão má quanto a confusão, deixando a bobagem sozinha. Na verdade, uma contradição pode ser "resolvida" (eliminada) reduzindo um de seus constituintes; e a confusão pode ser clarificada pela análise; enquanto a bobagem é intratável. A correta ordenação semântica é a seguinte:

$$Bobagem < Confusão < Contradição < Verdade\ Parcial < Verdade\ Total$$

E o alinhamento metodológico correto é:

$$Proposição\ Desprovida\ de\ Sentido < Juízo\ Plausível < Teste < Atribuição\ de\ Valor\text{-}verdade$$

(Contrariamente à teoria da verificabilidade, o significado precede o teste: ver Bunge, 1974b.)

Exemplo. A sentença condicional "se A, então B" é escrutinizada, e se encontrou que B é, sem dúvida, verdadeira em muitos casos, e falsa em nenhum – até certa medida. Esse resultado torna A plausível (embora não provável), e como tal é valiosa para investigação posterior. Quão plausível é A? Não há base para atribuir um valor numérico a essa plausibilidade. No máximo, pode-se dizer que, à luz da evidência disponível, A é mais plausível do que não A. Apenas uma pesquisa futura será capaz de substanciar ("provar") A, ou, no mínimo, mostrar que seu valor-verdade é alto.

O Problema Ainda Está Aberto

A próxima tarefa é habilitar um sistema de postulados consistente que incorpore algo ou tudo dos desideratos acima. Três alertas estão em lugar especial. O primeiro é que, se verdade e falsidade são vistas como mutuamente complementares, poder-se-á ficar tentado a postular que $v(\neg p) = 1 - v(p)$. Entretanto, essa assunção acarreta que a negação de uma meia verdade ($=$ meia falsidade), que poderia ser inteiramente verdadeira, vale o mesmo que a sua asserção. Além disso, juntamente com

D4, isso conduz ao inaceitável resultado segundo o qual as conjunções e as disjunções possuem o mesmo valor-verdade. Permitam-me repetir: negar é muito mais barato do que assegurar.

O segundo alerta é que alguém poderia resistir à tentação de definir a verdade parcial em termos de probabilidade. Uma das razões é que verdade e probabilidade não são interdefiníveis, se não apenas por ser a verdade predicativa de proposições, enquanto probabilidades podem ser apenas predicativas de fatos de um certo tipo. Uma segunda razão é que o conceito de verdade é logicamente anterior ao de probabilidade porque, quando checarmos proposições probabilísticas, sejam elas teóricas ou experimentais, tomamos como dado que elas podem ser verdadeiras em alguma extensão. Finalmente, valores-verdade não combinam como probabilidades. Por exemplo, o valor-verdade da conjunção de duas proposições independentes com o mesmo valor-verdade é igual à última, enquanto a probabilidade da conjunção de dois eventos independentes e prováveis é igual ao produto de suas probabilidades.

Uma sugestão final é que a teoria deveria incluir o conceito de confiabilidade da fonte de verdade, como a técnica de teste. De fato, ocorre amiúde que alguém atribua um alto valor de verdade quando se emprega um método grosseiro apenas para descobrir erro quando um procedimento mais exato é empregado. Isso sugere adicionar o seguinte desiderato:

D6 Se a uma proposição p podemos atribuir diferentes valores-verdade baseados em testes de diferentes confiabilidades $r(p)$, escolha a atribuição que maximize o produto dos dois valores:

$$r(p) . v(p) = max$$

em que o coeficiente de confiabilidade varia entre 0 e 1.

Tudo isso com respeito aos desideratos para a função de avaliação. A enumeração dessas condições é proposta como um projeto de pesquisa. Esse projeto consiste em avaliar um conjunto consistente de postulados que satisfaça os desideratos acima, alguns dos quais deveriam ocorrer como axiomas, outros como teoremas, e talvez outros ainda de uma forma alterada ou mesmo de nenhum modo.

Observações Finais

Todos usam o conceito de correspondência de verdade, mas ninguém parece conhecer exatamente o que ele é. Portanto, cabe aos filósofos elucidá-lo por meio de uma teoria apropriada, isto é, por meio de um sistema hipotético-dedutivo. Entretanto, uma teoria adequada da verdade factual como adequacidade do pensamento ao fato não deveria ser *a priori*. Em vez disso, ela deveria escarnecer da maneira como os cientistas e tecnólogos cuidam de descobrir verdades e refiná-las. Em particular, deveria incluir as noções de adequacidade do fato-pensamento e das relações pensamento-proposição, bem como as de proximidade de ajuste (o dual do erro). Certamente esse projeto deveria ser mais interessante, excitante e compensador do que a fantasia dos multiuniversos ou de mais um manifesto construtivista-relativista contra a grande possibilidade de encontrar verdades objetivas.

REFERÊNCIAS BIBLIOGRÁFICAS

ADOLPHS, Ralph. The Social Brain: Neural Basis of Social Knowledge. *Annual Reviews of Psychology*, n. 60, 2009.

ALEXANDER, Samuel. *Space, Rime, and Deity*. 2 v. New York: Humanities Press, 1920.

ALKIRE, Michael T.; HUDETZ, Anthony G.; TONONI, Giulio. Consciousness and Anesthesia. *Science*, n. 322, 2008.

ALLMAN, John Morgan. *Evolving Brains*. New York: Scientific American Library, 1999.

APPIAH, Kwame Anthony. *Experiments in Ethics*. Cambridge: Harvard University Press, 2008.

ARISTOTLE. *Basic Works*. Ed. Richard McKeon. New York: Random House, 1941.

ARMSTRONG, D[avid] M. *A Materialist Theory of the Mind*. London: Routledge & Kegan Paul, 1968.

_____. *A World of States of Affair*. Cambridge: Cambridge University Press, 1997.

BALL, Philip. *The Self-made Tapestry: Pattern Formation in Nature*. Oxford: Oxford University Press, 2001.

BARBER, Benjamin. [1984]. *Strong Democracy*. Berkeley: University of California Press, 2003.

BARKOW, Jerome H. Introduction: Sometimes the Bus Does Wait. *Missing the Revolution: Darwinism for Social Scientists*. Oxford: Oxford University Press, 2006.

BARKOW, Jerome H.; COSMIDES, Leda; TOOBY, John (eds.). *The Adapted Mind: Evolutionary Psychology and the Generation of Culture*. New York: Oxford University Press, 1992.

BARRACLOUGH, Geoffrey. *Main Trends in Hisrory*. New York/London: Holmes & Meier, 1979.

BARROW, John D.; DAVIES, Paul C.W.; HARPER JR., Charles L. (eds.). *Science and Ultimate Reality: Quantum Theory, Cosmology, and Complexity*. Cambridge: Cambridge University Press, 2004.

BARTLETT, Frederic. *Remembering: A Study in Experimental and Social Psychology*. Cambridge: Cambridge University Press, 1932.

BASS, Andrew H.; GILLAND, Edwin H.; BAKER, Robert. Evolutionary Origin For Social Vocalization in a Vertebrate Hindbrain-Spinal Compartment. *Science*, n. 321, 2008.

BAYNES, Tim. The Unity of Consciousness and the Split-brain Syndrome. *Journal of Philosophy*, n. 105, 2008.

BECHTEL, William. *Mental Mechanisms: Philosophical Perspectives on Cognitive Neuroscience*. London: Routledge, 2008.

BEDAU, Mark A.; HUMPHREYS, Paul (eds.). *Emergence: Contemporary Readings in Philosophy and Science*. Cambridge: MIT Press, 2007.

BEER, Jennifer S. Orbitofrontal Cortex and Social Regulation. In: CACIOPPO et al. (eds.). *Social Neuroscience*, 2006.

BÉKÉSY, Georgy von. *Senory Inhibition*. Princeton: Princeton University Press, 1967.

BEKINSCHTEIN, Tristán A. et al. Classical Conditioning in the Vegetative and Minimally Conscious State. *Nature Neuroscience*, n. 12, 2009.

BELL, Graham. *Selection: The Mechanism of Evolution*. 2. ed. Oxford: Oxford University Press, 2008.

BENEDETTI, Fabrizio. *Placebo Effects: Understanding the Mechanisms in Health and Disease*. Oxford: Oxford University Press, 2009.

BENEDETTI, Fabrizio et al. Neurobiological Mechanisms of the Placebo Effect. *Journal of Neuroscience*, n. 25, 2005.

BENNETT, Max; HACKER, Peter. *Philosophical Foundations of Neuroscience*. Oxford: Blackwell, 2003.

BERKELEY, George. [1710]. Principles of Human Knowledge. In: CAMPBELL FRASER, A. (ed.) *Works*, v. 1. Oxford: Clarendon Press, 1901.

BERMAN, Sheri. *The Primacy of Politics*. Cambridge: Cambridge University Press, 2006.

BESTMANN, Sven et al. Functional MRI of the Immediate Impact of Transcranial Magnetic Stimulation on Cortical and Subcortical Motor Circuits. *European Journal of Neuroscience*, n. 19, 2004.

BINDRA, Dalbir (ed.). *The Brain's Mind*. New York: Gardner Press, 1980.

BJORKLUND, David F.; PELLEGRINI, Anthony D. *The Origins of Human Nature: Evolutionary Developmental Psychology*. Washington, D.C.: American Psychological Association, 2002.

BLATT, John. How Economists Misuse Mathematics. In: EICHNER, Alfred S. (ed.). *Why Economics Is Not Yet a* Science. London: Macmillan, 1983.

BLITZ, David. *Emergent Evolution: Qualitative Novelty and the Levels of Reality*. Dordrecht: Kluwer Academic Publishers, 1992.

BLITZ, David; BUNGE, Mario. Gradualism vs. Saltationism in Evolutionary Biology: From Darwin to Gould. *Proceedings of the 13th International Wittgenstein Sympmium*. Wien: Hölder-Pichler-Tempsky, 1989.

BLOCH, Marc. *Apologie pour l'histoire, ou Métier d'historien*. Paris: Armand Colin, 1949.

BLOK, Ned; FLANAGAN, Owen; GÜZELDERE, Güven (eds.). *The Nature of Consciousness*. Cambridge: MIT Press, 1997.

BOTVINICK, Matthew et al. Conflict Monitoring Versus Selection-For-Action in Anterior Cingulate Cortex. *Nature*, n. 402, 1999.

BOUDON. Raymond. *The Origin of Values*. New Brunswick: Transaction Publishers, 2001.

BRAUDEL, Fernand. *Ecrits sur l'histoire*. Paris: Flammarion, 1969.

BRENTANO, Franz. [1874]. The Distinction Between Mental and Physical Phenomena. In: CHISHOLM, Roderick M. (ed.). *Realism and the Background of Phenomenology*. Glencoe: The Free Press, 1960.

BRESSLER, Steven L. et al. Top-down Control of Human Visual Cortex by Frontal and Parietal Cortex in Anticipatory Visual Spatial Attention. *Journal of Neuroscience*, n. 28, 2008.

BRIDGHAM, Jamie T.; ORTLUND, Eric A.; THORNTON, Joseph W. An Epistatic Ratchet Constrains the Direction of Glucocorticoid Receptor Evolution. *Nature*, n. 461, 2009.

BRUNE, M et al. Observing the Progressive Decoherence of the "Meter" in a Quantum Measurement. *Physical Review Letters*, n. 77, 1996.

BRUSH, Stephen G. *Statistical Physics and the Atomic Theory of Matter*. Princeton: Princeton University Press, 1983.

BULLER, David J. *Adapting Minds: Evolutionary Psychology and the Persistent Quest for Human Nature*. Cambridge: MIT Press, 2005.

BUNGE, Mario. What Is Chance? *Science & Society*, n. 15, 1951.

_____. Strife About *Complementarity. British Journal for the Philosophy of Science*, n. 6, 1955.

_____. Do Computers Think? *British Journal for the Philosophy of Science*, n. 7, 1956a. Reeditado em Bunge, 1959b.

_____. A Survey of the Interpretations of Quantum Mechanics. *American Journal of Physics*, n. 24, 1956b.

_____. [1959a] *Causality: The place of the Causal Principle in Modern Science*. 4. rev. ed. New Brunswick: Transaction, 2008.

_____. *Metascientific Queries*. Springfield: Charles C. Thomas, 1959b.

_____. Levels: A Semantic Preliminary. *Review of Metaphysics*, n. 1 3, 1960a.

_____. *Cinemática del Electrón Relativista*. Tucumán: Universidad Nacional de Tucumán, 1960b.

_____. Laws of Physical Laws. *American Journal of Physics*, n. 29, 1961.

_____. Cosmology and Magic. *The Monist*, n. 44, 1962.

_____. Mach's Critique of Newtonian Mechanics. *American Journal of Physics*, n. 34, 1966.

_____. *Scientific Research*. 2 v. New York: Springer-Yerlag. Rev. ed.: *Philosopy of Science*. 2 v. New Brunswick: Transaction, 1967a.

_____. *Foundations of Physics*. New York: Springer, 1967b.

_____. Analogy in Quantum Mechanics: From Insight to Nonsense. *British Journal for the Philosophy of Science*, n. 1 8, 1967c.

_____. The Structure and Content of a Physical Theory. *Delaware Seminar in the Foundations of Physics*. New York: Springer, 1967d.

_____. The Metaphysics, Epistemology and Methodology of Levels. In: WHYTE, L.L.; WILSON, A.G.; WILSON, D. (eds.). *Hierarchical Levels*. New York: American Eisevier, 1969.

_____. The So-called Fourth Indeterminancy Relation. *Canadian Journal of Physics*, n. 48, 1970.

_____. *Philosophy of Physics*. Dordrecht: D. Reidel, 1973a.

_____. *Method, Model, and Matter*. Dordrecht: D. Reidel, 1973b.

_____. *Treatise on Basic Philosophy, v. 1: Sense and Reference*. Dordrecht: Reidel, 1974a.

_____. The Relations of Logic and Semantics to Ontology. *Journal of Philosophical Logic*, n. 3, 1974b.

_____. On Confusing 'Measure' with Measurement' in the Methodology of the Behavioral Sciences. *The Methodological Unity of Science*. Dordrecht: Reidel, 1974c.

_____. *Treatise on Basic Philosophy, v. 3: The Furniture of the World*. Dordrecht: Reidel, 1977a.

_____. Emergence and the Mind. *Neuroscience*, n. 2, 1977b.

_____. Levels and Reduction. *American Journal of Physiology: Regulatory, Integrative and Comparative Physiology*, n. 2, 1977c.

_____. *Treatise on Basic philosophy, v. 4: A World of Systems*. Dordrecht: Reidel, 1979a.

_____. The Einstein-Bohr Debate Over Quantum Mechanics: Who Was Right About What? *Lecture Notes in Physics*, n. 100, 1979b.

_____. A Falência do Dualismo Psicofísico (em russo). *Filosofskie Nauki*, n. 2, 1979c. Comentado por D.I. Dubrosvskii.

_____. The Mind-body Problem in an Evolutionary Perspective. In: *Brain and Mind*. Ciba Foundation Series 69. Amsterdam: Excerpta Medica, 1979d.

_____. *The Mind-body Problem*. Oxford: Pergamon Press, 1980a.

_____. From Neuron to Behavior and Mentation: An Exercise in Levelmanship. In: PINSKER, H.M; WILLIAMS, W.D. (eds.). *Information processing in the Nervous System*. New York: Raven Press, 1980b.

_____. *Scientific Materialism*. Dordrecht: Reidel, 1981.

_____. Is Chemistry a Branch of Physics? *Zeitschrift für allgemeine Wissenschaftstheorie*, n. 1 3, 1982a.

_____. A pszichoneuralist azonossag elmélete. Transl. of the 1979 paper. *Magyar filozofiai szemle*. Comentado por Szentagothai Janos, 1982b.

_____. *Treatise on Basic Philosophy, v. 5: Exploring the World*. Dordrecht: Reidel, 1983a.

_____. *Treatise on Basic Philosophy, v. 6: Understanding the World*. Dordrecht: Reidel, 1983b.

_____. *Treatise on Basic Philosophy, v. 7. part. II*. Dordrecht: Reidel, 1985.

_____. *Treatise on Basic Philosophy, v. 8: Ethics*. Dordrecht: Reidel, 1989.

_____. *Finding Philosophy in Social Science*. New Haven: Yale University Press, 1996.

_____. *Social Science Under Debate*. Toronto: University of Toronto Press, 1998.

_____. *The Sociology-philosophy Connection*. New Brunswick:Transaction, 1999.

_____. Energy: Between Physics and Metaphysics. *Science and Education*, n. 9, 2000.

_____. *Philosophy in Crisis: The Need for Reconstruction*. Amherst: Prometheus, 2001.

_____. *Emergence and Convergence*. Toronto: University of Toronto Press, 2003a.

_____. Twenty-five Centuries of Quantum Physics: From Pythagoras to Us, and From Subjectivism to Realism. *Science & Education*, n. 12, 2003b.

_____. Velocity Operators and Time-energy Relations in Relativistic Quantum Mechanics. *International Journal of Theoretical Physics*, n. 42, 2003c.

_____. *Philosophical Dictionary*, enlarged ed. Amherst: Prometheus Books, 2003d.

_____. The Pseudoscience Concept, Dispensable in Professional Practice, is Required to Evaluate Research Projects. *Scientific Review of Mental Health Practice*, n. 2, 2004.

_____. *Chasing Reality*. Toronto: University of Toronto Press, 2006a.

_____. Naturalism and Mathematics: A Comment om Kanitscheider's Paper. *Erwägen, Wissen, Ethik*, n. 17, 2006b.

_____. The Philosophy Behind Pseudoscience. *The Skeptical Inquirer*, n. 30, v. 4, 2006c.

_____. Max Weber did not Practise the Philosophy He Preached. In: McFALLS, Lawrence (ed.). *Max Weber's "Objectivity" Revisited*. Toronto: University of Toronto Press, 2007a.

_____. Blushing and the Philosophy of Mind. *Journal of Physiology (Paris)*, n. 101, 2007b.

_____. *Political Philosophy: Fact, Fiction, and Vision*. New Brunswick:Transaction, 2008a.

_____. Bayesianism: Science or Pseudoscience? *International Review of Victimology*, n. 15, 2008b.

_____. *Political of Philosophy*. New Brunswick:Transaction, 2009.

BUNGE, Mario; GARCÍA MÁYNEZ, Adalberto. A Relational Theory of Physical Space. *International Journal of Theoretical Physics*, n. 15, 1977.

BUNGE, Mario; KÁLNAY, Andrés J. Solution to Two Paradoxes in the Quantum Theory of Unstable Systems. *Nuovo Cimento B*, n. 77, 1983a.

_____. Real Successive Measurements on Unstable Quantum Systems Take Nonvanishing Time Intervals and do not Prevent Them from Decaying. *Nuovo Cimento B*, n. 77, 1983b.

BUNGE, Mario; MAHNER, Martin. *Ueber die Natur der Dinge*. Düsseldorf: Hirzel, 2004.

BUNGE, Mario; ARDILA, Rubén. *Philosophy of Psychology*. New York: Springer, 1987.

BUNGE, Silvia A.; KAHN, I. Cognition: An Overview of Neuroimaging Techniques. In: SQUIRE, L.R. (ed.) *Encyclopedia of Neuroscience*, v. 2. Oxford: Academic Press, 2009.

BUSS, David M. *Evolutionary Psychology: The New Science of the Mind*. 2. ed. Boston: Pearson, 2004.

CABANAC. Michel. Emotion and Philogeny. *Japanese Journal of Physiology*, n. 49, 1999.

CACIOPPO, John T.; VISSER, Penny S.; PICKETT, Cynthia I. (eds.). *Social Neuroscience: People Thinking About Thinking People*. Cambridge: MIT Press, 2006.

CALVIN, William H.; BICKERTON, Derek. *Lingua ex Machina*. Cambridge: MIT Press, 2000.

CAMERER, Colin F. Strategizing in the Brain. *Science*, n. 300, 2003.

CAMPBELL. Donald T. Evolutionary Epistemology. In: SCHILPP, P.A. (ed.). *The Philosophy of Karl Popper*, v. 1. La Salle: Open Court, 1974a.

_____. Downward Causation in Hierarchically Organised Biological Systems. In: AYALA, F.J.; DOBZHANSKY, T. (eds.). *Studies in the philosophy of Biology: Reduction and Related Problems*. Berkeley: University of California Press, 1974b.

CAMPBELL, Norman Robert. [1920]. *Foundations of Science* [formerly titled *Physics, the Elements*]. New York: Dover Publications, 1957.

CARNAP, Rudolf. [1928]. *The Logical Structure of the World*. Berkeley/Los Angeles: University of California Press, 1967.

CARREIRAS, Manuel et al. An Anatomical Signature for Literacy. *Nature*, n. 461, 2009.

CATTELL, Raymond B. *Intelligence: Its Structure, Growth, and Action*. Amsterdam: North Holland, 1987.

CAVALLI-SFORZA, Luigi L.; FELDMAN, Marcus W. *Cultural Transmission and Evolution: A Quantitative Approach*. Princeton: Princeton University Press, 1981.

CAVALLI-SFORZA, Luigi L.; MENOZZI, Paolo; PIAZZA, Alberto. *The History and Geography of Human Genes*. Princeton: Princeton University Press, 1994.

CHAITIN, Gregory. *Meta Math!* New York: Viking, 2006. (Edição brasileira: *Meta Mat!* Trad. Gita K. Guinsburg. São Paulo: Perspectiva, 2009.)

CHALMERS, David. Facing up to the Problem of Consciousness. *Journal of Consciousness Studies*, n. 2, 1995.

_____. *The Conscious Mind: In Search of a Fundamental Theory*. Oxford: Oxford University Press, 1996.

390

CHANGEUX, Jean-Pierre. *The Physiology of Truth: Neurosciencie and Human Knowledge.* Cambridge: Belknap Press/Harvard University Press, 2004.

CHAPMAN, H.A. et al. In Bad Taste: Evidence for the Oral Origins of Moral Disgust. *Science*, n. 323, 2009.

CHARBONNAT, Pascal. *Histoire des Philosophies Matérialistes.* Paris: Syllepse, 2007.

CHOMSKY, Noam. Language and Nature. *Mind*, n. 104, 1995.

_____. The Mysteries of Nature: How Deeply Hidden? *Journal of Philosophy*, n. 106, 2009.

CHURCHLAND, Patricia Smith; SEJNOWSKI, Terrence J. *The Computational Brain.* Cambridge: MIT Press, 1993.

CHURCHLAND, Paul M. *Matter and Consciousness: A Contemporary Imtroduction to the Philosophy of Mind.* Cambridge: MIT Press, 1984.

CLARK, Andy. *Supersizing Mind: Embodiment, Action, and the Cognitive Extension.* Oxford: Oxford University Press, 2008.

COCHRAN, Gregory; HARPENDING, Thomas. *The 10.000 Year Explosion: How Civilization Accelerated Human Evolution.* New York: Basic Books, 2009.

COLE, Michael. *Cultural Psychology: The Once and Future Discipline.* Cambridge: Belknap Press/Harvard University Press, 1996.

COLEMAN, James S. *Foundations of Social Theory.* Cambridge: Belknap Press/Harvard University Press, 1990.

CONDORCET [Marie-Jean-Antonie-Nicolas, Caritat., Marquis de]. *Condorcet: Selected Writings.* Ed. K.M. Baker. lndianapolis: Bobbs-Merrill, 1976.

CONWAY, John H.; KOCHEN, Simon. The Strong Free Will Theorem. *Notices of the American Mathematical Society*, n. 56, 2009.

COOPER, Steven J. Donald O. Hebb's Synapse and Learning Rule: A History and Commentary. *Neuroscience and Behavioral Reviews*, n. 28, 2005.

CORBALLIS, Michael C.; LEA, Stephen E.G. (eds.). *The Descent of Mind: Psychological Perspectives on Homimid Evolution.* New York: Oxford University Press, 1999.

CORNFORTH, Maurice. *Dialectical Materialism.* 3 v. London: Lawrence & Wishart, 1954.

CORNWELL, John. *Hitler's Scientists: Science, War, and the Devil's Pact.* New York: Viking, 2003.

COSMIDES, Leda; TOBY, John. Cognitive Adaptations for Social Exchange. In: BARKOW, Jerome H.; COSMIDES, L.; TOBY, J. (eds.). *The Adapted Mind.* New York, Oxford University Press, 1992.

COVARRUBIAS, G.M. An Axiomatization of General Relativity. *International Journal of Theoretical Physics*, n. 32, 1993.

CRAVER, Carl F. *Explaining the Brain.* Oxford: Clarendon Press, 2009.

CRICK, Francis; KOCH, Christof. A Framework for Consciousness. *Nature Neuroscience*, n. 6, 2002.

CROCKETT, Molly J. et al. Serotonin Modulates Behavioral Reactions to Unfairness. *Science*, n. 320, 2008.

D'ABRO, A[braham]. *The Decline of Mechanism (in Modern Physics).* New York: Van Nostrand, 1939.

DAMASIO, Antonio R. *Descartes' Error: Emotion, Reason, and the Human Brain.* New York: G.P. Putnam, 1994.

DAMASIO, Antonio R.; MEYER, Kaspar. Consciousness: An Overview of the Phenomenon and Its Possible Neural Basis. In: LAUREYS, Steven; TONINI, Giulio (eds.). *The Neurology of Consciousness: Cognitive Neuroscience and Neurapathology.* Amsterdam/London: Academic, 2009.

DARWIN, Charles. [1871]. *The Descent of Man.* New York: P.F. Collier & Son, 1911.

DASTON, Lorraine; MITMAN, Gregg (eds.) *Thinking with Animals: New Perspectives on Anthopomorphism.* New York: Columbia University Press, 2005.

DAVIES, Paul C.W. John Archibald Wheeler and the Clash of Ideas. In: BARROW, John D.; DAVIES, Paul C.W.; HARPER, Charles L. (eds.). *Science and Ultimate Reality.* Cambridge/New York: Cambridge, 2004.

DAWKINS, Richard. *The Selfish Gene*. Oxford: Oxford University Press, 1976.

DE CARO, Mario; MACARTHUR, David (eds.) *Naturalism in Question*. Cambridge: Harvard University Press, 2004.

DEHAENE, Stanislas. Véronique lzard, Elizabeth Spelke, and Pierre Pica. Log or Linear? *Science*, n. 320, 2008.

DEHAENE. Stanislas; KERSZBERG, Michael; CHANGEUX, Jean-Pierre. A neuronal Model of a Global Workspace in Effortless Cognitive Tasks. *Proceedings of the National Academy of Sciences of the USA*, n. 95, 1998.

DEHAENE, Stanislas; NACCACHE, Lionel. Towards a Cognitive Neuroscience of Consciousness: Basic Evidence and a Workspace Framework. *Cognition*, n. 79, 2001.

DENNETT, Daniel. *Consciousness Explained*. Boston: Little, Brown, 1991.

_____. *Darwin's Dangerous Idea*. New York: Simon & Shuster, 1995.

DESCARTES, René. [1641]. *Meditations on First Philosophy*. Oxford: Oxford University Press, 2008

_____. [1664]. *Le Monde. Oeuvres de Descartes*. V. XI. Ed. C. Adam; P. Tannery. Paris: Vrin, 1974.

DESMURGET, Michel et al. Movement Intention After Parietal Cortex Stimulation in Humans. *Science*, n. 324, 2009.

DEUTCH, David. lt from Qubit. In: BARROW, John D.; DAVIES, Paul C.W.; HARPER, Charles L. (eds.). *Science and Ultimate Reality*. Cambridge/New York: Cambridge, 2004.

DE WAAL, Frans. *Good Natured: The Origin of Right and Wrong*. Cambridge: Harvard University Press, 1996.

_____. *Chimpanzee Politics: Power and Sex Among Apes*. Baltimore: Johns Hopkins University Press, 1998.

_____. Putting the Altruism Back into Altruism: The Evolution of Empathy. *Annual Review of Psychology*, n. 59, 2008.

DEWEY, John. *Logic: The Theory of Inquiry*. New York: H. Holt, 1938.

_____. [1925]. *Experience and Nature*. La Salle: Open Court, 1958.

DEWEY, John; HOOK, Sydney; NAGEL, Ernest. Are Naturalists Materialists? *Journal of Philosophy*, n. 42, 1945.

DIJKSTERHUIS, E[duard]. J[an]. [1959]. *The Mechanization of the World Picture from Pythagoras to Newton*. Princeton: Princeton University Press, 1986.

DILORENZO, Daniel J.; BRONZINO, Joseph D. (eds.). *Neuroengineering*. Boca Raton: CRC Press, 2008.

DILTHEY, Wilhelm [1883]. *Einleitung in die Geiteswissenschaften*. In: *Gesamelte Schriften*. V. 1. Stuttgart/Göttingen: Teubner/Vanderhoeck und Ruprecht, 1959.

DONALD, Merlin. *Origins of the Modern Mind*. Cambridge: Harvard University Press, 2001.

DUNBAR, R[obin] I.M. The Social Brain: Mind, Language, and Society in Evolutionary Perspective. *Annual Review of Anthropology*, n. 32, 2003.

DWORKIN, Ronald. *Law's Empire*. Cambridge: Belknap/Harvard University Press, 1986.

ECCLES, John C. Hypotheses Relating to the Brain-mind Problem. *Nature*, n. 168, 1951.

EDEL, Abraham. Naturalism and Ethical Theory. In: KRIKORIAN, Yervant V. (ed.). *Naturalism and the Human Spirit*. New York: Columbia University Press, 1944.

EICHNER, Alfred S. *Why Economics Is Not Yet a Science*. Armonk: M.E. Sharpe, 1983.

EINSTEIN, Albert. *Mein Weltbild*. Amsterdam: Querido, 1934.

EINSTEIN, Albert; PODOLSKY, Boris; ROSEN, Nathan. Can Quantum-mechanical Description of Physical Reality Be Considered Complete? *Physical Review*, n. 47, 1935.

ELMAN, Jeffrey L. et al. *Rethinking Innateness: A Connectionist Perspective on Devellopment*. Cambridge: MIT Press, 1998.

ENFIELD, N.J.; LEVINSON, Stephen C. lntroduction: Human Sociality as a New Interdisciplinary Field. In: ENFIELD, N.J.; LEVINSON, Stephen C. (eds.). *Roots of Human Sociality*. Oxford/New York: Berg, 2006.

ENFIELD, N.J.; LEVINSON, Stephen C. (eds.). *Roots of Human Sociality: Culture, Cognition and Interaction*. Oxford/New York: Berg, 2006.

392

ENGELS, Frederick. [1876]. The Part Played by Labour in the Transition from Ape to Man. In: MARX, Karl; ENGELS, Frederick. *Selected Works*. V. 2. Moscow: Foreign Language, 1962.

_____. [1894]. *Anti-Dühring*. Moscow: Foreign Languages, 1954.

_____. [1883]. *Dialetics of Narure*. New York: International Publishers, 1940.

EVARTS, Edward V.; SHINODA, Yoshikazu; WISE, Steven P. *Neurophysiological Approaches to Higher Brain Function*. New York: Wiley, 1984. (Interscience.)

EVERETT, Hugh, III. "Relative State" Formulation of Quantum Mechanics. *Reviews of Modern Physics*, n. 29, 1957.

FEFERMAN, Solomon. Gödel, Nagel, Minds, and Machines. *Journal of Philosphy*, n. 106, 2009.

FEHR, Ernst; FISCHBACHER, Urs. The Nature of Human Altruism. *Nature*, n. 425, 2003.

FEHR, Ernst; BERNHARD, Helen; ROCKENBACH, Bettina. Egalitarianism in Young Children. *Nature*, n. 454, 2008.

FEIGL, Herbert. [1958]. *The "Mental" and the "Physical"*. Minneapolis: University of Minnesota Press, 1967.

FELDMAN, Daniel E. Synaptic Mechanisms for Plasticity in Neocortex. *Annual Review of Neuroscience*, n. 32, 2009.

FERRER, Emilio; O'HARE, Elizabeth D.; BUNGE, Silvia A. Fluid Reasoning and the Developing Brain. *Frontiers in Neuroscience*, n. 3, 2009.

FLEW, Antony (ed.). *Readings in the Philosophical Problems of Parapsychology*. Buffalo: Prometheus Books, 1987.

FRAZIER, Kendrick (ed.) Science Under Siege: *Defending Science, Exposing Pseudoscience*. Amherst: Prometheus Books, 2009.

FRIEDMAN, Milton. Old Wine in New Bottles. *Economic Journal*, n. 101, 1991.

FODOR, Jerry A. *The Modularity of Mind*. Cambridge: MIT Press, 1983.

FREUD, Sigmund. [1900]. *The Interpretation of Dreams*. London: Penguin, 2006.

GALBRAITH, John Kenneth. *The Anatomy of Power*. Boston: Houghton Mifflin, 1983.

GALILEI, Galileu. [1623]. *Il Saggiatore. Opere*. Ed. F. Flora. Milano-Napoli: Riccardo Ricciardi, 1953.

GALLISTEL, C[harles]. R.; KING, Adam Philip. *Memory and the Computational Brain: Why Cognitive Science Will Transform Neuroscience*. New York: Wiley and Blackwell, 2009.

GARDNER, Martin. *Science: Good, Bad, and Bogus*. Oxford: Oxford University Press, 1983.

GAZZANIGA, Michael S. *Human: The Science Behind What Makes Us Unique*. New York: HarperCollins, 2008.

GENTY, Emilie; ROEDER, Jean-Jacques. Self-control: Why Should Sea Lions, *Zalophus californianus*, Perform Better Than Primates? *Animal Behavior*, n. 72, 2006.

GESCHWIND, Norman [1965]. Disconnexion Syndromes in Animais and Man. *Selected Papers on Language and the Brain*. Dordrecht, The Netherlands: Reidel, 1974.

GINTIS, Herbert et al. (eds.) *Moral Sentiments and Marerial Interests: The Foundations of Cooperation in Economic Life*. Cambridge: MIT Press, 2005.

GLASS, Leon; MACKEY, Michael C. *From Clocks to Chaos: The Rhythms of Life*. Princeton: Princeton University Press, 1988.

GONSETH, Ferdinand. *Qu 'est-ce que la logique?* Paris: Hermann, 1937.

GOODALE, Melvyn; MILNER, David. *Sight Unseen*. Oxford: Oxford University Press, 2005.

GOTTFRIED, Kurt; TUNG-MOW, Yan. *Quantum Mechanics: Fundamentals*. New York: Springer, 2003.

GOTTLIEB, Gilbert. *Individual Development and Evolution: The Genesis of Novel Behavior*. New York: Oxford University Press, 1992.

GOULD. Stephen J. Evolution: The Pleasures of Pluralism. *New York Review of Books*, n. 44 (11), 1997a.

_____. Nonoverlapping Magisteria. *Natural History*, n. 106, 1997b.

_____. *The Structure of Evolutionary Theory*. Cambridge: Belknap Press/Harvard University Press, 2002.

GRAHAM, Loren R. *Between Science and Values*. New York: Columbia University Press, 1981.

GRAY, Jeremy R.; THOMPSON, Paul M. *Nature Reviews Neuroscience*, n. 5, 2004.

GREGORY, Frederick. *Scientific Materialism in Nineteenth Century Germany.* Dordrecht: D. Reidel, 1977.

GROSS, James J. (ed.) *Handbook of Emotion Regulation.* New York: Guilford Press, 2007.

HAACK, Susan. *Deviant Logic, Fuzzy Logic.* Chicago: University of Chicago Press, 1996.

HAGGARD, Patrick. Conscious Intention and Motor Cognition. *Trends in Cognitive Sciences,* n. 9, 2005.

HARE, Todd et al. Dissociating the Role of the Orbitofrontal Cortex and the Striatum in the Computation of Goal Values and Prediction Errors. *Journal of Neuroscience,* n. 28, 2008.

HARRIS, Marvin. *Cultural Materialism: The Struggle for a Science of Culture.* New York: Random House, 1979.

HARTMANN, Nicolai. *Neue Wege der Ontologie.* 3. ed. Stuttgart: W. Kohlhammer, 1949.

HE, Biyu J.; RAICHLE, Marcus E. The fMRI Signal, Slow Cortical Potential and Consciousness. *Trends in Cognitive Science,* n. 1 3, 2009.

HEBB, Donald O. *The Organization of Behavior.* New York: Wiley, 1949.

_____. *Essay on Mind.* Hillsdale: Erlbaum, 1980.

HEGEL, Friedrich. [1812]. *Science of Logic.* 2 v. London: George Allen & Unwin, 1929.

HEIDEGGER, Martin. *Sein und Zeit.* 17. ed. Tübingen: Max Niemayer.

_____. [1947]. Brief über den "Humanismus". *Platos Lehre von der Wahrheit.* 2. ed. Bem: Francke, 1954.

HEISENBERG, Werner. *The Physical Principies of the Quantum Theory.* Chicago: University of Chicago Press, 1930.

_____. *Der Teil und das Ganze: Gespräche im Umkreis der Atomphysik.* München: R. Piper, 1969.

HELVÉTIUS, Claude A. [1758]. *De l'esprit.* Repr. Paris: Fayard, 1988.

HENDERSON, Lawrence J. [1913]. *The Fitness of the Environment: An Inquiry Into the Biological Significance of the Properties of Matter.* Boston: Beacon Press, 1970.

HENRICH, J. et al. (eds.) *Foundations of Human Sociality: Economic Experiments and Ethnographic Evidence from Fifteen Small-scale Societies.* Oxford: Oxford University Press, 2004.

HENRY, Richard Conn. The Mental Universe. *Nature,* n. 436, 2005.

HERODOTUS. [415 B.C.E]. *The Histories.* London: Penguin Books, 1972.

HICKOK, Gregory. Eight Problems for the Mirror Theory of Action Understanding in Monkey and Humans. *Journal of Cognitive Neuroscience,* n. 21, 2009.

HILBERT, David; BERNAYS, Paul. *Grundlagen der Mathematik,* 2 v. 2. ed. Berlin/Heidelberg/New York: Springer, 1968.

HOBSON, J. Allan. *Consciousness.* New York: Scientific American Library, 1999.

HOBSBAWM, Eric. *On History.* New York: The New Press, 1997.

HOLBACH, Paul-Henry Thiry, Baron d'. [1770] *Systeme de la nature,* 2 v. Repr. Hildesheim/New York: Georg Olms, 1966.

_____. [1773]. *Systeme Social,* 3 v. Repr. Hildesheim/NewYork: Georg Olms, 1969.

HSU MING; ANEN, Cédric; QUARTZ, Steven R. The Right and the Good: Distributive Justice and Neural Encoding of Equity and Efficiency. *Science,* n. 320, 2008.

HUMPHREY, Nicholas. *Consciousness Regained.* Oxford: Oxford University Press, 1983.

HUSSERL, Edmund. [1931]. *Cartesian Meditations: An Introduction to Phenomenology.* The Hague: M. Nijhoff, 1960.

_____. [1936]. *The Crisis of European Sciences and Transcendental Phenomenology: An Introduction to Phenomenological Philosophy.* Evanston: Northwestern University Press, 1970.

HUXLEY, Thomas Henry. Evolution and Ethics. In: HUXLEY, T.H.; HUXLEY, J. (ed.). *Evolution and Ethics.* London: Pilot Press, 1893.

INGENIEROS. José. [1919]. *Principios de Psicología.* 6. ed. Buenos Aires: Losada, 1946.

IVERSEN, Leslie L. et al. *Introduction to Neuropsychopharmacology.* Oxford: Oxford University Press, 2008.

JACOB, François. Evolution and Tinkering. *Science,* n. 196, 1977.

JAMES, William. [1890]. *The Principies of Psycology,* 2 v. Repr. New York: Dover, 1950.

JAROCHEWSKI, Michail. *Psychologie im 20: Jahrhundert.* Berlin: Volk und Wissen, 1975.

394

JAYNES, Edwin T. Foundations of Probability Theory and Statistical Mechanics. In: BUNGE, Mario (ed.). *Delaware Seminar in the Foundations of Physics*. New York: Springer, 1967.

JENSEN, Keith; CALL, Joseph; TOMASELLO, Michael. Chimpanzees Are Rational maximizers. *Science*, n. 318, 2007.

JOHNSON-LAIRD, P.N.; WASON, P.C. (eds.). *Thinking: Readings in Cognitive Science*. Cambridge: Cambridge University Press, 1977.

JONES, Ernest. *The Life and Work of Sigmund Freud*. Ed. and abridged by L. Trillling and S. Marcus. New York: Basic Books, 1961.

KANITSCHEIDER, Bernulf. *Im lnnern der Natur: Philosophie und moderne Physik*. Darmstadt: Wissenschaftliche Buchgesellschaft, 1996.

_____. Naturalismus und logtisch-mathematische Grundlagenprobleme. *Erwägen, Wissen, Ethik*, n. 17, 2006.

_____. *Die Materie und ihre Schatten: Naturalistische Wissenschaftstheorie*. Aschaffenburg: Alibri, 2007.

KANDEL, Eric. *In Search of Memory: The Emergence of a New Science of Mind*. New York: W.W. Norton, 2006.

KANT, lmmanuel. *Metaphysik II, Reflexionen auf losen Blättern*. In: *Gesammelte Schriften*, AAXVIII: *Handschriftlicher Nachlass*. Akademie Ausgabe.

_____. *Kritik der reinen Vernunft*. 2. ed. Hamburg: Felix Meiner, 1787.

KAPLAN, Hillard et al. A Theory of Human Life History Evolution: Diet, Intelligence, and Longevity. *Evolutionary Anthropology*, n. 8, 2000.

KARMILOFF-SMITH, Annette. The Tortuous Route from Genes to Behavior: A Neuroconstructivist Approach. *Cognitive, Affective, & Behavioral Neuroscience*, n. 6, 2006.

KEMENY, Margaret E. Psychobiological Responses to Social Threat: Evolution of a Psychological Model in Psychneuroimmunology. *Brain, Behavior, and lmmunity*, n. 23, 2009.

KEYFITZ, Nathan (ed.) 1984. *Population and Biology: Bridge Between Disciplines*. Liège: Ordina, 1984.

KIM, Jaegwon. *Supervenience and Mind*. Cambridge: Cambridge University Press, 1993.

_____. *Philosophy of Mind*. 2. ed. Cambridge: Westview, 2006.

KISHIYAMA, Mark M. et al. Socioeconomic Disparities Affect Prefrontal Function in Children. *Journal of Cognitive Neuroscience*, n. 21, 2009.

KOPPELBERG, Dirk. Naturalismus/Naturalisierung. In: SANDKÜHLER, H.J. (ed.). *Enzyklopädie Philosophie*, v. 1. Hamburg: Felix Meiner, 1999.

KOSFELD, M. et al. Oxytocin Increases Trust in Humans. *Nature*, n. 435, 2005.

KOSLICKI, Kathrin. *The Structure of Objects*. New York: Oxford University Press, 2008.

KREIMAN, Gabriel; KOCH, Christof; FRIED, ltzhak Fried. Imagery Neurons in the Human Brain. *Nature*, n. 408, 2000.

KRIKORIAN, Yervant V. (ed.). *Naruralism and the Human Spirit*. New York: Columbia University Press, 1944.

KRIPKE, Saul. ldentity and Necessity. In: MUNITZ, Milton K. (ed.). *Identity and Individuation*. New York: New York University Press, 1971.

KURTZ, Paul. *Skeptical Odysseys*. Amherst: Prometheus Books, 2001.

KURTZ, Paul (ed.). *A Skeptic's Handbook of Parapsychology*. Buffalo: Prometheus Books, 1985.

LACHS, John. Epiphenomenalism and the Notion of Cause. *Journal of Philosophy*, n. 60, 1963.

LALANDE, André. *Vocabulaire technique et critique de la philosophie*, 3 v. Paris: FélixAlcan, 1938.

LANCZOS, Cornelius. *The Variational Principles of Mechanics*. Toronto: University of Toronto Press, 1949.

LANG, Serge. *The File*. New York: Springer, 1981.

LANGE, Friedrich Albert. [1873]. *Geschichte des Materialismus und Kritik Seiner Bedeutung in der Gegenwart*. Leipzig: Philipp Reclam, 1905.

LAUREYS, Steven; TONONI, Giulio (eds.). *The Neurology of Consciousness: Cognitive Neuroscience and Pathology*. Amsterdam: Academic Press, 2009.

LAZCANO, Antonio. What Is Life? A Brief Historical Overview. *Chemistry and Biodiversity*, n. 4, 2007a.

_____. Prebiotic Evolution and the Origin of Life: Is a System-level Understanding Feasible? In: RIGOUTSOS, Isidore; STEPHANOPOULOS, Gregory (eds.). *Systems Biology.* Oxford: Oxford University Press, 2007b.

LEDOUX. Joseph. *Synaptic Self: How Our Brains Become Who We Are.* New York: Penguin Books, 2002.

LEIBNIZ, Gottfried Wilhelm. [1714]. *The Principles of Nature and of Grace, Based on Reason.* In: LOEMKE, L.E. (ed.). *Philosophical Papers and Letters,* v. II. Chicago: University of Chicago Press, 1956.

LENIN, V[ladimir]. I[lich]. [1908]. *Materialism and Empiriocriticism.* Moscow: Foreign Languages, 1947.

_____. *Collected Works, v. 38: Philosophical Notebooks* [1914-1915]. Moscow: Foreign Languages, 1981.

LEVITIS, Daniel A.; LICKIDER, William Z.; FREUND, Glenn. Biologists Do Not Agree on What Constitutes Behaviour. *Animal Behaviour,* n. 78, 2009.

LÉVY-LEBLOND, Jean-Marc. Did the Big Bang Begin? *American Journal of Physics,* n. 58, 1990.

_____. *De la matière-quantique, relativiste, interactive.* Paris: Seuil, 2006.

LÉVY-LEBLOND, Jean-Marc; BALIBAR, Françoise. *Quantics.* Amsterdam: North-Holland, 1990.

LEWES, George Henry. *Problems of Life and Mind.* London: Trueubner, 1874.

LEWIS. David. *On the Plurality of Worlds.* Oxford: Blackwell, 1986.

LEWONTIN, Richard; LEVINS, Richard. *Biology Under the Influence: Dialectical Essays on Ecology, Agriculture, and Health.* New York: Monthly Review Press, 2007.

LICKLEITER, Robert; HONEYCUTT, Hunter. Developmental Dynamics: Toward a Biologically Plausible Evolutionary Psychology. *Psychological Bulletin,* n. 129, 2003.

LIEBERMAN, Matthew D.; EISENBERG, Naomi I. A Pain by Any Other Name (Rejection, Exclusion, Ostracism) Still Hurts the Same. In: CACIOPPO, John T.; VISSER, Penny S.; PICKET, Cynthia I. (eds.). *Social Neuroscience: People Thinking About Thinking People.* Cambridge: MIT Press, 2006.

LLINÁS, Rodolfo R. *i of the vortex: From Neurons to Self.* Cambridge: MIT Press, 2001.

LLOYD, Elisabeth. Evolutionary Psychology: The Burdens of Proof. *Biology and Philosophy,* n. 14, 1999.

LLOYD MORGAN, C[onwy]. *Emergent Evolution.* London: Williams and Norgate, 1927.

LOEB, Jacques. *The Mechanistic Conception of Life: Biological Essays.* Chicago: University of Chicago Press, 1912.

LOCKE, John. [1690]. *An Essay Concerning Human Understanding.* London: George Routledge Sons. s.d.

LOEBER, Rolf; PARDINI, Dustin. Neurobiology and the Development of Violence: Common Assumptions and Controversies. *Philosophical Transactions of the Royal Society,* n. 363, 2008.

LOGOTHETIS, Nikos K. What We Can Do and What We Cannot Do With fMRI. *Nature,* n. 453, 2008.

LONDON, F.; BAUER, E. *La Théorie de l'observation en mécanique quantique.* Paris: Hermann, 1939.

LORENZ, Konrad. [1954]. Psychology and Phylogeny. *Studies in Animal and Human Behavior,* v. II. Cambridge: Harvard University Press, 1971.

LORMAND, Eric. The Explanatory Stopgap. *Philosophical Review,* n. 113, 2004.

LOVEJOY, Arthur O. [1936]. *The Great Chain of Being.* Cambridge: Harvard University Press, 1953.

_____. *The Revolt Against Dualism: An Inquiry Concerning the Existence of Idem.* La Salle: Open Court, 1955.

LUISI, Pier Luigi. *The Emergence of Life: From Chemical Origins to Synthetic Biology.* Cambridge: Cambridge University Press, 2006.

LURIA, Alexander R. *Cognitive Development: Its Cultural and Social Foundations.* Cambridge: Harvard University Press, 1976.

LYCAN, William G.; PAPPAS, George S. Quine's Materialism. *Philosophia,* n. 6, 1976.

MACH, Ernst. [1900]. *The Analysis of Sensations and the Relation of the Physical to the Psychical*. Chicago: Open Court, 1914.

_____. [1893]. *The Science of Mechanics*. La Salle: Open Court, 1942.

MACHAMER, Peter; DARDEN, Lindley; CRAVER, Carl F. Thinking About Mechanisms. *Philosophy of Science*, n. 67, 2000.

MACLEAN, R. Craig; BELL, Graham. Diver *l Society of London B*, n. 270, 2003.

MAHNER, Martin. Kann man als metaphysischer Naturalist zugleich erkenntistheoretischer Naturalist sein? In: SUKOPP, T.; VOLLMER, G. (eds.). *Naturalismus: Positionen, Perspektiven, Probleme*. Tübingen: Mohr Siebeck, 2007a.

_____. Unverezichtbarkeit und Reichweite des ontologischen Naturalismus. In: KLINNERT, L. (ed.). *Zufall Mensch?* Darmstadt: Wissenschaftliche Buchgesellschaft, 2007b.

_____. Demarcating Science from Pseudoscience. In: KUIPERS, T. (ed.). *Handbook of the Philosophy of Science: General Philosophy of Science – Focal Issue*. Amsterdam: Elsevier, 2007c.

MAHNER, Martin; BUNGE, Mario. Is Religion Education Compatible With Science Education? *Science & Education*, n. 5, 1996.

_____. *Fundations of Biophilosophy*. Berlin/Heidelberg/New York: Springer, 1997.

_____. Function and Functionalism: A Synthetic Perspective. *Philosophy of Science*, n. 68, 2001.

MAHON, Bradford Z.; CARAMAZZA, Alfonso. Concepts and Categories: A Cognitive Neuropsychological Perspective. *Annual Reviews of Psychology*, n. 60, 2009.

MAHON, Bradford Z. et al. Category-specific Organization in the Human Brain Does Not Require Visual Experience. *Neuron*, n. 63, 2009.

MAMELI, Matteo. On Innateness. *Journal of Philosophy*, n. 105, 2008.

MARKS, Jonathan. *What it Means to Be 98% Chimpanzee*. Berkeley/Los Angeles: University of California Press, 2002.

MARX, Karl; ENGELS, Frederick. *Selected Works*, 2 v. Moscow: Foreign Languages, 1962.

MAUDLIN, Tim. Distilling Metaphysics from Quantum Physics. In: LOUX, M.J.; ZIMMERMAN, D.W. (eds.). *The Oxford Handbook of Metaphysics*. Oxford: Oxford University Press, 2003.

MCCULLOCH, Warren S. *Embodiments of Mind*. Cambridge: MIT Press, 1965.

MCGINN, Colin. *Problems in Philosophy*. Oxford: Blackwell, 1993.

_____. *Consciousness and Its Objects*. Oxford: Clarendon Press, 2004.

MCGOWAN, Patrick O. et al. Epigenetic Regulation of the Glucocorticoid Receptor in Human Brain Associates with Childhood Abuse. *Nature Neuroscience*, n. 12, 2009.

MCLANE, Saunders. *Categories for the Working Marhematician*. 2. ed. New York: Springer, 1998.

MEDAWAR, Peter. *The Uniqueness of the Individual*. New York: Basic Books, 1957.

MELLOR, D.H. *Matters of Metaphysics*. Cambridge: Cambridge University Press, 1991.

MELZACK, Ronald. Phantom Limbs, the Self and the Brain. *Canadian Journal of Psychology*, n. 30, 1989.

MERMIN, N. David. Quantum Mysteries for Anyone. *Journal of Philosophy*, n. 78, 1981.

_____. What's Bad this Habit. *Physics Today*, n. 62, v. 5, 2009.

MERTON, Robert K. *Social Theory and Social Structure*. Ed. ampliada. New York: The Free Press, 1968.

_____. *The Sociology of Science*. Chicago: University of Chicago Press, 1973.

_____. [1936]. The Unanticipated Consequences of Social Action. In: *Sociological Ambivalence and Other Essays*. New York: The Free Press, 1976.

_____. [1938]. *Science, Technology & Society in Seventeenth-century England*. New York: Howard Fertig, 2001.

MERTON, Robert K.; BARBER, Elinor. *The Travels and Adventures of Serendipity*. Princeton: Princeton University Press, 2004.

MILLER, David (ed.). *Popper Selections*. Princeton: Princeton University Press, 1985.

MISNER, Charles W.; THORNE, Kip S.; WHEELER, John Archibald. *Gravitation*. San Francisco: W.H. Freeman, 1973.

MITHEN, Steven. From Domain Specific to Generalized Intelligence: A Cognitive Interpretation of the Middle/Upper Palaeolithic Transition. In: RENFREW, Colin; ZUBROV, Ezra B. (eds.). *The Ancient Mind: Elements of Cognitive Archaeology*. Cambridge: Cambridge University Press, 1994.

_____. *The Prehistory of the Mind*. London: Thames & Hudson, 1996.

_____. The Evolution of Deep Social Mind in Humans. In: CORBALLIS, Michael C.; LEA, Stephen E.G. (eds.). *The Descent of Mind: Psychological Perspectives on Hominid Evolution*. New York: Oxford University Press, 1999.

MOESSINGER. Pierre. *Voir la Société: Le micro et le macro*. Paris: Hermann, 2008.

MORGAN, C. Lloyd. *The Emergence of Novelry*. London: Williams & Norgate, 1933.

MORRIS, J.S.; ÖHMAN, A.; DOLAN, R.J. Conscious and Unconscious Emotional Learning in the Human Amygdala. *Nature*, n. 393, 1998.

MOUNTCASTLE, Vernon. *Perceptual Neuroscience: The Cerebral Cortex*. Cambridge: Harvard University Press, 1998.

NADER, Karim; SCHAFE, G.E.; LEDOUX, Joseph E. Fear Memories Require Protein Synthesis in the Amygdala for Reconsolidation After Retrieval. *Nature*, n. 406, 2000.

NAGEL, Ernest. *Logic Without Metaphysics*. Glencoe: The Free Press, 1956.

NAGEL. Thomas. What Is It Like to Be a Bat? *Philosophical Review*, n. 83, 1974.

NAUENBERG, Michael. Critique of "Quantum Enigma: Physics Encounters Consciousness". *Foundations of Physics*, n. 37, 2007.

NEEDHAM, Joseph. *Time: The Refreshing River*. London: George Allen & Unwin, 1943.

NESSE, Randolph M.; WILLIAMS, George C. *Why We Get Sick*. New York: Times Books Random House, 1994.

NEURATH, Otto. In: HALLER, R; RUTTE, H. (eds.). *Gesammelte Philosophische und methodologische Schriften*, 2 v. Wien: Hölder-Pichler-Tempsky, 1981.

NORSEN, Travis. Against 'Realism'. *Foundations of Physics*, n. 37, 2007.

NOVIKOFF, Alex. The Concept of Integrative Leveis in Biology. *Science*, n. 101, 1945.

O'CONNOR, John (ed.). *Modern Materialism: Readings on Mind-body Identity*. New York: Harcourt, Brace & World, 1969.

ODLING-SMEE, F. et al. *Niche Construction*. Princeton: Princeton University Press, 2003.

OECD. *Growing Unequal? Income Distribution and Poverty in OECD Countries*. Paris: OECD, 2008.

OPARIN, A[lexandr]. *The Origin of Life*. New York: Dover, 1953.

OSTWALD, Wilhelm. *Vorlesungen über Naturphilosophie*. Leipzig: Veit & Comp., 1902.

PANASIUK, Ryszard; NOWAK, Leszek (eds.). *Marx's Theories Today*. Amsterdam/Atlanta: Rodopi, 1998.

PAPINEAU, David. *Philosophical Naturalism*. Oxford: Basil Blackwell, 1993.

_____. Theories of Consciousness. In: SMITH, Quentin; JOKIC, Aleksandar (eds.). *Consciousness: New Philosophical Perspectives*. Oxford: Clarendon Press, 2003.

PARADIS, Michel. *A Neurolinguistic Theory of Bilingualism*. Amsterdam: John Benjamin, 2004.

PARK, Robert L. *Superstition*. Princeton: Princeton University Press, 2008.

PASSINGHAM, Richard. *What Is Special About the Human Brain?* Oxford: Oxford University Press, 2008.

PASTALKOVA, Eva et al. Internally Generated Cell Assembly Sequences in the Rat Hippocampus. *Nature*, n. 321, 2008.

PAULI, Wolfgang. Die allgemeinen Principien der Wellenmechanik. In: FLÜGGE, S. (ed.). *Handbuch der Physik*, v. V, Teil 1. Berlin: Springer, 1958.

PAVLOV, I.P. *Selected Works*. Moscow: Foreign Languages, 1955.

PEIRCE, Charles S. [1898]. Scientific Metaphysics. *Collected Papers*. Ed. C. Hartshorne and P. Weiss. V. 6. Cambridge: Harvard University Press, 1935.

PENFIELD, Wilder; RASMUSSEN, Waldo. *The Cerebral Cortex of Man: A Clinical Study of Localization of Function*. New York: Hafner, 1968.

PENN, Derek C.; HOLYOAK, Keith J.; POVINELLI, Daniel J. Darwin's Mistake: Explaining the Discontinuity Between Human and Nonhuman Minds. *Behavioral and Brain Sciences*, n. 31, 2008.

PÉREZ-BERGLIAFFA, Santiago E.; ROMERO, Gustavo; VUCETICH, Héctor. Axiomatic Foundations of Non-relativistic Quantum Mechanics: A Realistic Approach. *Journal of Theorerical Physics*, n. 32, 1993.

_____. Axiomatic Foundations of Quantum Mechanics Revisited: A Case for Systems. *International Journal of Theoretical Physics*, n. 35, 1996.

_____. Toward an Axiomatic Pregeometry of Space-time. *International Journal of Theoretical Physics*, n. 37, 1998.

PESARAN, Bijan; NELSON, Matthew J.; ANDERSEN, Richard A. Free Choice Activates a Decision Circuit Between Frontal and Parietal Cortex. *Nature*, n. 453, 2008.

PESSOA, Luiz. On the Relationship Between Emotion and Cognition. *Nature Reviews/ Neuroscience*, n. 9, 2008.

PHELPS, Elizabeth A. Emotion and Cognition. *Annual Reviews of Psychology*, n. 57, 2006.

PHILLIPS, Melba. Quantum Mechanics. In: SELLARS, Roy Wood; MCGILL, V.J.; FARBER, Marvin (eds.). *Philosophy for the Future*. New York: Macmillan, 1949.

PIAGET, Jean. *Etudes Sociologiques*. Genève: Librairie Droz, 1965.

PINKER, Steven. *The Language Instinct: How the Mind Creates Language*. New York: Morrow, 1994.

_____. *How the Mind Works*. New York: Norton, 1997.

_____. *The Blank Slate: The Modern Denial of Human Nature*. New York: Penguin Books, 2003.

PLACE, U[llian]. T. Is Consciousness a Brain Process? *British Journal of Psychology*, n. 47, 1956.

PLATO. *Laws. The Dialogues of Plato*, 2 vols. Transl. B. Jowett. New York: Random House, 1937.

PLATT, Michael L.; SPELKE, Elizabeth S. What Can Developmental and Comparative Cognitive Neuroscience Tell Us About the Adult Human Brain? *Current Opinion in Neurobiology*, n. 19, 2009.

PLEKHANOV, Georgii Valentinovich. [1896]. *Essays in the History of Materialism*. New York: H. Fertig, 1967.

POPPER, Karl R. Personal Communication.

_____. Knowledge: Subjective Versus Objective. *Popper Selectiom*. Ed. David Miller. Princeton: Princeton University Press, 1985.

_____. *Objective Knowledge: An Evolutionary Approach*. Oxford: Clarendon Press, 1972.

_____. Natural Selection and the Evolution of Mind. *Dialectica*, n. 32, 1978.

POPPER, Karl R.; ECCLES, John C. *The Mind and Its Brain*. New York: Springer International, 1977.

POUND, Roscoe. [1924]. *An Introduction to the Philosophy of Law*. Ed. revista. New Haven: Yale University Press, 1954.

PRATHER, J.F. et al. Precise Auditory-vocal Mirroring in Neurons for Learned Vocal Communication. *Nature*, 451, 2008.

PRESTON, Stephanie D.; WALL. Frans B.M. de. Empathy: Its Ultimate and Proximate Bases. *Behavioral and Brain Sciences*, n. 25, 2002.

PREUSS, Todd M. Primate Brain Evolution in Phylogenetic Context. In: KASS, J.H.; PREUSS, T.M. (eds.). *Evolution of Nervous Systems, v. 4: Primates*. Oxford: Elsevier, 2007.

PRIBRAM, Karl H. *Languages of the Brain: Experimental Paradoxes and Principies in Neuropsychology*. Englewood Cliffs: Prentice-Hall, 1971.

PURVES, Dale et al. *Principles of Cognitive Neuroscience*. Sunderland: Sinauer Associates, 2008.

PUTNAM, Hilary. Minds and Machines. In: HOOK, S. (ed.). *Dimensions of Mind*. New York: New York University Press, 1960.

_____. *Philosophical Papers, v. 2: Mind, Language and Reality*. Cambridge: Cambridge University Press, 1975.

_____. *Meaning and the Moral Sciences*. London: Routledge, 1978.
_____. *Ethics Without Ontology*. Cambridge: Harvard University Press, 2004.
PYLYSHYN, Zenon W. *Computation and Cognition*. Cambridge: MIT Press, 1984.
QUINE, W.V. *From a Logical Point of View*. Cambridge: Harvard University Press, 1953.
_____. Ontological Relativity. *Journal of Philosophy*, n. LXV, 1968.
_____. *The Roots of Reference*. La Salle: Open Court, 1973.
RAICHLE, Marcus. The Brain's Dark Energy. *Science*, n. 314, 2009.
RAILTON, Peter. *Fact, Values, and Noms: Essays Towards a Morality of Consequence*. Cambridge: Cambridge University Press, 2003.
RANDALL JR., John Herman. *Nature and Historical Experience*. New York: Columbia University Press, 1958.
RANDI, James. *Flim-Flam!* Buffalo: Prometheus Books, 1982.
RENAN, Ernest. [1852]. *Averroès et l'averroisme. Oeuvres completes*. V. III. Paris: Calmann-Lévy, 1949.
RENFREW, Colin; ZUBROV, Ezra B. (eds.). *The Ancient Mind: Elements of Cognitive Archaeology*. Cambridge: Cambridge University Press, 1994.
RESCHER, Nicholas. *Free Will: A Philosophical Reappraisal*. New Brunswick: Transaction Publishers, 2009.
RICHARDSON, Robert C. The Adaptive Programme of Evolutionary Psychology. In: THAGARD, Paul (ed.). *Philosophy of Psychology and Cognitive Science*. Oxford: Elsevier, 2007.
_____. *Evolutionary Psychology as Maladapted Psychology*. Cambridge: MIT Press, 2007.
RICHERSON, Peter J.; BOYD, Robert. *Not by Genes Alone: How Culture Transformed Human Evolution*. Chicago: University of Chicago Press, 2005.
RIGOUTSOS, Isidore; STEPHANOPOULOS, Gregory (eds.). *Systems Biology*. Oxford: Oxford University Press, 2007.
RIZZOLATTI, Giacomo; CRAIGHERO, Laila. The Mirror-neuron System. *Annual Review Neuroscience*, n. 27, 2004.
RIZZOLATTI, Giacomo; SINIGAGLIA, Corrado. *Mirrors in the Brain: How Our Minds Share Actions and Emotions*. Oxford: Oxford University Press, 2008.
ROBINSON, Joan; EATWELL, John. *An Introduction to Modern Economics*. Ed. revista. London: McGraw-Hill, 1974.
ROSENBERG, Alexander. *Sociobiology and the Preemption of Social Science*. Baltimore: Johns Hopkins University Press, 1980.
ROSENTAL, M.; YUDIN, P. [1940]. *Diccionario de Filosofía*. Santiago de Chile: Nueva América, 1945.
ROZENTAL, M.M.; YUDIN, P. (eds.). *A Dictionary of Philosophy*. Moscow: Progress Pub, 1967.
RUMBAUGH, Duane M.; GRILL, Timothy V. The Mastery of Language-type Skills by the Chimpanzee (*Pan*). *Annals of the New York Academy of Sciences*, n. 280, 1976.
RUSSELL, Bertrand. *Our Knowledge of the External World*. London: Allen & Unwin, 1914.
_____. [1927]. *The Analysis of Matter*. New York: Dover, 1954.
RYDER, John (ed.). *American Philosophical Naturalism in the Twentieth Century*. Amherst: Prometheus Books, 1994.
SAPOLSKY, Robert. The Influence of Social Hierarchy on Primate Health. *Science*, n. 308, 2005.
SAVAGE, J.L. *The Foundations of Statistics*. New York: Wiley, 1954.
SCHACTER, Daniel L. *The Seven Sins of Memory*. Boston: Houghton Mifflin, 2001.
SCHELLING, Thomas C. *Micromotives and Macrobehavior*. New York: W.W. Norton, 1978.
SCHLICK, Moritz. [1925]. *General Theory of Knowledge*. Wien: Springer, 1974.
SCHLOSSHAUER, Maximilian. *Decoherence and the Quantum-to-Classical Transition*. Berlin/Heidelberg/New York: Springer, 2007.
SCHMIDT, Michael; LIPSON, Hod. Distilling Free-form Natural Laws from Experimental Data. *Science*, n. 324, 2009.
SCHRÖDINGER, Erwin. Die gegenwärtige Situation in der Quantenmechanik. *Die Naturwissenschaften*, n. 23, 1935.

SCHWARTZ, Charlie et al. *Science Against the People: The Story of Jason*. Disponível em: <http://socrates.berkeley.edu>.

SEARLE, John. Minds, Brains and Programs. *Behavioral and Brain Sciences*, n. 3, 1980.

_____. *The Construction of Reality*. New York: The Free Press, 1995.

_____. *The Mystery of Consciousness*. New York: New York Review, 1997.

_____. *Freedom & Neurobiology*. New York: Columbia University Press, 2007.

SEJNOWSKI, Terrence J.; KOCH, Christof; CHURCHLAND, Patricia S. Computational Neuroscience. *Science*, n. 24 1, 1988.

SELLARS, Roy Wood. [1922]. *Evolutionary Naturalism*. New York: Russell & Russell, 1969.

_____. In: WARREN, W. Preston (ed.). *Principles of Emergent Realism*. St. Louis: Warren H. Green, 1970.

SELLARS, Roy Wood; MCGILL, V.J.; FARBER, Marvin (eds.). *Philosophy for the Future: The Quest of Modern Materialism*. New York: Macmillan, 1949.

SETH, Anil K. et al. Measuring Consciousness: Relating Behavioral and Neurophysiological Approaches. *Trends in Cognitive Sciences*, n. 12, 2008.

SHEAR, Jonathan (ed.). *Explaining Consciousness: The 'Hard Problem'*. Cambridge: MIT Press, 1995.

SHERRINGTON, Charles. *Man on His Nature*. New York: New American Library, 1964.

SHIMONY, Abner. *Search for a Naturalistic World View*, 2 v. Cambridge: Cambridge University Press, 1993.

SHIROKOV, M. (ed.) *A Textbook of Marxist Philosophy*. London: Victor Gollancz, 1937.

SHORTER, Edward. *A History of Psychiatry*. New York: Wiley, 1997.

SHUBIN, Neil; TABIN, Cliff; CARROLL, Sean. Deep Homology and the Origins of Evolutionary Novelty. *Nature*, n. 457, 2009.

SIMON, Herbert A. The Architecture of Complexity. *Proceedings of the American Philosophical Society*, n. 106, 1962.

SINGER, Wolf. Consciousness and Neuronal Synchronization. In: LAUREYS, Steven; TONONI, Giulio (eds.). *The Neurology of Consciousness: Cognitive Neuroscience and Pathology*. Amsterdam: Academic Press, 2009.

SMAIL, Daniel Lord. *On Deep History and the Brain*. Berkeley: University of California Press, 2008.

SMART, J.C.C. Materialism. *Journal of Philosophy*, n. 60, 1963a.

_____. *Philosophy and Scientific Realism*. New York: The Humanities Press, 1963b.

SMITH, Adam. [1776]. *The Wealth of Nations*, 2 v. Chicago: University of Chicago Press, 1976.

SMITH, Quentin. Why Cognitive Scientists Cannot Ignore Quantum Mechanics. In: SMITH, Quentin; JOKIC, Aleksandar (eds.) *Consciousness: New Philosophical Perspectives*. Oxford: Clarendon Press, 2003.

SMITH, Quentin; JOKIC, Aleksandar (eds.) *Consciousness: New Philosophical Perspectives*. Oxford: Clarendon Press, 2003.

SMOLIN, Lee. *The Trouble With Physics: The Rise of String Theory, the Fall of Science, and What Comes Next*. Boston: Houghton-Mifftin, 2006.

SOBEL, N. et al. Sniffing and Smelling: Different Subsystems in the Human Olfactory Cortex. *Nature*, n. 392, 1998.

SOBER. Elliott; WILSON, David Sloan. *Unto Others: The Evolution and Psychology of Unselfish Behavior*. Cambridge: Harvard University Press, 1998.

STICH, Stephen P. *Deconstructing the Mind*. New York: Oxford University Press, 1999.

STOLJAR, Daniel. *Ignorance and Imagination*. Oxford: Oxford University Press, 2006.

STONOR SAUNDERS, Frances. *Who Paid the Pipers?: The CIA and the Cultural Cold War*. London: Granta Books, 2000.

STOVE, David. *The Plato Cult and Other Philosophical Follies*. Oxford: Basil Blackwell, 1991.

SUPPES, Patrick. *Introduction to Logic*. Princeton: D. Van Nostrand, 1957.

_____. A Probabilistic Theory of Causality. *Acta Philosophica Fennica* 24. Amsterdam: North Holland, 1970.

_____. Aristotle's Concept of Matter and Its Relation to Modem Concepts of Matter. *Synthese*, n. 28, 1974.

TAKAHASHI, Hidehiko et al. When Your Gain Is my Pain and Your Pain Is My Gain: Neural Correlates of Envy and Schadenfreude. *Science*, n. 323, 2009.

TARSKI. Alfred. The Semantical Concept of Truth and the Foundations of Semantics. *Philosophy and Phenomenological Research*, n. 4, 1944.

TEGMARK, Max. Parallel Universes. In: BARROW, John D.; DAVIES, Paul C.W.; HARPER JR., Charles L. (eds.). *Science and Ultimate Reality: Quantum Theory, Cosmology, and Complexity*. Cambridge: Cambridge University Press, 2004.

_____. The Mathematical Universe. *Foundations of Physics*, n. 38, 2008.

THAGARD, Paul (ed.). *Philosophy of Psychology and Cognitive Science*. Oxford: Elsevier, 2007.

THALER, Richard H. *The Winner's Curse: Paradoxes and Anomalies of Economic Life*. Prince: Princeton University Press, 1992.

THOMPSON, Richard F. In Search of Memory Traces. *Annual Review of Psychology*, n. 56, 2005.

TIGER, Lionel. The Human Nature Project. *Skeptical Inquirer*, n. 32, v. 3, 2008.

TIGER, Lionel; FOX, Robin. *The Imperial Animal*. New York: Holt, Rinehart and Winston, 1971.

TOLMAN, Richard C. *Relativity, Thermodynamics and Cosmology*. Oxford: Oxford University Press, 1934.

TOMASELLO, Michael. Why Don't Apes Point? In: ENFIELD, N.J.; LEVINSON, Stephen C. (eds.). *Roots of Human Sociality: Culture, Cognition and Interaction*. Oxford/New York: Berg, 2006.

_____. *Origins of Human Communication*. Cambridge: MIT Press, 2008.

TONONI, Giulio; KOCH, Christof. The Neural Correlates of Consciousness. *Annals of the New York Academy of Sciences*, n. 1124, 2008.

TOOTELL, Roger B.H. et al. Deoxyglucose Analysis of Retinotopic Organization in Primate Striate Cortex. *Science*, n. 218, 1982.

TOOTELL, Roger B.H. et al. Functional Anatomy of Macaqu Striate Cortex II. Retinotopic Organization. *Journal of Neuroscience*, n. 8, 1998.

TRIGGER, Bruce G. *A History of Archaeological Thought*. 2. ed. Cambridge: Cambridge University Press, 2006.

_____. *Artifacts and Ideas*. New Brunswick: Transaction Publishers, 2003a.

_____. *Understanding Early Civilizations*. Cambridge: Cambridge University Press, 2003b.

TRUESDELL, Clifford. *An Idiot's Fugitive Essays on Science: Method, Criticism, Training, Circumstances*. New York: Springer, 1984.

TULVING, Endel. Episodic Memory: From Mind to Brain. *Annual Review of Psychology*, n. 53, 2002.

UEXKÜLL, Jakob von. *Umwelt und Innenwelt der Tiere*. 2. ed. Berlin: Springer, 1921.

VAN FRAASSEN, Bas C. *The Scientific Image*. Oxford: Clarendon Press, 1980.

VAUGHAN, Susan C. et al. Can We Do Psychoanalytic Outcome Research? A Feasibiliy Study. *International Journal of Psychoanalysis*, n. 81, 2000.

VESEY, G.N.A. (ed.). *Body and Mind*. London: George Allen and Unwin, 1964.

VOLCHAN, Sérgio B. What Is a Random Sequence? *American Mathematical Monthly*, n. 109, 2002.

VOLLMER, Gerhard. *Was können wir wissen?, v. 2: Die Erkenntnis der Natur*. Stuttgart: S. Hirzel, 1986.

_____. What Evolutionary Epistemology Is Not. In: CALLEBAUT, W.; PINXSTEN, R. (eds.). *Evolutionary Epistemology*. Dordrecht: D. Reidel, 1987.

VYGOTSKY, L[ev]. S[emyonovich]. *Mind in Society: The Development of Higher Psychological Processes*. Cambridge: Harvard University Press, 1978.

WEINBERG, Steven. *Dreams of a Final Theory*. New York: Random House, 1992.

WESTERMARCK, Edward. *The Origin and Development of Moral Ideas*. 2 v. London: Macmillan, 1906-1908.

WETTER, Gustav A. [1952]. *Dialectical Materialism: A Historical and Systematic Survey of Philosophy in the Soviet Union*. London: Routledge & Kegan Paul, 1958.

WHITEHEAD, Alfred N. *Process and Reality*. New York: Macmillan, 1929.

WHITSON, Jennnifer A.; GALINSKY, Adam D. Lacking Control Increases Illusory Pattern Perception. *Science*, n. 322, 2008.

WIENER, Norbert. *Cybernetics: Or Control and Communication in the Animal and the Machine.* New York/Paris: Wiley/Hermann, 1948.

WILCZEK, Frank. *The Ligthness of Being: Mass, Ether, and the Unification of Forces.* New York: Basic Books, 2008.

WIKSTRÖM, Per-Olof H.; SAMPSON, Robert J. (eds.) *The Explanation of Crime: Context, Mechanisms, and Development.* Cambridge: Cambridge University Press, 2006.

WIKSTRÖM, Per-Olof; TREIBER, Kyle. Violence as Situational Action. *International Journal of Conflict and Violence,* n. 3, 2009.

WILKINSON, Richard; PICKETT, Kate. *The Spirit Level: Why More Equal Societies Almost Always Do Better.* London: Allen Lane, 2009.

WIMSATT, William C. *Re-engineering Philosophy for Limited Beings.* Cambridge: Harvard University Press, 2007.

WITTGENSTEIN, Ludwig. *Tractatus Logico-Philosophicus.* London: Routledge & Kegan Paul, 1922.

_____. *Zettel.* Ed. G.E.M. Anscomb and G.H. von Wright. Oxford: Basil Blackwell, 1967.

WOLF, Arthur P. *Sexual Attraction and Childhood Association.* Stanford: Stanford University Press, 1995.

WOLPERT, Lewis. *The Unnatural Nature of Science.* London: Faber & Faber, 1992.

WRIGHT, Bradley R. Entner et. al. Low Selfcontrol, Social Bonds, and Crime: Social Causation, Social Selection, or Both? *Criminology,* n. 37, 1999.

WRIGHT, John Paul et al. Association of Prenatal and Childhood Blood Lead Concentrations With Criminal Arrests in Early Adulthood. *PLOS Medicine,* n. 5, 2008.

WRIGHT, Samantha B. et al. Neural Correlates of Fluid Reasoning in Children and Adults. *Frontiers in Human Neuroscience,* n. 1. DOI: 10.3389/neuro.09.0002007, 2008.

ZEKI, Semir. *A Vision of the Brain.* Oxford: Blackwell, 1993.

ZIMMER, Carl. *Soul Made Flesh: The Discovery of the Brain and How It Changed the World.* New York: Free Press, 2004.

ÍNDICE

COLEÇÃO BIG BANG

Arteciência: Afluência de Signos Co-Moventes
Roland de Azeredo Campos.

Breve Lapso entre o Ovo e a Galinha
Mariano Sigman.

Caçando a Realidade: A Luta pelo Realismo
Mario Bunge

Ctrl+Art+Del: Distúrbios em Arte e Tecnologia
Fábio Oliveira Nunes

Diálogos sobre o Conhecimento
Paul K. Feyerabend

Dicionário de Filosofia
Mario Bunge

Em Torno da Mente
Ana Carolina Guedes Pereira

Estruturas Intelectuais: Ensaio sobre a Organização Sistemática dos Conceitos
Robert Blanché

Literatura e Matemática
Jacques Fuks

Matéria e Mente: Uma Investigação Filosófica
Mario Bunge

A Mente segundo Dennet
João de Fernandes Teixeira

MetaMat! Em Busca do Ômega
Gregory Chaitin

O Mundo e o Homem: Uma Agenda do Século XXI à Luz da Ciência
José Goldemberg

Prematuridade na Descoberta Científica: Sobre Resistência e Negligência
Ernest B. Hook (org.)

O Tempo das Redes
Fábio Duarte, Queila Souza e Carlos Quandt

Uma Nova Física
André Koch Torres Assis.

O Universo Vermelho: Desvios para o Vermelho, Cosmologia e Ciência Acadêmica
Halton Arp

A Utilidade do Conhecimento
Carlos Vogt

A Teoria Que Não Morreria
Sharon Bertsch Mcgrayne

Este livro foi impresso em Cotia,
nas oficinas da MetaBrasil,
para a Editora Perspectiva.